Motorrad-Touren

in den Alpen

D1617847

MOTORRAD
Touren in den Alpen

Ein reich illustrierter Führer durch die gesamten Ost- und Westalpen
für Lenker von Enduros und Straßenmotorrädern. Insgesamt 104
auserwählte Rundfahrtvorschläge als Hauptrouten mit empfohlenen
Varianten und Abstechern. Zu jeder Rundtour wurde eine eigene
Skizze gezeichnet. Exakte Unterscheidung zwischen Halbtages- und
Tagestouren mlt Angabe der Kilometerleistungen. Schilderung der
Straßenzustände aller erfaßten Bergsträßchen zum Zeitpunkt der je-
weils letzten Erkundung.

Unter Mitwirkung besonders versierter Tourenfahrer
herausgegeben von HARALD DENZEL

DENZEL-VERLAG INNSBRUCK

Denzel-Führer, Band M der Reihe «freizeit aktiv»

Texte: Eduard und Harald Denzel
Skizzen und Grafiken: Harald Denzel
Umschlagentwurf: Harald Denzel
Fotosatz: Studio Rizner, Salzburg
Druck: Landesverlag GmbH, Linz
Binden: Almesberger GmbH, Salzburg
Herstellungsorganisation: Die Druckdenker GmbH, Wels

5. Ausgabe

CIP-Titelaufnahme der Deutschen Bibliothek

Motorrad-Touren in den Alpen: ein reich illustrierter Führer durch die gesamten Ost- und Westalpen für Lenker von Enduros und Straßenmotorrädern; insgesamt 104 auserwählte Rundfahrtvorschläge als Hauptrouten mit empfohlenen Varianten und Abstechern; zu jeder Rundtour wurde eine eigene Skizze gezeichnet; exakte Unterscheidung zwischen Halbtages- und Tagestouren mit Angabe der Kilometerleistungen; Schilderung der Straßenzustände aller erfaßten Bergsträßchen zum Zeitpunkt der jeweils letzten Erkundung / hrsg. von Harald Denzel. – Innsbruck: Denzel, 1999
(Denzel-Führer freizeit aktiv)

ISBN 3-85047-758-4

Zu diesem Buch

In diesem Band werden über 100 für den Motorradfahrer besonders lohnende Rundfahrten aus dem gesamten Alpenraum vorgestellt. Die auserwählten Runden erstrecken sich über die Länder Österreich, Deutschland, Schweiz, Italien und Frankreich. Sie sind in der Regel als Tages- bzw. Halbtagestouren konzipiert, wobei die längste 265 km und die kürzeste 47 km mißt. Durch Varianten und Abstecher (in den Skizzen strichliert gezeichnet) lassen sich die Standardrouten (in den Skizzen stark ausgezogen) je nach Interesse und vorhandener Zeit erweitern oder abkürzen. Die erforderliche Kilometerleistung wird jeweils für die Hauptroute und gesondert für Varianten und Abstecher durch „plus" oder „minus", immer auf die Standardstrecke bezogen, angegeben. Selbstverständlich sind die Rundfahrten auch untereinander verknüpfbar.

Jede Tour ist in einer eigenen Orientierungsskizze dargestellt! Die fahrtechnische Schwierigkeit wird mit leicht, mittel, schwierig und sehr schwierig sowie mit Zwischenstufen beurteilt. Eine landschaftliche Klassifikation ist naturgemäß immer relativ aufzufassen, denn Wetter, Jahres- und Tageszeit und vor allem individuelle Eindrücke, die Tourenfahrer gewinnen, sind oft grundverschieden. Jeder Kennzeichnung durch die entsprechende Zahl von Sternen ging eine kritische Betrachtung voraus. Es bedeuten: * landschaftlich schöne und lohnende Strecke, ** landschaftlich hervorragende und empfehlenswerte Strecke, *** landschaftlich außergewöhnlich schöne Strecke.

Da bereits die Erstausgabe dieses Bandes regen Zuspruch seitens begeisterter Tourenfahrer fand, ließen die Herausgeber nach Überarbeitung weitere Ausgaben folgen. Jeweils auf den neuesten Stand gebracht, gewannen diese ein Optimum an Aktualität. – An dieser Stelle wollen wir uns bei allen Informanten, Verlagsfreunden und Mitarbeitern, die uns bei der Vorbereitung dieses Buches geholfen haben, herzlich bedanken. Auch in Zukunft sind uns Anregungen, Zustandsberichte und attraktive Fotos bzw. Dias, welche zur Aktualisierung der nächsten Ausgabe beitragen, stets willkommen. – Nun wünschen wir allen Benützern dieses Führers viel Freude bei der Tourenplanung und erlebnisreiche, gute Fahrten!

Der Herausgeber

Tourenverzeichnis

ÖSTERREICH

DEUTSCHLAND

SCHWEIZ

ITALIEN

FRANKREICH

ÖSTERREICH

Durch die Steirisch-Niederösterr. Kalkalpen	1

Route: Berndorf (312) — Auf dem Hals (662) — Pernitz — Gutenstein — Rohrer Sattel (864) — Rohr im Gebirge — Nöster — Gh. Kalte Kuchl — Ochsattel (854) — St. Aegyd am Neuwalde — Gscheidsattel (970) — Terz — Lahnsattel (1015) — Wasserfall zum Toten Weib — Mürzsteg — Neuberg a.d. Mürz — Kapellen — Preiner Gscheid (1070) — Reichenau a.d. Rax — Hirschwang — Voismaut — Klostertaler Gscheid (765) — Gutenstein — Pernitz — Waldegg — Markt Pisting — Auf dem Hart (510) — Hernstein — Berndorf. 215 km.

Fahrtechnische Beurteilung: leicht

Zeitaufwand: Tagestour

Eine wie für den Motorradfahrer geschaffene Runde vor den Toren der Millionenstadt Wien. Berndorf ist sowohl aus dem langgestreckten Großsiedlungsraum des Wiener Beckens als auch von Wiener Neustadt her günstig erreichbar. Im ständigen Wechsel der Talungen stellen mehrere Einsattelungen acht mehr oder minder ausgeprägte Übergänge in den ö. Ausläufern der Alpen her. Die Steigungen und Gefälle auf den Bergstraßen sind durchwegs ausgeglichen und überschreiten 14% nicht. Wenn es auch keine bemerkenswerten fahrtechnischen Schwierigkeiten gibt, so muß der Motorradfahrer auf diesem Rundkurs mit einem Windungsreichtum, teilweise auch mit engen und unübersichtlichen Kurven rechnen. Auf enge, nur einspurige Passagen bzw. Klammstrecken wie z.B. im oberen Mürztal (beim Wasserfall zum Toten Weib) oder im Höllental muß man sich auf die Gegebenheiten entsprechend einstellen. Auf engen, felsnahen Strecken droht Steinschlaggefahr, weshalb dort das Anhalten und Sichaufhalten unbedingt zu vermeiden ist! — Als touristische Höhepunkte lassen sich sowohl kulturelle Sehenswürdigkeiten (Wallfahrtskirche Mariahilfberg bei Gutenstein und Neuberg a.d. Mürz mit dem Neuberger Münster) als auch Besonderheiten in der Natur (Naturpark Hohe Wand, Wasserfall zum Toten Weib und die wildromantische Strecke

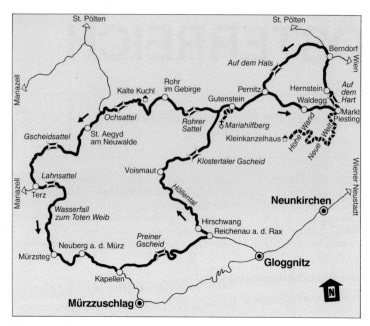

Skizze 1   Durch die Steirisch-Niederösterr. Kalkalpen

durch das Höllental entlang der Schwarza zwischen Raxalpe und Schneeberg) ansprechen. Im waldreichsten Gebiet Österreichs verdient das kleine, private Volkskundemuseum neben dem seit altersher besuchten Gh. „Kalte Kuchl" besondere Beachtung. Vereinzelt kann man in dieser Region auch noch rauchende Holzmeiler beobachten. — Die Talstation der Rax-Seilbahn befindet sich am n. Ortsende von Hirschwang a.d. Rax (500), ihre Bergstation liegt runde 1000 m höher auf der Ostseite des „Hausberges der Wiener". Das besuchenswerte Habsburgerhaus (1785) ist das größte Haus des Österr. Gebirgsvereins und von der Raxbahn-Bergstation in knapp 2 Std. erreichbar.

Abstecher: Von Gutenstein (482) auf ausgebauter Mautstraße zum bekannten Wallfahrtsort Mariahilfberg (705). Hin und zurück 6 km. Fahrtechnische Beurteilung: leicht.

Abstecher: Von Markt Pisting (349) zunächst Richtung Teichmühle in der Neuen Welt. Zwischen Stollhof und Maiersdorf beginnt eine außergewöhnliche, 5 km lange, bemautete Bergstraße auf die Hohe Wand, die teilweise auf den Resten einer alten Römerstraße gebaut wurde. Der Anstieg erfolgt unvermittelt, die Steigungsmaxima betragen 15%. Man fährt an freundlichen Almmatten vorbei, dann unter schroff ansteigenden Felsen und gewinnt zuletzt mittels drei Kehren eine kleine Einsattelung, die auf das Hochplateau überleitet. Hier gabelt sich die Bergstraße. Weiterfahrt zum Kleinkanzelhaus (1065), 4.4 km. — Der Naturpark Hohe Wand umfaßt die ganze, zirka 20 km² große Hochfläche. An guten Unterkünften mangelt es dort oben nicht: zum Hochkogelhaus (900) 5.5 km, zum Herrgottschnitzerhaus 2.5 km, zum Waldegger Haus (1002) nahe dem Tiergehege 3.6 km. Bei klarem Wetter reicht der Blick über den Neusiedler See hinweg bis in das ungarische Tiefland. Im SW gipfelt der markante Gebirgsstock im Packlesberg (1135), auf den von Grünbach am Schneeberg (557) aus eine Doppelsesselbahn hinaufführt. Hirsch-, Mufflon-, Steinbock- und Zuchtgehege für Auer- und Birkwild sowie eine Murmeltierkolonie bereichern den besuchenswerten Naturpark. Hin und zurück 42 km. Fahrtechnische Beurteilung: mittel.

| **Waldheimat, Semmering und Alte Kaiserstraße*** | **2** |

Route: Krieglach (608) — Alpl (1100) — St. Kathrein am Hauenstein — Ratten — Rettenegg — Pfaffensattel (1368) — Fröschnitztal — Steinhaus am Semmering — Semmering (985) — Adlitzgraben — Prein a.d. Rax — Preiner Gscheid (1070) — Kapellen — Neuberg a.d. Mürz — Mürzsteg — Niederalpl (1223) — Wegscheid — Seebergsattel (1253) — Seewiesen — Au — Turnau — Pretalsattel (1071) — Veitsch — Mitterdorf im Mürztal — Krieglach. 155 km.

Fahrtechnische Beurteilung: mittel

Zeitaufwand: Tagestour

Der Markt Krieglach im Mürztal ist eng mit dem Leben und Wirken des großen steirischen Dichters Peter Rosegger verbunden. Krieglach und Roseggers Waldheimat Alpl werden jährlich von Tausenden Menschen besucht. Die ausgebaute Weizer-B 72 leitet bei max. 14% Steigung und mit mehreren scharfen Kurven zunächst nach Alpl hinauf, wo sich nahe dem Waldheimathof Bruggraber die Rosegger-Dokumentation befindet. — Will man zur ehem. Waldschule (heute Wandermuseum) oder zu Roseggers Geburtshaus (30 Min. Fußweg ab bez. Parkplatz), so muß man zirka 3 km vor Erreichen der Scheitelstrecke von der B 72 re. abzweigen und der entsprechenden Beschilderung folgen. — Über die Aussicht bietende Scheitelhöhe fährt man hinab nach St. Kathrein am Hauenstein und weiter in das Feistritztal, um dort in die Straße zum Pfaffensattel einzumünden. Man passiert die Orte Ratten und Rettenegg, worauf der Anstieg durch waldreiches Gebiet hinauf zur ausgeprägten Wasserscheide erfolgt, max. 13% Steigung auf der Westrampe. Gastronomisch Interessierte halten gerne Einkehr beim bekannten „Forellenwirt Ebner", der nur wenig außerhalb von Rettenegg an der Landesstraße liegt. Auch auf der Scheitelhöhe lädt ein Gasthof zur Rast ein. Der serpentinenartige Abstieg (Gefälle bis 14%) auf der Ostrampe hinab in die Talsohle des Fröschnitzbaches vermittelt dem Motorradfahrer ohne Zweifel einen erhöhten Fahrtgenuß. Hingegen verläuft die Talstrecke in das Mürztal ohne Besonderheiten und wird eher als monoton empfunden. Oberhalb Steinhaus mündet man in die Semmering-B 306 ein, welche allerdings auf der Paßhöhe wieder verlassen wird, um über das berühmte Hotel „Panhans" und das Südbahnhotel, am Golfplatz vorbei, in den Adlitzgraben hinabzufahren. Diese, eine bemerkenswerte Aussicht auf die Semmeringregion bietende Bergstraße, ist nur knapp zweispurig breit und weist ein max. Gefälle von 12% auf. Beim „Blunzenwirt" außerhalb Breitenstein verläßt man die nach Schottwien führende Landesstraße und folgt unter der viaduktreichen Semmeringbahn hindurch der teilweise wildromantisch anmutenden Strecke hinauf zum Gh. „Orthof". Zunächst umsäumt Laubwald die Strecke, in der Klamm fährt man dicht an den Felsbalmen vorbei. Vom Orthof muß man neuerdings talab fahren und gelangt durch das Quellenschutzgebiet zum Gh. „Preiner Hof". Das Sträßchen aus dem Adlitzgraben hinauf zum Orthof ist nur einspurig breit, doch gibt es Ausweichstellen auf Sicht. Alle Streckenabschnitte sind asphaltiert. In der Klamm hat man eine Höchststeigung von 23% zu bewältigen. Die 15 km lange Verbindung vom Semmering durch den Graben zum Gh. „Preiner Hof" bietet viel landschaftliche Abwechslung; bedingt durch ihre Verkehrsarmut findet man während der Fahrt auch immer gute Gelegenheiten zum „schauen". Vom Preiner Hof folgt man der guten Landesstraße durch Prein a.d. Rax und weiter auf der vorzüglich trassierten Ostrampe hinauf zum Sattel Preiner Gscheid, über den die niederösterr.-steirische Landesgrenze verläuft. Man fährt bei ausgeglichenen Steigungsverhältnissen von einer Kurve in die andere, sodaß Motorradenthusiasten die Herzen höher schlagen. Kurven mit größerem Radius haben Überbreiten. Das Steigungsmaximum ist mit 10% ausgeschildert. Leider behindern Bäume und Strauchwerk die Ausblicke auf die Rax. Der Sattel mit dem Gasthaus wurde in ein ausgedehntes Landschaftsschutzgebiet einbezogen. Die im Bj. noch nicht modern ausgebaute Westrampe war kehrenarm und wies eine geringere Fahrbahnbreite auf. Bei der Häusergruppe Raxen ist die

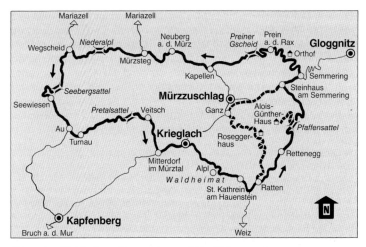

Skizze 2   Waldheimat, Semmering und Alte Kaiserstraße

Talsohle erreicht. Nach Kapellen (703) fährt man neben dem Raxen-
bach talaus und mündet dort in die Lahnsattel-B 23 ein. In rascher
Fahrt gelangt man wenig weiter nach Neuberg a.d. Mürz mit seiner
sehenswerten ehem. Stiftskirche aus dem 14. Jh. und gotischem
Kreuzgang. Die „Alte Kaiserstraße" verbindet das ehem. Habsburger
Jagdschloß in Mürzsteg (heute Urlaubssitz des österr. Bundespräsi-
denten) über das Niederalpl mit Wegscheid an der Mariazeller-B 20;
an ihr liegt, von der Durchgangsstraße etwas abgerückt, der Brand-
hof, welcher von Erzherzog Johann zu einem Jagdschlößl umgebaut
wurde. Die Scheitelstrecke des Niederalpl wurde völlig neu trassiert
und ab dem Gh. „Gamsjäger" auf die n. Talseite verlegt; dabei wurden
die Steigungsverhältnisse sehr günstig umgestaltet von früher 26%
auf jetzt nur 10%. Auf der Scheitelhöhe lädt jetzt der rustikal ausgestattete „Plodererhof" zur Rast und Labung ein. Die Route nimmt
ihren weiteren Verlauf über den gut ausgebauten Steirischen Seeberg. Bemerkenswert ist auf seiner Südseite der Blick durch das Seetal auf das Hochschwabgebirge (Anhalten bei den obersten Kehren).
In Seewiesen verdient das gotische Pfarrkirchlein St. Leonhard
nähere Beachtung; es befindet sich an der alten Straße im Steigungs-
bereich. Die neue Straße mit nur 9% maximaler Steigung umgeht den
Ort. — Zirka 6 km unterhalb von Seewiesen hat man li. die beschilderte Abzw. der verkehrsarmen Straße über Göriach und Turnau (stark
verwinkelte Ortsdurchfahrten!) zum Pretalsattel und hinab nach   13

Veitsch. Die Westrampe wurde wesentlich entschärft und weist jetzt nur mehr 10% Steigung auf, jedoch wartet die Ostrampe noch mit einer Gefällestrecke von 14% auf. Die Aussicht ist beschränkt, ins Auge springt vor allem der Tagabbau am Magnesitbergwerk; er läßt sich von der Scheitelhöhe und auch während der Abfahrt gut verfolgen. Der Tagbau mit seinen ausgeprägten Stufen ähnelt jenem am Steirischen Erzberg bei Eisenerz. Von Veitsch führt die Straße neben dem Veitschbach talaus nach Mitterdorf im Mürztal, wo man Anschluß an die Semmering-S 6 findet und nach Krieglach zurückkehrt.

Variante: Von Ratten Bergstraße zum Roseggerhaus auf der Pretul (1636) und Abfahrt Richtung Hönigsberg im Mürztal. Das knapp zweispurige Serpentinensträßchen zweigt am ö. Ortsrand von der Feistritzsattel-L 407 ab. Das ausgeschilderte Geschwindigkeitslimit beträgt 35 km/h. Man fährt anfangs auf staubfreier Bergstrecke zum Hof „Hansl im Reith" hinauf, wo beim Schranken eine bescheidene Wegerhaltungsgebühr eingehoben wird. Wenig weiter findet die Überleitung auf ein Erdsträßchen statt, welches in mehreren Kehren durch ein ausgedehntes Waldgebiet führt und nach 11 km ab Ratten das Hochplateau mit dem neuen Roseggerhaus gewinnt. Südrampe max. 16% Steigung, übersichtlicher Straßenverlauf. Oberhalb der Baumgrenze erweitert sich die Aussicht. − Bei trockenen Wegeverhältnissen kann man auch die mautfreie, 12 km lange n. Rampe für die Abfahrt benützen. Sie verläuft vom Schutzhaus zunächst hinab zur Ganzalmhütte (1389), 15% Gefälle, und weist teilweise einen kritischen Wegzustand auf; im darauffolgenden Abschnitt zum Bärenkogelhaus (1176) nimmt das Gefälle noch zu und hat max. 20%. Im Anschluß trifft man auf das asphaltierte Gemeindesträßchen nach Ganz, von wo aus man auf der Semmering-S 6 nach Steinhaus am Semmering gelangt. Plus 4 km. Fahrtechnische Beurteilung: Südrampe Pretul mittel, Nordrampe schwierig.

Abstecher: Vom Pfaffensattel Mautstraße zum Alois-Günther-Haus auf dem Stuhleck. Sie wird nur von Anfang Juni bis Mitte Nov. offengehalten! Man fährt auf einer teilweise welligen, jedoch zweispurigen Erdstraße meist durch Hochwald, der zusehends schütterer wird. Oberhalb der Baumgrenze öffnen sich im Almgebiet die Ausblicke auf die sich schier endlos ausdehnenden Wälder zu Füßen von Stuhleck und Hochwechsel. Das exponiert liegende Gipfelhaus erkennt man bereits von weit her während der Anfahrt. Die max. Steigung beträgt 16%. Hin und zurück 8 km. Fahrtechnische Beurteilung: mittel.

Straßenkarten für den Alpenfahrer. Im Maßstab 1 : 150.000 liegt die offizielle Straßenkarte des ÖAMTC vor. Ganz Österreich wird von sechs Blättern abgedeckt, welche auch zahlreiche touristische Informationen, u.a. Freizeiteinrichtungen, enthalten. − Zuverlässig und hilfreich erweist sich die Große Straßenkarte Österreich im Maßstab 1 : 250.000 von Freytag & Berndt mit fünf Blättern. Die Kartenserie Österreich 2000 im detaillierteren Maßstab 1: 200.000 umfaßt sieben Blätter. — Merkliche Verbreitung findet auch Mairs bewährte Generalkarte Österreich im Maßstab 1 : 200.000 mit ihren acht Blättern.

Route: Aspang Markt (498) — Mönichkirchen — Pinggau — Friedberg — Thalberg — Bruck a.d. Lafnitz — Waldbach — Wenigzell — Ratten — Rettenegg — Feistritzsattel (1286) — Otterthal — Kirchberg am Wechsel — St. Corona am Wechsel — Aspang Markt. 112 km.

Fahrtechnische Beurteilung: leicht bis mittel

Zeitaufwand: Halbtagestour

Die Rundfahrt erfaßt die ö. Ausläufer der Alpen mit Teilen der Buckligen Welt und des Wechselgebirges. Sieht man vom Abstecher zum Hochwechsel ab, so erreicht sie in der waldreichen Region um den Feistritzsattel ihren höchsten Punkt. — Von Aspang Markt zunächst auf gut ausgebauter, windungsreicher Wechsel-B 54 bei ausgeglichenen Steigungsverhältnissen (Maximum nur 8%) hinauf zum beliebten Luftkurort Mönichkirchen (967), welcher unter der Ostabdachung des Wechselgebirges dicht an der niederösterr.-steirischen Landesgrenze liegt. Die Runde setzt sich auf der Südrampe dieses Überganges in Richtung Friedberg fort; das max. Gefälle beträgt nur 6%. Man benützt re. die direkte Zufahrt nach Pinggau, überbrückt die Pinka, gelangt durch Friedberg und fährt auf der Landesstraße über Thalberg nach Bruck a.d. Lafnitz im Joglland weiter. — Die Festenburg (743) liegt außerhalb von Bruck a.d. Lafnitz im N; als eine der besterhaltenen und auch zugänglichen Burgen der Steiermark verdient sie einen Besuch. Die 2.5 km lange Zufahrt dorthin ist beschildert. Auf dem steilen, alten Burgweg ist sie auch zu Fuß erreichbar. Im auffallend schönen Bergfriedhof nahe der Burg ist der bekannte Priesterdichter Ottokar Kernstock, welcher als Pfarrer in Festenburg wirkte, begraben. — Der Hochwechsel ist wie das Stuhleck ein massiver Höhenzug mit einem steinigen, breiten Rückenkamm, der wie ein Riegel den angrenzenden Hartberger Raum abschließt und die kalten Nordwinde fernhält. — Von Waldbach folgt man der Landesstraße nach dem schmucken Dorf Wenigzell (831). Während der Auffahrt zu den „Drei Wenigzeller Wetterkreuzen" (1100) ist eine Steigung von 18% zu bewältigen. Bei Ratten erreicht man das Feistritztal. Mit dem Ausbau der 23 km langen L 407 von Ratten bis zur Landesgrenze steht mit dem Feistritzsattel ein touristisch bedeutender Übergang

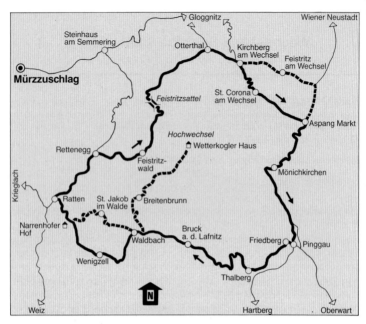

Skizze 3   Wechsel und Bucklige Welt

von der Steiermark nach Niederösterreich zur Verfügung; er bildet eine Alternative zu den stark frequentierten Hauptrouten über den Semmering bzw. Wechsel (Mönichkirchen) und ist daher eine ideale, leicht zu befahrende Ausweichstrecke. Mit nur einer einzigen Kehre im oberen Feistritztal gewinnt diese Bergstraße bei ausgewogenen Steigungen (max. 9%) und Fahrbahnbreiten zwischen 6 und 8 m die ringsum von Wäldern umgebene Scheitelhöhe des Überganges. Die Ausblicke sind deshalb beschränkt und richten sich gegen den Sonnwendstein und zum Schneeberg. Auf der Strecke durch das Feistritztal verdient in Feistritzwald der „Erzherzog-Johann-Garten", eine Art Miniwelt mit sehenswerten Nachbildungen berühmter Bauten, besondere Erwähnung; die einzelnen Objekte stammen vorwiegend aus dem steirischen Raum wie beispielsweise Roseggers Geburtshaus und Waldschule, der Grazer Uhrturm, das Hotel Panhans am Semmering u.v.a. — Der Fahrweg, welcher den Feistritzsattel über den Fröschnitzsattel mit dem Pfaffensattel verbindet, ist eine gesperrte Forststraße! — Die Abfahrt vom Feistritzsattel durch den Talergraben hinab nach Otterthal (632) ist zwar nicht so modern ausgebaut wie seine Südrampe, doch treten kaum Probleme fahrtechnischer Art auf. In Otterthal hält man sich re. und folgt dem Trattenbach zum hübsch gelegenen Ort Kirchberg am Wechsel; sehenswert ist dort die barocke Pfarrkirche St. Jakob und die spätgotische St.-Wolfgang-Kirche, welche etwas außerhalb auf einem Hügel liegt. – In Kirchbergs Umgebung bildet die Hermannshöhle mit ihren Tropfsteinbildungen ein gern besuchtes Ziel (zugänglich von Mai bis Oktober). Die Kernstockwarte im N des Ortes vermittelt eine nur bescheidene Aussicht. Der Ramssattel (824), über den die Bergstraße nach Enzenreith im Schwarzatal leitet, wartet mit max. 12% Steigung auf. – Von Kirchberg setzt man seine Rundtour in der Regel über den beliebten Fremdenverkehrsort Corona am Wechsel (844) fort. Die Bergstraße dorthin mit max. 12% Steigung ist nach dem Geschmack des Motorradfahrers; der Ort selbst zeichnet sich durch seine ansprechende Terrassenlage unter dem Kampstein aus und bietet bemerkenswerte Ausblicke sowohl in das Hügelland der Buckligen Welt als auch gegen Schneeberg und Rax. Zurück nach Aspang Markt.

Variante: Von Waldbach nimmt das vielgewundene Sträßchen über St. Jakob im Walde (913) seinen Ausgang, auf dem man nach Passieren des Narrenhofer Hofes in das Haupttal gelangt. Diese ebenfalls staubfreie Verbindung ist zweifelsohne für den Zweiradfahrer die interessantere. Minus 4 km. Fahrtechnische Beurteilung: leicht bis mittel.

Variante: Von Kirchberg kann man auch alternativ dem Tal der Feistritz weiter über den Ort Feistritz am Wechsel folgen, um bereits 4 km n. Aspang Markt in die Wechsel-B 54 einzumünden. Diese Variante ist wenig lohnend. Plus 3 km. Fahrtechnische Beurteilung: leicht.

Abstecher: Aus dem Lafnitztal nimmt ö. von Waldbach (626) die Breitenbrunner-L 453 ihren Anfang und führt anfangs durch das Kumpfmühltal, dann ein kurzes Stück dem Ofenbach entlang. Mit einer Spitzkehre wendet sie sich schließlich nach N, um die kleine Bergsiedlung Breitenbrunn (1035) nach 6 km zu erreichen. Die Fahrbahnbreite beträgt 4.5 m. Im Anschluß daran leitet sie als 4 m breite Gemeindestraße zur Mautstelle beim Rabl weiter, wo die private Hochwechselstraße beginnt. In einer Höhenlage von zirka 1250 m gelangt man am General-Dietl-Absturz-Denkmal vorbei; es steht etwas unterhalb der Straße an einem Forstweg, große HT. Im Bj. war die Hochwechselstraße bis zum Rablkreuz (1456) staubfrei, ihre Fortsetzung harrte noch eines Teerbelages. Die max. Steigung der Bergstraße wurde mit 15% festgestellt. In der Hochsaison verkehren auf ihr bis zum Hochplateau (Wetterkogler Haus) auch Busse öffentlicher Dienste bzw. privater Unternehmungen. Die Bergkapelle, der Soldatenfriedhof und das bewirtsch. Schutzhaus sind schon von weit her sichtbar. Bei günstigen Witterungsverhältnissen hat man gute Aussicht

sowohl auf die steirisch-niederösterr. Kalkalpen als auch über das oststeiri-
sche Hügelland. An klaren Spätsommertagen reicht der Blick bis weit in das
ungarische Tiefland hinein. 13 km von Waldbach entfernt endet die Hochwechselstraße dicht an der Landesgrenze zu Niederösterreich. Hin und
zurück 26 km. Fahrtechnische Beurteilung: mittel.

4	Rund um die Teichalm*

Route: Bruck a.d. Mur (491) — Traföß — Breitenau bei Mixnitz — St. Erhard —
Breitalm (1263) — Teichalm (1237) — Sommeralm (1404) — Brandlucken (1132)
— Anger — Feistritz — Weiz — Weizklamm — Passail — Rechberg (929) —
Schrems — Frohnleiten — Röthelstein — Traföß — Bruck a.d. Mur. 136 km.

Fahrtechnische Beurteilung: leicht bis mittel

Zeitaufwand: Halbtagestour

Eine abwechslungsreiche Runde durch das Grazer Bergland ö. der
Mur. Von der Brucker-S 35 zunächst murabwärts an Kirchdorf vorbei
bis zur Abzw. „Breitenau" bei Traföß, HT. Durch den Roßgraben nur
mäßig ansteigend nach St. Jakob-Breitenau und St. Erhard bei Mixnitz. Nach dem Gh. „Eglauer-Klösch" hat man re. die Abzw. der vorzüglich ausgebauten Teichalm-L 320, der man über die Breitalm-
Höhe (1263) hinab zum Teichwirt folgt. Die Nordrampe des Sattels
durch den Dürregger Graben weist max. 11 % Steigung auf. Die langgestreckte Wasserfläche eines kleinen Stausees wird durch einen
Ruderbootsverleih belebt. Beim Gh. „Angerwirt" (1195) verläßt man
die breite Asphaltstraße und folgt dem schmalen, meist nur einspurigen Sträßchen durch den Saugraben mäßig ansteigend zur Sommeralm (1404); dort stehen verstreut mehrere, im Sommer bewirtsch.
Hütten. Ein Aussicht vermittelndes Terrassensträßchen leitet ostwärts
zur Straßenvereinigung „Bucklige Lärche" am Fuß des Offner Berges.
Von dort kurz hinab zum Brandlucken-Sattel (1132). Die Bergstraße
setzt sich windungsreich fort, wobei man zunächst nach Heilbrunn,
dann zum Offenegg gelangt. Das nur einspurige Asphaltsträßchen
über das Offner Kreuz hinab nach Salegg und Kogelhof läßt man li.
liegen. Statt dessen setzt man die Rundfahrt durch den Naintschgra-
ben fort, der direkt hinab in das Feistritztal führt. Über Anger nun auf
der teilweise ausgebauten Weizer-B 72 nach Weiz. Man fährt durch

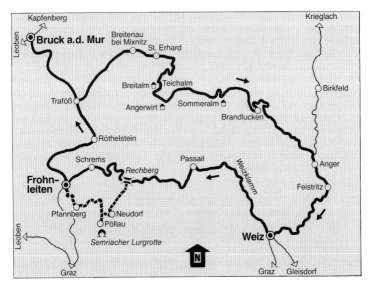

Skizze 4   Rund um die Teichalm

das Zentrum der betriebsamen Bezirkshauptstadt und folgt nunmehr der Rechberg-B 64 durch die Weizklamm in Richtung Passail. In der Klamm gibt es zwar einige wenige Engpässe mit Ausweichstellen, doch bietet der Streckenabschnitt von Weiz nach Passail mit Ausnahme kurzer Passagen Fahrbahnbreiten zwischen 6 und 8 m als guten Durchschnitt an. Die eindrucksvolle Weizklamm steht anderen, meist berühmteren Schluchtstrecken in den Ostalpen, kaum nach: an manchen Stellen der Klamm treten die Felswände so nahe zusammen, daß nur mehr ein geringer Spalt Himmel zu sehen ist! — Der sportlich-touristisch eingestellte Fahrer kommt dann auf der auch landschaftlich ansprechenden Scheitelstrecke über die Rechberg-Höhe voll auf seine Rechnung! Steigungen bzw. Gefälle sind diesseits und jenseits des Scheitels gut ausgeglichen und betragen auf der Ostseite max. nur 7%, auf der Westseite 9%. Die verkehrsgerechte Trassierung erlaubt eine flüssige Fahrweise, die zahlreichen Kurven wurden besonders übersichtlich angelegt. In Schrems bei Frohnleiten endet die Bergstrecke. Im Anschluß daran fährt man fast flach durch den Talgraben. Die B 64 mündet, 35 km von Weiz entfernt, bei Frohnleiten in die Brucker Schnellstraße ein. Muraufwärts erreicht man 23 km weiter die Bezirkshauptstadt Bruck a.d. Mur.

Variante: Die Semriacher Lurgrotte zählt zu den sehenswertesten Europas und ist die größte Tropfsteinhöhle Österreichs. Der längste Deckenzapfen (Stalaktit) mißt 12.5 m und ist damit auch der Welt größte. Die Zufahrt erfolgt von der Rechberg-B 64, indem man beim Gh. „Brandlhof" auf der Rechberg-Höhe nach S abzweigt. Man fährt zunächst bis Neudorf hinab und hält sich an der dortigen Straßenteilung re., um durch den Reizengraben nach Pöllau bei Semriach (741) und weiter bis zum Grotteneingang zu gelangen. Ab Rechberg-Höhe 7 km, die Zufahrt wird auch von Reisebussen benutzt. — Will man nicht zur Rechberg-Höhe zurück, so läßt sich die Weiterfahrt auf teilweise schmaler, nicht ausgebauter Nebenstraße über Mitterdorf am Trötsch (790) und Pfannberg (672) direkt nach Frohnleiten unternehmen, wo man im Vorort Mauritzen wieder in die B 64 mündet. — Plus 4 km. Fahrtechnische Beurteilung: leicht, zuletzt mittel bis schwierig.

5	**Auf vier steirischen Weinstraßen****

Route: St. Johann ob Hohenburg (358) — Krottendorf — Ligist — Gundersdorf — Abzw. vor St. Stefan ob Stainz — Langegg — Greisdorf — Wald in Weststmk. — Stainz — Vochera am Weinberg — Gams ob Frauental — Furth — Feldbaum — Wildbach — Geipersdorf — Deutschlandsberg — Fuchswirt — Aichegg — Schwanberg — Limberg bei Wies — Eibiswald (361) — Hörmsdorf — Pitschgau — Wies — Brunn/Pölfing — Graschach — Gleinstetten — St. Andrä im Sausal — Streitholz — Kreuzegg — Hochegg — Kitzeck im Sausal (564) — Fresing — Großklein — St. Johann im Saggautal — Arnfels — Maltschach — Eichberg — Trautenburg — Leutschach — Schloßberg — Spitzmühle — Großwalz — Kreuzwirt — Langegg — Gh. Mahorko — Sulztal — Ratsch a.d. Weinstraße — Gamlitz — Grubtal — Aflenz a.d. Sulm — Abzw. vor Landscha a.d. Mur — Kaindorf — Lebring — Wildon — Zwaring — Dobldorf — Lieboch — St. Johann ob Hohenburg. 180 km.

Fahrtechnische Beurteilung: leicht bis schwierig

Zeitaufwand: Tagestour, eventuell auch Zweitagestour

Die aufgezeichnete Rundfahrt durch das hügelige steirische Weinland ist eine Besonderheit, welche von allen übrigen Tourenvorschlägen, vor allem in landschaftlicher Beziehung, stark abweicht. Sie nimmt in St. Johann ob Hohenburg, 8 km sö. von Voitsberg, ihren Ausgang und setzt sich zusammen aus der zirka 50 km langen Schilcher-Weinstraße zwischen Ligist und Eibiswald, der 12 km langen Sausaler Weinstraße rund um den Demmerkogel, mit 670 m höchste

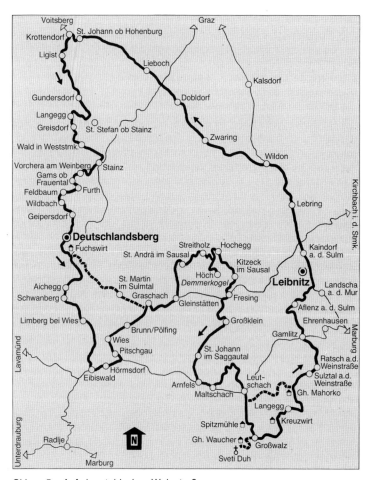

Skizze 5   Auf vier steirischen Weinstraßen

Erhebung des Sausals, der 12 km langen Südsteirischen Panoramastraße und der 25 km langen Südsteirischen Weinstraße mit den
Weinbaugemeinden Leutschach, Schloßberg, Eichberg, Glanz, Gamlitz und Ehrenhausen. Die Rückfahrt wird auf der distanzmäßig kürzesten Strecke unternommen. Wer die genannten vier Weinstraßen in
der vorgegebenen Reihenfolge auffädelt, begegnet einer landschaftlichen Vielfalt, die ihresgleichen sucht: sonnige Rebhügel wechseln mit

schattigen Wäldern, in denen Edelkastanien gedeihen, Bauernhöfe und Buschenschenken laden den Vorbeiziehenden zum Verweilen ein. Es gibt empfohlene Abstecher sowohl zur Besichtigung kultureller Sehenswürdigkeiten als auch Wege zu Aussichtswarten, welche aufschlußreiche Überblicke in einem Land vermitteln, das bisher vom Massentourismus kaum erfaßt wurde.

Die Schilcher-Weinstraße ist mit dem gut erkennbaren, kombinierten Sonnen- und Traubenmotiv grün ausgeschildert. Sie benützt auch schmale Gemeindestraßen, hauptsächlich jedoch Landesstraßen mit mehr oder minder regionalem Verkehr und nur kürzere Abschnitte der stärker frequentierten B 76. Es gibt zwar keine außergewöhnlichen Steigungen, jedoch ein ständiges Auf und Ab in diesem, von ausgeprägten Riedeln durchzogenen Hügelland. — Unter den vielen bekannten Weinsorten der Steiermark nimmt der Schilcher einen besonderen Stellenwert ein, kommt doch seine Art nirgends anders in der Welt vor; zur vollen Entfaltung seines Buketts bedarf es eben der spezifischen Gneis- und Schieferböden an den ö. Ausläufern der Koralpe. Sein Anbau läßt sich bis in die Keltenzeit zurückverfolgen. Der frische, fruchtige und feinsäuerliche Geschmack des Schilchers, dessen Aussehen von zwiebelfarben bis rubinrot variiert, stammt aus der Blauen Wildbacher Rebe, welche eine Rarität darstellt.

Die Sausaler Weinstraße zweigt im Gemeindegebiet St. Andrä im Sausal (356) von der Predinger Straße ab, grüne Hinweistafeln mit weißer Beschriftung. Sie durchzieht, knapp zweispurig ausgebaut und asphaltiert, das sanfthügelige Sausalgebirge, einen zwischen Laßnitz und Sulm sich isoliert erstreckenden Höhenzug. Die Steigungsmaxima betragen 13%, ausgesetzte Stellen wurden durch Leitschienen abgesichert. — Will man zur Aussichtswarte auf dem Demmerkogel, so fährt man nach Höch hinauf bis zum Gh. „Schotter" und leiht sich dort den Schlüssel zur Besteigung des Aussichtsturmes aus. Von den prächtig gelegenen Gasthäusern „Steirerland" bzw. „Höfer" hat man eindrucksvolle Tiefblicke auf den Waldschacher See. — Über Hochegg und die ausgedehnten Rebhänge des Steinriegl gelangt man nach Kitzeck (564), dem höchsten Weinbaudorf Europas, mit besuchenswertem Weinbaumuseum. Bemerkenswert sind die Ausblicke nach S auf das Poßruckgebirge und nach SO bis zu den Windischen Büheln; beide erheben sich aus dem benachbarten Slowenien. Das Umfeld von Kitzeck ist vergleichbar mit der vielgerühmten landschaftlichen Lieblichkeit toskanischer Leitbilder. Die Abfahrt nach Fresing (287) führt durch freundliche Mischwälder mit Nadel- und Laubbäumen. Man mündet in die verkehrsreiche Sulmtal-B 74 mitten im Ort ein.

Auf knapp zweispuriger Landesstraße mit mehreren, sehr unübersichtlichen Kurven bzw. Kuppen fährt man durch die breite Talung des Saggaubaches über Großklein und St. Johann nach Arnfels, wo man auf die belebte Südsteirische Grenzland-B 69 trifft. Zwischen Maltschach und Leutschach bietet sich das einspurige Sträßchen durch das Weinbaugebiet Eichberg-Trautenburg an, dem man wegen seines aussichtsreichen Terrassenverlaufes trotz zeitlichen Mehraufwandes den Vorzug geben sollte; diese Schleife ist durchwegs staubfrei und für Motorradfahrer besonders gut geeignet. Den Anschluß an die jüngste der vier Weinstraßen, nämlich an die Südsteirische Panoramastraße (seit 1990 offiziell), findet man in Leutschach, indem man direkt nach S der Straße durch das Gemeindegebiet von Schloßberg 4 km bis zur Spitzmühle folgt, um dann in Großwalz eine Kursänderung nach O vorzunehmen. Man fährt in Grenznähe am Gh. „Moserhof" vorbei und kommt zur Josef-Krainer-Schule. Vier Tafeln mit weißer Schrift auf braunem Grund weisen den weiteren Weg in Richtung zum Grenzübergang Langegg, wo die Panoramastraße beim „Kreuzwirt" wieder in die von Schloßberg nach Langegg vom Pößnitzbach begleitete Direktverbindung einmündet.

Von Langegg (Duty Free Shop zwischen den Zollamtsgebäuden) auf steiler Bergstraße (zirka 15% Steigung) den Oberglanzberg hinauf zum Gh. „Mahorko" (480), wo man auf die Südsteirische Weinstraße trifft, welche über Sulz und Ratsch den Weg nach Gamlitz hinab durch das Ratscherbachtal nimmt. Moderner ausgebaut wurde allerdings die Parallelstrecke über Eckberg und am Fuß des Urlkogels (524) hinab zum Straßenknoten Gamlitz (278). – Will man nicht den Umweg über den sehenswerten, alten Ort Ehrenhausen an der Mur machen, so benützt man von Gamlitz die kürzere Verbindung auf dem Sträßchen durch das Grubtal nach Aflenz a.d. Sulm, welches nur knapp zweispurig ist.

Zirka 1 km nw. von Landscha a.d. Mur mündet man in die vorzüglich ausgebaute B 67 ein, und tangiert Leibnitz. Die Runde setzt sich weiter über Lebring nach Wildon fort. Dort verläßt man die B 67 wieder, um seinen Weg zunächst auf Landesstraßen, dann ab Lieboch auf der B 70 durch das Kainachtal bis St. Johann ob Hohenburg fortzusetzen.

Variante: Südlich von Deutschlandsberg befindet sich beim „Fuchswirt" (401) die Abzw. der B 74 von der B 76. Folgt man der Straße über St. Martin im Sulmtal nach Gleinstetten, so läßt sich die Strecke über Schwanberg-Eibiswald-Wies abkürzen. In Graschach vereinigt sich die Variante wieder mit der Hauptroute. Minus 17 km. Fahrtechnische Beurteilung: leicht.

Variante: Von Schloßberg aus bietet sich auch die Möglichkeit an, den w. Teil der Südsteirischen Weinstraße über Glanz zum Gh. „Mahorko" zu befahren. Minus 9 km. Fahrtechnische Beurteilung: leicht.

Abstecher: An der Straßenteilung in Großwalz, knapp vor Erreichen des Moserhofes, hat man re. die kurze Zufahrt hinauf zum grenznahen Gh. „Waucher" (850); im Ausflugsverkehr erreicht man nach Passieren des Fußgänger-Grenzüberganges wenig weiter das vielbesuchte Wallfahrtskirchlein Sveti Duh (906) im Poßruckgebirge. Das Kirchlein steht an einer Waldblöße auf slowenischem Gebiet. Hin und zurück 5 km. Fahrtechnische Beurteilung: mittel bis schwierig.

6	**Rund um die Koralpe***

Route: Wolfsberg (463) — St. Gertraud — Weinebene-Sattel (1668) — Glashütten — Deutschlandsberg — Eibiswald — Soboth (1065) — Kogler Eck (1349) — Lavamünd (348) — St. Paul — Framrach — St. Andrä — Kleinedling — Wolfsberg. 135 km.

Fahrtechnische Beurteilung: leicht bis mittel

Zeitaufwand: Halbtagestour

In die Koralpe teilen sich im W Kärnten, im O die Steiermark. Für den motorisierten Verkehr wurde sie mit ihren befahrbaren Übergängen erst sehr spät erschlossen, was mehrere Ursachen hat. Bis 1919 führte die direkte Straßenverbindung zwischen Klagenfurt und Graz durch das Drautal über Marburg hinüber in das Murtal. Erst Jahrzehnte nach dem Zweiten Weltkrieg hat man alternativ die landschaftlich lohnendere Route von Lavamünd über die Soboth nach Eibiswald ausgebaut; diese überquert die Koralpe weit im S. Der Übergang an der Weinebene verdankt seinen vorzüglichen Ausbau auf der steirischen Seite hauptsächlich der Erschließung für den Wintersport. Durch den Ausbau der Straße über die Hebalpe wurden die funktionellen Zusammenhänge mit der benachbarten Packalpe hergestellt. Die Hauptla-

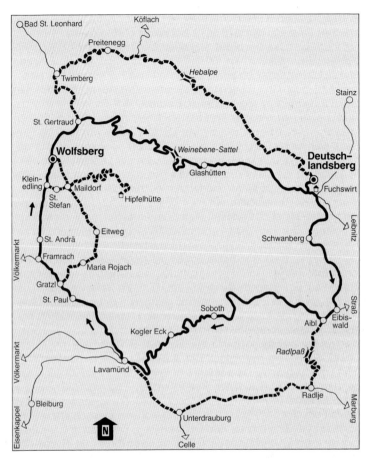

Skizze 6   Rund um die Koralpe

sten im Verkehr zwischen Drau- und Murtal trägt die fertiggestellte Südautobahn mit ihren zahlreichen Kunstbauten. Die Koralpe wird von ihr im N nur mehr tangiert. Die normale Rundtour läßt sich locker als Halbtagestour vollziehen, weitet man sie durch die vorgeschlagenen Varianten bzw. Abstecher aus oder läßt man sich von mehreren Interessen wie z.B. Sehenswürdigkeiten in der Natur, Kulturelles, Gastronomisches u.a. leiten, so kann daraus aber leicht eine Tagestour werden. – Von Wolfsberg zunächst auf der Packer-B 70 an den großen

Holzlagerstätten in Frantschach vorbei nach St. Gertraud. Dort verläßt man das Lavanttal und folgt der Beschilderung „Weineben". Anfangs hat man eine zirka 5 m breite, staubfreie Landesstraße mit Geschwindigkeitsbeschränkung von 50 km/h, Leitschienen an gefährlichen Stellen, Steinschlaggefahr in Felsnähe. Nach 5.5 km guter Ausbau, der im Bj. beim Gh. „Pfeiferstocker" endete. Das nur noch 3.5 bis 4 m breite Erdsträßchen leitet nunmehr bei max. 15% Steigung durch die stark bewaldete Region. Mehrere unübersichtliche Kurven sind zu passieren. Im oberen Abschnitt beträgt die Fahrbahnbreite 5 bis 6 m. Bemerkenswerte Durchblicke auf den Großen Speikkogel (2141), der höchsten Erhebung in der Koralpe. Kurz vor der Landesgrenze steht re. unterhalb der Durchzugsstraße die bewirtsch. Gösslerhütte. — Die steirische Seite wartet mit modernem Ausbauzustand und Neutrassierungen in Teilstrecken auf. Der breite Scheitel des Überganges Weinebene bietet ausreichend Platz zum Abstellen mehrerer hundert Fahrzeuge. Zur Pauluskapelle in guter Aussichtslage leitet ein kurzer Fußsteig. In großzügig angelegten, übersichtlichen Kehren setzt sich die moderne, 6 bis 8 m breite Straße mit einem Gefälle von nur 8% fort. Nach 3 km zweigt an einem offiziellen Parkplatz re. die schmale Zufahrt zur Grünangerhütte (1575) ab, HT. Nach weiteren 5 km findet man re. die kurze Zufahrt zur reizvoll gelegenen Häusergruppe Glashütten (1274) mit Anschluß an das schmale Bergsträßchen direkt hinab nach Schwanberg. Die Hauptstraße hingegen leitet über Trahütten durchwegs zweispurig hinab zur Radlpaß-B 76, in die sie s. von Deutschlandsberg einmündet. Die stark frequentierte Bundesstraße führt unterhalb Schloß Hollenegg und Schwanberg am Fuß der Koralpe zum weiter s. gelegenen Straßenknoten Eibiswald (361). — Zur Weiterfahrt benützt man die südlichste Überquerung der Koralpe über die Soboth hinab ins Drautal, welche sowohl ein landschaftliches als auch ein fahrtechnisches Erlebnis vermittelt. Der gesamte Straßenzug ist hervorragend ausgebaut, St. Oswald ob Eibiswald, Soboth-Ort und auch der Speicher Soboth des neuen Kraftwerkes Koralpe werden umfahren. Nach 30 km erreicht man den außergewöhnlich informativen Aussichtspunkt am Kogler Eck, wo man sich unbedingt eine Rast gönnen sollte, beschilderter Parkplatz. — Der Magdalensberg mit 15% max. Gefälle und der Aussicht gewährende Serpentinenabstieg läßt wiederum das Herz eines Tourenfahrers höher schlagen. Die ausgebaute Bergstrecke ist 6 bis 7 m breit, gefährdete Stellen wurden mit Leitschienen ausgestattet. Eine 200 m lange Engstelle ist im Zusammenhang mit einer Hofdurchfahrt besonders zu beachten; dort wurde auch ein Verkehrsspiegel aufgestellt. Bei Lavamünd (348) biegt man in die B 80 ein, die man allerdings hinter dem Grenzort bald wieder verläßt, um der teilweise modernisierten Landesstraße in Richtung St. Paul durch das Untere Lavanttal zu folgen. Sehenswert ist die an Kunstsammlungen reiche Benediktinerabtei mit ihrer zweitürmigen Stiftskirche, welche auf einem Hügel steht und Abstellplätze im Hof bietet. Von St. Paul setzt man seine Fahrt nach Framrach fort, wo man wiederum auf die B 70 nach Wolfsberg trifft.

Variante: Statt über die Weinebene zu fahren, kann man auch von St. Gertraud weiter über Twimberg bis hinter Preitenegg (1078) auf der Packer-B 70 bleiben, um dann beim Gh. zur Hebalpe in Oberpreitenegg die jetzt verbreiterte Landesstraße über die Hebalpe/Freiländer Alm (1417) zu benützen. Das max. Gefälle beträgt 12% und beginnt wenig unterhalb des Alpengh. „Moser". Bietet schon die Scheitelhöhe kaum Aussicht, so gibt es auf der Bergstrecke nur wenige, spärliche Ausblicke, Achtung auf Viehtrieb! Talaus fährt man auf einem neu trassierten Abschnitt bei Wildbach an den Rebhügeln der Schilcherweine vorüber und gelangt im Raum Geipersdorf zur beschilderten Zufahrt nach Deutschlandsberg (368). Plus 10 km. Fahrtechnische Beurteilung: leicht.

Variante: Eine immer mehr an Bedeutung gewinnende Ausweichroute im grenzüberschreitenden Verkehr zwischen Österreich und Slowenien leitet über den Radlpaß/Radelj Prelaz (650). Die im unteren Abschnitt neu trassierte Straße stellt die kürzeste Verbindung zwischen Aibl bei Eibiswald (361) und Unterdrauburg/Dravograd (364) her. Auf der großflächigen Scheitelhöhe befindet sich die gj. geöffnete Grenzübertrittsstelle. Zwischen beiden Zollstationen wurde im bescheidenen „Niemandsland" ein Duty-Free-Shop eingerichtet. Auf österr. Seite gibt es noch eine zirka 1 km lange Steigungsstrecke durch einen schmalen Graben mit einem Maximum von 18% und unübersichtlichen Kurven. Gut ausgebaut hingegen ist die slowenische Rampe mit max. nur 8% Gefälle und einer Fahrbahnbreite von 6 bis 7 m. Distanz Eibiswald–Mahrenberg (Radlje) 11 km; weitere 20 km sind es bis zur Grenzübertrittsstelle w. Unterdrauburg, wo die Lavamünder-B 80 direkt anschließt und den Grenzort Lavamünd (348) nach 6 km auf gut ausgebauter Strecke erreichen läßt. Minus 1 km. Fahrtechnische Beurteilung: leicht, Nordrampe Radlpaß mittel.

Variante: Für kulturell Interessierte bietet sich die Möglichkeit, bei Gratzl n. St. Paul nach Maria Rojach abzuzweigen. Sehenswert ist dort die gotische, ehem. Wehrkirche mit schönem Flügelaltar. Man fährt dann auf der Landesstraße über Eitweg nach Wolfsberg. Im Raum Maria Rojach wegen der langgezogenen und unübersichtlichen Kurven Geschwindigkeit herabsetzen! Plus 1 km. Fahrtechnische Beurteilung: leicht.

Abstecher: Über die Riedinger Bergstraße zur Hipfelhütte (1627). Von der Packer-B 70 zweigt n. Kleinedling die normal breite, staubfreie Kleinedling-Maildorfer-L 141 nach O mit HT „Koralpe" ab. Sie führt zunächst, Bahn und Landesstraße nach St. Stefan kreuzend, direkt nach Maildorf (460). Dort beginnt die Riedinger Bergstraße. Zweispurig und durchwegs asphaltiert leitet sie mit vielen unübersichtlichen Kurven und max. 15% Steigung durch Wiesen und Wald nach Rieding hinauf, dann weiter über das Gh. „Wolfsgruber" zum Gh. „Waldrast". Von der Bergstrecke aus genießt man gute Ausblicke auf das Lavanttal zwischen Wolfsberg und St. Paul, auf Saualpe, Koralpe, Karawanken und Steiner Alpen. Vom Gh. „Waldrast" setzt sich das Bergsträßchen durch Wald erst flach, dann steiler werdend, zuletzt in einigen Kehren zur Hipfelhütte fort, 16 km ab B 70. Die Fortsetzung der Straße zum Koralpenhaus ist abgeschrankt und versperrt. Hin und zurück 27 km. Fahrtechnische Beurteilung: leicht bis mittel.

7	**Rund um die Pack- und Stubalpe***

Route: Weißkirchen i.d. Steiermark (689) — Gaberlhaus (1547) — Salla — Köflach — Edelschrott — Packsattel (1169) — Preitenegg — Twimberg — Bad St. Leonhard — Obdacher Sattel (954) — Obdach — Weißkirchen. 115 km.

Fahrtechnische Beurteilung: mittel

Zeitaufwand: Halbtagestour

Gleichwohl der Ameringkogel in der Packalpe eine Höhe von 2187 m erreicht und in den w. benachbarten Seealpen der Zirbitzkogel in fast 2400 m gipfelt, durchmißt die vorgegebene Runde überwiegend Landstriche mit Mittelgebirgscharakter. Städte und Märkte im Murboden und im Aichfeld wie Zeltweg, Fohnsdorf und Knittelfeld sowie das weststeirische Industriegebiet mit den Orten Köflach, Voitsberg und Bärnbach bilden das „Hinterland" des zu umrundenden Erholungsgebietes. An seinen Rändern ist es stark, in seinem Inneren jedoch nur bescheiden für den Verkehr erschlossen. Sowohl die Gaberl-B 77 als auch die Packer-B 70 bieten ideale Strecken für den Motorradfahrer! Über die Pack fährt man bekanntlich von einer Kurve in die andere. Stub- und Packalpe (Vier Törl) weisen im allgemeinen Straßenverlauf günstig ausgeglichene Steigungsverhältnisse auf. Die Maxima betragen auf der Westseite des Gaberl 13%, auf der Pack nur 10%. Im 2.5 km langen Abschnitt „Kremser Berge" wurde die B 70 sogar vierspurig ausgebaut um den Industrieraum Voitsberg-Köflach-Bärnbach verkehrsgerecht an die Südautobahn anzuschließen. Alle gefährdeten Stellen sind mit Leitschienen ausgestattet. Auf den Bundesstra-

Skizze 7 Rund um die Pack- und Stubalpe

ßen gibt es Fahrbahnbreiten von 6 bis 8 m, in den Kehren sind Überbreiten bis 12 m anzutreffen. Die 44 km lange Gaberl-B 77 verbindet
auf kürzestem Weg Judenburg (737) mit Köflach (449). Durch den
Ausflugsverkehr ist das Gaberl an Wochenenden und Feiertagen stärker frequentiert als an Arbeitstagen. — Die in Weißkirchen beginnende
Strecke über das Gaberl ist von eigenartigem Reiz, wobei die Landschaft mehr herb als lieblich erscheint. Schon von der Kreuzer Höhe
(1026) hat man eine umfassende Aussicht, vor allem auf das Aichfeld
und den Murboden, dahinter ragen die Berge der Seckauer und Triebener Tauern auf. Von der Birker Höhe (1121) richten sich die Blicke
nach N bis zum Hochschwabgebirge. Auf der Scheitelhöhe steht dicht
an der Waldgrenze das Gaberlhaus des AV. Auf der Ostrampe beginnt
fast unvermittelt eine längere Gefällestrecke. Mittels zweier Kehren
überwindet man den HU hinab in den Lederwinkel. Das Gefälle endet
beim Gh. „Zur Almbrücke" (973). Vorbei an alten Wassermühlen zieht
die ausgebaute Straße über das Dorf Salla, dann durch den einge-

29

schnittenen Graben des Gradner Baches talaus in den Kessel von Köflach. — Die daran anschließende Packer-B 70 leitet mit ihrer 40 km langen Bergstrecke nach Twimberg durch ein landschaftlich anmutiges Hügelland und benützt die niedrigste Einsattelung (1169) zwischen Pack- und Koralpe; über sie verläuft auch die Landesgrenze zwischen Steiermark und Kärnten. Die Scheitelstrecke bietet gute Aussicht auf das ringsum bewaldete Hügelland. Der starke Schwerverkehr hat sich auf die Süd-A 2 verlagert. — Der Packer Stausee liegt nur wenig abseits der Route im SO. Vom Gh. „Zur Stampf" leitet die s. Zufahrt hinauf zum Salzstiegelhaus (1543) auf dem Hirschegger-Sattel. — Die Fortsetzung der Hauptroute über Preitenegg und Waldenstein nach Twimberg im Oberen Lavanttal ist problemlos. Man biegt in die moderne Obdacher-B 78 ein, welche zwar ein rasches Vorwärtskommen, doch keinerlei fahrerische Höhepunkte bietet. Die Landesgrenze wird beim „Taxwirt" überschritten. Der Obdacher Sattel ist kaum erkennbar ausgeprägt, max. Steigung bzw. Gefälle betragen 7%. In Obdach staut sich zu Stoßzeiten der Verkehr vor dem alten Stadttor; Obdach hat noch keine Ortsumfahrung! Neben dem Granitzenbach und dem Schienenstrang leitet die Straße talaus nach Weißkirchen am Rande des Murbodens.

Variante: Das vom Gaberl-Schutzhaus abzweigende, nur abschnittsweise staubfreie Sträßchen führt über das Alte Almhaus hinab nach Maria Lankowitz und vereinigt sich im benachbarten Köflach wieder mit der B 77. Es weist eine geringere Fahrbahnbreite als die Gaberlstraße auf. Minus 5 km. Fahrtechnische Beurteilung: mittel.

Absiecher: Ein beliebtes Ziel, vor allem für Wanderfreudige, ist die Sabathyhütte (1620) in den Seetaler Alpen. Die Strecke von Obdach (877) bis zur Abzw. von der St.-Wolfganger-L 539 ist normal breit und leitet durch das Tal des Granitzenbaches, bis zur Spitzkehre 7 km. Das daran anschließende Bergsträßchen ist nur einspurig breit und hat Ausweichstellen auf Sicht. Die max. Steigung beträgt 10%, der HU von Obdach stattliche 750 m. Über das kurvenreiche Bergsträßchen wurde eine Geschwindigkeitsbeschränkung von 40 km/h verhängt. Die Strecke führt durch ein ausgedehntes Waldgebiet und war im Bj. nicht durchgehend staubfrei. — Andere Zufahrten im Raum des Zirbitzkogelhauses sind für den zivilen Verkehr im unmittelbaren Bereich des Truppenübungsplatzes gesperrt! Die Judenburger Hütte (1421) war im Bj. von Obdach her sowohl über St. Wolfgang auf einem bescheidenen Fahrweg bzw. auf der direkten, 16 km langen Zufahrt über den Gh. „Reiterbauer" erreichbar. — Hin und zurück 24 km. Fahrtechnische Beurteilung: mittel.

Erhöhte **Steinschlaggefahr** besteht im Frühjahr, wenn Eis und Frost in den Steinfugen auftauen, und im Sommer speziell nach starken Regenfällen.

Route: Völkermarkt (462) — Griffen — Griffener Berg (708) — Schönweg — Framrach — St. Andrä — Unteraigen — Wolfsberg — Twimberg — Abzw. Bad St. Leonhard — Klippitztörl (1644) — Lölling bei Hüttenberg — Mösel — Klein St. Paul — Eberstein — Brückl — Diex — Haimburg — Völkermarkt. 120 km.

Fahrtechnische Beurteilung: leicht bis mittel

Zeitaufwand: Halbtagestour

Die Straßen und Fahrwege um und in der Saualpe sind weit schwächer frequentiert als beispielsweise jene in den Seengebieten Kärntens. Fast parallel zur Süd-A 2 verläuft die verkehrsberuhigte Pakker-B 70. Der Schwerverkehr von Kärnten in die Steiermark bzw. umgekehrt hat sich fast zur Gänze auf die Autobahn verlagert, der früher berüchtigte Griffener Berg wurde dadurch ausgeschaltet. Dafür bietet jetzt die Packer-B 70 den Motorradfahrern erhöhten Fahrgenuß. Seither ist auch die Unfallträchtigkeit stark zurückgegangen. Der Griffener Berg wurde wesentlich sicherer. Sowohl die stark modernisierte Straße über das Klippitztörl als auch jene zwischen Möselhof und Brückl durch das Görtschitztal führende sind mit Motorrad wegen des guten Straßenzustandes und ihrer abwechslungsvollen Trassierung problemlos zu befahren. Man kann sie als verkehrsarm einstufen. Eine Bereicherung dieser Runde ist durch die ausgebaute und Aussicht gewährende Verbindung von Brückl über Diex zur AA Völkermarkt-Ost gegeben. Die Steigungsverhältnisse sind allerdings unterschiedlich: Der Griffener Berg an der B 70 wartet auf seiner Südrampe mit max. 8%, auf seiner Nordrampe mit max. 12% auf und ist windungsreich; zum Klippitztörl hat man von beiden Seiten nach erfolgtem Umbau nur mehr max. 12% zu bewältigen. Auf der Bergstraße nach und von Diex mißt man jetzt nur noch 9% Steigung bzw. Gefälle. — Von Völkermarkt zunächst auf der breiten B 70 hinauf nach Griffen. Im Schloßberg befindet sich die Griffener Tropfsteinhöhle; ihr Eingang liegt gegenüber dem Kirchentor und ist nur 60 m von der Durchgangsstraße entfernt. Die elektrisch beleuchtete Grotte wird als die bunteste Tropfsteinhöhle Österreichs bezeichnet. Die Abfahrt in Richtung Framrach erheischt wegen ihrer unübersichtlichen Kurven und engen

31

Skizze 8   Rund um die Saualpe

Passagen größte Vorsicht! St. Andrä besitzt im w. Ortsteil ein besuchenswertes Bauernmuseum. Wolfsberg ist eine betriebsame und
verkehrsreiche Stadt in Unterkärnten. Die B 70 durchmißt re. der
Lavant das gesamte Stadtgebiet. In Twimberg verläßt man die Packer
Straße und folgt lavantaufwärts der Obdacher-B 78 bis zur Bahnstation Wiesenau, 2 km s. von Bad St. Leonhard, wo man sie über den
Schienenstrang verläßt und li. in die Straße zum Klippitztörl, HT, einbiegt. — Eine bis zum Gh. „Buchbauer" (1311) dazu parallel verlaufende Straße zweigt bereits beim Bahnhof Preblau-Sauerbrunn von der
B 78 ab und leitet über den Ort Preblau (918), bekannt durch seine
Mineralwasserquelle, und die Kogelhütte ebenfalls zum Gh. „Buch-

bauer". — Die Hauptstraße berührt noch vor Erreichen der Scheitelstrecke das Schafferkögele (1473). Die Schwarzkogelhütte und das
Hohenwarthaus liegen abseits der Straße unterhalb der Hohenwart
(1818); sie sind auf schmalen bzw. holprigen Güterwegen erreichbar.
Die Streusiedlung, welche von der Hauptstraße berührt wird, ist eine
im Winter schneesichere Schiregion. Als Terrassenstraße setzt sie
sich bei fast flachem Verlauf zum Klippitztörl fort, wo sich die Wasserscheide befindet. Das neue Klippitztörl-Haus der Naturfreunde liegt ö.
der Scheitelhöhe im Schnittpunkt mehrerer Wanderwege. Auf der
Scheitelhöhe wurde ein offizieller Platz zum Abstellen für zirka 30
Fahrzeuge und ein Brunnen eingerichtet. — Durch ein ausgedehntes
Waldgebiet senkt sich die durchgehend asphaltierte und normal breite Bergstraße hinab in den Löllinggraben und hinaus nach Stranach.
Im N von Mösel mündet sie in die Görtschitztal-B 92, auf der man, von
der Gurk talaus begleitet, über Klein St. Paul und Eberstein den größeren Ort Brückl (533) erreicht. — Von Brückl gewinnt man auf der 5 m
breiten Landesstraße nach Diex (Abzw. vom n. Ortsrand) über die 7
km lange Serpentinenauffahrt bis Gretschitz (1158) rasch an Höhe,
max. 10% Steigung. Nach weiteren 6 km gelangt man auf dieser Ver-
bindungsstrecke über Ferlinka zum maueumgürteten, reizvoll auf
einer Anhöhe gelegenen, alten Ort Diex. Die beiden schindelbedeck-
ten Türme der ehem. Wehrkirche sind das weithin sichtbare Wahrzeichen von Diex. Die normal breite Bergstraße zieht bei mäßigem Gefälle hinab in den Graben des Haimburger Baches und nach Haimburg
(500), das von drei Burgen bzw. Burgruinen umgeben ist. Bis zur AA
Völkermarkt-Ost hat man noch 3 km, bis in das Zentrum von Völkermarkt noch 6 km zurückzulegen.

Variante: 4 km ö. vom Griffener Berg zweigt beim Gh. „Brenner" li. die Saual-
pen-Aussichtsstraße von der B 70 ab. Von der Streusiedlung Schönweg (555)
leitet sie zunächst windungsreich hinauf zum Gh. „Sieber" in Lamm (792). An
ihrer Fortsetzung liegen die Gasthöfe „Grasler" und „Maurer". Das Sträßchen
erreicht unterhalb von St. Leonhard seinen höchsten Punkt. Die Aussicht richtet sich vor allem gegen Koralpe und das Untere Lavanttal. In seinem weiteren
Verlauf führt es am Fuße des Herzogkogels entlang und über Pölling (922)
hinab nach Kohlegg und mündet bei Unteraigen (424) 6 km s. von Wolfsberg
wieder in die B 70 ein. Plus 10 km. Fahrtechnische Beurteilung: mittel.

Abstecher: Die Wolfsberger Hütte (1825) ist vor allem für Begeher des
Lavanttaler Höhenweges als Stützpunkt von Interesse. Die anfangs asphaltierte Bergstraße zu diesem 19 km ab Wolfsberg entfernten Ziel leitet
abschnittsweise, unterschiedlich breit, über St. Michael und Lading (1011)
zunächst 13 km zur Gießlhütte, auch Hochkogelhütte (1347) genannt, hinauf. 33

Dann setzt sie sich als zwar privater, jedoch gut befestigter Güterweg mit Schotterbelag, nur mehr einspurig breit, in Richtung zur Offner-Hütte fort; li. hat man die kurze Zufahrt zur Zechhütte (1520). Im Bj. wurden bergwärts die Wegeverhältnisse zunehmend schlechter, weil zahlreiche Querrillen (Regenrasten), stark ausgefahrene bzw. ausgewaschene Kurven ein Vorwärtskommen erschwerten. Die Offner-Hütte (1729) liegt bereits oberhalb der Waldgrenze und bietet deshalb auch bemerkenswerte Ausblicke auf das Lavanttal und den gesamten Koralpenzug. Das letzte Stück Auffahrt zur Wolfsberger Hütte zeigte sich im Bj. recht ruppig, wobei die max. Steigung mit 15% einzuschätzen war. Hin und zurück 38 km. Fahrtechnische Beurteilung: bis Hochkogelhütte leicht bis mittel, dann mittel bis schwierig.

9	**Große Karawanken-Rundfahrt***

Route: Klagenfurt (445) — Tainach — St. Kanzian — Klopeiner See — Eberndorf — Miklauzhof — Eisenkappel — Seebergsattel (1218) — Kranj — Loibl-Straßentunnel (1067) — Kleiner Loiblpaß (759) — Kirschentheuer bei Ferlach — Hollenburg — Klagenfurt. 152 km.

Fahrtechnische Beurteilung: leicht bis mittel

Zeitaufwand: Tagestour

Auf dieser abwechslungsvollen Runde durchmißt man zunächst einen Teil des Kärntner Unterlandes und umfährt dann die Östlichen Karawanken mit den Steiner Alpen. Abstecher vermitteln gute Einblicke in die landschaftliche Vielfalt und die Besonderheiten des erfaßten Raumes. — Die Packer-B 70 ist bis zur Fertigstellung der Südautobahn die wichtigste Ausfallstraße der Landeshauptstadt nach O. Das Teilstück Klagenfurt-Tainacher Feld ist breit ausgebaut mit drei- und vierspurigen Abschnitten. S. von Dullach gelangt man über die schmale Draubrücke nach St. Kanzian. Es lohnt sich nun, den Weg über die s. Uferstraße des Klopeiner Sees nach Unterburg zu nehmen. Am w. Ortsrand von Eberndorf trifft man auf die B 82, der man über Miklauzhof nach Eisenkappel (555) folgt. Die Route zieht sich weiter vellachaufwärts über Bad Vellach zum Seebergsattel, der als fahrtechnisch leichtester Karawankenübergang gilt und am wenigsten frequentiert wird. — Kürzer sind jedoch Wurzenpaß und Loiblstraße (Loiblstraßentunnel). Den Karawanken-Straßentunnel (Karawanken-Autobahn) kann man in keinen landschaftlichen Vergleich einbeziehen, doch ist

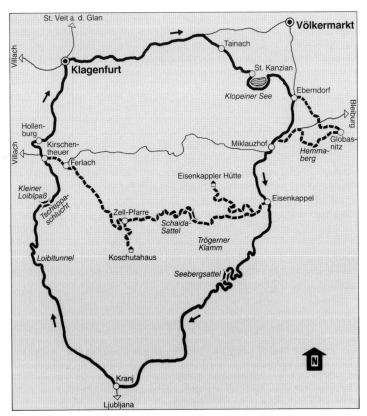

Skizze 9   Große Karawanken-Rundfahrt

er ohne Zweifel das kürzeste Bindeglied auf dem Weg in Richtung Laibach. — Die Streckenführung über den Kärntner Seeberg leitet durch eine landschaftlich ansprechende Region. Die Kärntner Rampe weist durchschnittlich nur 8% auf, doch gibt es kurze Maxima von 12% Steigung. Sie ist im oberen Abschnitt modern ausgebaut, wobei man mit zwölf großzügig angelegten Kehren die Aussicht bietende Scheitelhöhe mit dem Grenzübergang nach Slowenien gewinnt. Auf slowenischer Seite hat man hingegen im oberen Abschnitt eine nur 5 m breite, 6 km lange, serpentinenreiche Bergstrecke hinab nach Oberseeland/Jezersko bei max. 11% Gefälle. Bis Krainburg/Kranj sind es vom Paßscheitel 36 km. Erst ab Tupaliče fand man im Bj. eine

35

normal breite Straße vor. — 12 km nw. Krainburg zweigt die hervorragende Asphaltstraße durch die herrlichen Buchenwälder des St.-Anna-Tals ab; ihr Querschnitt ist überbreit. Den im Talboden gelegenen und wegen seiner Lederindustrie bekannten Ort Neumarktl/Tržič (515) umfährt man auf der Hangseite in zwei Tunnels. Nach einer gemäßigten Steigungsstrecke gelangt man zum geräumigen slowenischen Zollplatz von St. Anna, welcher direkt unterhalb des Südportals des 1560 m langen Loibltunnels liegt; letzterer weist zwar eine Breite von fast 12 m auf und ist ausreichend beleuchtet, jedoch war seine Be- und Entlüftung im Bj. mangelhaft. — Das österr. Zollamt liegt unmittelbar am Nordportal und ist auf einer Gefällestrecke geländebedingt ungünstig situiert. Bei stärkeren Reisefrequenzen stehen Wartende bei verbrauchter Luft im Tunnel! Auf der mit Kunstbauten errichteten Bergstrecke hinab zum „Raidenwirt" hat man 17% Gefälle. Oberhalb der besuchenswerten Tscheppaschlucht sorgt eine Lawinenschutzgalerie für Sicherheit. Der Kleine Loibl wartet nochmals mit einer bemerkenswerten Gefällestrecke auf, die jedoch 12% nicht überschreitet. Der Drauübergang bei Hollenburg und der Sattnitz-Höhenzug bilden auf dem weiteren Weg nach Klagenfurt auf der gut ausgebauten B 91 kaum ein Hindernis.

Variante: Von Eberndorf über Loibegg, Jaunstein, Globasnitz, Hemmaberg, Juenna (750), Sagerberg, Altendorf und Pfannsdorf nach Miklauzhof, wo man wieder in die B 82 einmündet. Auf dem Straßenscheitel Juenna wurden mehrere römische Gräber gefunden. Das Hemmabergsträßchen ist vorwiegend einspurig, jedoch durchwegs asphaltiert. Es gibt mehrere sehr unübersichtliche Kurven, Steigungen bzw. Gefälle haben max. 10%. Von der Scheitelstrecke bieten sich gute Ausblicke auf fast ganz Unterkärnten! Plus 10 km. Fahrtechnische Beurteilung: mittel bis schwierig.

Variante: Von Eisenkappel über den Schaida-Sattel (1069) und Zell-Pfarre nach Ferlach. Dieser Übergang stellt die einzige befahrbare Ost-Westverbindung, unmittelbar am Fuß der Karawanken verlaufend, dar; außerdem fungiert sie als Klammer zwischen dem Kärntner Seeberg und dem Loibl-Straßentunnel. Die Landesstraße durch das Ebriachtal ist bis zum „Radlwirt" modern ausgebaut. Während ihre Fortsetzung nach S in die romantische Trögerner Klamm leitet (zuletzt einspurig mit Ausweichstellen), beginnt die Bergstraße zum Schaida-Sattel re., HT. Sie gewinnt im oberen Abschnitt bei max. 12% Steigung mit mehreren Serpentinen rasch an Höhe. Auf dem Scheitel gibt es beiderseits der Straße vorgegebene Abstellplätze. Für die Gestaltung des Rastplatzes hat sich der Straßenerhalter einiges einfallen lassen, u.a. wurden Tische und Bänke mit Überdachung aufgestellt. Die Aussicht richtet sich von der Scheitelhöhe hauptsächlich nach SW auf die Spitzen und Türme der Koschuta. Die schmale Asphaltstraße senkt sich nun mit mehreren Windungen hinab ins Freibachtal, das sie beim Gh. „Terklbauer" (859) erreicht. Landschaftlich besticht der folgende Talabschnitt mit Ausblicken auf den Freiberg und den Koschutnikturm (2136). W. von Zell-Pfarre (948) fährt man durch ein stark gewundenes, eingeschnittenes Tal bei max. 15% Gefälle neben dem Waidischbach auf hervorragend ausgebauter Straße aus dem Gebirge und über Waidisch nach Ferlach (466); der Ort wurde hauptsächlich durch seine hochqualifizierten Büchsenmacher bekannt. Von Ferlach 2 km lange Verbindungsstraße bis zur Einmündung in die B 91 bei Kirschentheuer. Minus 60 km. Fahrtechnische Beurteilung: mittel, ab Waidisch leicht.

Abstecher: Von Eisenkappel (555) zunächst durch das Ebriacher Tal zum Gh. „Obir Pepi" und hinauf zum Kurnig-Sattel (989). Nach Passieren der Mautstelle auf der „Alpenstraße Hochobir" noch 8 km bergwärts bis zur Eisenkappler Hütte (1555); durchwegs asphaltierte Bergstrecke, zweispurig ausgebaut bei max. 14% Steigung/Gefälle. HU runde 1000 m. Hin und zurück 32 km. Fahrtechnische Beurteilung: leicht bis mittel.

Abstecher: Am w. Ortsrand von Zell-Pfarre nimmt ein 4 km langes, schmales Mautsträßchen seinen Ausgang, das bei max. 16% Steigung durch die „Kalte Aue" bis zum Koschutahaus (1279), einem wichtigen Stützpunkt auf dem Karawanken-Wanderweg, hinaufleitet. Hin und zurück 8 km. Fahrtechnische Beurteilung: mittel bis schwierig.

Rund um die Seckauer und Eisenerzer Alpen**	**10**

Route: Trieben (709) — Hohentauern — Triebener Tauern (1265) — St. Johann am Tauern — Möderbrugg — St. Oswald — Sommertörl (1644) — Bischoffeld — Seckau — Kobenz — St. Michael — Traboch — Trofaiach — Vordernberg — Präbichl (1232) — Eisenerz — Münichtal — Hieflau — Gstatterboden — Admont — Nagelschmied-Sattel (1086) — Dietmannsdorf — Trieben. 170 km.

Fahrtechnische Beurteilung: mittel, teilweise schwierig

Zeitaufwand: Tagestour

Eine interessante und landschaftlich besonders abwechslungsvolle Runde! Man wählt wegen seiner verkehrsgünstigen Lage mit Vorzug Trieben im Paltental als AP und fährt zunächst nach Hohentauern auf wesentlich modernisierter Bergstraße bei max. 12% durch den Wolfsgraben hinauf. In den Kehren besitzt die Straße Überbreiten und kann zügig befahren werden. Das Kirchdorf Hohentauern liegt reizvoll eingebettet in einer breiten Mulde zwischen den Triebener und den Rottenmanner Tauern (Großer Bösenstein, 2448 m). Von der Scheitelhöhe setzt man seine Fahrt windungsreich und bei sanftem Gefälle durch das stark bewaldete Pölstal nach St. Johann am Tauern (1056) und Möderbrugg fort. Hier verläßt man die Triebener-B 114 und folgt in ö. Richtung dem Sträßchen durch den Wenischgraben nach St. Oswald (982). Serpentinenreich führt die Straße hinauf zum Sommertörl. Der Sattel befindet sich am s. Fuß des Rosenkogels (1921) in den Seckauer Tauern, 8 km von St. Oswald entfernt. Bei 10 % Gefälle leitet das schmale und im Bj. nicht staubfreie Sträßchen hinab zum Gh. „Lasser" und weiter durch den Gaalbachgraben nach Ingering (881), 14 km ab Sommertörl. Von Ingering über Bischoffeld zur Asphaltstraße nach Seckau weitere 5 km. Man biegt nun li. in die von Knittelfeld heraufziehende Landesstraße ein und hat dann nur noch 6 km bis zur großen, mauerumschlossenen Benediktinerabtei Seckau, einem ehem. Bischofssitz, zurückzulegen. Besonders sehenswert ist die Stiftsbasilika Mariä Himmelfahrt mit reicher Innenausstattung. Der Besuch dieser Sehenswürdigkeit ist auch einen größeren Umweg wert! Begleitet vom Kobenzbach fährt man hinab nach Kobenz und erreicht nö. des Ortes die Anschlußstelle St. Lorenzen-Feistritz der Murtal-S 36. Dieser folgt man bis zum Knoten St. Michael, um dort auf die A 9 in Richtung Traboch hinüberzuwechseln. Die Teilstrecke auf der Autobahn ist nur 4 km lang, weil man sie vor Traboch wieder verläßt, um den weiteren Weg auf der „Steirischen Eisenstraße" zurückzulegen. Trofaiach läßt man re. liegen und bleibt auf der B 115. Im benachbarten Vordernberg lohnt sich eine Unterbrechung, um das interessante Eisenmuseum zu besichtigen. Auf seinem Vorplatz steht eine alte, sehr starke Dampflok der Erzbergbahn. Neu im Ort ist ein Zahnradbahnmuseum. — Die Bergstrecke über den Präbichl ist Kernstück der B 115, welche die beiden wichtigsten Zentren der österr. Eisenindustrie, nämlich Leoben und Steyr, miteinander verbindet. Dieser Industriezweig ist es auch, welcher einer Fahrt über den Präbichl das Gepräge verleiht. Ungewohnte Bilder, wie der rotbraune, treppenartig abgestufte Erzberg, die alten Bergbauorte und die Hochöfen, Gießereien und Walzwerke in Donawitz sie bieten, stehen in starkem Gegensatz zur alpinen Kulisse. Die wegen ihrer extremen Steigungen ehem. berüchtigte Paßstraße präsentiert sich heute in einem modernen Ausbauzustand. Die Steigungen wurden größtenteils entschärft und betragen auf ihrer Südrampe max. 15 %, auf ihrer Nordrampe max. 10 %. Die Fahrbahnbreiten schwanken zwischen 7 und 10 m, abschnittsweise sind bergwärts Kriechspuren angelegt worden, sodaß der Schwerverkehr andere Verkehrsteilnehmer nicht

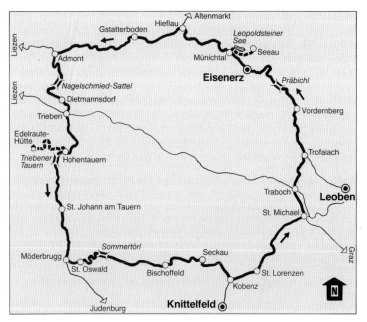

Skizze 10   Rund um die Seckauer und Eisenerzer Alpen

behindert. Am Westgrat des Niederpolster, zirka 2.5 km von der Scheitelhöhe entfernt, wurde ein idealer Rastplatz mit Blick auf den Steirischen Erzberg und seinen ausgeprägten Tagbau angelegt. Die Knappenstadt Eisenerz (736) wird im N umfahren. Durch zahlreiche Windungen erreicht man den Knotenpunkt Hieflau (603) an der Enns. Eine Fahrt durch das Gesäuse zwischen Hieflau und Admont zählt sowohl für Motorisierte auf der Ennstal-B 146 als auch für „Wasserwanderer" auf der Enns zu den reizvollsten in Österreich. Typisch für die Ennstaler Alpen sind ihre großartigen Wandbildungen. Kernregion und landschaftlicher Höhepunkt ist das Gesäuse mit seiner rund 15 km langen, wildromantischen Schlucht; sie verdankt ihren Namen, der im Laufe der Zeit auch auf die Berge der Umgebung übergegangen ist, dem Sausen und Tosen der Enns. Eindrucksvoll ist ihre Szenerie mit bis zu 1000 m hohen Felsabstürzen in diesem, zum NSG erklärten Gebirge. Vom Ennsdurchbruch bei Hieflau sind 25 km auf vorwiegend windungsreicher Straße zurückzulegen. Die Fahrbahnbreiten sind bis auf einige wenige Engstellen normal. Achtung auf

steinschlaggefährdete Streckenabschnitte! Das Gh. „Gstatterboden"
auf halber Schluchtstrecke erfreut sich wegen seiner guten Ausblicke
auf das Gebirge eines regen Zuspruchs. — Von Admont (640) aus
schneidet man die w. Ausläufer der Ennstaler Alpen mit einer Fahrt
über den Nagelschmied-Sattel ab, welcher den leicht befahrbaren
Übergang vom Ennstal in das Paltental vermittelt, 14 km. Nordrampe
max. 14% Steigung, Südrampe durchschnittlich 7%, durchgehend
asphaltiert. Die landschaftlich lohnende Strecke bietet bemerkenswerte Ausblicke auf den Admonter Kalbling (2196), dessen Aufbau mit
einem elegant geschwungenen Felshorn vergleichbar ist. Trieben hat
einen eigenen Anschluß an die A 9 im N des Ortes.

Abstecher: Über die Scheibelseen-Alpenstraße zur Edelraute-Hütte (1706).
Dieses mautpflichtige Bergsträßchen erschließt das Wandergebiet um die
beiden Bösensteine, die höchsten Erhebungen in den Rottenmanner Tauern.
Es nimmt seinen Ausgang in Hohentauern, HT, und leitet über mehrere Kehren durch ein einsames Waldgebiet, tangiert das Schober-Hochmoor und
endet nach 6 km auf der Scheibelalm, nur wenig vom Kleinen Scheibelsee
entfernt. Die Fahrbahnbreite beträgt 4 m, die max. Steigung 12%, durchwegs
geteerte Strecke. Vom EP hat man noch 10 Gehmin. zur gj. geöffneten Edelraute-Hütte. Hin und zurück 12 km. Fahrtechnische Beurteilung: mittel.

Abstecher: Zum Leopoldsteiner See (628) benützt man als Zufahrt die Abzw.
von der B 115 in Münichtal n. von Eisenerz. Er ist der größte See am Rande
des Hochschwabgebirges, 1.5 km lang und bis zu 350 m breit. Seine Lage am
Fuß der mächtigen Seemauer, welche den westlichsten Gebirgsstock des
Hochschwab bildet, ist besonders reizvoll. Der langgestreckte, bewaldete
Rücken des Seeriegels trennt ihn vom benachbarten Tal des Erzbaches.
Nahebei das aus dem 17. Jh. stammende, nach 1890 durch Prinz Arnulf von
Bayern neugotisch umgestaltete Schloß Leopoldstein. Das Sträßchen endet
in der Seeau. Hin und zurück 12 km. Fahrtechnische Beurteilung: leicht.

11	**Rund um die Ennstaler Alpen***

Route: Liezen (664) — Selzthal — Rottenmann — Dietmannsdorf bei Trieben —
Nagelschmied-Sattel (1086) — Admont — Gstatterboden — Hieflau — Großreifling — Altenmarkt bei St. Gallen — Oberlaussa — Hengstpaß (985) — Windischgarsten — Spital am Pyhrn — Pyhrnpaß (954) — Liezen. 135 km.

Fahrtechnische Beurteilung: mittel

Zeitaufwand: Halbtagestour

Mit dieser Tour lassen sich die gesamten Ennstaler Alpen, welche sich sowohl über Landesteile der Steiermark als auch Oberösterreichs ausdehnen, erfassen. Wegen seiner verkehrsgünstigen Lage ist die Bezirkshauptstadt Liezen der empfohlene Ausgangsort. Liezen bildet auch den geographischen Mittelpunkt Österreichs. Zunächst folgt man bis Selzthal dem Autobahnzubringer und dann der Pyhrn-A 9 bis zum AA Trieben. Ein Zubringer leitet nach Dietmannsdorf (751). Dort nimmt das asphaltierte Bergsträßchen hinauf zum Nagelschmied-Sattel seinen Ausgang; die durchschnittliche Steigung auf der 6 km langen Strecke beträgt 7%, auf der windungsreichen Nordrampe nach Admont hat man ein Gefälle von max. 14% zu bewältigen, bis Admont weitere 7 km. Beschreibung der eindrucksvollen, 25 km langen Strecke von Admont durch das Gesäuse nach Hieflau → Route 10, Rund um die Seckauer und Eisenerzer Alpen (in umgekehrter Richtung). — Von Hieflau (603) setzt man seine Fahrt auf der Eisen-B 115 in Richtung Altenmarkt bei St. Gallen (467) fort. Die Straße folgt dem Lauf der Enns und ist geländebedingt äußerst windungsreich, was zu einer besonders vorsichtigen Fahrweise zwingt. Man passiert Großreifling (449), am gegenüberliegenden Ufer der Salzamündung gelegen. Von Altenmarkt, das sich einer großen Schlinge der Enns anschmiegt, überwindet man mit max. 20% Steigung die ausgeprägte Steilstufe zunächst durch den Engpaß hinauf nach Oberlaussa, dann weiter zur Scheitelhöhe des Hengstpasses. Bis Oberlaussa folgt das windungsreiche, verkehrsarme Bergsträßchen der steirisch-oberösterr. Landesgrenze und wird vom Laussabach begleitet. In der Einsamkeit liegt neben der Straße das Wirtshaus „Kampertal". Mit einem mäßigen Gefälle neigt sich nunmehr die Straße durch das Tal des Dambaches, an der neuen Siedlung Rosenau vorbei, hinab nach Windischgarsten (602), das in einer breiten, wiesenreichen Talmulde liegt. Während der Anschluß Rossleithen an die Pyhrn-A 9 sich im NW des Ortes befindet, erreicht man die Pyhrnpaß-B 138 im SO. Das benachbarte Spital am Pyhrn (640) bietet als bemerkenswerte kulturelle Sehenswürdigkeit die Stiftskirche Mariä Himmelfahrt, deren Besichtigung man nicht versäumen sollte. Statt durch den bemauteten, 5500 m langen Bosrucktunnel zu fahren, lohnt es sich aus landschaftlichen und fahrtechnischen Aspekten, die Route über die Scheitelhöhe des Pyhrnpasses fortzusetzen. Während der Auffahrt gelangt man am alten Pflegerturm vorbei, welcher noch aus der Römerzeit stammt. Der Pyhrnpaß war für die Kelten und Illyrer schon um 1200 v. Chr. ein vielbenützter Übergang im Gebirge und ein Zugang zur Donau. Auf der Südseite senkt sich die großzügig ausge-

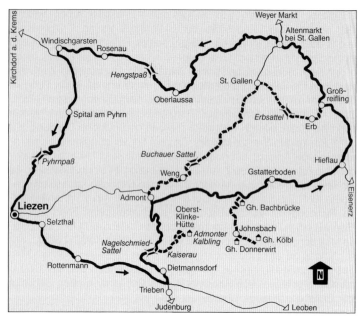

Skizze 11   Rund um die Ennstaler Alpen

baute Paßrampe mit weiten, übersichtlichen Schleifen, vorbei am Forsthaus „Hassegg" und mit einer letzten Geraden durch die neue Pyhrnerhofsiedlung in den Verkehrsknoten Liezen.

Variante: In der B 117 von Admont über den Buchauer Sattel und in der Erb-L 705 besteht eine Alternative zur Gesäusestrecke mit ihrer Fortsetzung ennsabwärts auf der B 115. Der Admonter Nachbarort Weng (653) wird durch eine großzügig angelegte Schleife umgangen. Der Übergang selbst ist gut ausgebaut, Steigungen bzw. Gefälle überschreiten 8% nicht. Von der Scheitelhöhe hat man eindrucksvolle Ausblicke sowohl auf die Haller Mauern als auch auf die Gesäuseberge. Von Admont muß man bis St. Gallen 20 km zurücklegen. Beachtenswert in St. Gallen ist die bereits 1152 urkundlich erwähnte Pfarrkirche. Am Ortsrand von St. Gallen zweigt re. ein Verbindungssträßchen ab, das über den Erbsattel (672) und durch das „Kleine Gesäuse" (im Volksmund gebrauchte Bezeichnung) nach Großreifling führt, 11 km. Die aufgezeigte Alternative vermittelt weit weniger wildromantische Eindrücke als die Gesäusestrecke auf der Hauptroute. Minus 3 km. Fahrtechnische Beurteilung: leicht bis mittel.

Abstecher: Rund 1 km ö. vom Nagelschmied-Sattel zweigt die Kalbling-Höhenstraße zur Oberst-Klinke-Hütte (1486) ab. Die zweispurige, geschotterte Mautstraße durchmißt die idyllische Kaiserau mit dem Jagdschlößchen. Bis zum Hüttenparkplatz auf dem Kalblingboden gewinnt sie zirka 400 Höhenmeter; die Steigungsverhältnisse sind dabei ausgeglichen und erreichen max. 10%. Die genußvolle Fahrt vermittelt bemerkenswerte Ausblicke auf den Admonter Kalbling (2196). Die 1941 auf Initiative des damaligen Obersten Klinke erbaute, später erweiterte Schutzhütte ist seit Fertigstellung der Höhenstraße der meistbesuchte Stützpunkt in den Ennstaler Alpen. Die Hütte erfreut sich einer prächtigen Lage am Fuß des Admonter Kalbling, knapp unterhalb des Kalblinggatterls (1542). Hin und zurück 9 km. Fahrtechnische Beurteilung: mittel.

Abstecher: Beim Gh. „Bachbrücke", 4 km w. von Gstatterboden, mündet das romantische Johnbachtal in das Ennstal. Eine normal breite Asphaltstraße leitet nach Johnsbach (853) zu den Gasthäusern „Donnerwirt" (753) und „Kölbl" (870). Vom Donnerwirt kurzer Steig zum nahen Bergkirchlein aus dem frühen 14. Jh. mit Prachtblicken auf die zerklüfteten Felsabstürze des Ödsteinmassivs und zum Großen Buchstein (2224). Eine traurige Berühmtheit erlangte der Johnsbacher Bergsteigerfriedhof, auf dem zahlreiche, in den Gesäusebergen tödlich verunglückte Alpinisten ihre letzte Ruhestätte fanden. Hin und zurück 10 km. Fahrtechnische Beurteilung: leicht.

Rund um die Niederen Tauern*	**12**

Route: Selzthal (636) — Melzen — Altlassing — Döllach — Ketten — Maitschern (Bahnhof Wörschach) — Greiml — Spechtensee-Haus (1045) — Gh. Wörschach-Walderhof — Zlem — Schrödis — Klachau — Untergrimming — Schloß Trautenfels — Espang — Öblarn — Stein a.d. Enns — Großsölk — St. Nikolai — Sölker Paß (1788) — Schöder — St. Peter am Kammersberg — Oberwölz Stadt — Schiltern — Oberzeiring — Möderbrugg — St. Johann am Tauern — Triebener Tauern (1265) — Hohentauern — Trieben — Rottenmann — Selzthal. 182 km.

Fahrtechnische Beurteilung: mittel

Zeitaufwand: Tagestour

Die ausgedehnte Rundtour, welche auch das östliche Ausseer Land im Raum von Tauplitz und Klachau berührt, zeichnet sich durch eine landschaftliche Vielfalt besonders aus. In den Wölzer Tauern sind auch die bisher vor allem von Wintersportlern stärker frequentierten

Südtäler erfaßt; sie sind wegen ihrer verkehrsarmen Straßen für den Motorradtourer von erhöhtem Interesse. — Wählt man den Ort Selzthal ö. von Liezen zum AP, so biegt man bei Melzen in die über Altlassing nach Döllach führende Landesstraße ein, um am Rande der Segelflugschule Aigen im Ennstal nach Maitschern zu gelangen. Die n. Umgebung von Wörschach ist durch ihre wildromantische Klamm bekannt. — W. der Klamm benützt man das durch ein ausgedehntes Waldgebiet zur sonnigen Terrasse hinaufführende, windungsreiche Sträßchen, welches zwar schmal, jedoch asphaltiert ist. Bis Greiml (958) hat das Bergsträßchen durchschnittlich 10% Steigung. Man kommt zum Spechtensee mit dem bewirtsch. Spechtensee-Haus (1045), welcher in die wellige Mittelgebirgslandschaft eingebettet ist. — Am Fuß des wegen seiner Aussicht gelobten Hechelsteins (1814) leitet unsere Runde über das Gh. „Wörschach-Walderhof" und durch das verstreute Siedlungsgebiet von Zlem nach Schrödis. — Da die abenteuerliche Strecke „Durch den Stein" mit ihrem steinschlaggefährdeten, schmalen Ufersträßchen längs des Salzaspeichers für den öffentlichen Verkehr gesperrt wurde (striktes, überwachtes allg. Fahrverbot), setzt sich unsere Route von Schrödis auf der alten Straße über Klachau und Girtstatt fort, um bei Untergrimming in die neue B 145 einzumünden. Hinab bis zum Straßenknoten bei Trautenfels im Ennstal hat man ein ausgeglichenes Gefälle zu überwinden. — Auf der B 146 fährt man jetzt ennsaufwärts bis Espang mit der ÖBB-Haltestelle St. Martin am Grimming. Wir benützen dort die Straßenbrücke über den Fluß und folgen der Landesstraße über Öblarn in das alte Städtchen Stein a.d. Enns (694) zum Eingang in den „Naturpark Sölktäler". — In das Herz der Schladminger und Wölzer Tauern führt eine normal breite, staubfreie Straße, welche zunächst mit max. 15% Steigung die Talstufe überwindet und dann nach Großsölk weiterführt. Sie setzt sich über Mößna nach St. Nikolai im Sölktal (1126) fort, das noch ein ursprüngliches Bauerndorf geblieben ist. Die auch als „Erzherzog-Johann-Straße" bekannte Route über den Sölker Paß stellt eine touristisch bedeutsame Verbindung zwischen dem Enns- und dem Murtal im obersteirischen Raum her. Kurz vor dem Großsölker Talschluß biegt die jetzt modernisierte Paßstraße re. in ein Seitental ein. Man fährt durch eine herbe Landschaft mit Blockhalden aus Gneis, vereinzelten Latschen und Alpenerlen, über die sich wenige Zirben als Vorposten des Waldes über die Baumgrenze wagen. Bis zur Scheitelhöhe, die nur eine beschränkte Aussicht bietet, hat man max. 12% Steigung. Von der obersten Kehre der Nordrampe kann man noch den alten Saumpfad erkennen, welcher im Mittelalter stark begangen wurde. Die Nordrampe befindet sich in einem allgemein

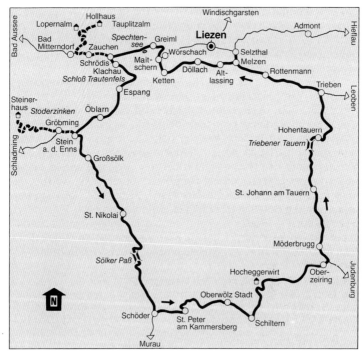

Skizze 12   Rund um die Niederen Tauern

guten, zweispurigen Ausbauzustand, gefährdete Stellen wurden durch Leitschienen abgesichert. Eine neue Bergkapelle steht auf dem Scheitel unmittelbar neben der Straße. Auch Teile der Südrampe sind in das Naturschutzgebiet einbezogen worden. Die Straße vom Scheitel hinab nach Schöder weist ebenfalls nur ein max. Gefälle von 12% auf. Im Bj. schwankten die Fahrbahnbreiten zwischen 5 und 6 m. An der Augustiner-Kapelle befindet sich ein offizieller Rastplatz mit massiven Bänken und Tischen. Die bewirtsch. Kreutzerhütte (1378) lädt zu einer Rast ein; sie liegt nur wenig abseits der Durchgangsstraße und hat einen geräumigen Parkplatz. Zuletzt gelangt man auf einer längeren, bewaldeten Gefällestrecke (Maximum 14%) hinab nach Schöder (901), nur 11 km vom Bezirkshauptort Murau entfernt. — Am Ortsrand von Schöder setzt man die Rundfahrt über Baiersdorf, Feistritz und St. Peter am Kammersberg nach Winklern bei Oberwölz Stadt fort. Die kleinste obersteirische Stadt wartet mit alten Stadtmau-

45

ern und drei gut erhaltenen Stadttoren aus dem 14. Jh. auf. Nach einer kurzen Stadtbesichtigung empfiehlt es sich, auf der B 75 bis Schiltern 5 km talaus zu fahren, um dann die vorzügliche Auffahrt neben dem Schönberger Bach hinauf zum Hocheggerwirt (1300) zu unternehmen. Hingegen befand sich im Bj. die Bergstraße über das Schloß Rothenfels auf das Hochplateau in keinem akzeptablen Zustand! Vom Hocheggerwirt hat man dann die ausgebaute Anschlußstrecke durch den Gföllgraben bis zum Markt Oberzeiring (932), berühmt durch sein Silberbergwerk, welches ehemals das größte seiner Art in den Ostalpen war. Als hauptsächlicher Anziehungspunkt gilt heute der gut frequentierte Asthmaheilstollen. Von Schiltern über den Hocheggerwirt bis zum Anschluß an die Triebener-B 114 bei Unterzeiring hat man unter Ausschaltung verkehrsreicher Talstraßen nur 20 km zurückzulegen, bis nach Möderbrugg weitere 4 km. Die Route setzt sich über Hohentauern nach Trieben fort. Beschreibung → Route 10, Rund um die Seckauer und Eisenerzer Alpen (in umgekehrter Richtung). Vom AA Trieben im N des Ortes folgt man der Pyhrn-A 9 über Rottenmann zurück nach Selzthal.

Abstecher: Von Schrödis nach Bad Mitterndorf (809) und zum Hollhaus auf der Tauplitz. Die 10 km lange Tauplitzstraße nimmt ö. von Bad Mitterndorf ihren Ausgang. Sie erschließt ein beliebtes Wander- und Erholungsgebiet. Grüne Tafeln mit weißer Aufschrift weisen von der B 145 die Zufahrt. Die Mauteinhebestelle befindet sich in unmittelbarer Nachbarschaft des Jagdhofes „Hübler". Die normal breite Bergstraße gewinnt mit sieben Kehren einen HU von rund 800 m und bietet gute Ausblicke auf den Lawinenstein und über das Mitterndorfer Becken hinweg auf den langgestreckten Gebirgsstock des charakteristischen Grimming. Im SW schweift der Blick über das Kemetgebirge zu den Erhebungen der Dachsteingruppe. Die max. Steigung beträgt 11 %, Leitschienen dienen an gefährdeten Stellen der Absicherung. Die Tauplitzstraße führt von der Mautstelle zunächst hoch über dem Zauchenbach und biegt dann li. in den Kohlstadtgraben ein. Mit einer Gruppe von vier Serpentinen erreicht man die bewirtsch. Lopernalm (1572) und zuletzt das Hollhaus (1621), den EP der Bergstraße. Hin und zurück 28 km. Fahrtechnische Beurteilung: leicht bis mittel.

Abstecher: Von Stein a.d. Enns nach Gröbming und auf der Stoderzinken-Alpenstraße zum Steinerhaus (1845). Der Stoderzinken (2048) ist ein aussichtsreicher Kalkgipfel in der vom Dachsteinplateau zum Grimming ziehenden Kette. Von Gröbming (770), das auf einer Terrasse über der Enns liegt, mißt die mautpflichtige Bergstraße knapp 13 km. Sie führt bei schwankender Breite von 4 bis 7 m mit nur wenigen Engstellen über Winkel im Dürnbachtal auf bewaldeter Strecke bergwärts. Die Steigung der durchwegs asphaltierten Straße erreicht anfangs 10%, im oberen Abschnitt mit den acht Kehren max.

13%. Man überwindet einen HU von runden 1000 m. Während der Fahrt hat man gute Ausblicke auf den Großglockner, die Hochwildstelle in den Schladminger Tauern und auf die wildzerrissenen Gesäuseberge; auch die Nähe des Dachsteinmassivs beeindruckt den Tourenfahrer. Hin und zurück 36 km. Fahrtechnische Beurteilung: mittel.

<table>
<tr><td>Zwischen Niederen Tauern und Metnitzer Bergen*</td><td>13</td></tr>
</table>

Route: Tamsweg (1021) — Prebersee — Moos — Krakauhintermühlen — Hollerberg — Krakaudorf — Seebach — Murau — Laßnitz — St. Lambrecht — Auerlingsee — Gwerzsattel — Gwerz — Ingolsthal — Marienheim — Metnitz — Flattnitzer Höhe (1368) — Flattnitz — Stadl a.d. Mur — Predlitz — Ramingstein — Tamsweg. 136 km.

Fahrtechnische Beurteilung: leicht bis schwierig

Zeitaufwand: Tagestour

Die vorgeschlagene Rundtour verläuft zunächst am Südrand der Niederen Tauern und durchmißt einen Zipfel des zum Bundesland Salzburg gehörenden Lungaues mit der alten Bezirkshauptstadt Tamsweg. Nach O schließt der steirische Bezirk Murau an, durch dessen Haupttal die Mur fließt. Der uralte Name Krakau leitet sich von den Krähen ab; man versteht darunter einen eng begrenzten Landstrich zwischen dem Seebachtal und den s. Ausläufern der Niederen Tauern mit den Orten Krakaudorf, Krakauschatten, Krakauebene und Krakauhintermühlen (1320). In dieser Region gibt es noch ein Netz von schwach frequentierten Straßen, die teilweise auch die aus den Niederen Tauern nach S herabziehenden Täler wie beispielsweise das Etrachtal und den Rantengraben versorgen. — Die 9 km lange Straße von Tamsweg zum Prebersee (1514) ist bis Haiden zweispurig ausgebaut; ihre Fortsetzung ist zwar nur einspurig mit Ausweichen, jedoch nicht durchwegs staubfrei. Im Sommer wird die Strecke auch von Postbussen benützt. Die Uferstraße am Prebersee zwischen der Jausenstation „Ludlalm" und dem Alpengh. „Prebersee" war im Bj. nur ein einspuriges Erdsträßchen mit Ausweichstellen. Auf einem schmalen Damm leitet das Sträßchen durch ein ausgetrocknetes Hochmoor. Der zur Grazer Hütte abzweigende Fahrweg ist gesperrt. Man folgt, begleitet vom unscheinbaren Preberbach, über die Landesgrenze in die Steiermark. Bei der Häusergruppe Moos Straßenteilung: li. die 47 landschaftlich interessantere und höher verlaufende Strecke durch die Krakau mit Serpentinenabstieg und zuletzt starkem Gefälle von 13% hinab nach Seebach (961). Re. die weit kürzere, ebenfalls ausgebaute Verbindungsstraße über Etrach zur B 96 mit spitzwinkeliger Einmündung w. Seebach. Bis Murau hat man noch 14 km auf windungsreicher Strecke von Seebach durch das Rantental zurückzulegen. — Die Einbindung in die Murauer-B 97 erfolgt in St. Egidi ö. der Altstadt. Man überquert sie aber nur und fährt gleich in Richtung zum Bahnhof weiter, HT. Die Stadt Murau selbst läßt man re. liegen; sie hat einen geregelten Einbahnverkehr, was auch manchen Umweg mit sich bringt. — Auf dem re. Murufer weist in Bahnhofsnähe von Murau eine HT nach St. Lambrecht. Bei teilweiser Neutrassierung und ausgewogenen Steigungsverhältnissen (max.12%) leitet die normal breite Landesstraße über Kärntnerisch und Steirisch Laßnitz zu einem wenig ausgeprägten Sattel oberhalb des Weyrerteichs nach St. Lambrecht (1028). Sehenswert sind in diesem Ort die Stiftskirche und die reiche Vogelsammlung des Benediktinerstiftes. — Vom sw. Ortsrand St. Lambrecht wendet man sich dem Gwerzsattel, über den die Landesgrenze mit Kärnten verläuft, zu. Man hat zunächst ein 4 km langes, jedoch asphaltiertes Sträßchen, das in ein Erdsträßchen überleitet und den fischreichen Auerlingsee innerhalb des Naturparkes Grebenzen tangiert; der See mit seinem glasklaren Wasser liegt nur wenig abseits der Route und ist auf einem Fußweg erreichbar. Bei max. 12% Steigung fährt man zuletzt durch einen bewaldeten Hohlweg zum Sattel (1350) hinauf, der nur eine beschränkte Aussicht vermittelt. Auf Kärntner Seite setzt bald ein bemerkenswert starkes Gefälle von schätzungsweise 26% ein. Unterhalb der Häusergruppe Gwerz ist das Sträßchen etwas breiter und auch geteert. Auf der 7 km langen Strecke durch das Gwerz- und Roßbachtal bis zur Einmündung in die Metnitztaler Landesstraße beim Marienheim kommt man rasch voran; besondere Vorsicht erheischt die verwinkelte Durchfahrt von Ingolsthal (819). Völlig problemlos ist talein die Weiterfahrt und zuletzt die Auffahrt zur Flattnitzer Höhe. Der sehenswerte Ort Grades wird umfahren, auch der alte Ortskern von Metnitz. Im Anschluß daran durchfährt man das waldreiche Quellgebiet der Metnitz. Die Fahrbahn ist durchwegs normal breit, die Kurven sind ausgebaut. Die Steigung nimmt gegen die Wasserscheide Flattnitzer Höhe merklich zu und erreicht ein Maximum von 12%, das länger anhält. Die gotische Rundkirche aus dem Jahr 1330, das Wahrzeichen von Flattnitz, war einst Sommerkapelle der Gurker Bischöfe; nahebei steht der altrenommierte Alpengh. „Ladinig". Die kleine Siedlung unter dem Hügel wird von der Durchzugsstraße nur tangiert. Im N von Flattnitz dehnt

Das südsteirische Weinland bietet dem Zweiradfahrer auf seinen **Weinstraßen** hügel-auf und hügelab mannigfaltige Erlebnisse → Route 5, Auf vier steirischen Weinstra-ßen. Foto Verlagsarchiv

Das Kuratorium für Verkehrssicherheit ruft in Österreich an be-sonders kurvenreichen und sehr gefährlichen Strecken zu verantwor-tungsbewußter Fahr-weise auf. Foto Harald Denzel

Hahntennjochstraße, Imster Rampe durch das Salvesental → Route 30, Rund um die Lechtaler Alpen. Foto Eduard Denzel

Ein Teil der 2 km langen Lawinenschutzgalerie zwischen Fontanella und dem **Faschinajoch** → Route 34, Rund um den Walgau. Foto Verlagsarchiv

Die bemautete Bergstraße hinauf zur **Hohen Wand** wurde auf den Resten einer alten Römerstraße gebaut → Route 1, Durch die Steirisch-Niederösterr. Kalkalpen. Foto Hohe Wand, Maiersdorf

Auf der **Großglockner-Hochalpenstraße** im Salzburger Land beim Fuscher Törl → Route 22, Rund um den Großglockner. Foto Harald Denzel

Auf der Deutschen Alpenstraße wird bei Fall die zum **Sylvensteinsee** aufgestaute Isar von einem markanten Bauwerk überbrückt → Route 39, Zwischen Loisach und Isar. Foto H. und M. Braun

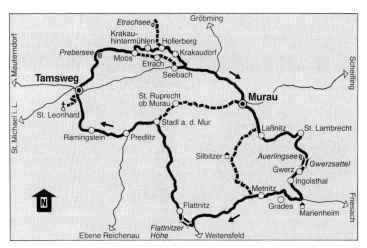

Skizze 13   Zwischen Niederen Tauern und Metnitzer Bergen

sich ein großes Almgebiet aus; von der Wasserscheide schlängelt sich ein Bächlein mäanderartig durch das Hochmoor und verleiht der Landschaft noch viel Ursprünglichkeit. Mit sanftem Gefälle neigt sich die gut ausgebaute Landesstraße hinab in den Paalgraben und, ohne touristische Höhepunkte wahrnehmen zu können, gelangt man talaus nach Stadl a.d. Mur (914). — Nach Überquerung der Murtalbahn trifft man auf die, in mehreren Streckenabschnitten sanierte und relativ wenig frequentierte Murauer-B 97, der man über Predlitz zurück zum AP Tamsweg folgt. — Die Murtalbahn setzt sich mit ihrer schmalen Spur über Predlitz und Ramingstein, stets von der Mur begleitet, talauf nach Tamsweg fort. Auf ihr verkehren an bestimmten Tagen mit Dampfloks betriebene Züge, deren Benützung zu einer Touristen-Attraktion wurde.

Variante: Von Moos jetzt kürzere und ebenfalls ausgebaute Verbindung über Etrach nach Seebach an der Murtal-B 96; auf der Fahrt berührt man re. die Abzweigungsstelle für die kurze Zufahrt zum Schattensee. Minus 2 km. Fahrtechnische Beurteilung: leicht.

Variante: Der 17 km lange Abschnitt der B 97 von Murau über St. Ruprecht ob Murau (dort sehenswertes Holzmuseum) nach Stadl a.d. Mur teilt die Rundtour in eine nördliche und eine südliche Hälfte, sodaß sich nach zur Verfügung stehender Zeit und Interesse variieren läßt. Minus 56 km. Fahrtechnische Beurteilung: leicht.

49

Variante: Von Laßnitz (Abzw. n. des Ortes von der Landesstraße) re. durch das Auenbachtal zum Übergang beim Silbitzer (1175) und direkt hinab nach Metnitz. Dieser Abkürzer ist im Gegensatz zur Route über den Auerlingsee und Gwerzsattel fahrtechnisch weniger sportlich. Minus 20 km. Fahrtechnische Beurteilung: leicht bis mittel.

Abstecher: Von der Abzw. w. von Krakaudorf (1173) zum Etrachsee (1372). Das knapp zweispurige Forststräßchen zweigt zirka 3 km oberhalb des Dorfes bei der Häusergruppe Hollerberg von der Landesstraße ab und zieht zunächst gegen das Ulrichskirchlein bergan. Bei Eintritt in den Wald endete im Bj. der Teerbelag. Als gut instand gehaltenes Erdsträßchen findet es seine Fortsetzung und wird bis zum See vom Etrachbach begleitet. Geschwindigkeitsbeschränkung 40 km/h; hinter dem Gh. Etrachsee Sperrschranken, den man nicht umfahren soll mit Rücksicht auf die reizvolle Umwelt und die zahlreichen Wanderer in Richtung Rudolf-Schober-Hütte. Hin und zurück 10 km. Fahrtechnische Beurteilung: leicht.

Abstecher: Von Tamsweg (1021) zur Wallfahrtskirche St. Leonhard (1100) mit sehenswerter Innenausstattung. Auffahrt auf der vom sw. Ortsrand abzw. Bergstraße mit 15% Steigung bis zum gekennzeichneten Parkplatz, zuletzt kurzer Fußweg. Hin und zurück 2 km. Fahrtechnische Beurteilung: mittel.

14	**Rund um die Gurktaler Alpen***

Route: Predlitz (971) Turrach — Turracher Höhe (1783) — Ebene Reichenau — Hochrindl (1600) — Deutsch Griffen — Kleinglödnitz — Glödnitz — Flattnitzer Höhe (1368) — Stadl a.d. Mur — Predlitz. 92 km.

Fahrtechnische Beurteilung: leicht bis mittel

Zeitaufwand: Halbtagestour

Die Rundtour führt durch die ausgedehntesten Waldgebiete zwischen Kärnten und der Steiermark. Die Standardstrecke wartet mit zwei touristisch interessanten Übergängen auf: mit der Turracher und mit der Flattnitzer Höhe. Beide sind aus dem Murtal auf stark modernisierten Straßenzügen erreichbar. Die Turracher Höhe durch den eingeschnittenen Turrachgraben, die Flattnitzer Höhe durch den Paalgraben. Auf allen anfahrbaren Paßrampen wurden in jüngster Vergangenheit die

Skizze 14   Rund um die Gurktaler Alpen

Steigungsverhältnisse hervorragend ausgeglichen, selbst auf der früher berüchtigten Südrampe der Turrach konnten die max. Steigungen/Gefälle auf 10% reduziert werden! Die Übergänge im Nordsüdverkehr wurden zwischen der Steiermark und Kärnten generell wesentlich bequemer und haben ihre Schrecken aus der Vergangenheit restlos verloren. — Wählt man Predlitz im Murtal zum AP, so fährt man fast unvermittelt in den Turrachgraben ein; die früheren Engpässe im unteren Abschnitt wurden beseitigt und ein kurzer Tunnel errichtet. In leicht gewundenem und meist auch übersichtlichem Straßenverlauf erreicht man den alten Knappenort Turrach (1269). Hinter dem entlegenen Ort beginnt die eigentliche Steigungsstrecke. Man fährt bei ausgewogenen Steigungsverhältnissen (max. 10%) und bei Fahrbahnbreiten zwischen 6 und 8 m (in den Wendepunkten der Kehren Überbreiten) auf bewaldeter Bergstrecke zur Scheitelhöhe hinauf.

Gefährdete Stellen sind durch Leitplanken abgesichert. Zur Bewältigung des HU von runden 500 m helfen zwei hervorragend ausgebaute Serpentinen. Auch auf die Anlage von Parkplätzen neben dem Asphaltband hat man nicht vergessen. Erst die Scheitelhöhe gibt die Sicht auf die wohlgeformten Nockberge mit ihren kahlen Rücken frei. Der n. Teil der Turracher Höhe ist der Steiermark zugeordnet, der s. Teil dem Land Kärnten; die gemeinsame Landesgrenze verläuft mitten durch den See. Bemerkenswert ist der üppige und unter Schutz gestellte Bestand an Zirben (Arven) in dieser Hochregion. Nach Passage der aussichtsvollen Uferstrecke neigt sich die stark modernisierte Bergstraße hinab zur Teufelsbrücke im Unteren Winkel; dort findet man die beschilderte Abzw. der mautpflichtigen Nockalmstraße. In Ebene Reichenau verläßt man die Turracher-B 95, um sich dem Erholungsraum von Hochrindl und dem dünn besiedelten Gebiet um Albeck zuzuwenden. Bis zum Gh. Alpl im Sirnitzwinkel (1590) hat man auf im Bj. nicht staubfreier, teilweise grob geschotterter, schmaler Straße 9 km zurückzulegen. Der HU vom Ausgangsort bis Hochrindl beträgt runde 500 m. „Bei den Drei Kreuzen" mehrfache Straßenteilung: li. zum Großparkplatz an der Sommerrodelbahn (1600) und zum Alpengh. „Hochrindl" inmitten schütterer Lärchenwälder. Ein nur einspuriges Asphaltsträßchen schließt bei „Ludwigs Alpenhotel" an und leitet über Rauscheggen und Brunn hinab nach Deutsch-Griffen, wo man wieder eine knapp zweispurig breite Straße bis hinab in das Gurktal hat. — Folgt man „Bei den Drei Kreuzen" dem re. Zweig, so kommt man beim Gh. „Tattermann" auf die zweispurige Postbusstraße, welche bergab nach Sirnitz (837) und Neualbeck ins Gurktal führt. — Bei Kleinglödnitz verläßt man das Gurktal wieder, um an der nächsten, beschilderten Linksabzw. der fast flach verlaufenden Straße durch das Glödnitztal zu folgen. Bis Weißberg (785) hat man ein offenes, breites Tal. Dann setzt an der bewaldeten Berglehne eine merkliche Steigung bis zur Flattnitzer Höhe ein. Von der Vereinigung mit der Metnitztalstraße über Flattnitz nach Stadl an der Mur 21 km, nähere Beschreibung → Route 13, Zwischen Niederen Tauern und Metnitzer Bergen.

Variante: Die beschriebene Rundtour läßt sich im W durch die Einbeziehung des Schönfeld-Sattels (1740) und vor allem der Nockalmstraße auf lohnende Weise erweitern. Von Predlitz fährt man über Ramingstein zur Nockalm und mündet bei der Teufelsbrücke oberhalb von Ebene Reichenau wieder in die Turracher-B 95 ein. Beschreibung → Route 15, Millstätter See und Nockalmstraße. Wer sich dazu entschließt, muß allerdings mit einer Tagestour rechnen. Plus 40 km. Fahrtechnische Beurteilung: leicht bis mittel.

Route: Spittal a.d. Drau (556) — Gmünd — Eisentratten — Kremsbrücke — Innerkrems — Eisentalhöhe (2042) — Karlbad — Grundalm — Schiestelscharte (2015) — Rosentaler Alm — Ebene Reichenau — Wiedweg — Bad Kleinkirchheim — Radenthein — Millstatt — Seeboden — Spittal a.d. Drau. 111 km.

Fahrtechnische Beurteilung: leicht bis mittel

Zeitaufwand: Halbtagestour

Diese Rundtour durch die Seen- und Bergelandschaft Kärntens zählt wegen ihrer Vielfalt zweifellos zu den lohnendsten im südlichsten Bundesland Österreichs. Beginnt man die Runde in Spittal a.d. Drau, am Zusammenfluß von Lieser und Drau gelegen, so begibt man sich auf die Katschberg-B 99 und erlebt zunächst die wildromantische Flußlandschaft der Lieser, welche in der Regel ein fast ungetrübtes Gebirgswasser mit sich führt. Die Strecke ist bis in den Raum von Gmünd (741) sehr windungsreich und hat zahlreiche, unübersichtliche Kurven. Das mittelalterliche Gmünd, vergleichsweise auch als das „Rothenburg Kärntens" bez., liegt an der Mündung des Malta- in das Liesertal; es ist ein malerisches, von vier Toren und einer Mauer umschlossenes Städtchen, welches eine kurze Besichtigung verdient. Weiter lieseraufwärts über Eisentratten und Leoben in Kärnten nach Kremsbrücke (952), wo man die B 99 verläßt, um re. in die Landesstraße nach Innerkrems (1480) einzubiegen, 10 km lange, zweispurige Asphaltstraße. — In Innerkrems beginnt die 34 km lange, mautpflichtige Nockalm-Höhenstraße, welche weite Teile des Nockgebietes durchmißt. Sie verbindet über zwei Hochpunkte, welche beide die Zweitausender-Höhenmarke überschreiten, das Liesertal mit dem oberen Gurktal. An den rundlichen Bergformen betrachtet, wirkt das Nockgebiet eher wie ein Mittel- als wie ein Hochgebirge. Trotz dieser Charakteristik gipfelt der Große Rosennock in einer Höhe von 2440 m! Die gesamte Nockalmstraße ist modern in ihrer Anlage, die Steigungen sind gut ausgeglichen und ein Maximum von 12% wird nicht überschritten; die Straßenbreite ist zweispurig, sodaß sich auch Busse ohne Schwierigkeiten begegnen können. Ausgesetzte Stellen wurden durch Leitplanken abgesichert. Die beiden Kulminationspunkte, Eisentalalm (2042) und Schiestelscharte (2015), welche klassische

Paßübergänge im Sinne einer Wasserscheide sind, liegen jeweils beträchtlich oberhalb der Baumgrenze. Die Einbeziehung des Grundtales in die Streckenführung bewirkte einen Zwischenab- und Wiederanstieg, verbunden mit zirka 1000 m „verlorener Höhe", da man bis zum Karlbach wieder absteigen muß. Der tiefste Punkt zwischen diesen beiden Pässen liegt immerhin noch zirka 1500 m hoch! — Mehrere an der Nockalmstraße gelegene, zünftige Almwirtschaften laden zur Einkehr ein. So findet man in der Fahrtrichtung von Innerkrems nach Ebene Reichenau in unmittelbarer Straßennähe die Almstube „Heiligenbach" (1850), die Zechneralm (1930), Karlbad (1693), die Grundalm (1688), auf der Schiestelscharte die Glockenhütte und bergab die Rosentaler Alm (1675). An bemerkenswerten, alten Zirbenbeständen vorbei führt die Straße, vom Stangenbach begleitet, talaus nach Winkl-Reichenau (1379), wo sie Anschluß an die, von der Turracher Höhe herabziehenden B 95 findet. — In Patergassen bzw. Wiedweg (1026) verläßt man die B 95 wieder und folgt nun der Kleinkirchheimer-B 88 nach W. Die ausgebaute Straße tangiert den weitläufigen Golfplatz und leitet mitten durch den frequentierten Kurort Bad Kleinkirchheim (1087). Wegen der zahlreichen Fußgänger, welche im verbauten Ortsgebiet die Straße überqueren, ist während der Durchfahrt erhöhte Aufmerksamkeit erforderlich! Eine modern ausgebaute Bergstraße mit max. 9% Gefälle bildet die w. Rampe des Bad Kleinkirchheimer Sattels. Leitplanken wurden an allen gefährlichen Stellen angebracht. Die Knappenstadt Radenthein (Magnesitwerk) wird in der Talsohle umfahren. Hervorragend ausgebaut leitet die Millstätter-B 98 durch die Talweitung. Den durch seine Strandbäder bekannten Erholungsort Döbriach (620) läßt man li. liegen. Man gelangt an den Ostzipfel des Millstätter Sees und fährt an seinem Nordufer entlang über Millstatt und Seeboden, zuletzt an Seebrücke vorbei zur Einmündung in die Katschberg-B 99. Lieserabwärts gelangt man wieder nach Spittal a.d. Drau. — Besonders vorsichtige Fahrweise ist während der Durchfahrt aller Seeuferorte geboten, so vor allem in Pesenthein, Millstatt und Seeboden. Die Uferstrecken bieten bemerkenswerte Ausblicke auf den See und seine Umrahmung.

Abstecher: Auf der Malta-Hochalm-Straße zur Kölnbreinsperre. Ein Ausflug ins Maltagebiet durch das „Tal der stürzenden Wasser" (gemeint sind die zahlreichen Wasserfälle) bereichert jeden Kärntner Aufenthalt. Die Maltatalstraße ist ausgebaut und nimmt ihren Ausgang s. des mauerumgürteten, mittelalterlichen Städtchens Gmünd (732). Bis zum Beginn der mautpflichtigen Bergstraße hat man 12 km zurückzulegen. — In Koschach-Brandstatt (835) beginnt die 18 km lange Malta-Hochalm-Straße der Österr. Draukraftwerke. Sie überwindet bis zu ihrem EP 1085 m HU und ist durchwegs asphaltiert. Die Fahrbahn-

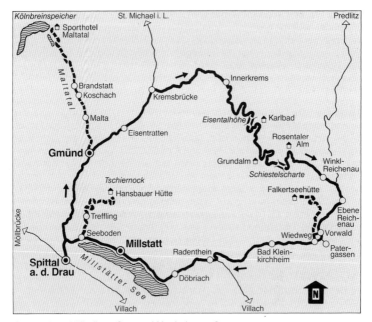

Skizze 15   Millstätter See und Nockalmstraße

breite beträgt 6 m zusätzlich 1 m Bankette, die max. Steigung knapp 13%. Öffnungszeiten während der schneefreien Jahreszeit täglich zwischen 7 und 19 Uhr. Die Mautstelle befindet sich bei den Fallerhütten. Die unbeleuchteten, durch den Fels geschlagenen Tunnels sind nur einspurig angelegt; wo keine richtungsgetrennte Fahrbahn außerhalb der Tunnels für die Talfahrt existiert, erfolgt ein ampelgeregelter Einbahnverkehr, Richtungswechsel alle 20 Min. Die Trassierung durch das felsige Gelände ist außerordentlich kühn. Den Kraftfahrer beeindrucken besonders die Kehrtunnels, eine in den Alpen nur mehr selten anzutreffende Bauweise. Ein Großparkplatz befindet sich im Anschluß an den modernen Rundbau des Bergrestaurants Hotel „Malta", wo auch die Bergstraße in 1920 m Höhe endet. – Die Benützung des Fahrweges von der Kölnbreinsperre entlang des Stausees zur Osnabrücker Hütte (2022) ist nur den dazu berechtigten Einsatzpersonen gestattet. – Hin und zurück 60 km. Fahrtechnische Beurteilung: leicht bis mittel.

Abstecher: Zur mitten in den Nockbergen gelegenen Falkertseehütte (1872) bzw. zum Sporthotel „Falkertsee" vermittelt das 8 km lange, asphaltierte Bergsträßchen mit den beiden Ausgangsorten Wiedweg und Vorwald w. bzw. n. von Patergassen an der B 88 bzw. B 95 eine günstige Basis, beschilderte Abzw. in den genannten Orten. Bei einer Durchschnittssteigung von 8% und

Maxima von 12% überwindet man von den Talorten einen HU von zirka 850 m. Einspurig, aber mit genügend Ausweichen versehen und mittels einiger Serpentinen gewinnt das Bergsträßchen rasch an Höhe. Durch dunklen Nadelwald gelangt man bald über die Baumgrenze in eine freundliche Almregion zu den Unterkunftshäusern im O und N des Falkertsees. Dieser ist zwischen einer hufeisenförmig angeordneten Bergformation (Moschelitzen 2310 m) eingebettet. Hin und zurück 16 km. Fahrtechnische Beurteilung: mittel.

Abstecher: Zur Liftstation am Tschiernock (1718). Von den n. Terrassenorten oberhalb des Millstätter Sees leiten mehrere Sträßchen bzw. Fahrwege hinauf in die Almengebiete und enden unterhalb der Kammlinie, die sich vom Tschiernock über das Törl zur Millstätter Alpe erstreckt. Wegen der guten Aussicht von den anfahrbaren Hochpunkten auf den See und seine gebirgige Umrahmung werden sie, besonders von Urlaubsgästen dieser Region, gerne benützt. Es handelt sich dabei hauptsächlich um Fahrwege privater Interessengemeinschaften, welche zur Wegerhaltung bescheidene Benützungsgebühren einheben. Eines der wohl meist frequentierten Sträßchen dieser Kategorie ist die Tschiernockstraße, weil an ihrem EP der Tschiernocklift anschließt, dessen Bergstation (1900) sich nach 12 Min. Fahrzeit bequem erreichen läßt. – Von Seeboden (618) an der Schloßruine Sommeregg vorbei zunächst hinauf nach Treffling (824). Nun folgt man weiter der Beschilderung „Tschiernocklift" und gelangt zur Mautstelle; dort beginnt das rund 10 km lange Bergsträßchen zum Alpengh. „Hansbauer Hütte" bzw. zur „Sommeregghütte". Es leitet kehrenreich über eine bewaldete, von unzähligen Kerzen weiß-blauer Lupinen gesäumte Strecke zunächst zur Trefflinger Alm (1450), wo im Bj. der staubfreie Belag endete; im weiteren Anstieg, zweispurig angelegt und gut instand gehalten, zu den eingangs erwähnten Unterkunftshäusern. Dienstag, Donnerstag und Samstag verursacht der Busverkehr eine merklich stärkere Belastung der Bergstrecke! Hin und zurück 20 km. Fahrtechnische Beurteilung: mittel.

16	**Rund um die Dachstein-Tauern-Region****

Route: Radstadt (858) – Obertauern – Radstädter Tauern (1739) – Twenger Talpaß (Engpaß) – Mauterndorf – Tamsweg – Prebersee – Krakaudorf – Schöder – Sölker Paß (1788) – Großsölk – Stein a.d. Enns – Moosheim – Pruggern – Ennsling – Weißenbach – Ramsau am Dachstein – Schildlehen – Filzmoos – Eben im Pongau – Radstadt. 186 km.

Fahrtechnische Beurteilung: leicht bis schwierig

Zeitaufwand: Tagestour

Die Dachstein-Tauernregion zählt zum Kern österr. Erholungsgebiete. Der Verlauf dieser Rundtour wurde so gewählt, daß sich touristische Höhepunkte wie Perlen an einer Schnur auffädeln lassen. Das erfaßte Gebiet teilen sich die Bundesländer Salzburg und Steiermark. Der Radstädter Tauern wurde einst von den Römern als einer ihrer wichtigsten Alpenübergänge benützt. Auf der Scheitelstrecke erinnern mehrere Meilensteine und eine nachgebildete Steinplastik mit einem römischen Legionär symbolisch an diese Zeit. — Wählt man das mauerumgürtete Radstadt als AP, so leitet die durchgehend asphaltierte Katschberg-B 99, welche mit wenigen Ausnahmen vortrefflich ausgebaut wurde, über den Paß. Landschaftlich bietet sie weit mehr als die, während der Reisesaison stark frequentierte Tauernautobahn. Durch die Parallelität der beiden Verkehrswege wird auf ihr kaum Schwerverkehr angezogen, denn die Scheitelstrecke liegt gegenüber dem Tauerntunnel um runde 400 m höher. Mit dem letzten Umbau wurde die Bergstrecke teilweise neu trassiert, um die Steigungsverhältnisse wesentlich günstiger zu gestalten. Die Nordrampe wartet jetzt mit nur mehr 12% (früher 18%) Steigung auf, die Südrampe hat ein Höchstgefälle von nur 8%. — Die Region beiderseits des Radstädter Tauern wird durch den Waldreichtum und die glasklaren Wasserläufe charakterisiert: die Tauern gelten als das an Wasserfällen bekannteste Revier der Ostalpen. Berühmtheit erlangte der wenig abseits der Straße herabstürzende, 132 m hohe Johannes-Wasserfall. Zum Schutz vor Lawinenabgängen wurden an den Lawinenstrichen aufwendige Galerien errichtet. Obertauern ist mit seinen Aufstiegshilfen und Hotelneubauten im Winter eine bedeutende Schistation geworden. Im SO bildet der Twenger Talpaß eine Engstelle bevor man bei sanftem Gefälle durch die liebliche Twenger Au hinab nach Mauterndorf (1121) gelangt. Dort steht stolz an der Pforte zur weiten Lungauer Beckenlandschaft Schloß Mauterndorf mit seinem besuchenswerten Heimatmuseum. Radstadt-Mauterndorf 39 km Bergstrecke. Die anschließende B 95 nimmt den kürzesten Weg in Richtung Tamsweg, welcher s. Mariapfarr verläuft und im Gegensatz zur B 96 gut ausgebaut wurde. — Vom sehenswerten Tamsweger Rathausplatz setzt man die Fahrt über den Prebersee und die Krakau (Beschreibung → Route 13, Zwischen Niederen Tauern und Metnitzer Bergen) nach Schöder fort, wo die Erzherzog-Johann-Straße über den Sölkpaß ihren Ausgang nimmt (Beschreibung → Route 12, Rund um die Wölzer Tauern, in umgekehrter Richtung). — Vom alten Ort Stein a.d. Enns (694) benützt man am zweckmäßigsten die rechtsufrige Landesstraße über Moosheim nach Pruggern, wo man die Ennsbrücke benützt, um auf die gegenüberliegende Talseite zu gelangen. Im

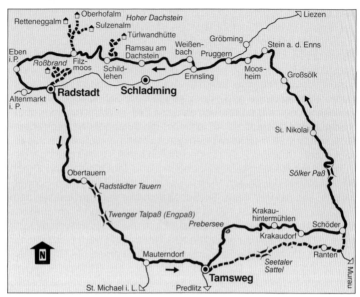

Skizze 16   Rund um die Dachstein-Tauern-Region

Anschluß daran folgt man der B 146 nach Ennsling und kurz vor Haus zweigt re. die beschilderte Verbindungsstraße über die Enns nach Weißenbach (761) ab. Im weiteren Routenverlauf bleibt man li. der Enns und durchzieht die, in der Eiszeit gebildete Mittelgebirgsterrasse über den bekannten Lodenwalker nach Ramsau am Dachstein. Auf der Weiterfahrt berührt man zunächst Schildlehen, dann das Gh. „Dachsteinruhe" an der Kalten Mandling. Die Terrassenstraße setzt sich durch die Hachau auf einer Neubaustrecke bis Filzmoos (1055) fort. Begleitet vom Fritzbach leitet die normal breite Landesstraße talaus nach Eben im Pongau (862), um dort in die B 99 Richtung Radstadt einzumünden. Es lohnt sich, den geringen Umweg über Altenmarkt (842) zu nehmen, um die wunderbare gotische Pfarrkirche St. Maria mit ihrem typischen Kreuzrippengewölbe zu besichtigen.

Variante: Zwischen Tamsweg und Schöder kann man auch auf der B 96 über den Seetaler Sattel (1246) die auch zeitlich kürzere Direktverbindung (kurvig und enge Passagen) gegenüber jener über den Prebersee und die Krakau führende Route benützen; sie bietet aber, landschaftlich betrachtet, weit weniger als die vorgegebene Standardroute. Zuletzt hat man zwischen dem Rantental und Schöder eine 4 km lange Verbindungsspange, HT. Minus 1 km. Fahrtechnische Beurteilung: leicht.

Abstecher: Zur Türlwandhütte (1702). Die Abzw. der mautpflichtigen Dachsteinstraße befindet sich in Schildlehen, w. von Ramsau am Dachstein, HT „Dachstein-Südwandbahn". Die knapp 6 km lange Straße folgt zunächst einem Graben aufwärts und windet sich hinter einer Brücke in mehreren Serpentinen an den bewaldeten Hängen empor. Man hat eine normal breite, asphaltierte Fahrbahn mit Überbreiten in den Kehren (Wendepunkten). Das Steigungsmaximum erreicht 15%. Während der Auffahrt hat man im Vorblick den Torstein, die Mitterspitze, den Hohen Dachstein (2995) mit seiner eindrucksvollen Südwand, die Dirndln, den Scheiblingstein und die Vordere Türlspitze. Man kommt an der bewirtsch. Glösalm (1507) vorbei und hat dann noch eine weitere Serpentinengruppe zu überwinden. Der Alpengh. „Dachstein" ist von schütterem Lärchenwald umgeben. Am EP wurde ein Großparkplatz eingerichtet. Nur wenige Schritte sind es von dort zur Talstation der Dachstein-Südwandbahn bzw. zum Berghotel „Türlwand". Die Aussicht ist geländebedingt stark eingeschränkt und wird auch von den Bäumen behindert. Hin und zurück 12 km. Fahrtechnische Beurteilung: leicht bis mittel.

Abstecher: Von Filzmoos zur Oberhofalm (1268), Rettenegggalm (1370) und Sulzenalm (1620). Das nur teilweise asphaltierte Mautsträßchen der ÖBF führt zunächst in das Tal der Warmen Mandling; es ist für Pkw einspurig breit und mit Ausweichstellen ausgestattet. Im Anschluß daran kann man Güterwege von Alpinteressenschaften benützen. Bis zur bewirtsch. Oberhofalm hat man 6 km zurückzulegen. Bei km 3 ist li. die Zufahrt zur Rettenegggalm, bei km 4.5 re. die Abzw. zur Sulzenalm (Wallehenhütte) mit Prachtblicken zu den beiden Gipfeln der unverwechselbaren Bischofsmütze. Der 3 m breite Fahrweg zur Sulzenalm ist im unteren Abschnitt steil und auch ausgesetzt, es gibt auf einer Strecke von 4 km Länge nur wenig Ausweichmöglichkeiten! Hin und zurück 25 km. Fahrtechnische Beurteilung: mittel bis schwierig.

Abstecher: Von Radstadt auf den Roßbrand. Die Bergstraße hat ihren AP an der n. Umfahrung von Radstadt (862). Mit zahlreichen, oft unübersichtlichen Kurven und Kehren gewinnt sie an der bewaldeten Südflanke des Roßbrand bei max. 16% Steigung rasch an Höhe. Die Breite der durchgehend staubfreien Fahrbahn schwankt zwischen 4 und 6 m. In einer weiten, gegen O ausholenden Schleife nähert sich die Bergstraße zuletzt dem Gipfelbereich und endet 60 m unterhalb des höchsten Punktes (1770) an einem Parkplatz. Auf bequemem Fußweg erreicht man in wenigen Min. die bewirtsch. Radstädter Hütte. Hin und zurück 20 km. Fahrtechnische Beurteilung: mittel.

Der qualitative Ausbauzustand einer Straße läßt sich in den Straßenkarten nicht immer von der Farbe oder der Doppelstrichstärke dargestellter Straßenzüge ableiten. Nicht immer sind mit dünnen Strichen gezeichnete Straßen schlechter als jene mit dicken, nicht immer die roten besser als die gelben und die gelben besser als die schwarzen. Ja, oft ist es umgekehrt. Ähnlich verhält es sich mit Bundes- oder Staatsstraßen und mit Landesstraßen, weil eine bau- und verwaltungsmäßige Zuordnung noch keine Rangliste für den Ausbauzustand begründet. Mit anderen Worten: man kann miserable Bundesstraßen ebenso wie hervorragend ausgebaute Landesstraßen antreffen.

Route: Villach (501) — Riegersdorf — Wurzenpaß (1073) — Podkoren — Kranjska Gora — Vršič-Sattel (1611) — Trenta — Kal-Koritnica — Log pod Mangartom — Predilpaß (1156) — Lago di Predil (Raibler See) — Tarvis — Arnoldstein — Riegersdorf — Villach. 135 km.

Fahrtechnische Beurteilung: leicht bis mittel

Zeitaufwand: Halbtagestour

Ein Aufenthalt in den Orten des Kärntner Seengebietes eignet sich gut, diese empfohlene Rundtour zu unternehmen. AP und EP ist die Stadt Villach. Zunächst auf der hervorragend ausgebauten Kärntner-B 83 zur wichtigen Straßenteilung nach Riegersdorf, 9 km. Dort Anschluß an die Wurzenpaß-B 109, welche ein stark frequentierter Teil der sogenannten „Gastarbeiter-Route" ist. Auf diesem Grenzübergang muß man unter Umständen mit längeren Wartezeiten als bei den benachbarten Übergängen rechnen. Bis zur Scheitelhöhe sind auf einer Strecke von 8 km 532 m HU zu überwinden. Die Kärntner Rampe ist normal breit ausgebaut und hat eine länger andauernde kräftige Steigung bei max. 18%; sie setzt oberhalb Riegersdorf ein und hält bis zum Mauthner Eck (990) an. Bei starken Frequenzen erfolgt bereits am Beginn der Bergstrecke die Richtungsregelung mittels Ampel. Während der Auffahrt bieten sich nach W über das Gailtal hinweg bemerkenswerte Ausblicke auf den Dobratsch mit seinem markanten, als „Rote Wand" bez. Südabsturz: seinen Gipfel krönt der 164 m hohe Fernsehturm. Die Bergstrecke ist zumeist bewaldet, ihr Scheitel befindet sich auf einer ausgedehnten Blöße in den w. Karawanken. Die Grenzübergangsstelle ist eine geräumige Anlage mit seitlichen Abstellplätzen neben der breiten Verkehrsfläche. — Auf der 6 km langen Südrampe senkt sich die Bergstraße mit nur einer, weit ausholenden Schleife hinab nach Podkoren/Unterwurzen (850), max. 14% Gefälle. In der Häusergruppe li. Einmündung zunächst in die Staatsstraße 1a, wenig weiter hat man re. die Abzw. nach Kranjska Gora (809), dem Basisort der landschaftlich großartigen Bergstraße über den Vršič-Sattel in das Herzstück der Julischen Alpen. Sie ist zweifellos die eindrucksvollste Paßstraße in Slowenien. Von Kranjska Gora folgt man der HT „Vršič" durch das eingeschnittene Tal der

Pišnica in s. Richtung aufwärts. Fast unvermittelt dringt man in das Hochgebirge ein. Vom Mihovhaus (1085) hat man einen eindrucksvollen Blick auf die fast senkrecht abfallende Südwand der Škrlatica (2740). Bis zur Scheitelhöhe des Passes sind nur 12 km zurückzulegen. Die Fahrbahnbreiten schwanken zwischen 4 und 6 m; vor Engstellen wurden Ausweichen angelegt. Die Steigungen erreichen auf der Nordseite max. 14%, im S 12%. Die Bergstraße ist durchgehend asphaltiert und in den Wendeplatten der Kehren wurde ein Kleinsteinpflaster ausgelegt. Auf der Nordrampe zählt man 24, auf der Südrampe 27 Kehren; sie sind für geübte Motorradfahrer sowohl ein landschaftliches als auch ein sportliches Erlebnis! In der Regel ist die Paßstraße von Mai bis November geöffnet; sie überwindet im N einen HU von 800 m, im S bis Trenta (620) einen solchen von rund 1000 m. Ausgesetzte Passagen sind randgesichert. Die Fahrbahnbreiten schwanken auf der durchwegs staubfreien Südrampe zwischen 5 und 7 m. — Der Vršič-Sattel ist Wasserscheide zwischen der Adria (Isonzo) und dem Schwarzen Meer (Save). Vom Scheitel hat man einen eindrucksvollen Tiefblick hinab in das bewaldete Trentatal, im SO zeigt sich der Prisojnik (2547) mit dem berühmten Felsenfenster an seinem Westgrat, dahinter der Razor (2601). Vom Scheitel hat man nur wenige Schritte zu den Schutzhäusern Tičarjev dom und Poštarski dom; drei weitere bewirtsch. Hütten stehen im Bereich der Nordrampe. Das Denkmal für den bekannten Erschließer und Schriftsteller der Julischen Alpen, Dr. Julius Kugy, findet man in Trenta neben der untersten Straßenkehre. — Eine kurze Zufahrt leitet zur Koča pri izviru Soče im Quellgebiet der Soča (Isonzo). Beachtung verdient bei der Häusergruppe Na Logu (620) das am Berghang angelegte „Alpinum Juliana", welches in den Monaten Juni und Juli die mannigfache, hochalpine Flora während der Hauptblütezeit präsentiert. — Die Strecke durch das Trentatal nach Kal-Koritnica (460) bzw. in die Beckenlandschaft von Bovec weist ein sanftes Gefälle auf. Ö. von Bovec trifft man auf die, zum Predilsattel (1156) führende Bergstraße, welche im Raum von Log pod Mangartom (651) mit einer kurzen Steigungsstrecke von max. 14% aufwartet. Der Predilpaß ist durchgehend staubfrei, die Fahrbahnbreiten bewegen sich zwischen 4 und 6 m. Der Scheitel liegt im Grenzverlauf Sloweniens mit Italien und ist mit einer offiziellen Grenzübertrittsstelle versehen. Genußreich ist die Abfahrt im Spätsommer oder Herbst in Richtung Tarvis, wenn man zwischen den verfärbten Buchen und Bergahornen auf den Raibler See blickt, dessen seichte Stellen in Türkis, seine Tiefen aber tintenblau leuchten. Den Hinter-

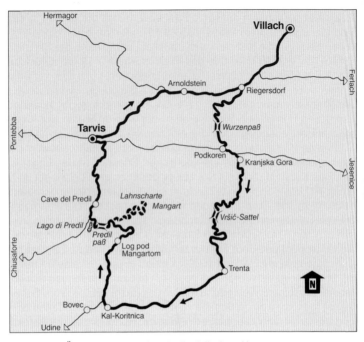

Skizze 17   Über die Karawanken in die Julischen Alpen

grund hierzu bilden dunkle Nadelwälder und an manchen Stellen die grellen Töne des Kalksteingebirges. Vom Predil nach Tarvis hat man nur 13 km auf guter Straße zurückzulegen. – Für den Abschnitt von Tarvis zurück zum AP Villach kann man sowohl die ital. Staatsstraße und österr. Bundesstraße als auch die Autobahn wählen. Letztere bietet ohne Zweifel ein rascheres Vorwärtskommen, wenn sich kein Stau bildet. Touristische Höhepunkte gibt es bis in den Raum Villach auf keinem der genannten Verkehrswege.

Abstecher: Vom Predilsattel auf der Mangartstraße zur Lahnscharte (2055). Auf der Südrampe des Predil gelangt man zirka 2 km unterhalb der Scheitelhöhe li. zur Abzw. der Mangartstraße, HT. Diese knapp 12 km lange und besonders im oberen Abschnitt kühn angelegte Bergstraße leitet zum höchsten anfahrbaren Punkt Sloweniens. Sie führt zur bewirtsch. Mangarthütte (1995), woran sich in Richtung Lahnscharte eine weite Umkehrschleife anschließt. Knapp zweispurige, durchwegs asphaltierte Straße mit Steigungsmaxima von 18%; es gibt einige enge und ausgesetzte Stellen. Auf der Bergstrecke

wurden etliche Ausweichen und 10 Parkplätze neben der Fahrbahn angelegt. Man passiert insgesamt fünf unbeleuchtete Tunnels, wovon vier Längen
zwischen 100 und 300 m aufweisen. Vor dem letzten Tunnel wurde eine
Einhebestelle für die Parkplatzgebühr eingerichtet; diese versteht sich auch
als Benützungsgebühr und dient dem Ausbau und Erhalt der Straße. Auf der
großen Wendeschleife herrscht an Schönwettertagen reger Ausflugsverkehr.
Von der Lahnscharte hat man eindrucksvolle Tiefblicke auf die beiden Wei-
ßenfelser Seen. Hin und zurück 24 km. Fahrtechnische Beurteilung: mittel.

| **Um die Gailtaler und Karnischen Alpen*** | **18** |

Route: Villach (501) — Bad Bleiberg (892) — Nötsch — Schmölzing-Bach —
Hermagor — Tröpolach — Naßfeld/Passo di Pramollo (1530) — Pontebba —
Raccolana — Sella Nevea (1190) — Lago di Predil — Cave del Predil — Tarvis —
Arnoldstein — Riegersdorf — Villach. 203 km.

Fahrtechnische Beurteilung: mittel

Zeitaufwand: Tagestour

Die ausgebaute Bergstraße über den Sattel von Heiligengeist (980)
nach Nötsch verbindet das Drautal im Raum von Villach mit dem
Unteren Gailtal. Diese, unmittelbar am Fuße des Dobratsch verlaufende, nur wenig frequentierte, 24 km lange Direktverbindung ist für
Motorradfahrer besonders interessant! Auf ihrer Ostrampe durchmißt sie bei max. 12% Steigung ein ausgedehntes Waldgebiet und
berührt den Weiler Mittewald ob Villach (671). Der höchste Punkt ist
oberhalb Heiligengeist erreicht. Auf der Westrampe mit ihren sonnseitig gelegenen Knappensiedlungen, welche über das gesamte
Fuggertal verstreut sind, gelangt man zum Kurzentrum mit den bekannten Thermalquellen von Bleiberg-Nötsch. Unterhalb von Blei-
berg-Kreuth setzt ein Gefälle von 10% ein. Die Strecke führt teilweise durch Wald. Bei der scharfen Ortseinfahrt von Nötsch im Gailtal (564) ist erhöhte Vorsicht geboten! – Die Gailtal-B 111 wurde
westwärts durch die breite Talung über Hermagor (602) hinaus bis
zur Abzw. der Naßfeldstraße bei Tröpolach hervorragend ausgebaut. – Die 12 km lange, durchwegs asphaltierte Naßfeld-B 90 nimmt
ihren Ausgang unmittelbar an der Gailbrücke. Hinter Tröpolach beginnt die Bergstrecke, welche bei normaler Fahrbahnbreite max.

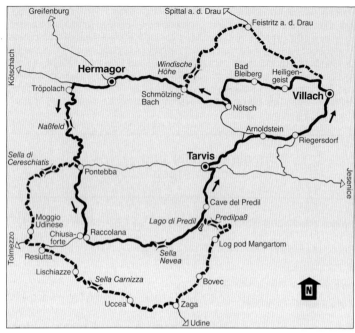

Skizze 18   Um die Gailtaler und Karnischen Alpen

14% Steigung aufweist. Man hat insgesamt zwölf Kehren auf der Nordrampe zu überwinden. Leitplanken befinden sich an gefährlichen Stellen. Begünstigt durch seine schneesichere Lage, ist auf dem Naßfeld in jüngster Zeit eine der bedeutendsten Schistationen Kärntens entstanden. Etwas ö. der Scheitelhöhe erinnert das Naßfeldkirchlein, eine Heldengedenkkapelle, an die zahlreichen Gefallenen des Ersten Weltkrieges. – Der wegen seiner Aussicht gelobte Gartnerkofel (2195) erlangte durch das, im gesamten Alpenraum einmalige Vorkommen der Wulfenia, einer blauen Bergblume, benannt nach dem Botaniker Freiherr von Wulfen, Berühmtheit. Diese nur noch in Montenegro und im Himalaja vorkommende „Wunderblume Kärntens" wurde bereits im Jahre 1779 von ihm entdeckt. – Auf der Südrampe des von den Italienern als Passo di Pramollo bez. Überganges überrascht wenig unterhalb des Grenzverlaufes zwischen Österreich und Italien der Prachtblick auf die Julischen Alpen mit dem Montasch, welcher sich aus dem Wolfsbachtal (Valbruna) erhebt. Die Paßstraße hinab ins Canaltal ist zwar windungsreich, wird aber von Zweiradfahrern sehr geschätzt! Im stark eingeschnittenen Winkeltal durchfährt man mehrere Serpentinen und einen unbeleuchteten Kehrtunnel. Die durchschnittliche Fahrbahnbreite beträgt 5 m, sodaß Begegnungen mit Pkw problemlos sind. Der HU von rund 1000 m vom Berg in das Tal ist auf einer Streckenlänge von 13 km recht beachtlich! Das Gefälle beträgt max. 12%. Der Paß vermittelt die kürzeste Verbindung zwischen Hermagor im Gailtal und Udine, der Hauptstadt Friauls. — Von Pontebba (ehem. Pontafel) nach Chiusaforte (394) hat man auf der gut ausgebauten SS. 13 bis zur Abzw. bei Raccolana 13 km durch das schluchtartige Canaltal zurückzulegen. Bemerkenswert sind auf dieser Strecke die aufwendigen Kunstbauten der Autostrada, ein Meisterwerk ital. Straßenbauer. — Durch den Canale di Raccolana leitet die Straße bei schwankenden Fahrbahnbreiten zwischen 5 und 8 m hinauf zur Sella Nevea (1190). Das Steigungsmaximum beträgt auf der Westrampe 13%, auf der Ostrampe hinab zum Raiblersee/Lago di Predil hat man ein Gefälle von nur 9%, beide Rampen sind durchgehend asphaltiert. Die Dichte der Kehren ist im W mit neun größer als im O mit nur vier. Es gibt steinschlaggefährdete Passagen. Die Scheitelhöhe ist nach knapp 19 km erreicht. Vom Rif. Divisione Julia führt eine Gondelbahn hinauf zum Rif. Gilberti (1850), unterhalb des Kaninkammes gelegen. Keinerlei Probleme fahrtechnischer Art gibt es auf der ausgebauten, 9 km langen Bergstraße durch die Valle Rio del Lago hinab zum See (959). Über Cave del Predil fährt man weiter talaus nach Tarvis (732), 10 km. Die Rückkehr in den Raum von Villach erfolgt auf einem der beiden bekannten, grenzüberschreitenden Verkehrswege → Route 17, Über die Karawanken in die Julischen Alpen.

Variante: Aus dem Zentrum von Villach gelangt man auf der B 100 durch das Drautal nach Feistritz a.d. Drau (542). Von dort führt eine knapp 20 km lange, landschaftlich ansprechende und abwechlungsreiche Strecke über die Windische Höhe (1100) ins Untere Gailtal. Außerhalb von Feistritz starke Steigung der Auffahrt mit max. 24%; auf der Südrampe wurden zwischen der Scheitelhöhe und dem Gh. „Matschiedl" 18% gemessen. Die Windische Höhe, auch Pöllandhöhe genannt, vermittelt gute Ausblicke auf Poludnig und Osternig; dahinter ragen die meist schneebedeckten Julischen Alpen mit Montasch, Wischberg und Mangart auf. In Schmölzing-Bach mündet man in die vorzüglich ausgebaute Gailtal-B 111 ein. Minus 1 km. Fahrtechnische Beurteilung: mittel.

Variante: Von Pontebba (568) zunächst über die Sella di Cereschiatis (1066) und durch das Aupatal nach Moggio Udinese (337), 25 km. Diese auch landschaftlich lohnende Paßstraße bietet sich speziell denjenigen Motorradfahrern an, die weniger frequentierte Ausweichrouten suchen. Mit Vorzug wird man sie auch als logische Anschlußstrecke auffassen, wenn man vom Naßfeld herunterkommt. Sie ist ganzj. geöffnet, durchgehend geteert, die Fahrbahnbreiten variieren zwischen 4 und 7 m, die Nordrampe weist einen windungsreichen Verlauf auf, die Steigungsmaxima betragen auf beiden Rampen 11 %. Am Ponte Moggio biegt man nach O in die SS. 13 ein, der man bis Resiutta folgt. Nun hat man die Wahl, seine Fahrt durch das Canaltal fortzusetzen, um in Raccolana auf die Normalroute zu treffen oder den Weg über die Sella Carnizza nach Bovec und zum Predilpaß einzuschlagen. — In Resiutta findet man re. die beschilderte Abzw. des asphaltierten Sträßchens durch das Résiatal, welches sich nach 10 km teilt. Man hält sich re., fährt über Lischiazze auf teilweise bewaldeter Bergstrecke und in steilen, engen Serpentinen hinauf zur Sella Carnizze (1092). Die Ostrampe hinab nach Uccea (661) hat ein ausgeglichenes Gefälle. Hinter dem Ort befindet sich die Vereinigung mit der vom Passo di Tanamea (851) herabziehenden Straße zur Grenze. Die Abfertigung auf slowenischer Seite erfolgt knapp 2 km unterhalb. Die gewundene Ostrampe senkt sich allmählich in das Tal des Isonzo/Soča hinab und mündet nach 8 km in Zaga (346) in die Talstraße ein. Man fährt dann über Bovec und Kal-Koritnica zum Predilpaß hinauf, Beschreibung → Route 17, Über die Karawanken in die Julischen Alpen. Plus 47 km. Fahrtechnische Beurteilung: mittel bis schwierig.

19	**Rund um das Westliche Salzkammergut****

Route: Mondsee (493) — Scharfling — Scharflingsattel (604) — St. Gilgen — Strobl — Postalm (1284) — Lienbach-Sattel (1304) — Seydegg — Rigausau — Lammerer — Paß Gschütt (969) — Gosau — Gosaumühle — Hallstatt — Lahn — Obertraun — Koppensattel (690) — Bad Aussee — Pötschenhöhe (893) — St. Agatha — Bad Goisern — Bad Ischl — Mitterweißenbach — Weißenbach am Attersee — Steinbach a.A. — Seeleiten — Weyregg a.A — Schörfling a.A — Attersee — Nußdorf a.A. — Stockwinkel a.A. — Unterach a.A. — Au — Mondsee. 211 km.

Fahrtechnische Beurteilung: leicht bis mittel

Zeitaufwand: Tagestour

Der Straßenknoten des Marktes Mondsee eignet sich gut als AP für eine Rundfahrt durch das Westliche Salzkammergut. Die gewählte Runde bezieht sowohl die landschaftlichen Höhepunkte der Region als auch verkehrsärmere Straßen und Fahrwege ein. Beides kommt den Wünschen der Motorradfahrer entgegen. Es wurden damit auch manche, kaum bekannte, aber anfahrbare Aussichtspunkte erfaßt, welche gute Überblicke in der stark gegliederten Berge-Seen-Landschaft vermitteln. Die neue, durchgehende Straßenverbindung von Strobl über die Postalm in das Lammertal erlaubt auch die Einbindung des wunderbaren, oberen Gosautales, des stimmungsvollen Hallstätter Sees und der lieblichen Umgebung von Bad Aussee in den Tourenvorschlag. — Vom Ort Mondsee auf der B 154 über das sw. Ufer des Mondsees bis zur Straßenteilung in Scharfling. Im Vorblick hat man den von der schroffen Drachenwand zum Schafberg anschließenden Gebirgszug. In Scharfling verläßt man den Mondsee, um re. abbiegend auf ausgebauter Verbindungsstraße über den zahmen Scharflingsattel nach St. Gilgen (545) am Wolfgangsee hinabzufahren. Die Kurven der Bergstrecke sind mit wenigen Ausnahmen unübersichtlich, worauf man sich besonders einstellen muß. In St. Gilgen achte man auf die richtige Straßeneinbindung, um die Fahrt auf überbreiter Straße entlang dem Südufer des Wolfgangsees nach Strobl (542) fortzusetzen. Der terrassenartige Verlauf der B 158 bietet gute Ausblicke auf den wesentlich tiefer eingebetteten See und auf sein gegenüberliegendes Ufer. Rechter Hand hat man die steil aufragenden Berge mit dem Zwölferhorn und seinen Nachbarn. — S. von Strobl zweigt von der B 158 re. die mautpflichtige Straße durch das Weißenbachtal zur Postalm ab. Sie hat ihre Fortsetzung in Richtung Abtenau über den Lienbach-Sattel. Diese durchgehende Verbindung, welche auch von Reisebussen bis 40 t Limit benützt wird, besteht erst wenige Jahre. Während des Sommers ist die 8 km lange Abtenauer Postalmstraße von 8 bis 18 Uhr geöffnet, im Winter sind die den Wetterverhältnissen angepaßten Öffnungszeiten kürzer. — Auf der Nordrampe beginnt die serpentinenreiche Strobler Bergstrecke im Bereich der Simonhütte (750). Bis hinauf zur Postalm gewinnt man mit neun Kehren zirka 500 Höhenmeter, wobei die max. Steigung 9% beträgt. — Die Abtenauer Postalmstraße beginnt im Bereich der Schnitzhofalm. Das Restaurant „Lienbachhof" (1200) befindet sich direkt an der Straße; das Fahrzeug kann man dort auf einem eingezäunten Parkplatz abstellen, wo es auch vor dem Weidevieh geschützt ist. Auf der Südrampe wurde bei Seydegg die Mautstelle eingerichtet. Mit fünf Kehren und 10% Gefälle leitet die Bergstraße abwärts. Beide Rampen sind zweispurig angelegt (Überbreiten gibt es in den Kehren) und durchgehend asphaltiert. Nach einer längeren Gefällestrecke erreicht man die Häuser von Rigausau (581). — Dort hält man sich scharf li. und folgt lammeraufwärts dem staubfreien Sträßchen, welches Abtenau im N umgeht. Beim „Lammerer" mündet man in die Paß Gschütt-B 166 ein und vermeidet somit den 2 km langen, nicht ausgebauten Abschnitt durch einen engen Graben. — Die nunmehr hervorragend ausgebaute B 166 verläuft mäßig ansteigend neben dem Rußbach. Der gleichnamige Ort Rußbach (817) wird im S umfahren. Die Steigung zum Paß Gschütt wurde im oberen Abschnitt auf 10% reduziert. Während der Abfahrt nach Gosau hat man zwar noch ein kurzes Gefälle von max. 17%, doch liegt dieses in einem günstigen, weil übersichtlichen Straßenverlauf. Der Ort Gosau (767) wird im N umfahren. Durch das stark eingeschnittene Gosautal hat man auf windungsreicher, sanft abfallender Strecke noch 9 km bis zur Einmündung in die Uferstraße hoch über dem Hallstätter See zurückzulegen. Die Fortsetzung nach Hallstatt wurde dem Steilufer des Sees parallel zur Soleleitung förmlich abgerungen. Mit zwei langen Tunnelröhren und richtungsgetrennten Fahrbahnen wird der altehrwürdige Ort Hallstatt umgangen. Bez. Parkplätze und Abgänge über Stufen wurden für die Besucher des sehenswerten Ortes angelegt. — An der ab Lahn ufernahen Straßenfortsetzung gibt es seit Errichtung von zwei aufwendigen Kunstbauwerken keine Verkehrsprobleme mehr. Nach Umrundung des Südufers passiert man das verwinkelte Obertraun. — Beim Gh. „Koppenwirt" nimmt die Koppenstraße mit einer kräftigen Steigung von 23% ihren Ausgang; sie stellt die direkte, nur 12 km lange Verbindung zwischen Obertraun und Bad Aussee her, wobei sie dem engen Durchgang der Traun folgt. Im Bj. war sie bis zur steirischen Landesgrenze 6 bis 7 m breit und gut ausgebaut. Den Besuch der wildromantischen Koppenbrüller-Höhle, HT li. der Auffahrt, soll man sich nicht entgehen lassen. Oberhalb des Bahnhofs mündet man in Bad Aussee in die Salzkammergut-B 145 ein, der man auf vorbildlich ausgebauter Bergstrecke über die Pötschenhöhe (982) hinab nach St. Agatha und Bad Goisern (500) folgt. Von der Agathakehre bzw. von der wenig oberhalb befindlichen Simony-Aussicht genießt man Tiefblicke auf den n. Zipfel des Hallstätter Sees und trauntalabwärts. Der verkehrsreiche Abschnitt zwischen Bad Goisern und Bad Ischl präsentiert sich kreuzungsfrei. In Bad Ischl achte man auf die richtige Einfädelung innerhalb des modern angelegten Straßenknotens! Bis Mitterweißenbach folgt man weiter dem Lauf der Traun auf der B 145. — Mit den ö. Uferorten am Attersee verbindet die teilweise gut ausgebaute Straße über die Umkehrstube durch das ausgedehnte Waldgebiet nach Weißenbach im S des Höllengebirges. Der Weißenbacher Sattel ist kaum ausgeprägt, das Steigungsmaximum beträgt 10%. In der wildromantischen Klamm hat man von der Marienkapelle, welche auf einem Felssporn oberhalb des Wildbaches errichtet wurde, imposante Tiefblicke auf die Auskolkungen, welche

durch die sägende und wirbelnde Kraft des Wasser hier entstanden

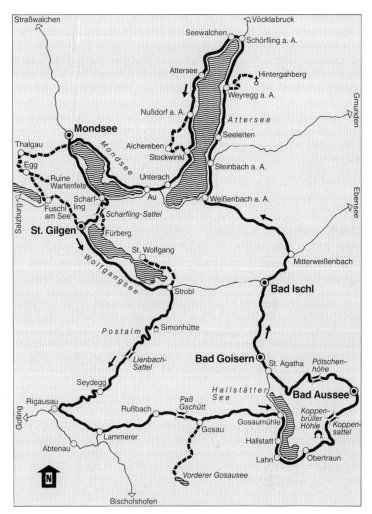

Skizze 19   Rund um das Westliche Salzkammergut

sind. Nach 14 km mündet die B 153 in die Seeleiten-B 152 ein. — Die über das Ostufer des Attersees verlaufende, teilweise gut ausgebaute, teilweise schmale Straße durchmißt eine Aufeinanderfolge von bemerkenswerten Eindrücken, die sich von Anmut und Lieblichkeit zu   69 erhabener Gebirgsszenerie steigern wie kaum an einem anderen Salzkammergutsee. Man berührt die Uferorte Steinbach, Weyregg und Kammer-Schörfling. Die frequentiertere Attersee-B 151 beginnt in Seewalchen und verläuft über die Orte Attersee und Nußdorf nach Unterach vorwiegend in Ufernähe, zwischen Attersee und Stockwinkl auch etwas landeinwärts. Im Bj. konnte man nur im Zusammenhang der Umfahrung Unterach einen modernen Ausbauzustand auf dem Westufer feststellen. Alle anderen Strecken der B 151 zeichneten sich durch ihren Kurvenreichtum und schmälere Passagen aus. Ein flüssiges Vorwärtskommen gewährleistet aber die Anschlußstrecke über Au und das Mondsee-Ostufer zum AP Mondsee.

Variante: Von Mondsee fährt man auf der Landesstraße zunächst nach Thalgau, wo man li. nach Egg abbiegt. Auf der Egger Höhe (788) hat man li. die Abzw. des 2 km langen, nur einspurigen, jedoch asphaltierten Stichsträßchens zum „Schlößlwirt". Die Ruine Wartenfels (924) ist ein lohnender Aussichtspunkt unterhalb des Schobers. — Die Weiterfahrt setzt man über Fuschl am See fort, wo man in die B-158 einmündet und nach St. Gilgen gelangt. Plus 11 km. Fahrtechnische Beurteilung leicht bis mittel.

Variante: Von Nußdorf über Aichereben (750) nach Stockwinkel am Attersee. Die zirka 10 km lange Strecke, auch als Attersee-Höhenstraße oder „Güterweg Aichereben" bez., erschließt das sanftwellige Hinterland im W des Sees. Sie bildet für den Motorradfahrer die ideale Ausweichstrecke zur stark frequentierten B 151. Man durchfährt sowohl ausgedehnte Weideflächen als auch Mischwälder; dazwischen liegen in einem Landschaftsschutzgebiet reizvolle, kleinere Hochmoore. Die Durchgangsstrecke ist überall geteert, meist aber nur einspurig, manchmal auch knapp zweispurig breit und weist Steigungen bis 12% auf. Manche Streckenabschnitte bieten eine bemerkenswerte Aussicht über das voralpine Hügelland. Plus 5 km. Fahrtechnische Beurteilung: mittel.

Abstecher: Zur Fürberger Badebucht. Vom Scharfling-Sattel leitet ein kurzes, jedoch steiles Stichsträßchen bei max. 25% Gefälle hinab zur Schiffsanlegestelle Fürberg und die von Kennern geschätzte, windgeschützte Badebucht am Nordufer des Wolfgangsees. Das Sträßchen zweigt bei der Postbus-Haltestelle der Hauptstraße vom Scheitel ab, führt am Gh. „Linde" in Aich vorbei und endet nach 1 km bei den Abstellplätzen am Seeufer. Hin und zurück 2 km. Fahrtechnische Beurteilung: mittel bis schwierig.

Abstecher: Von Strobl nach St. Wolfgang im Salzkammergut. Der herrlich gelegene Hauptort am Wolfgangsee ist durch sein gotisches Wallfahrtskirchlein aus dem 15. Jh. mit dem Michael-Pacher-Hochaltar weltweit bekannt geworden. Berühmtheit erlangte auch die dampfbetriebene Zahnradbahn auf den Schafberg (1782), dem wohl besten Aussichtsberg inmitten des seenreichen Salzkammerguts. Hin und zurück 12 km. Fahrtechnische Beurteilung: leicht.

Abstecher: Von Gosau (767) zum Vorderen Gosausee (933). Ein besonders lohnender Abstecher mit dem berühmten Blick, einem der malerischesten in den Ostalpen, über den See zum vergletscherten Dachstein! Die modernisierte Straße durchmißt die anfangs breite Talung mit ihren prächtigen Bergwiesen und Wäldern. Sie vermittelt bemerkenswert schöne Vorblicke auf den, sich vom Dachsteinplateau abtrennenden Gosaukamm mit seinen wilden Felsspitzen und Graten. Beim Gh. „Gosauschmied" (768) beginnt die Auffahrt der max. mit 14% ansteigenden Straße. Kurz vor dem See gibt es zwei größere Parkplätze, denn die Weiterfahrt ist strikte verboten (Sperrschranken). Hin und zurück 14 km. Fahrtechnische Beurteilung: leicht bis mittel.

Abstecher: Von Weyregg nach Hintergahberg mit der Dreifaltigkeitskapelle (863). Dieses besonders lohnende Ziel ist relativ wenig bekannt, seine Aussicht jedoch ist ein Erlebnis! Die Kapelle steht auf einer Kammlinie, welche sich vom Gahberg bis zum Hongar (943) erstreckt und nach beiden Seiten, sowohl auf den Attersee bis zum Schafberg als auch nach N weit in das Alpenvorland eine gute Aussicht vermittelt. Das windungsreiche, öffentlich befahrbare Bergsträßchen nimmt in Weyregg am Attersee (482) seinen Ausgang und leitet kurvenreich über den Weiler Bach und die Zimmerberghöfe mit sieben Serpentinen den Gahberg empor. Die Steigungen sind ausgeglichen und erreichen kurze Maxima von nur 10%. Nach 6 km hat man re. die kurze Zufahrt zum geschützt liegenden Gh. „Kogler" (800), geradeaus gelangt man wenig weiter zu einem ausgebauten Rastplatz nahe der Kapelle. Hin und zurück 13 km. Fahrtechnische Beurteilung: mittel.

Rund um die Lienzer Dolomiten*	**20**

Route: Lienz i. O. (669) — Oberdrauburg — Gailberg-Sattel (982) — Kötschach-Mauthen — St. Lorenzen im Lesachtal — Obertilliach — Kartitscher Sattel (1530) — Tassenbach — Abfaltersbach — Thal — Leisach — Lienz. 117 km.

Fahrtechnische Beurteilung: leicht bis mittel

Zeitaufwand: Halbtagestour

Die formenreichen Lienzer Dolomiten, welche im Seekofel (2744) kulminieren, wurden bis heute nie durch Straßen erschlossen, sieht man im N von der Zufahrt zur Lienzer Dolomitenhütte, im S vom 3 km langen Stichsträßchen ab, das von St. Lorenzen im Lesachtal zum Tuffbad (1262) hinaufleitet. Auch von Erschließungen durch Seilbahnen bzw. anderen Aufstiegshilfen blieb dieser Gebirgsstock verschont. Die drei Hauptverkehrswege führen durch das Drautal, über den Gailberg-Sattel und durch das Lesachtal; sie alle tangieren nur die Lienzer Dolomiten, welche für den motorisierten Verkehr eine zirka 40 km breite Barriere zwischen Drau und Gail bilden. − Von Lienz zunächst auf der hervorragend ausgebauten B 100 durch die breite Talung drauabwärts nach Oberdrauburg. Dort beginnt, re. abzweigend, die Bergstraße über den Gailberg-Sattel zum Doppelort Kötschach-Mauthen (707), HT. Auf dieser nur 13 km langen Verbindung hat man eine teilweise modernisierte Bergstraße mit 10% Steigung im N und einem Gefälle von 8% im S. Von Kötschach-Mauthen erstreckt sich bis zur Kärntner Landesgrenze an der romantischen Wachterbachmühle das Lesachtal als oberster Abschnitt des Gailtales. Im Volksmund nennt man es das „Tal der 72 Bäche", welches zu den landschaftlich reizvollsten Tälern im Ostalpenraum zählt. Die Orte Birnbaum, Liesing, St. Lorenzen und der Wallfahrtsort Maria Luggau (1179), welche alle eine sonnseitige Terrassenlage haben, wurden in der Gemeinde Lesachtal mit Sitz in Liesing zusammengeschlossen. Die durchwegs asphaltierte Gailtal-B 111 wurde nur abschnittsweise modernisiert, vor allem im Bereich der Talübergänge. Der Motorradfahrer gelangt geländebedingt von einer Kurve in die andere. Leitplanken gibt es an allen gefährdeten Stellen. Die max. Steigungen betragen 12%. Besonders in den Übergangsjahreszeiten beeindrucken die Ausblicke durch die s. Täler auf die schneebedeckten Häupter der Karnischen Alpen; von den formenreichen Bergen der Lienzer Dolomiten ist während der Fahrt kaum etwas zu sehen. Im W der Kärntner Landesgrenze beim Gh. „Wacht" setzt sich die nunmehr ausgebaute B 111 über den 1530 m hohen Kartitscher Sattel, auch als „Tannwiese" bez., fort. Man fährt durch das Osttiroler Tilliacher Tal bei ständigem Gefälle, max. 8%, nach Tassenbach, ö. von Sillian gelegen, hinab und mündet dort in die durch das Pustertal ziehende, meist stark frequentierte Drautal-B 100 ein. Über Strassen, Abfaltersbach, Thal und zuletzt dicht unterhalb der Lienzer Klause gelangt man zurück nach Lienz. Die Drautalstraße ist durchwegs ausgebaut.

Variante: Von Abfaltersbach (983) gibt es eine für Motorradfahrer interessante, 27 km lange Höhenstraße, welche über Anras (1262), Oberassling, Penzendorf und Bannberg nach Leisach (710) leitet, wo man wieder in die Drautal-B 100 einmündet. Dieses Sträßchen verläuft auf einer aussichtsreichen Terrasse und vermittelt eindrucksvolle Blicke auf die Lienzer Dolomiten. Plus 9 km. Fahrtechnische Beurteilung: mittel bis schwierig.

Abstecher: Zur Lienzer Dolomitenhütte (1620). Von Lienz auf der Straße nach Lavant bis Tristach (673). Am sö. Ortsrand zweigt re. das asphaltierte Bergsträßchen ab, welches zunächst zum Gh. „Kreithof" auf dem Kinnbichl (1098)

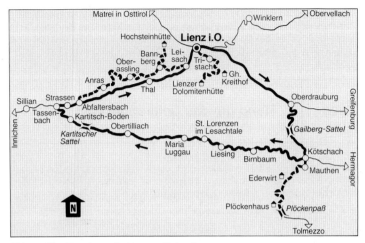

Skizze 20   Rund um die Lienzer Dolomiten

leitet; es setzt sich von dort als 4 m breites Mautsträßchen fort und gewinnt weiter an Höhe. Das Steigungsmaximum der durchwegs staubfreien Straße beträgt 14%, Leitplanken gibt es an allen ausgesetzten Stellen. Es endet nach 7 km ab Lavanter Straße an der Lienzer Dolomitenhütte in guter Aussichtslage. Die Benützung des Fahrweges hinauf zur Karlsbader Hütte (2260) am Lazerzsee ist strikte verboten! Hin und zurück 26 km. Fahrtechnische Beurteilung: mittel.

Abstecher: Von Mauthen auf der asphaltierten Plöckenpaß-B 110 zur Scheitelhöhe. Eine Verbreiterung der in manchen Abschnitten nur 5 m breiten Fahrbahn ist geplant. Ausgesetzte Passagen wurden durch Leitplanken abgesichert. Auf der Nordrampe des Passes hat man durchschnittlich 8% Steigung und trifft nur in den beiden oberen Kehren Steigungsmaxima bis zu 13% an. Der landschaftlich hervorragendste Streckenabschnitt führt vom „Ederwirt" über das Plöckenhaus zum Paßscheitel. Das Projekt, welches einen 7 km langen Basistunnel unter den Karnischen Alpen vorsah und eine logische Fortsetzung der Felbertauernstraße darstellt, ist vorerst einmal gescheitert. Hin und zurück 26 km. Fahrtechnische Beurteilung: leicht bis mittel.

Abstecher: Von Bannberg (1262) zum Parkplatz (1980) der Hochsteinhütte auf der Bannberger Alm. Auf zwar staubfreiem, jedoch schmalem Sträßchen überwindet man einen HU von rund 800 m! Im Abschnitt von Oberbannberg bis zum EP legt man auf einem bemauteten Sträßchen bei nur 4 m Fahrbahnbreite fünf Kilometer durch schönen Lärchen- und Zirbenwald bis zur Bannberger Alm zurück. Dort befindet sich eine einfache Jausenstation. Die Höchststeigung beträgt 14%. Zur Hochsteinhütte (2023) in prächtiger Aussichtslage hat man dann nur noch wenige Gehmin. über einen Wurzelsteig. Das Panorama umfaßt u.a. Großvenediger, Lienzer Dolomiten, Sextener Dolomiten und Karnische Alpen. Eindrucksvoll sind die Tiefblicke auf Isel- und Drautal. Hin und zurück 12 km. Fahrtechn. Beurteilung: mittel bis schwierig.

21	**Rund um das Deferegger Gebirge****

Route: Lienz i. O. (669) — Huben — St. Jakob in Defereggen — Erlsbach — Staller Sattel (2052) — Antholz — Niederrasen — Welsberg — Niederdorf — Toblach — Innichen — Sillian — Lienz. 143 km.

Fahrtechnische Beurteilung: mittel

Zeitaufwand: Halbtagestour

Diese landschaftlich abwechslungsvolle Tour ist mit einem zweimaligen Grenzübertritt zwischen Österreich und Italien verbunden, wobei der Übertritt auf dem Staller Sattel einem zeitlich geregelten Richtungsverkehr unterliegt. Von Lienz zunächst auf der frequentierten Felbertauern-B 108 nach Huben (819), der Abzweigungsstelle für eine Fahrt durch das Defereggental. Der windungsreiche Verlauf der Straße durch das eingeschnittene Tal erfordert die Einhaltung einer gemäßigten Geschwindigkeit. Die Fahrbahnbreite ist an engen Passagen knapp zweispurig. Man passiert St. Jakob in Defereggen (1389), den Hauptort des Tales und steigt mäßig gegen Erlsbach an, wo sich li. die Abzw. der Bergstraße über den Staller Sattel befindet. Über mehrere, gut ausgebaute Serpentinen gewinnt man auf bewaldeter Strecke das Hochplateau der Staller Alm mit dem Obersee (2016). Eine kurze Zufahrt leitet zur bewirtsch. Oberseehütte. Wenig weiter hat man auf der Durchzugsstraße den Grenzübergang (2052) zwischen Ost- und Südtirol. Die Abfahrt von der Scheitelhöhe hinab zum Antholzer See (1641), auch als Untersee bez., ist jeweils nur zwischen der 1. und 15. Min. nach der vollen Stunde gestattet. Die Öffnungszeiten für den Grenzübergang sind in der Regel ab Mitte Juni bis Mitte Oktober (bei Schneefreiheit auch länger) von 5 Uhr 30 bis 21 Uhr 45 Sommerzeit festgesetzt. – Das einspurige, asphaltierte Bergsträßchen, mit Ausweichen vor Engstellen, überwindet bis hinab zum Untersee einen HU von 400 m mit acht Kehren bei knapp 5 km Streckenlänge. Das Gefälle ist gut ausgeglichen und beträgt max. 12%. An gefähr-

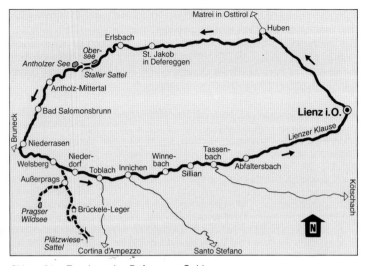

Skizze 21   Rund um das Defereger Gebirge

lichen Stellen wurden Leitplanken montiert. Die oberen Kehren bieten Tiefblicke auf den See und in die w. anschließende Beckenlandschaft. Prächtige Farbenspiele der Natur gibt es hier im Herbst! Die dominanten Erhebungen sind Wildgall (3273) und Hochgall (3436), welche beide der Rieserfernergruppe zugeordnet sind. Vom Großparkplatz beim Seerestaurant bzw. beim Gh. „Enzian" fährt man auf schmaler Uferstrecke mit nur wenigen Ausweichen zwischen dem See und dem steilen, bewaldeten Berghang entlang. Nahe der Villa Mattei wurde auf einem kleinen Uferstreifen ein Wildgehege angelegt. Wie auf einer „Schiefen Ebene" durchmißt die Straße das Tiefmoos und tangiert das Sporthotel „Wildgall" und den Gh. „Passler". Die neue Trasse umgeht den Hauptort Antholz-Mittertal (1241) und leitet, meist vom Antholzer Bach begleitet, über Bad Salomonsbrunn (gelobtes Einkehrgh.) und Rasen-Antholz talaus, um s. Niederrasen beim Leitgeb-Denkmal in die Pustertaler SS. 49 einzumünden. Die Straße durch das Antholzer Tal wurde in ihrer vollen Länge modernisiert und erlaubt daher ein rasches Vorwärtskommen. – Die stark frequentierte SS. 49 ist in Richtung Toblach hinsichtlich ihrer Trassierung völlig überaltet. Die Ortsdurchfahrten in Welsberg und Niederdorf lassen keinen zügigen Verkehrsfluß aufkommen. Vor riskanten Überholmanövern auf der kurvenreichen Strecke muß eindringlich gewarnt werden! Die Ortskerne von Toblach und Innichen werden umfahren. Bei Winnebach passiert man die ital.-österr. Grenze. Gut ausgebaut präsentiert sich die B 100 über den Osttiroler Markt Sillian (1103) bis an den Stadtrand von Lienz. Die Straße verläuft meist dicht neben der Drau, zuletzt durch die Lienzer Klause, dem geographischen Ende des Pustertales im O.

Abstecher: Zwischen Welsberg und Niederdorf Abzw. zum Plätzwiese-Sattel (1991). Biegt man ö. Welsberg von der SS. 49 ab, so hat man bis zum Sattel Plätzwiese 14 km zurückzulegen. Nach knapp 3 km darf man aber die Straßenteilung nicht verfehlen: li. zum Plätzwiese-Sattel, re. zum Pragser Wildsee, HT. Die Straße zum Plätzwiese-Sattel ist durchwegs staubfrei und bis zum Parkplatz Brückele-Leger normal breit. Von dort beginnt die Bergstrecke im engeren Sinn; sie ist nur mehr knapp zweispurig. Nach Überbrückung des Stollabaches setzt eine stärkere Steigung mit max. 14% ein. Mit acht Serpentinen und zahlreichen, teilweise engen und unübersichtlichen Kurven gewinnt die asphaltierte Straße bis zur Scheitelhöhe einen HU von runden 500 m. Hinter dem Gatter auf der Dürrensteinalm wurde für die Scheitelstrecke ein allg. Fahrverbot verhängt, wovon Berechtigte (Nächtigungsgäste) ausgenommen sind. Am Beginn des ausgedehnten Almgebietes wurden zwei große Parkplätze angelegt. Die Scheitelhöhe bietet nach SW gute Ausblicke auf die Hohe Gaisl/Croda Rossa (3139) mit ihren auffallenden, rötlich getönten Gesteinsschichten. Nach NW reicht der Blick durch die Altpragser Talung bis zu den Zillertaler Gletscherbergen. – Über die Südostrampe hinab nach Schluderbach wurde zum Schutz des Naturparkes Fanes-Sennes-Prags ein allg. Fahrverbot verhängt. Hin und zurück 28 km. Fahrtechnische Beurteilung: mittel.

Abstecher: Zum Pragser Wildsee. Zunächst 3 km gemeinsame Streckenführung von der Abzw. an der SS. 49 bis zur Straßenteilung nahe der Außerpragser Säge → Abstecher Plätzwiese-Sattel. Will man zum romantisch gelegenen Pragser Wildsee, so muß man sich an der Straßenteilung re. halten und weitere 6 km durch ein meist bewaldetes Hochtal fahren. Es ist dabei ein HU von zirka 300 m bei ausgeglichenen Steigungsverhältnissen zu überwinden. Das Steigungsmaximum beträgt 8%. Der stimmungsvolle, meist dunkelgrün leuchtende Alpensee liegt in einem Felsentrog großen Ausmaßes eingebettet. Er wird im S von der massigen Gestalt des Großen Seekofels (2810) überragt; seine Nordwand fällt 1300 m fast senkrecht zum sagenumwobenen See ab. Hin und zurück 18 km. Fahrtechnische Beurteilung: leicht.

Straßenkarten für den Alpenfahrer: Die bekannte kartographische Anstalt Freytag-Berndt & Artaria KG in Wien ist Herausgeberin der „Großen Straßenkarte Österreich" im Maßstab 1 : 250.000 in fünf Blättern, wovon die Blätter 1 Wien-Niederösterreich-Oberösterreich, 2 Steiermark-Kärnten und 3 Tirol-Vorarlberg den von diesem Motorradführer beschriebenen österr. und angrenzenden Alpenraum erfassen. Die Rückseiten sind jeweils mit einem vollständigen Ortsregister bedruckt.

Route: Zell am See (757) — Schüttdorf — Bruck — Fusch — Ferleiten — Fuschertörl (2405) — Hochtor (2575) — Guttalbrücke — Heiligenblut — Winklern — Iselsberg (1204) — Lienz — Huben — Matrei in Osttirol — Felbertauernstraße — Mittersill — Uttendorf — Schüttdorf — Zell am See. 184 km.

Fahrtechnische Beurteilung: leicht bis mittel

Zeitaufwand: Tagestour

Der Großglockner, mit 3798 m höchster Berg Österreichs, steht im Mittelpunkt dieser Rundtour, welche einzigartige Erlebnisse vermittelt. Man kann sich ihm sowohl von SO auf der Gletscherstraße als auch von SW auf der Kalser Glocknerstraße nähern. Die Großglocknerstraße zählt unter Einschluß der Edelweißstraße und der Gletscherstraße nach wie vor zu den landschaftlich faszinierendsten Hochstraßen im gesamten Alpenraum. — Bei den genannten Straßen handelt es sich, einschließlich der Felbertauernstraße, durchwegs um mautpflichtige Privatstraßen. Alle übrigen, im Zusammenhang dieser Runde beschriebenen Verkehrswege sind dem Bundesstraßennetz zugeordnet. Aus Gründen des Naturschutzes besteht von 22 Uhr bis 5 Uhr für Kraftfahrzeuge auf allen Großglocknerstraßen eine Nachtsperre. — Beginnt man seine Runde in Zell am See, so folgt man der B 311 bis zum Knoten s. Bruck a.d. Großglocknerstraße, das umfahren wird, und biegt in die B 107 ein. Begleitet von der Fuscher Ache gelangt man zur Mauteinhebestelle in Ferleiten (1148), wo sich auch ein Wildpark mit rund 200 Tieren befindet. Die gut ausgebaute Bergstraße, deren Steigung bei der Embachkapelle einsetzt, leitet am stimmungsvollen Schleierwasserfall vorbei und gewinnt über vier meisterhaft angelegte Kehren den Parkplatz Piffkar (1620); dort gibt es einen Naturlehrpfad. Eindrucksvoll sind die Ausblicke auf das Große Wiesbachhorn (3564). Nach weiteren zwei Kehren überschreitet man beim Parkplatz Hochmais (1850) die Baumwuchsgrenze. Fünf Schautafeln informieren eingehend über das Panorama, die Gletschererscheinungen, die Höhenstufen der Vegetation und das gut einsehbare ökologische Kleinod Rotmoos im Quellgebiet des Ferleitentales. Abermals folgen zwei Kehren und die Straße tritt in das steile Bergsturzgebiet der Hexenküche ein. An der steilen Edelweißwand vorbei, erreicht die Straße das flachere Gelände des oberen Naßfeldes. Nun in drei Kehren und einer großzügig angelegten Schleife über den Törlgrat zum Abzweig der → Edelweißstraße und um den Törlkopf herum zum Parkplatz Fuschertörl (2405) mit Blick auf den Brennkogelgletscher. — Vom Fuschertörl (Schutzhaus nahebei) nunmehr auf Gefällstrecke hinab zu der, von weither sichtbaren Fuscher Lacke und durch den 117 m langen Mittertörltunnel. Schließlich erreicht man nach Überwindung von zwei Kehren den 311 m langen, beleuchteten Hochtortunnel, in dem die Landesgrenze zwischen Salzburg und Kärnten überschritten wird. — Vom Parkplatz am Südportal überblickt man die meistens schneebedeckten Gipfel der Schobergruppe. Vom wenig tiefer liegenden Wallackhaus (2302) führt die Abfahrt zuerst am Steilhang der Margaritzenwand vorbei, dann über sanft geneigte Almböden in vier Kehren hinab zum Fallbichl (2200). Am „Tauerneck" wird der Großglockner sichtbar und in vier weiteren Kehren vollzieht sich der Abstieg über die Baumgrenze hinab zum Abzweig der → Gletscherstraße an der Guttalbrücke. Vom Parkplatz „Kasereck" bietet sich ein herrlicher Ausblick auf den Großglockner. Während man auf der weiteren Abfahrt die Sadniggruppe im Blickfeld hat, leitet die Straße zum Parkplatz Roßbach (1750) hinab. Zuletzt an der Mautstelle vorbei und über die Fleißkehre entweder hinab in den sehenswerten Bergsteigerort Heiligenblut (1301) oder direkt in die anschließende B 107 durch das Mölltal. — Auf normal breiter Asphaltstraße fährt man 22 km bis in den Raum von Winklern (965) hinab, wo man die Möll verläßt, um re. den weiteren Weg über den ausgebauten Iselsberg (1204) nach Lienz in Osttirol zu nehmen. Für den Motorradfahrer sind die Kehren auf der Südrampe des Iselsberges ein willkommener Genuß, falls die Verkehrslage auch eine flüssige Fahrweise erlaubt. In Lienz (669), das eine Besichtigung verdient, folgt man der Felbertauernstraße bis Huben (814) iselaufwärts, wo re. die Straße zum Bergsteigerdorf Kals (1325) mit Anschluß an die → Kalser Glocknerstraße abzweigt. Auf der Fahrbahn der Felbertauernstraße findet man zahlreiche Sperrlinien vor, die abschnittsweise ein Überholen verbieten. Oberhalb Matrei in Osttirol gelangt man bei max. 9% Steigung durch das romantische Tauerntal hinauf zur Mautstelle am Südportal (1632) des 5.2 km langen, beleuchteten Felbertauerntunnels. Die Fahrbahnbreiten schwanken zwischen 7 und 11 m. Auf den stärkeren Steigungsstrecken wurden Kriechspuren angelegt, die hauptsächlich von Schwerfahrzeugen bzw. Anhänger-Gespannen benützt werden. Im Tunnel selbst wurde das Geschwindigkeitslimit mit 80 km/h festgesetzt. Die Nordrampe hat man mit mehreren, sehr aufwendigen Kunstbauten ausgestattet. Die Galerien schützen sowohl

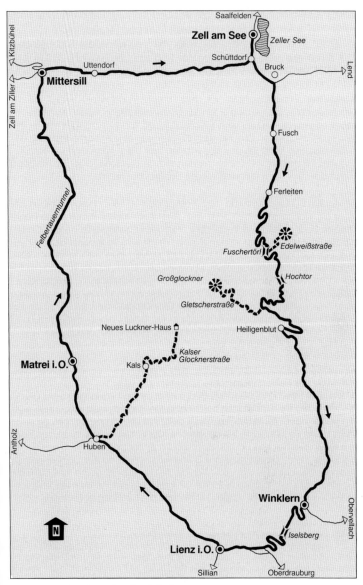

Skizze 22   Rund um den Großglockner

vor Lawinenabgängen als auch vor Steinschlag. Durch das fast unberührte Felbertal gelangt man rasch über den Straßenknoten Mittersill (790) in den Pinzgau. Nun folgt man ostwärts der Mittersiller-B 168 durch die anmutige Talung der Salzach und erreicht 24 km weiter den Straßenknoten Zell am See bei Schüttdorf.

Abstecher: Edelweißstraße. Vor dem Törlgrat (Fuschertörl) zweigt von der Glocknerstraße eine knapp 2 km lange, normal breite Aussichtsstraße mit sechs engen Kehren und einer Höchststeigung von 14% zur Edelweißspitze (2571) ab, HT. Neben dem Aussichtsturm wurde eine Informationsstelle des Nationalparkes Hohe Tauern eingerichtet. Vom Turm kann man bei entsprechender Wetterlage 37 Dreitausender und 19 Gletscherfelder überblicken! Hin und zurück 4 km. Fahrtechnische Beurteilung: mittel.

Abstecher: Gletscherstraße zum Freiwandeck (2369). Dieses Ziel ist auf einer der wohl eindrucksvollsten und daher auch meistfrequentierten Hochstraßen in den Ostalpen erreichbar. Von der Abzweigstelle an der Guttalbrücke führt die knapp 9 km lange Gletscherstraße angesichts der schnee- und eisbedeckten Dreitausender mit fünf Kehren zum mehrstöckigen Etagenparkplatz Freiwandeck, max. 12% Steigung. Die Aussicht vom Freiwandeck richtet sich hauptsächlich auf den unverwechselbaren Großglockner (3798), den Romariswandkopf (3511) und den Johannisberg (3460) inmitten einer imposanten Gletscherwelt. Mit der Gletscherbahn, einem 247 m langen Schrägaufzug, gelangt man hingegen in nur 2 Min. hinab zum Pasterzenboden, dem größten Gletscherstrom in den Ostalpen! Hin und zurück 17 km. Fahrtechnische Beurteilung: leicht.

Abstecher: Kalser Glocknerstraße zum Neuen Lucknerhaus (1984). Von Huben an der Felbertauernstraße fährt man zunächst auf der Landesstraße 13 km nach Kals (1325). Bei Kals-Burg zweigt re. die 7 km lange Kalser Glocknerstraße ab. Es handelt sich bei ihr um eine Interessenschaftsstraße, welche primär der E-Wirtschaft, sekundär den Touristen, gegen Entrichtung einer Maut, dient. Es lohnt sich, bei entsprechender Witterung, das anmutige Ködnitztal bis zum Neuen Lucknerhaus hinaufzufahren, welches im S des Großglockners steht. Die asphaltierte Bergstraße wurde normal breit angelegt; ihre max. Steigung beträgt 10%. Von der Abzw. Kals-Burg sind es 4.5 km bis zur Mautstelle, von dort noch 2.7 km bis zum Parkplatz vor dem Neuen Lucknerhaus. Hin und zurück 40 km. Fahrtechnische Beurteilung: leicht bis mittel.

Straßenkarten für den Alpenfahrer: Die „Generalkarte Österreich" 1 : 200.000 aus Mairs Geographischem Verlag in Ostfildern erfaßt das österr. Bundesgebiet mit insgesamt acht Blättern. Dieses Kartenwerk enthält zwar bemerkenswert viele Eintragungen, doch leidet unter der besonders dichten Anhäufung von Ortsbeschriftungen sowohl etwas die Lesbarkeit als auch das rasche Zurechtfinden unterwegs. Den österr. Hochalpenbereich erfassen die Blätter 4, 6, 7 und 8.

Die **Drei Zinnen** vom Laghetto d'Antorno aus gesehen → Route 56, Rund um die Sextener Dolomiten. Foto Harald Denzel

Abfahrt auf der **Großen Dolomitenstraße** von Pocol in Richtung Cortina d'Ampezzo → Route 58, Im Banne der Marmolata. Foto Harald Denzel

Modern ausgebaut wartet die Westrampe der **Hochtannberg-Paßstraße** zwischen Hochkrumbach und Schröcken auf → Route 33, Lechquellengebirge und Hinterer Bregenzerwald. Foto Harald Denzel

Tunnels und Galerien kennzeichnen die **Flexenstraße** zwischen Rauzalpe und Paßscheitel → Route 33, Lechquellengebirge und Hinterer Bregenzerwald. Foto Harald Denzel

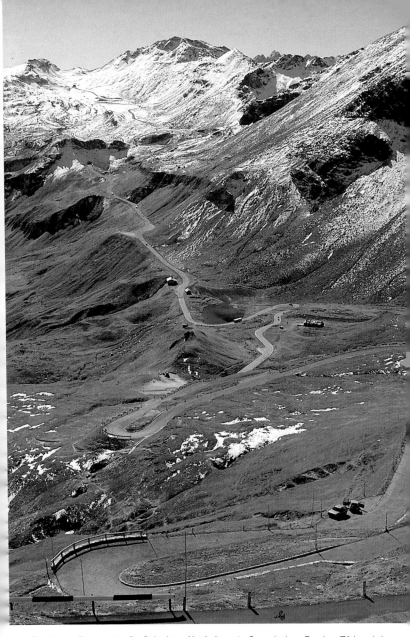

Salzburger Rampe der **Großglockner-Hochalpenstraße** zwischen Fuscher Törl und dem Hochtortunnel → Route 22, Rund um den Großglockner. Foto Harald Denzel

Auf der **Gletscherstraße** in Kärnten, dem Großglockner mit seiner markanten Spitze entgegen → Route 22, Rund um den Großglockner. Foto Harald Denzel

Auf der Scheitelhöhe der völlig neu trassierten Straße über den **Giaupaß** mit Blick zum Nuvolau und Averau → Route 58, Im Banne der Marmolata. Foto Harald Denzel

Route: Wörgl (513) − Hopfgarten − Brixen im Thale − Kirchberg − Kitzbühel − Jochberg − Paß Thurn (1274) − Mittersill − Wald i.P − Krimml − Filzsteinalpe (1628) − Gerlospaß (1507) − Gerlos − Zell am Ziller − Kaltenbach − Strass − Brixlegg − Kundl − Wörgl. 174 km.

Fahrtechnische Beurteilung: leicht bis mittel

Zeitaufwand: Tagestour

Die Kitzbüheler Alpen erstrecken sich zwischen dem Zillertal und dem Saalachtal bzw. dem Zeller See, was einer Ausdehnung von runden 75 km in der Breite entspricht. Als touristische Höhepunkte lassen sich das Kitzbüheler Horn, der Schwarzsee bei Kitzbühel, die berühmten Krimmler Wasserfälle, die Gerlosplatte, der Speicher Durlaßboden und das Wildgerlostal, die Zillertaler Höhenstraße und das stilechte Tiroler Dorf Alpbach bezeichnen. Wer mehr für kulturelle Sehenswürdigkeiten übrig hat, der wird sie vor allem in Kitzbühel und in Rattenberg finden. − Vom Straßenknoten Wörgl zunächst auf kürzestem Weg durch das Brixental nach Kitzbühel. Zwischen Westendorf und Gundhabing harrt die Brixental-B 170 noch eines modernen Ausbaues. Die Stadt Kitzbühel (762) läßt sich durch den beleuchteten Lebenbergtunnel im N umfahren. Die abschnittsweise großzügig ausgebaute Paß Thurn-B 161 vermittelt über Jochberg und die niedrige Einsattelung den Übergang (1274) in den Salzburger Pinzgau. Diese Nordsüdverbindung ist häufig stark frequentiert und findet ihre logische Fortsetzung nach S in der Felbertauernstraße. − Von Mittersill im Salzachtal hat man bis zu den berühmten Wasserfällen in Hinterkrimml noch 32 km auf vorwiegend gut ausgebauter Straße zurückzulegen. Bei Wald in Pinzgau hat man die Wahl, entweder die mautfreie, alte Gerlosstraße hinauf zur Pinzgauer Höhe (1507) zu benützen oder die bemautete neue Gerlosstraße über die Filzsteinalpe (1628). Besucher der Krimmler Wasserfälle müssen sich für die neue Straße entscheiden, um einen unnötigen Umweg zu vermeiden. Auf der Pinzgauer Höhe (Gerlospaß) vereinigen sich beide Straßen wieder. Die Gerlos-B 165 setzt sich hoch über dem Nordufer des Speichers Durlaßboden (Prachtblick durch das Wildgerlostal, auf die 3303 m hohe Reichenspitze und die Wildgerlosspitze mit dem Wildgerloskees) fort.

Nachdem man den Ort Gerlos (1245) passiert hat, folgt die B 165 hinter Gmünd in Terrassenlage hoch über dem linken Bachufer in w. Richtung talaus. Unterhalb von Hainzenberg, das am Fuße des Gerlosstein hingeschmiegt liegt, beginnt der Serpentinenabstieg hinab in das Zillertal. Dort mündet man gegenüber von Zell am Ziller in die Zillertal-B 169 ein; sie ist zillerabwärts bis Stumm kreuzungsfrei ausgebaut. Dort wechselt sie die Uferseite und leitet unter Benützung der Ortsumfahrungen bei Fügen und Schlitters talaus. Unmittelbar nach dem 1336 m langen Brettfalltunnel, der Umfahrung von Strass, trifft man auf die verkehrsreiche B 171 und hält sich re. – Innabwärts gelangt man am Schloßpark von Matzen vorbei. In Brixlegg hat man die Abzw. der Straße in das Alpbachtal. Ein Umfahrungstunnel im S von Rattenberg hat den Ort vom Durchzugsverkehr befreit. Das mittelalterliche Städtchen wartet mit sehenswerten Häuserzeilen auf. Dicht an Kundl vorbei zieht die ausgebaute B 171 zum Straßen- und Bahnknoten Wörgl, dem Ausgangspunkt der Rundtour.

Variante: Von Wald in Pinzgau (885) bietet die um 10 km kürzere alte Gerlosstraße, auch unter der Bez. „Ronachweg" bekannt, dem Motorradfahrer eine fahrtechnisch interessante Strecke an. Sie führt durch ein ausgedehntes Waldgebiet und bietet kaum Aussicht. Diese windungsreiche Straße kann noch mit einem Steigungsmaximum von 16% aufwarten, wogegen man die 9% auf der neuen, bequemen Straße bei zügiger Fahrweise kaum wahrnimmt. Vor besonders unübersichtlichen Kurven wurden Verkehrsspiegel angebracht. Mautpflichtig ist nur die neue Straße. Minus 10 km. Fahrtechnische Beurteilung: mittel.

Variante: Zwischen Zell am Ziller und Kaltenbach bietet sich die Zillertaler Höhenstraße auf der w. Talseite als aussichtsreiche Kammstraße an. Sie verläuft als Mautstraße in Höhenlagen zwischen 1700 m und 2000 m und erreicht am Fuß des Arbiskopfes ihren höchsten Punkt (2040). — Von Zell am Ziller (575) benützt man erst einmal zilleraufwärts die linksufrige Landesstraße über Hippach und Schwendberg zur Mautstelle Süd (1730); diese befindet sich oberhalb des Hotels Atlas-Sportalm. Die 20 km lange Höhenstraße verläuft vielgewunden hauptsächlich oberhalb der Waldgrenze; daher wechselt ständig die Aussicht. Die Fahrbahn ist durchwegs staubfrei, knapp zweispurig und kann auch von Reisebussen bis zu einer Länge von 10 m benützt werden. Auf Begegnungen mit solchen Verkehrsmitteln muß man gefaßt sein. Im Gebiet der Bigneidalm (1853) gibt es ein kurzes Steigungsmaximum bzw. Gefälle von 20%. Die wohl lohnendste Aussicht hat man vom Parkplatz Arbiskopf auf die Zillertaler Gletscherberge mit dem Hochfeiler (3510) und hinüber zum Tuxer Hauptkamm mit dem Olperer (3476) bzw. Gefrorene-Wand-Spitzen (3288). Das Brindlingstüberl (1720), die Schafleitenalm (1659), die Jausenstation Hirschbichlalm (1825) und die Kaltenbacher Schihütte (1723) sind während

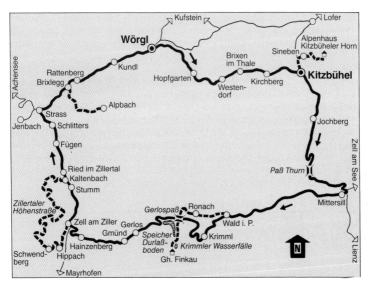

Skizze 23   Rund um die Kitzbüheler Alpen

des Sommers bewirtsch. Die Abfahrt von der Mautstelle Nord erfolgt auf der 8 km langen, bewaldeten Bergstrecke hinab nach Kaltenbach (558) bzw. Ried im Zillertal (573), wo man wieder auf die Hauptstraße trifft. Plus 36 km. Fahrtechnische Beurteilung: mittel.

Abstecher: Von Kitzbühel zum Alpenhaus Kitzbüheler Horn (1670). Die mautpflichtige Bergstraße zweigt von der B 161 in Richtung St. Johann, 2 km vom Zentrum der Stadt entfernt, unmittelbar nach der Brücke über die Kitzbüheler Ache re. ab. Anfangs hat man eine schmale Straße, die wenig weiter in eine knapp zweispurige, staubfreie Bergstraße überleitet. Nach 2 km, in Sineben (1020), wird die Maut eingehoben. Nun gewinnt man in langen Serpentinen, durch Wald und an Weideland vorbei, merklich an Höhe. Das Steigungsmaximum beträgt 16%. Die knapp 8 km lange Panoramastraße endet beim Alpenhaus Kitzbüheler Horn in guter Aussichtslage, vor allem gegen die Hohen Tauern und den Großvenediger. Die Höchstgeschwindigkeit auf dieser Bergstrecke wurde mit 30 km/h angeordnet. Das anschließende Gipfelsträßchen zum ORF-Sender, der bereits von weither sichtbar ist, kann nur von dazu berechtigten Personen benützt werden (Sperrschranken). Hin und zurück 20 km. Fahrtechnische Beurteilung: leicht bis mittel.

Abstecher: Vom Gerlospaß zweigt eine kurze Zufahrt li. ab, HT, welche zum Ostufer des Speichers Durlaßboden hinabführt und wenig weiter beim Gh. „Finkau" (1420) endet. Hin und zurück 12 km. Fahrtechnische Beurteilung: mittel.

Abstecher: Von Brixlegg nach Alpbach-Dorf (974). Dank seiner stilechten Tiroler Häuser und seiner intensiven Ortspflege wurde Alpbach bereits des öfteren zum schönsten Dorf Tirols erklärt. Es ist wahrlich ein sehenswertes Kleinod, das sich harmonisch in die Berglandschaft einfügt. Nicht Beton und Glas, sondern Holz ist der dominierende Baustoff der Häuser, die während des Sommers und bis weit in den Herbst hinein mit reichem Blumenschmuck versehen werden. — Von Brixlegg (534), das eine sehenswerte Kirche besitzt und von Häusern umgeben wird, welche an die Herren- und Knappenzeit erinnern, zunächst etwas ansteigend auf die Mittelgebirgsterrasse. Reith im Alpbachtal (637) hat im O eine moderne Umfahrung, deren Kernstück ein zwar kurzer, aber stark gekrümmter Tunnel ist. Die ehem. berüchtigte Schluchtstrecke, welche daran anschließt, hat neue breite Brücken. Nach zirka 8 km ab Brixlegg hat man beim Raiffeisenlager li. die beschilderte Auffahrt nach Alpbach-Dorf. Hin und zurück 16 km. Fahrtechnische Beurteilung: leicht.

24	**Unterinntaler Runde***

Route: Kufstein (503) — Stegen — Söll — Itter — Hopfgarten — Niederau — Oberau — Mühltal — Thierbach — Saulueg — Kundl — St. Leonhard — Rattenberg — Kramsach — Mosen — Breitenbach am Inn — Kleinsöll — Glatzham — Mariastein — Unterlangkampfen — Schaftenau — Kufstein. 87 km.

Fahrtechnische Beurteilung: leicht bis schwierig

Zeitaufwand: Halbtagestour

Diese abwechslungsvolle Runde schließt mehrere lohnende und auch unbekannte Teilstrecken beiderseits des Inntales ein. Besonders prädestiniert sind für den Motorradfahrer die Strecken von Itter über Hopfgarten in die Wildschönau mit der abenteuerlichen Abfahrt auf dem Thierbachweg hinab zum Ausgang der Kundler Klamm sowie die Höhenstraße von Breitenbach über Kleinsöll (bemerkenswerte Ausblicke zur Hohen Salve und zu den Kitzbüheler Alpen) nach Glatzham auf einer, in der Eiszeit gebildeten Aussichtsterrasse. Während die Bundesstraßen-Teilstrecken einen hervorragenden Ausbauzustand aufweisen, muß man auf den weit weniger frequentierten Landes- und Gemeindestraßen mit unterschiedlichen Zuständen rechnen. Mit Ausnahme des einspurigen Thierbachweges im Abschnitt Thierbach-Saulueg trifft man überall Asphaltbelag an. Der 9 km lange Thierbachweg wartet im oberen Abschnitt mit 20%, unterhalb von Saulueg

Skizze 24   Unterinntaler Runde

mit 12% Gefälle auf. Die Runde umgeht das verkehrsstarke Ballungszentrum Wörgl, sodaß man sich fast nur auf ruhigen Entlastungsstra-
ßen bewegt. Wer sich für kulturelle Sehenswürdigkeiten interessiert,
der möge sich in Kufstein, Itter, Hopfgarten, St. Leonhard bei Kundl,
Rattenberg und Mariastein näher umsehen. Einen Besuch verdient
auch das einzigartige Museum „Tiroler Bauernhöfe" bei Mosen, das
zwischen Kramsach und Breitenbach in einem abseits gelegenen
Winkel eingerichtet wurde. Zu den landschaftlichen Höhepunkten
zählen der Reintaler See, der von Stegen anfahrbare Achleitberg im
SW des Wilden Kaisers, der von Scheffau anfahrbare Hintersteiner
See am Fuß des Zettenkaiserkopfes und schließlich der zwischen
Schaftenau und Kufstein ein wenig abseits liegende Stimmersee.

Abstecher: Von Stegen (600) an der Eiberg-B 173 zum Alpengh. „Achleiten"
(970). Dieses aussichtsreiche Ziel liegt auf der Sonnseite des Achleitberges
und ist aus dem Weißachgraben auf einem asphaltierten, 4 km langen Bergsträßchen erreichbar. Die Abzw. findet man gegenüber dem Gh. „Oberste-
gen". Zunächst wird im Weißachgraben die Weißache überbrückt bevor der
Anstieg mit insgesamt fünf Kehren durch den bewaldeten Südhang des Ach-
leitnerkogels beginnt. Die Steigungen auf der knapp zweispurigen Bergstrek-
ke betragen max. 12%. Den EP mit mehreren Abstellplätzen erreicht man
oberhalb des Waldes in einer von Wiesen dominierten Umgebung. Bemerkenswerte Ausblicke nach S in die Kitzbüheler Alpen. Hin und zurück 8 km.
Fahrtechnische Beurteilung: mittel.

Abstecher: Zum Hintersteiner See (903). Von Stegen fährt man zunächst nach Blaiken (672), wo li. die Bergstraße zum Hintersteiner See abzweigt. Sie erschließt das südliche „Vorfeld" des Wilden Kaisers mit dem, in einer ausgeprägten Mulde eingebetteten See. Von der Abzw. an der Loferer-B 312 hat man bis zum EP am w. Seezipfel 7 km zurückzulegen. — Eine normal breite Strecke führte im Bj. von Scheffau (744) bis zur neuen Rechbachbrücke; im Anschluß daran gewinnt man auf einer vielgewundenen, schmalen Strecke bis Bärnstatt mit der St. Leonhard-Kapelle weiter an Höhe. Die max. Steigung beträgt 15 %. Unterhalb vom Seestüberl wurde ein großer Parkplatz eingerichtet. Er wird während der Sommersaison von Badegästen stark frequentiert. Man darf zwar das asphaltierte Sträßchen dem Seeufer entlang fahren, doch hat die Uferstrecke mehrere unübersichtliche Kurven. Außerdem gibt es in Ermangelung von Parkplätzen Probleme mit dem Abstellen der Fahrzeuge. — Hin und zurück 22 km. Fahrtechnische Beurteilung: mittel.

25	**Rund um das Karwendelgebirge****

Route: Innsbruck (574) — Zirl — Zirler Berg — Seefelder Sattel (1185) — Scharnitz — Mittenwald — Krün — Wallgau — Vorderriß — Kaiserwacht — Achenwald — Achenkirch — Maurach — Wiesing — Jenbach — Schwaz — Wattens — Hall in Tirol — Innsbruck. 149 km.

Fahrtechnische Beurteilung: leicht bis mittel

Zeitaufwand: Tagestour

Während der zu wählende Ausgangspunkt selbstverständlich ein beliebiger an der Rundtour gelegener Ort sein kann, so erfolgt die Beschreibung von Innsbruck aus. Die Inntalautobahn, über welche auch der Transitverkehr nach W (Brenner bzw. Arlberg) rollt, kann man je nach Verkehrslage als Alternative betrachten. — Das Karwendelgebirge umfaßt ein NSG riesigen Ausmaßes. Mehrere Sträßchen bzw. Fahrwege ziehen durch seine Täler. Sie dienen hauptsächlich der Forst- und Viehwirtschaft und sind als solche für den öffentlichen Verkehr gesperrt! Davon ausgenommen sind die bemauteten Strecken wie beispielsweise jene von Hinterriß zum Großen Ahornboden im Engtal, jene von Pertisau in die Karwendeltäler führende, die Gnadenwalder Höhenstraße zur Hinterhornalm und die Salzbergstraße durch das Halltal nach St. Magdalena. — Von Innsbruck auf dem li. Innufer zunächst am Flughafen vorbei nach Kranebitten. Eine während der

Hauptreisesaison von Motorradfahrern favorisierte Strecke ist die Tiroler-B 171 mit Anschluß an die Zirler Bergstrecke, wobei Zirl im N umfahren wird. Der Zirler Berg kennt kaum mehr Probleme fahrtechnischer Art, die max. Steigung konnte auf 16% reduziert werden. Starker Kolonnenverkehr mahnt jedoch zu größter Vorsicht! Reith bei Seefeld und der Ort Seefeld selbst werden umfahren. Der zahme Seefelder Sattel bildet die Wasserscheide. Auf meist bewaldeter Strecke gelangt man hinab zum Grenzort Scharnitz (964). Die Runde folgt nun dem Isartal nach N. Der Geigenbauerort Mittenwald (912) wird im O umfahren. An der Straßengabelung vor Krün fährt man geradeaus nach Wallgau (866) auf der B 11 weiter. Am oberen Ortsrand von Wallgau biegt man re. in die beschilderte, gebührenpflichtige Forststraße Richtung Vorderriß ein. Sie folgt dem Oberlauf der Isar durch ein Landschafts- bzw. Naturschutzgebiet. Das durchwegs staubfreie Sträßchen ist zwar knapp zweispurig angelegt, doch gibt es vor den Brücken einspurige Engstellen, wobei der Vorrang gegenüber dem Gegenverkehr jeweils geregelt ist. Es sind Geschwindigkeitsbeschränkungen zwischen 30 und 50 km/h zu beachten; bei Viehtrieb hat man entsprechende Vorsicht walten zu lassen. – Der Abschnitt von Vorderriß (783) entlang und über den Sylvenstein Speichersee ist als Teilstrecke der Deutschen Alpenstraße bis zur Einmündung in die Achensee-B 181 unterhalb der Kaiserwacht hervorragend ausgebaut. Die normal breite B 181 folgt der bewaldeten Talung des Achenbaches mäßig aufwärts. Achenkirch (916) wird im O umfahren. Beim Gh. „Scholastika" ist der n. Zipfel des Achensees erreicht. Die vorzüglich ausgebaute und mit Kunstbauten versehene neue Achenseestraße leitet hoch über dem Ostufer des Sees nach S und bietet Prachtblicke auf die Bucht bei Pertisau und in das Karwendelgebirge. Die meisten Orte werden nur tangiert, so auch Maurach mit Talstation der Rofan-Seilbahn und das reizvoll gelegene Eben am Achensee. – Meisterhaft trassiert windet sich die neue Straße mit der markanten Kanzelkehre (Tiefblicke auf das Inntal) und nur zwei weit ausholenden Schleifen hinab nach Wiesing (566) mit Anschluß sowohl an die Inntalautobahn als auch auf dem gegenüberliegenden Innufer an die Tiroler B 171. Vom AA Wiesing hat man bis Innsbruck-Ost noch 34 km, auf der B 171 bis in das Innsbrucker Stadtzentrum noch 37 km zurückzulegen.

Variante: Von Maurach auf der alten, durchwegs asphaltierten Achenseestraße durch den Kasbachgraben hinab nach Jenbach. Es handelt sich um die kürzeste Verbindung zwischen dem Achensee und dem Inntal und wird vor allem von Einheimischen häufig benützt. Die Freilandstrecke ist zwar zweispurig, jedoch im verbauten Gebiet gibt es einspurige Engstellen. Das max. Gefälle beträgt knapp unterhalb des Bahngeleises bei Maurach 26% und befindet sich in einer unübersichtlichen Straßenkrümmung. Im Gegensatz zur neuen Achenseestraße gibt es im eingeschnittenen Graben kaum Ausblicke. Minus 10 km. Fahrtechnische Beurteilung: mittel.

Abstecher: Von Vorderriß in das Engtal, Alpengh. Eng (1203). Die grenzüberschreitende, 25 km lange Straße führt aus dem Isartal in das Herz des Karwendelgebirges. Ihr Ausgangsort ist Vorderriß (782), die deutsch-österr. Grenze befindet sich wenig weiter im S. Die deutsche Strecke mißt nur 5.5 km und ist eine normal breite, zweispurige Asphaltstraße mit fast flachem Verlauf. Daran schließt die 19.5 km lange österr. Strecke an, welche bis zum Herzoglichen Alpenhof als Landesstraße geführt wird, die Fortsetzung bis in die Eng ist ein öffentlicher Interessentenweg. Für die Benützung dieser Privatstraße wird eine bescheidene Maut eingehoben. Die Fahrbahnbreiten sind kaum Schwankungen unterworfen, jedoch harren kürzere Abschnitte noch ihres Ausbaues. Es gibt mehrere unübersichtliche Kurven! Auch einige Viehroste sind zu passieren. Die Geschwindigkeitsbeschränkung beträgt an manchen Stellen 20 km/h. Parken außerhalb der bez. Plätze ist im gesamten NSG verboten. An Spitzentagen gibt es sehr starke Frequenzen! Der Straßenzug ist von Anfang Mai bis Ende Oktober geöffnet. Hin und zurück 50 km. Fahrtechnische Beurteilung: mittel.

Abstecher: Von Maurach am Achensee (975) nach Pertisau und in die Karwendeltäler. Eine normal breite Straße leitet zunächst zum Gh. „Seespitz" hinab und dann am sw. Ufer durch eine 330 m lange Lawinenschutz- und Steinschlaggalerie zur Bahn- und Schiffsstation Seespitz. Wenig weiter hat man eine Straßenteilung: geradeaus zum Großparkplatz Fürstenhaus, li. zum Parkplatz Karlbrücke mit der Mauteinhebestelle für die beiden Forststraßen. Unter Wahrung der Interessen des Naturschutzes wurden hier zwei geteerte Mautsträßchen, das eine in das Falzthurntal, das andere in das Gerntal, angelegt. Sie sind teilweise zweispurig, sodaß Begegnungen keine Probleme verursachen. Die Maut berechtigt zum Befahren beider Wege: in das Falzthurntal auf der orogr. li. Seite bis in den Talschluß beim Gh. „Gramaialm", 9 km; ins Gerntal re. des Baches zunächst über die Pletzachalm bis zum Gh. „Gernalm", 5 km. Es gibt keine nennenswerten Steigungen. Auch Reisebusse dürfen die beiden Strecken befahren, worauf man bei Begegnungen gefaßt sein muß. Hin und zurück 36 km. Fahrtechnische Beurteilung: leicht bis mittel.

Abstecher: Auf der Gnadenwalder Höhenstraße zur Hinterhornalm (1522). Von Hall in Tirol fährt man zunächst Richtung Absam und biegt re. nach Gnadenwald ab, HT. Dort nimmt die 6.2 km lange, durchwegs asphaltierte Bergstraße ihren Ausgang. Die Mauteinhebestelle befindet sich schräg gegenüber dem Gh. „Speckbacher". Das Höhensträßchen windet sich, vorwiegend einspurig mit Ausweichstellen angelegt, auf meist bewaldeter Strecke durch zehn Kehren empor. Die Steigungen betragen durchschnittlich 9%, max. 12%. Im Herbst kann man die Farbenpracht der Buchen und Ahorne beiderseits der

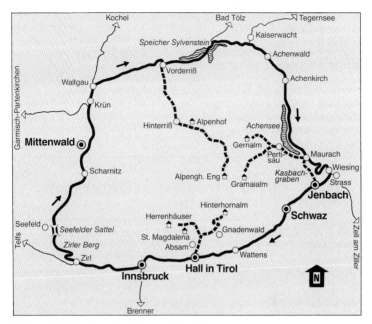

Skizze 25   Rund um das Karwendelgebirge

Bergstrecke bewußt erleben. Zuletzt quert man in zwei langgezogenen Serpentinen ein Latschenfeld großen Ausmaßes und kommt zu den Parkplätzen vor dem Berggh. „Hinterhornalm", welches eine hervorragende Aussichtslage besitzt. In unmittelbarer Nähe erblickt man die Südabstürze von Hundskopf und Hoher Fürlegg. Bei guten Sichtverhältnissen reicht der Blick über die Stubaier und Ötztaler Gletscher bis zur Wildspitze (3768), der höchsten Erhebung Nordtirols. Hin und zurück 26 km. Fahrtechnische Beurteilung: mittel bis schwierig.

Abstecher: Durch das Halltal nach St. Magdalena (1287). Von Hall in Tirol in den Siedlungsraum von Absam (623), von wo das gebührenpflichtige, 6 km lange Sträßchen in das NSG Karwendel leitet. Es ist mit Motorrädern bis zum Parkplatz unterhalb des Ferdinandsberges befahrbar. Die Mautstelle befindet sich am Eingang in das romantische Halltal. Zunächst steigt man auf dem einspurigen und mit Ausweichstellen versehenen Asphaltsträßchen zur Bergkapelle Freiung (886) an und tritt an der 1. Ladhütte in das NSG ein. Bis zur 2. Ladhütte (1090) mit der Materialseilbahn zur Alpensöhne-Hütte (1345) hat man eine kräftige Steigung mit einem Maximum von 32% zu überwinden. An bestimmten Stellen wurden Abstellplätze vor allem für Bergwanderer angelegt. Im weiteren Anstieg gelangt man am Eingang in das Isstal zur 3. Ladhüt-

te. Sowohl unterhalb vom besuchenswerten St. Magdalena mit seinem reno-
vierten gotischen Bergkirchlein als auch wenig weiter bergwärts wurden
Abstellplätze mit beschilderten Zufahrten angelegt. — Die steile und schottrige
Auffahrt von der Straßenbrücke unterhalb des Ferdinandsberges bis hinauf zu
den Herrenhäusern (1482), dort kleines Bergbau-Museum, ist nur dazu
berechtigten Personen gestattet. Für das Halltal wurde eine Geschwindigkeitsbeschränkung von 30 km/h angeordnet. Das Parken außerhalb der bez.
Plätze ist im NSG strikte verboten! Die Maut wird neuerdings durch einen
Münzautomaten (keine Banknoten) eingehoben. Hin und zurück 18 km. Fahrtechnische Beurteilung: mittel.

26	**Rund um das Wettersteingebirge****

Route: Garmisch-Partenkirchen (717) — Krün — Mittenwald — Scharnitz —
Seefelder Sattel (1185) — Zirler Berg — Zirl — Telfs — Holzleitensattel (1126) —
Nassereith — Fernpaß (1209) — Biberwier — Ehrwald — Garmisch-Partenkir-
chen. 135 km.

Fahrtechnische Beurteilung: leicht bis mittel

Zeitaufwand: Halbtagestour

Von Garmisch-Partenkirchen Ausfahrt auf der B 2 in Richtung Mittenwald–Innsbruck, HT. Bei Kainzenbad blickt man nach re. auf die
Große und Kleine Schisprungschanze, an deren Fuß sich das Olym-
pia-Schistadion befindet. Mit ein paar scharfen Kurven beginnt die
Steigungsstrecke, welche jedoch bald einen übersichtlichen Verlauf
nimmt. Im Raum von Kaltenbrunn achte man besonders auf die Geschwindigkeitsbeschränkungen und Überholverbote, welche auch
häufig überwacht werden. Beim Bahnhof von Klais, der höchstgelegenen Schnellzugsstation Deutschlands, fährt man geradeaus weiter und umrundet die ausgedehnten Buckelwiesen. S. von Krün erreicht man das Isartal und benützt die großzügig angelegte Umfahrung von Mittenwald. Von Garmisch bis in den Raum von Scharnitz
bieten sich ausgezeichnete Blicke sowohl auf das Wettersteingebirge als auch in das Karwendelgebirge. Letztere werden noch auf der
alternativen Strecke zwischen Klais über die Schmalseehöhe (965)
auf dem Weg in den Ort Mittenwald übertroffen. An der Scharnitzer
Klause (955) passiert man die deutsch-österr. Grenze. Außerhalb von
Scharnitz weitet sich die Talung in Richtung Gießenbach. Bei gut aus-

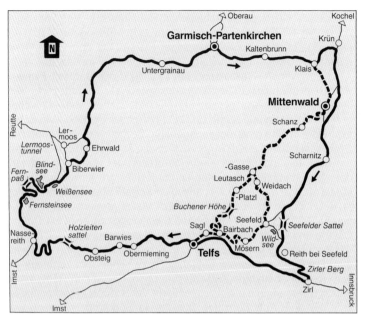

Skizze 26   Rund um das Wettersteingebirge

gewogenen Steigungsverhältnissen leitet die hervorragend ausgebaute Bergstrecke (teilweise mit Kriechspuren versehen) hinauf zum Seefelder Plateau. Der vielbesuchte Ort Seefeld i.T. (1176) wird im O über den Seefelder Sattel (1185) umfahren. Im S. öffnet sich der faszinierende Blick auf die Kette der Kalkkögel, welche auch „Innsbrucker Dolomiten" genannt werden. Von den Gletschern tritt die Gfrorene Wand aus dem Olperergebiet ins Blickfeld. Die Panoramastrecke über Reith und Leithen (1060) mündet unvermittelt wie in einen Schlund in die stets stark frequentierte Zirler Bergstraße ein. Bergab gelangt man bald zur Linser Kehre, einer großzügig ausgebauten Spitzkehre mit Abstellplätzen beim Rasthaus. Mit max. 16% senkt sich die Straße unterhalb der Ruine Fragenstein nach Zirl (622) hinab. Die erste Ausfahrt re. darf man vor Zirl nicht verfehlen, HT! Mitten durch den Ort gelangt man direkt auf die Tiroler-B 171. – Während sich der große Verkehr zwischen Zirl und Telfs auf der Inntalautobahn abwickelt, nimmt die linksufrig geführte, ausgebaute B 171 im wesentlichen den lokalen Verkehr auf und wird deshalb auch nur schwach frequentiert   91

(Vorsicht erheischen die zahlreichen Radfahrer!). – Von Telfs leitet die B 189, HT Fernpaß, durch eine bewaldete Talung nur mäßig ansteigend auf das sonnige Mieminger Plateau mit den Orten Obermieming, Barwies und Obsteig (991). Ein letzter Anstieg, auf im Bj. nicht ausgebauter Teilstrecke, führt kurvig durch dunklen Fichtenwald und freundliche Lärchenwälder hinauf zur Kammstrecke des landschaftlich besonders reizvollen Holzleitensattels, max. 12% Steigung. Die Westrampe wurde zur Gänze neu trassiert, wobei die Scheitelstrecke in eine großzügig ausgebaute Bergstrecke überleitet. Das Gefälle ist optimal ausgewogen. Durch die Anlage von Kriechspuren auf der Steigungsstrecke sind Überbreiten der Fahrbahn entstanden. Man durchfährt zwei Kehren mit jeweils großem Krümmungsradius und hat dann eine weit ausholende, sehr übersichtliche Schleife, auf der man die Niederung des Gurgltales gewinnt. Der Ort Nassereith (838) wird im W. auf einer 3.5 km langen Strecke mit Tunnel, Galerie und Unterflurtrasse umfahren. – Der Fernpaß (1209) kann in der Regel nur im kaum abreißenden Kolonnenverkehr bewältigt werden. Dank der niedersten Einsattelung zwischen den Lechtaler Alpen und der Mieminger Kette stellt der bereits von den Römern benützte Übergang die meistfrequentierte Verbindung zwischen Innertirol und dem Außerfern her. Sowohl die Südrampe als auch wesentliche Teile der Nordrampe entsprechen hinsichtlich ihres Ausbauzustandes nicht mehr dem Verkehrsaufkommen der Gegenwart. Die Steigungen sind zwar ausgewogen und überschreiten kaum 8%, doch behindern zahlreiche unübersichtliche und enge Kurven den Verkehr; hinzu kommen noch schwankende Fahrbahnbreiten. Landschaftlich betrachtet zählt der Fernpaß ohne Zweifel zu den schönsten Pässen Tirols. Die märchenhaft anmutenden Bergseen, an denen die Route vorbeileitet, sind für dieses Gebiet charakteristisch; sie sind im Gefolge von Bergstürzen entstanden. Die enge Passage bei Fernstein wurde vor Jahrhunderten als befestigte Straßensperre benützt. Die Sigmundsburg (heute nur noch Ruinenreste) wurde im 15. Jh. als Jagdschloß für Herzog Sigmund den Münzreichen erbaut; sie steht auf einer bewaldeten Insel inmitten des Fernsteinsees. Mit nur einer einzigen, langen Spitzkehre zwischen dem See und dem Stuckweg gewinnt man die Scheitelhöhe. Die Abfahrt nach N leitet am Gh. „Zugspitzblick" mit öffentlichem Großparkplatz vorbei; von dieser Stelle kann man bemerkenswerte Tiefblicke auf den Blindsee genießen. Am Nordufer des Sees gibt es einen anfahrbaren Parkplatz, der vor allem für Badegäste geeignet ist. – Nun hinab zur Straßenteilung n. des Weißensees: li. zum 3168 m langen Lermooser Tunnel in Richtung Reutte, re. abzweigend setzt man die Rundtour über Biberwier (989) und das Zugspitzdorf Ehrwald (994) auf normal breiter Asphaltstraße fort. Nahe der Bahnstation Ehrwald mündet man in die gut ausgebaute Ehrwalder B 187 ein und folgt dieser in n. Richtung durch das stark bewaldete Loisachtal. Man passiert die österr.-deutsche Grenze und gelangt zur Bahnstation Untergrainau. Die B 24 führt dicht an der „Schmölz" vorbei in die w. Außenbezirke von Garmisch.

Variante: Von Klais über Leutasch nach Telfs. Vom Bahnhof Klais über den schienengleichen Übergang auf der alten, windungsreichen Bundesstraße mit Prachtblicken auf das Karwendelgebirge, am Fuße des Brendten mit dem weithin sichtbaren Gebirgsjäger-Ehrenmal (1138) vorbei, zur Schmalseehöhe (965). Unter der Bahnüberführung hindurch zur Vereinigung mit der Talstraße. Vom s. Ortsende in Mittenwald zweigt hinter der Straßenbrücke scharf re. die Landesstraße in die Leutasch bzw. nach Telfs ab, HT. Man folgt der Leutascher Ache durch die Klamm aufwärts und gelangt in die Unterleutasch. Die nur abschnittsweise modernisierte, jedoch durchwegs staubfreie L 14 zieht durch die breite Talung der Leutascher Ache. Man berührt den Ortsteil Gasse und kommt an der Zufahrt zum vielbesuchten Alpenbad Leutasch (Hallenbad) vorbei. Das Dorf Kirchplatzl wird umfahren. An der Straßenteilung außerhalb von Platzl hält man li., denn re. gelangt man zu den Ortsteilen Plaik und Klamm. An den Oberen Mähdern vorbei, steigt das nicht ausgebaute Sträßchen, abschnittsweise nur einspurig mit Ausweichen, durch den Ladstattwald zur Buchener Höhe (1262) an, wo sich, einsam gelegen, ein Gasthaus befindet. – Bergab auf ausgebauter Strecke, den Felskoloß der Hohen Munde (2662) vor Augen, gelangt man mit wenigen Serpentinen hinab nach Bairbach bzw. zur Vereinigung mit der, von Mösern herabziehenden Straße. Auf hervorragend ausgebauter Bergstrecke fährt man dann weiter abwärts nach Sagl und gelangt in den Ortskern von Telfs. Minus 13 km. Fahrtechnische Beurteilung: mittel.

Variante: Von Klais über Leutasch und Seefeld nach Telfs. Von Klais zunächst wie beschrieben nach Leutasch. Anläßlich der Nordischen Schiweltmeisterschaften 1985 wurden die Straßenzüge um das Seefelder Plateau abschnittsweise modernisiert und sind jetzt auch einem größeren Verkehrsaufkommen gewachsen. In Leutasch-Gasse zweigt die Straße nach Weidach beim Gh. „Weißes Rößl" ostwärts ab, HT Seefeld. Den HU nach Neuleutasch (1217) gewinnt man über eine kurze, bewaldete Serpentinenstrecke. An der Zufahrt Wildmoos-Alm vorbei, gelangt man zur Kirchwaldsiedlung in Seefeld und zum reizvoll gelegenen Seekirchlein. Hier biegt man li. ab und kommt über die Seefelder Südumfahrung (kurzer Tunnel am Fuße des Gschwandkopfes) auf die alte Bundesstraße. Sie leitet am Ostufer des Wildsees entlang und mündet oberhalb von Auland wieder in die fast kreuzungsfreie Standardroute ein. – Diese Variante empfiehlt sich nicht nur als Ausweichmöglichkeit bei Überlastung der B 177, sondern auch wegen ihrer landschaftlichen Reize. – Will man jedoch weiter Richtung Telfs, so fährt man beim Seekirchlein geradeaus durch einen besonders anmutigen Landstrich. Über die bewirtsch. Seewald-Alm erreicht man die hügelige Möserer Höhe (1284), wo sich der berühmte Ausblick durch das Oberinntal bis zur Parseierspitze (3036) öffnet. Bemerkenswert ist der Blick auf den nicht kanalisierten Inn und auf den ausgedehnten Ort Telfs. An das Telfer Becken schließt nach W sanft ansteigend das Mieminger Plateau an. Von Mösern setzt sich die Variante hinab nach Bairbach fort und mündet dort in die Straße über Sagl nach Telfs ein. Plus 17 km. Fahrtechnische Beurteilung: mittel.

27	**Rund um die Stubaier Alpen***

Route: Innsbruck (574) – Kematen – Sellrain – Gries im Sellrain – St. Sigmund – Kühtai-Sattel (2017) – Ötz – Umhausen – Huben – Sölden – Zwieselstein – Untergurgl – Timmelsjoch (2509) – Moos in Passeier – St. Leonhard in Passeier – Jaufenpaß (2099) – Kalch – Sterzing – Brenner (1374) – Gries a.B. – Steinach a.B. – Matrei a.B. – Schönberg – Innsbruck. 213 km.

Fahrtechnische Beurteilung: mittel

Zeitaufwand: Tagestour

Es handelt sich um eine der lohnendsten Vierpässefahrten in den Ostalpen und bereitet geübten Motorradfahrern kaum Schwierigkeiten. Man dringt zwar nicht bis in das Herz der Stubaier Alpen ein, denn dieses würde man im Raum der Mutterbergalm orten, doch bieten sich die „Stubaier" von allen Seiten und mit ihren mannigfachen Erscheinungsbildern an. – Von Innsbruck zunächst über Völs nach Kematen oder über die A 12 bis zur Ausfahrt Sellraintal. Begleitet von der Melach, einem noch ursprünglichen Wildbach, gelangt man auf kurvenreicher Strecke zunächst nach Sellrain (909), dem Hauptort des Tales, und Gries im Sellrain (1187). Auf gut ausgebauter Bergstrecke erreicht man bei einem Steigungsmaximum von 16% das reizvoll gelegene St. Sigmund im Sellrain (1513). Die folgende Talstufe leitet nach Haggen und zur bewirtsch. Zirmbachalm (1792) das Obertal hinauf, Steigungsmaximum 14%. Nach Passieren einer Galerie gegen Steinschlag bzw. Lawinenabgänge durchfährt man bis Stokkach eine öde Landschaft. Der Hotelort Kühtai (2017) ist eine langgestreckte Straßensiedlung, an deren Westende die Dortmunder Hütte

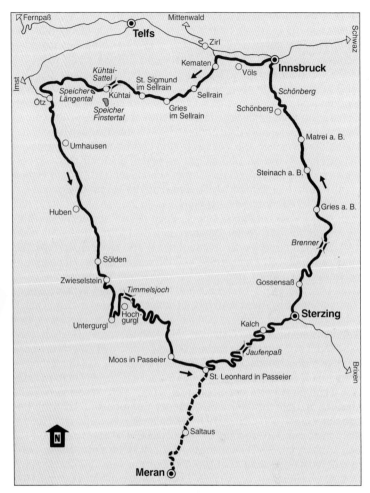

Skizze 27   Rund um die Stubaier Alpen

steht. — Die Westrampe senkt sich bei max. 14% hinab zum Zwischenspeicher Längental, wo mehrere Parkplätze an seinen Ufern angelegt wurden. Auf der stets zweispurigen, asphaltierten Bergstraße verkehren sowohl aus Richtung Gries im Sellrain als auch aus Richtung Ötz Linienbusse der Post. Die Zirbenwälder im oberen

Nedertal werden talaus von dunklen Fichtenwäldern abgelöst. Im idyllischen Tal durcheilt man die Streusiedlung Ochsengarten. Mit einer Gruppe kürzerer Serpentinen und einer weit ausholenden Schleife überwindet man die ausgeprägte Talstufe hinab nach Ötz (812). – Die Zufahrt zum Timmelsjoch von N her erfolgt auf der Ötztal-B 186; sie wurde nach den Unwettern der vergangenen Jahre so modernisiert, daß im gesamten Ötztal ausgezeichnete und vor allem sichere Straßenverhältnisse anzutreffen sind. Im Gurgler Tal wurden zusätzliche Galerien neben anderen Kunstbauten zu den bereits bestehenden errichtet. Die Wildbach- und Lawinenverbauung erfolgte mit großem Aufwand. Überall gibt es einen, auch für den Schwerverkehr geeigneten Ausbauzustand. Umhausen (1031) und Huben (1189) werden umfahren, alle anderen an der Route gelegenen Orte hatten im Bj. noch keine Umfahrung. In Zwieselstein (1470) hält man sich an der Straßenteilung li., denn die re. abzweigende Straße führt durch das Venter Tal nach dem Dorf Vent (1885). Mit max. 15% Steigung überwindet man auf der B 186 die ausgeprägte Talstufe oberhalb von Zwieselstein. – 7 km weiter, bei der Häusergruppe Untergurgl (1850), beginnt li. die bemautete Timmelsjochstraße. Sie ist hervorragend ausgebaut und hat Überbreiten in den Kehren. Bemerkenswerte Rückblicke gibt es talaus durch das mittlere Ötztal. Den Hotelort Hochgurgl (2150), die höchstgelegene, ganzjährig bewohnte Siedlung in den Ostalpen, läßt man re. liegen. Die Mautstelle befindet sich auf einem flachen Streckenabschnitt zwischen Hochgurgl und dem Windegg im Nordtiroler Timmelstal. Auf der Scheitelhöhe (2509) wurden zwei geräumige Parkplätze eingerichtet. – Durch den weiteren Ausbau der Südrampe erfreut sich diese Hochalpenstraße von Jahr zu Jahr zunehmender Frequenzen. Anhängergespanne, Busse und Lkw durften jedoch im Bj. die Südtiroler Rampe nicht benützen. Um so mehr Bewegungsfreiheit haben deshalb Pkw und Motorräder. Ein Durchgangsverkehr ist in der schneefreien Jahreszeit von Ende Juni his Mitte Oktober nur tagsüber zwischen 7 und 20 Uhr Sommerzeit möglich. Enorm ist der zu bewältigende HU: er beträgt auf der 29 km langen Bergstrecke zwischen der Jochhöhe und St. Leonhard im Passeier zirka 1800 Höhenmeter, auf der knapp 50 km langen Route zwischen dem Paßscheitel und Meran errechnet sich der HU sogar mit rund 2200 Höhenmetern. Die Fahrbahnbreiten schwanken zwischen 5 und 7.5 m. In den Kehren gibt es Überbreiten. Die zahlreichen, meist kurzen Felstunnels sind unbeleuchtet, weshalb das Radfahren in diesem Abschnitt aus Sicherheitsgründen verboten ist. Der längste Tunnel mißt 700 m. Das Gefälle bzw. die Steigung beträgt im Durchschnitt 9%, unterhalb der Schneebergbachbrücke max. 13%. Man achte unbedingt auf die vorgeschriebenen Geschwindigkeitsbeschränkungen! Die Südtiroler Rampe befand sich im Bj. mit wenigen Ausnahmen in mäßigem Zustand. Zwischen Moos in Passeier (1012) und St. Leonhard i.P. (688) gab es zwar bessere Straßenverhältnisse, aber auch stärkere Frequenzen. – In St. Leonhard i.P. nimmt die vielbefahrene SS. 44 über den Jaufenpaß ihren Anfang; sie zweigt im Ort spitzwinkelig von der Timmelsjochstraße ab. Die Bergstrecke auf der Südrampe beginnt unvermittelt; bis zum Abzw. Glaiten muß man eine Gruppe enger Serpentinen meistern. Dann hat man bis Walten (1269) kaum Probleme, es sei denn, man begegnet Reisebussen, welche die ganze Fahrbahnbreite für sich in Anspruch nehmen. Die Breiten schwanken zwischen 4 und 7 m, die max. Steigungen betragen auf der Südrampe 12%, auf der Nordrampe 9%. Auf beiden Rampen wurde seit mehreren Jahren kaum eine Maßnahme zur Modernisierung gesetzt. Die durchgehende Asphaltierung wurde nämlich als Errungenschaft gewertet! Einige Engstellen konnten inzwischen beseitigt werden, weil sich dort regelmäßig Staus bildeten. Der HU vom Basisort St. Leonhard i.P. bis zur Scheitelhöhe beträgt runde 1400 Höhenmeter, jener von Sterzing zum Paß 1150 m. Der obere, dichte Serpentinenanstieg erstreckt sich von Innerwalten (1350) bis zur Paßhöhe. Besonders ausgesetzte Stellen wurden in den beiden obersten Kehren durch Leitplanken abgesichert. Landschaftlich betrachtet, bietet die Fahrtrichtung von S nach N etwas mehr, vor allem sind die Ausblicke n. des Scheitels auf die Tuxer und Stubaier Alpen hervorzuheben. Um sich von der schartenartig eingeschnittenen Paßhöhe die günstigste Aussicht zu verschaffen, muß man wenige Min. auf den w. Bergkamm ansteigen. Besonders eindrucksvoll ist der Blick zur Hohen Wilde (3482) im S der Ötztaler Alpen, woran die firnbedeckten Gipfel der Texelgruppe anschließen. – Die Abfahrt zum bewirtsch. Sterzinger Jaufenhaus erfolgt mit zwei viel Aussicht gewährenden Kehren. Wenig unterhalb taucht man in ausgedehnte Wälder ein und fährt durch zahlreiche, numerierte Kehren hinab nach Kalch (1457). In Gasteig (968) trifft man auf die Zusammenführung der Jaufenstraße mit der Ridnauntalstraße und kommt bei flüssiger Fahrweise bald nach Sterzing. – Zum Brenner gelangt man je nach Verkehrslage wahlweise auf der stark frequentierten Autobahn, wobei man im Raum außerhalb von Sterzing der Beschilderung zur AA Sterzing entlang dem Ridnaunbach folgt, oder auf der teilweise hervorragend ausgebauten SS. 12. Über den Scheitel des

Brenners (1374) verläuft die Wasserscheide zwischen dem Schwarzen Meer und der Adria durch Sill bzw. Eisack. Mit einem Gefälle von 10% senkt sich die B 182 nö. des Brennersees hinab nach Gries am Brenner (1165). Sie benützt das anfangs enge Tal der Sill über Stafflach und Steinach hinaus nach Matrei am Brenner (992). Die Ortsdurchfahrten erheischen wegen des regen Fußgängerverkehrs erhöhte Aufmerksamkeit! Vorgeschriebene Geschwindigkeitslimits sind unbedingt einzuhalten! Die B 182 setzt sich mit Geradstrecken in Terrassenlage und auf kurvenreichen Abschnitten fort. Der Schönberg mit seinen 55 Kurven vom Ort Schönberg bis zur Stefansbrücke zählt zu den windungsreichsten Strecken des Landes und ist unter Motorradfahrern bekannt und wegen der hohen Anzahl von Unfällen auch berüchtigt. Auf der stets durch die Gendarmerie überwachten Strecke ist auf Geschwindigkeitslimits und Überholverbote ganz besonders zu achten! Den Abschluß der Talfahrt nach Innsbruck-Wilten (577) bildet die aussichtsvolle Strecke vom Sonnenburger Hof hinab in die Tiroler Landeshauptstadt. – Auf österr. Seite wird für die Benützung der Autobahn auch von Motorradfahrern eine stolze Maut eingehoben, wogegen die Befahrung der Brenner-B 182 mautfrei ist! Wer die faszinierende Gebirgsautobahn noch nicht näher kennt, sollte dies schon wegen der interessanten Streckenführung und der zahlreichen Kunstbauten unternehmen. Ein Pfeiler der Europabrücke ist 190 m hoch! Die Brennerautobahn ist eine Meisterleistung österr. Bauingenieure. Durch die ständig wechselnden landschaftlichen Szenerien wird eine Fahrt über die Autobahn zu einem unvergeßlichen Erlebnis!

Abstecher: Von St. Leonhard i.P. nach Meran. Ist man auf dieser Rundtour bereits weit s. des Alpenhauptkammes, so lohnt es sich, wegen der kurzen Distanz gleich einen Abstecher nach Meran zu unternehmen. Eine Fahrt dorthin vermittelt mannigfache Eindrücke in sehr unterschiedlichen Klima- und Vegetationszonen. Trifft man nämlich oben in Hochlagen Alpenrosenfelder an, in mittleren Lagen Anbauflächen für Hafer und Gerste und in den gemäßigten unteren Zonen mit ihrem milden Klima Kastanienhaine und für das Obst Intensivkulturen, so durchmißt man die unterschiedlichsten Regionen. Besonders erlebnisreich ist das vordere Passeiertal und die Meraner Beckenlandschaft zur Blüte- und Erntezeit. Die SS. 44 durch das vordere Passeiertal ist einem größeren Verkehrsaufkommen kaum mehr gewachsen: zwischen St. Leonhard und Saltaus kann man zwar mit einem flüssigen Vorwärtskommen rechnen, dem aber talaus mehrere enge Ortsdurchfahrten und der vielgewundene Verlauf der Straße entgegenstehen. Fast reibungslos vollzieht sich die Einfahrt in die Stadt Meran unterhalb des Küchelberges bzw. entlang der Passer. Hin und zurück 40 km. Fahrtechnische Beurteilung: leicht.

Route: Landeck (816) Pontlatzbrücke – Prutz – Pfunds – Kajetansbrücke – Nauders – Reschenpaß (1510) – Graun – St. Valentin auf der Haide – Mals – Schlanders – Meran – Saltaus – St. Leonhard in Passeier – Moos in Passeier – Timmelsjoch (2509) – Untergurgl – Zwieselstein – Sölden – Huben – Umhausen – Ötz – Imst – Landeck. 263 km.

Fahrtechnische Beurteilung: leicht bis mittel

Zeitaufwand: Tagestour

Die Ötztaler Alpen dehnen sich über eine sehr große Fläche zwischen dem Inntal bei Imst und dem Etschtal bei Schlanders aus. Demnach zählt die beschriebene Rundtour mit 263 km zu den längsten der auserwählten. Will man bis in das Herz dieser Gebirgsgruppe eindringen, so lohnt es sich außerordentlich, auch den großartigen Abstecher über die Kaunertaler Gletscherstraße bis hinauf zum Großparkplatz Weißsee zu unternehmen; die gesamte Kilometerleistung würde dann allerdings 341 km betragen! – Die seit alters her unter der Bezeichnung „Oberer Weg" bekannte Reschenstraße erlaubt aufgrund ihres Ausbauzustandes im allgemeinen eine flüssige Fahrweise. Im Abschnitt zwischen der Pontlatzbrücke und der Kajetansbrücke präsentiert sie sich als kreuzungsfreie bzw. an Kreuzungen durch Ampeln geregelte, breite Autostraße mit Gegenverkehr. Ihre Linienführung und die Ortsumfahrungen tragen zu guten Reisedurchschnitten bei. Den Ansprüchen des stetig zunehmenden Verkehrs ist sie allerdings im Abschnitt zwischen Landeck und der Pontlatzbrücke nicht mehr gewachsen. Im Abschnitt Kajetansbrücke–Hochfinstermünz–Nauders konnte die alte Ritter-von-Ghega-Trasse aus den Jahren 1850 bis 1854 etwas modernisiert werden. Durch die Vermehrung der Lawinen- und Steinschlag-Schutzgalerien konnte ihr Verkehrswert nochmals verbessert werden. Die Steigungen betragen max. 10%, was nur für den Schwerverkehr auf den längeren Steigungsstrecken von Bedeutung ist. Von Nauders (1394) gelangt man schließlich auf den letzten sechs vorzüglich ausgebauten Kilometern zur Staatsgrenze auf der Paßhöhe (1510). – Auf der Ostuferstraße des Reschensees berührt man die Orte Reschen und Graun. Der Kirchturm des alten Dorfes Graun ragt wie ein warnender Zeigefinger über den Seespiegel weit heraus. St. Valentin a.d. Haide liegt zwischen dem Reschen- und dem Haidersee. Die großzügig angelegte Trasse hinab nach Mals im Vinschgau (1051) benützt einen riesigen, eiszeitlichen Moränenschuttkegel. Man fährt durch weit ausholende Serpentinen wie auf einer „Schiefen Ebene" abwärts. Der Vinschgau ist ein breites, durch weitere Schuttkegel gekennzeichnetes Tal, welches von der Etsch durchflossen wird. Er erstreckt sich von der Etschquelle am Reschenscheideck bis zum Meraner Becken in einer Längsausdehnung von zirka 80 km. Wegen seiner ausgedehnten Obstkulturen, besonders von Kirschen, Aprikosen, Birnen und Äpfeln, ist eine Fahrt durch das Blütenmeer des Vinschgaus während des Frühlings ein besonders eindrucksvolles Erlebnis. Die Strecke von Mals bis Meran mißt 56 km und wurde nur in wenigen Abschnitten modern ausgebaut; es mangelt vor allem an Ortsumfahrungen. Stauungen bzw. Kolonnenbildungen auf der Talstufe zwischen Töll und Forst, meistens durch langsame und schwerbeladene Fahrzeuge in der Steigungsstrecke verursacht, sind an der Tagesordnung. Ab Forst benützt man die Schnellstraße bis zur Marlinger AA und gelangt über die Etschbrücke in die Meraner Innenstadt. — In das Passeiertal und zum Timmelsjoch folgt man der vorbildlichen Beschilderung. Ausführliche Beschreibung der Strecke von St. Leonhard i.P. über das Timmelsjoch in das Ötztal → Route 27, Rund um die Stubaier Alpen (in umgekehrter Richtung). — Von Ötz auf breiter Straße talaus zur B 171, 5 km. Ab hier kann man wahlweise Bundesstraße oder Autobahn benützen. Folgt man li. der B 171 in w. Richtung, so gelangt man über die Karrer Höhe auf die Imster Ortsumfahrung und setzt die Fahrt auf der Bundesstraße nach Landeck fort. — Entschließt man sich für die Autobahn, so leitet eine neue Brücke über den Inn zum AA Ötztal. Durch den Bau von drei Straßentunnels (Roppener Tunnel 5100 m lang, Milser Tunnel 1911 m lang und Perjener Tunnel 2880 m lang) wurde eine optimale Linienführung von den Straßenplanern gefunden, welche eine rasche und sichere Abwicklung des Verkehrs gewährleistet. Vom AA Ötztal hat man bis zum AA Landeck-West 27 km zurückzulegen. Die Landecker Südumfahrung durch den Venettunnel harrt noch ihrer Verwirklichung.

Abstecher: Zum Bergrestaurant Weißseeferner (2750). Fährt man von Prutz (866) in das Kaunertal, so öffnet sich bei Feichten (1273) der Blick auf die vergletscherte Weißseespitze (3335). Außerhalb von Feichten gelangt man zur Mautstelle. Die 21 km lange Hochtalstrecke von Prutz bis zur Dammkrone des Gepatsch-Stausees (1767) ist zweispurig ausgebaut und auch asphaltiert. Hinauf zum Damm hat man die erste stärkere Steigung mit 18%. Bei Schneefreiheit ist die Mautstrecke in der Regel ab Ende Juni bis Mitte Oktober geöff-

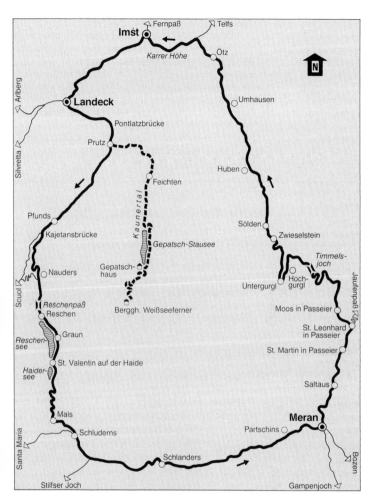

Skizze 28   Rund um die Ötztaler Alpen

net. Die Kaunertal-Gletscherstraße bietet mit ihrer hochalpinen Region mehrere Bilderbuchmotive! Die Uferstraße verläuft auf der ö. Seite des Stausees; sie ist vielgewunden, staubfrei und durch robuste Leitplanken gegen den See hin wirksam abgesichert. Die Fahrbahnbreiten schwanken zwischen 3.5 und 7 m. Vor unübersichtlichen Kurven wurden Verkehrsspiegel aufgestellt. Das Gepatschhaus (1928) bleibt re. der Straße liegen (kurze Zufahrt). Durch einen der wenigen, noch erhaltenen urigen Zirbenwälder Tirols beginnt nun der Serpentinenanstieg hinauf zur Oberen Birgalm (2185). Die gesamte, 11 km lange Bergstrecke wurde zweispurig angelegt; es gibt bei normalem Verkehrsablauf keinerlei Probleme bei Begegnungen mit Linienbussen. Am EP der Gletscherstraße steht, im landschaftverbundenen Stil errichtet, ein Großrestaurant mit 700 Sitzplätzen. Beispielgebend für Planung und Ausführung sind eine eigene Stromversorgung, eine moderne Müllverbrennungsanlage mit Wärmerückgewinnung und eine vollbiologische Kläranlage, welche allen Ansprüchen eines perfekten Umweltschutzes gerecht wird. Es gibt mehrere, terrassenartig angelegte Park- und Abstellplätze im Bereich des obersten Straßenabschnittes. Hin und zurück 78 km. Fahrtechnische Beurteilung: leicht bis mittel.

29	**Oberinntal und Samnaungruppe****

Route: Imst (830) — Landeck — Pontlatzbrücke — Prutz — Ried — Tösens — Pfunds — Kajetansbrücke — Spiss — Samnaun — Vinadi — Martinsbruck — Norberthöhe (1454) — Reschenpaß (1510) — Reschen — Rojen — St. Valentin auf der Haide — Graun — Reschen-Scheideck — Nauders — Pfunds — Prutz — Kauns — Kaunerberg — Piller Höhe (1558) — Piller — Wenns — Arzl im Pitztal — Imst. 182 km.

Fahrtechnische Beurteilung: mittel

Zeitaufwand: Tagestour

Für diese Runde wählt man mit Vorzug Imst als Ausgangsort. Sowohl auf der B 171 als auch auf der Inntalautobahn gelangt man bei zügiger Fahrt in den Verkehrsballungsraum von Landeck (816). Die Autobahn führt zwar durch den Milser- und den fast 3 km langen Perjentunnel, ist aber bis zur Ausfahrt Landeck-West etwas weiter, die kürzere Abfahrt von der AA Zams leitet jedoch durch ein Siedlungsgebiet. Die lang erwartete Südumfahrung mit einem Tunnel durch den Venetberg befindet sich in Bau und soll im Jahr 2000 fertiggestellt sein. Die Reschen-B 315 weist derzeit einen sehr unterschiedlichen Ausbauzustand auf: von Landeck zunächst durch den vom Inn gebildeten Engpaß auf normal breiter, jedoch kurvenreicher Straße über den Neuen Zoll zur Abzw. Pontlatzbrücke. Dort beginnt die ausgebaute neue Straße. Sie leitet an Prutz, Ried, Tosens und dem Doppelort Stuben-Pfunds vorbei. — Wenige Kilometer weiter hat man re. die Abzw. der neuen, innerstaatlichen Direktverbindung zwischen der Kajetansbrücke und dem Tiroler Bergdorf Spiss (1627). Die aufwendig ausgebaute Bergstraße gewinnt zunächst mit einer Gruppe von sieben Kehren bei max. 13% Steigung rasch an Höhe. Sie ist bis Spiss mit Ausnahme kurzer Abschnitte normal breit und durchgehend asphaltiert. Der Straßentunnel am Gstaldner Sattel (1650) ist 600 m lang, gekrümmt und war im Bj. unbeleuchtet. Von der Abzw. Kajetansbrücke bis zum ZA Spissermühle hat man insgesamt 10 km zurückzulegen. Man überquert zuletzt den Zandersbach und vereinigt sich am Beginn des Schweizer Zollausschlußgebietes Samnaun mit der, von Vinadi heraufziehenden, teilweise schmalen (Minimum 2.3 m) und extrem kurvigen Schweizer Zufahrtsstrecke in das Samnaun. Bis zum EP im Dorf Samnaun (1835) sind es noch 6 km auf normal breiter Straße. Talaus zurück auf der allgemein weniger attraktiven, im Bereich der Val Alpetta-Galerie „nostalgischen", Gebirgsstrecke hinab nach Martina/Martinsbruck (1035). Bei Weiterfahrt nach Nauders erfolgt die Grenzabfertigung auf dem gegenüberliegenden „Tiroler Brückenkopf". – Die Bergstraße von Martinsbruck hinauf zur Norberthöhe ist für den Motorradfahrer dank ihrer verkehrsgerechten Anlage eine „Traumstrecke". Es sind auf einem sanft geneigten, bewaldeten Berghang elf numerierte Kehren zu durchfahren. In den jeweiligen Wendepunkten hat die Fahrbahn-Überbreiten. Die Steigungsverhältnisse sind gut ausgewogen und überschreiten nirgends 8%. Auf der Scheitelhöhe steht neben der Straße ein vielbesuchtes Gasthaus. Den bekannten Aussichtspunkt „Schöpfwarte" erreicht man von dort zu Fuß in wenigen Min. Die nur 8 km lange Martinsbrucker-B 185 mündet außerhalb von Nauders (1394) in die meistens stark frequentierte Reschen-B 315 ein. – Die Rundtour setzt man über den Reschenpaß (1510) fort und verläßt die SS. 40 erst im Ort Reschen, wo man in Kirchennähe der HT „Rojen" folgt. Die ausgebaute w. Uferstraße des Reschensees verläuft über den Ortsteil Pitz zur Badebucht; dort befindet sich auch eine Anlegestelle für Windsurfer. Von der Uferstrecke aus hat man herrliche Ausblicke auf den See und die firnbedeckten Häupter der Ortlergruppe. Hinter der Pitzbachbrücke beginnt die anfangs nur einspurige Bergstrecke mit max. 15% Steigung und Asphaltbelag. Auf der vorwiegend bewaldeten Strecke schwanken die Fahrbahnbreiten zwischen 3 und 5 m. Nach 3 km mündet die Verbindungsstraße von St. Valentin (1474) über Spinn ein. Nach Überwindung der Bergstrecke erreicht man das Rojental mit der touristisch wichtigen Straßenteilung: re. über den Rojenbach zur Reschner Alm, li. nach Rojen, HT. Man folgt nun li. dem sanft ansteigenden Sträßchen weiter talauf und tritt bald aus dem Wald in ein von Bergwiesen umgebenes, im Sommer blumenreiches Hochtal ein. über dem Talschluß ragen am Horizont die „Fast-Dreitausender" der Sesvennagruppe heraus. Im Bj. verlief das Sträßchen nur einspurig neben dem Bach; Ausweichen gab es auf Sicht. Nach 1.7 km weist re. eine Tafel auf das, aus dem 14. Jh. stammende Kirchlein von Rojen hin. Die 400 m lange, zuletzt steile Zufahrt bis zum Alpengh. „Bergkristall" ist ebenfalls asphaltiert. Die Rojenhöfe (1968) sind die höchstgelegenen und gj. bewohnten Bergbauernhöfe Südtirols. Sehenswert ist das Kirchlein dieser Siedlung mit seinen gut erhaltenen Innenfresken. Die Rundtour setzt sich nunmehr in ö. Richtung fort. Man wechselt am Rojenbach die Talseite und gelangt bei max. 12% Steigung auf zweispuriger Bergstrecke und mittels zwei Kehren hinauf zum Großparkplatz Schöneben. Das Schihaus (2087) wie auch die benachbarten Unterkunftshäuser bleiben im Sommer geschlossen. Von der Scheitelstrecke hat man nur eine sehr beschränkte Aussicht. Die 7.5 km lange, vielgewundene Abfahrt durch ein ausgedehntes Waldgebiet hinab nach St. Valentin wurde gut angelegt; sie ist im oberen Abschnitt knapp zweispurig, dann nur mehr einspurig mit Ausweichen, doch wurde durchgehend Schwarzasphalt aufgetragen. Das Gefälle beträgt max. 10%. Über die Häuser von Kaschon erreicht man den breiten Talboden und mündet n. von St. Valentin wieder in die SS. 40 ein. – Die modern ausgebaute Staatsstraße verläuft auf dem Ostufer hoch über dem Reschensee. Unterhalb vom Endkopf (Jaggl) schützt eine gegliederte Galerie sowohl vor Steinschlag als auch vor Lawinenabgängen. Nach Umfahrung der Uferorte Graun und Reschen gelangt man wieder auf den Reschenpaß. Zurück bis Prutz folgt man der B 315 durch das Oberinntal wie eingangs beschrieben. – Von Prutz (864) auf guter Gemeindestraße hinauf nach Kauns (1050) und Kaunerberg (1297), einer besonders sonnenbegünstigten, ausgedehnten Streusiedlung. Mit max. 16% Steigung erreicht man auf knapp zweispuriger Bergstrecke mit Ausweichen im weiteren Anstieg das Gh. „Alpenrose" in Puschlin (1475) und noch weiter die Piller Höhe (1558). Die vom Volksmund abgeleitete Bezeichnung „Gacher Blick" bezieht sich auf den eindrucksvollen Tiefblick über das fast senkrecht abfallende Gelände in das Inntal hinab. Man steht hier wie auf einer Plattform 700 m über dem Fluß! Die Ausblicke reichen von der Passeierspitze (3036) über den Furggler (3004) bis zu den Grenzbergen im Dreiländereck Österreich-Italien-Schweiz. Die bewaldete Rampe hinab nach Piller (1353) weist ein Gefälle von max. 14% auf. Die Fortsetzung der Straße über den Weiler Greith (1093) nach Wenns

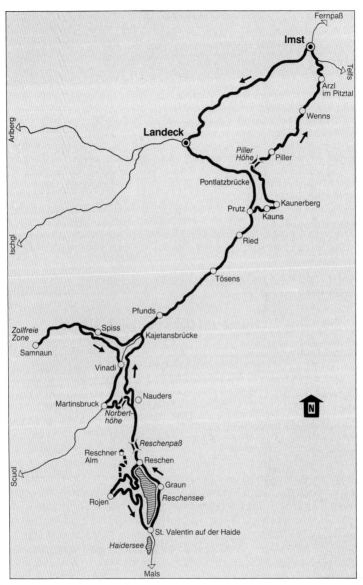

Skizze 29   Oberinntal und Samnaungruppe

(982) hat sich im Bj. vorwiegend zweispurig mit nur kurzen, engen Passagen dargeboten. In Wenns mündet man in die jetzt hervorragend ausgebaute Pitztaler-L 16 ein und bei zügiger Fahrweise ist nach 7 km über Arzl im Pitztal und die neue Innbrücke der Straßenknoten Imst-Brennbichl erreicht.

Abstecher: Vom Rojental zur Reschner Alm (2001). Die während des Sommers bewirtsch. Reschner Alm ist zweifellos das lohnendste, anfahrbare Ziel rund um den Reschensee! Von der erwähnten Straßenteilung am Beginn des Rojentales hält man sich re. und folgt über die Brücke der HT „Reschner Alm". Es handelt sich um einen 5 km langen Fahrweg, der aus einem ehem. Militärsträßchen hervorging und daher auch festen Unterbau besitzt. Die Steigungen schwanken zwischen 12 und 15%; es gibt nur wenig Ausweichstellen. Vom EP genießt man Prachtblicke auf den Reschensee und sein Ostufer. Im SO glitzern die firnbedeckten Berge der Ortlergruppe mit der Vertainspitze (3545) und der Tschenglser Hochwand (3375). Nach O blickt man zu den Gletscherbergen des Weißkugelkammes, welche sich über dem Langtauferer Tal erheben. Direkt im S hat man die markante Elferspitze (2926) aus der Sesvennagruppe im Blickfeld. Hin und zurück 10 km. Fahrtechnische Beurteilung: mittel bis schwierig.

30	**Rund um die Lechtaler Alpen****

Route: Reutte (854) − Weißenbach am Lech − Stanzach − Elmen − Bschlabs − Boden − Pfafflar − Hahntennjoch (1895) − Imst − Tarrenz − Nassereith − Fernpaß (1209) − Bichlbach − Heiterwang − Reutte. 104 km.

Fahrtechnische Beurteilung: mittel

Zeitaufwand: Halbtagestour

Eine lohnende Runde, welche allerdings zu Sonn- und Feiertagen stark frequentiert wird. Die landschaftlich ansprechendsten Strecken findet man am hochalpinen Hahntennjoch, am reizvollen Fernpaß und am zahmen Berwanger Sattel. Fahrtechnische Schwierigkeiten treten kaum auf, die Westrampe des Hahntennjochs erfordert in den engen Serpentinen zwischen Boden und Pfafflar allerdings entsprechende Übung. Die max. Steigungen/Gefälle betragen 14%. − Zunächst von Reutte durch das breite Lechtal nach Elmen, wo man nach O in das Bschlaber Tal nach Bschlabs (1307) abzweigt, HT. Die Hochtalstraße

106

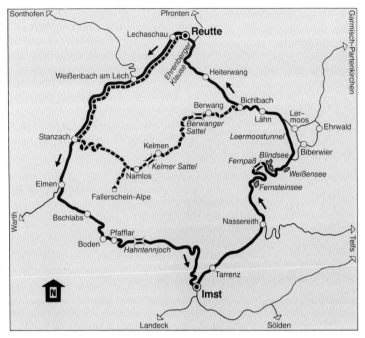

Skizze 30   Rund um die Lechtaler Alpen

präsentiert sich bis knapp vor Boden in einem mit Kunstbauten versehenen, modernen Zustand. Die Serpentinenstrecke hinauf nach Pfafflar ist zwar übersichtlich, jedoch deutlich schmäler als ihre Zufahrt.
Die alten Holzhäuser, aus dem frühen 13. Jh. stammend, zählen zu
den ältesten Tirols. Im weiteren Anstieg erreicht man bald den Scheitel des Hahntennjoches. Im Rückblick zeigen sich die Allgäuer Alpen
mit der Hornbachkette (darin auch die Urbeleskarspitze), im Vorblick
Heiterwand und Kienberg. — Die Abfahrt durch das bewaldete Salvesental ist auf der guten Straße abwechslungsreich. In der Oberstadt
von Imst (830) achte man auf die Beschilderung „Nassereith, Fernpaß" und folgt dann der B 189 durch das Gurgltal nach Nassereith.
Beim Schloß Fernstein leitet die B 314 unmittelbar am tintenblauen
Fernsteinsee vorbei. Die Bergseen beiderseits der Paßhöhe (1209)
leuchten wie Juwelen und bilden das Charakteristische dieser durch
Bergstürze entstandenen Berge- Seenlandschaft. Während die Südrampe im oberen Abschnitt mehrere scharfe Kurven in sich birgt, ist

die Nordrampe unterhalb des Blindsees hervorragend ausgebaut; ihr Kernstück ist der über 3 km lange, beleuchtete und belüftete Lermoostunnel. Die Orte Lermoos, Lähn und Bichlbach werden umfahren. Die Direktverbindung nach Reutte führt, entsprechend breit ausgebaut, über Heiterwang und oberhalb der Ehrenberger Klause zum Hauptort und touristischen Mittelpunkt des Außerferns. — Unter dem Begriff „Außerfern" versteht man den n. des Fernpasses gelegenen Landesteil Tirols mit dem Loisach- und Lechtal und ihren Seitentälern. Fernpaß und Hahntennjoch bilden dz. die einzigen direkten Straßenübergänge zwischen dem Außerfern und Innertirol. Nur der Fernpaß wird gj. offengehalten.

Variante: Von Bichlbach über den Berwanger Sattel (1336) und den Kelmer Sattel (1342) nach Stanzach und Reutte. Diese Variante bietet gegenüber der direkten Verbindung von Bichlbach nach Reutte landschaftliche Vorzüge. Berwanger und Namloser Straße sind durchgehend ausgebaut und asphaltiert. In der Regel sind sie auch schwach frequentiert. Die Gefällstrecke oberhalb von Elmen konnte durch Neutrassierung und Ortsumgehung auf nunmehr 10% reduziert werden. In Stanzach (939) trifft man wieder auf die Lechtal-B 198, welche über Weißenbach am Lech und Lechaschau nach Reutte zurückleitet. Plus 32 km. Fahrtechnische Beurteilung: leicht bis mittel.

Abstecher: Von der Sommerbergbachbrücke zweigt von der Namloser Landesstraße zirka 1.5 km w. von Namlos das nur einspurige Schottersträßchen zur Fallerschein-Alpe (1302) ab. Es gibt auf der nur 2 km langen Talstrecke nur wenig Ausweichen, jedoch mehrere unübersichtliche Kurven, welche eine vorsichtige, dem Streckenverlauf angepaßte Fahrweise erfordern. An der Brücke unterhalb der Sommersiedlung wurde ein Parkplatz für durchziehende Touristen angelegt. Nur dazu Berechtigte dürfen die folgenden 400 m zur Alpsiedlung hinauffahren, da über die Auffahrt ein allg. Fahrverbot verhängt wurde. Die besuchenswerte Sommersiedlung besteht aus zirka 25 nicht in „Reih und Glied" angeordneten Blockhütten. Speise und Trank erhält man in den beiden Jausenstationen. Hin und zurück 4 km. Fahrtechnische Beurteilung: mittel bis schwierig.

Der im Denzel-Verlag erschienene **Große Alpenstraßenführer** trägt allen Ansprüchen der Alpenfahrer Rechnung: erstens den Bergfreunden, welche jene anfahrbaren Hochpunkte erreichen wollen, die für Bergwanderungen und Gipfelbesteigungen die günstigsten Ausgangspunkte bieten, zweitens den bodenständigen Urlaubern, welche von ihren Aufenthaltsorten gerne Ausflüge, Rundfahrten und „Entdeckungen" unternehmen, um dann wieder zu ihrem Ausgangsort zurückzukehren, drittens den Transitreisenden, welche ihren Urlaub zwar vorwiegend in einem der Seebäder an der Adria oder am Mittelmeer verbringen, jedoch ihre An- und Rückreise mit der Anfahrt besonders lohnender Hochziele in den Alpen verknüpfen wollen. Sie wählen mit Vorzug Strecken abseits der großen „Heerstraßen" mit zähflüssigem Kolonnenverkehr.

Route: Sonthofen (742) — Hindelang — Oberjochpaß (1167) — Schattwald — Tannheim — Haldensee — Nesselwängle — Gaichtpaß (Engpaß) — Weißenbach am Lech — Stanzach — Elmen — Häselgehr — Elbigenalp — Bach — Holzgau — Steeg — Warth — Hochtannbergpaß (1679) — Schröcken — Au — Schnepfau — Mellau — Egg — Hittisau — Balderschwang — Riedbergpaß (1420) — Obermaiselstein — Fischen — Sonthofen. 186 km.

Fahrtechnische Beurteilung: mittel

Zeitaufwand: Tagestour

Die Rundtour umschließt einen Teil des Oberen Allgäus, des Tiroler Außerferns und des Bregenzerwaldes (Vorarlberg) und vermittelt dadurch einen repräsentativen Querschnitt der drei vielbesuchten Alpenregionen. Die touristischen Höhepunkte heißen auf der Hauptroute Oberjoch, Haldensee und Hochtannberg. Von den Abstechern verdienen wegen ihrer landschaftlichen Lage die kleinen Orte Kaisers und Lechleithen besondere Erwähnung. Die deutsch-österr. Staatsgrenze wird nur zweimal überschritten. Das touristische Ballungszentrum im Raum von Oberstdorf läßt sich großzügig umgehen. – Vom Garnisonsort Sonthofen zunächst auf der B 308, von der Ostrach begleitet, nach Hindelang (825), das im S umfahren wird. Am ö. Ortsrand beginnt die Jochstraße, welche mittels 10 Kehren bis zum Ort Oberjoch (1150) einen HU von 325 m auf einer Länge von 6 km überwindet. Die durchschnittliche Steigung liegt zwischen 8 und 9%. In Oberjoch mündet die von Wertach heraufziehende B 310 in die beschriebene Route ein. Hochmoore kennzeichnen das Umfeld der Scheitelstrecke, die gut ausgebaut wurde. Nach weiteren 3 km gelangt man zum Oberjochpaß (1178). Die Straße hinab nach Schattwald weist ein Gefälle von max. 12% auf. Nur wenige Kilometer sind es noch nach Tannheim, dem Hauptort des gleichnamigen Tales. Die Fahrbahnbreiten sind starken Schwankungen unterworfen. In den Ortsdurchfahrten gibt es Engstellen. – Für die Zufahrt von Tannheim (1097) zum reizvoll gelegenen Vilsalpsee sieht eine Regelung vor, in diesem Seitental einen besonders wirksamen Umweltschutz durch Fahrverbote für sämtliche Kfz einzurichten. – Die Tannheimer-B 199 setzt sich zum Ort Haldensee fort und leitet über das Nordufer des lieblich eingebetteten Haldensees (1124) zur Häusergruppe Haller. Wenig weiter fährt man über die Wasserscheide, den Sattel von Nesselwängle (1136). Nachdem man an der Rauthkapelle (1110) vorbeigefahren ist, verschwindet die Straße im engen Tal wie in einem Schlund. Bemerkenswert sind die Rückblicke auf die Tannheimer Berge. Der Gaichtpaß, eine Engstelle des Weißenbachtales, wird mit einer Straßenbrücke überwunden. Den HU von zirka 400 m hinab in das Lechtal bewältigt man mit nur vier Kehren; sie besitzen in den Wendepunkten einen relativ engen Kurvenradius! In Weißenbach am Lech (885) trifft man auf die modern ausgebaute B 198. – Man folgt dieser Bundesstraße talein. Forchach, Stanzach, Elmen, Häselgehr, Elbigenalp, Bach, Holzgau und Steeg werden teilweise durchfahren, teilweise nur berührt. Im Abschnitt Weißenbach-Elbigenalp erlaubt der Ausbauzustand gute Reisedurchschnitte. Lechaufwärts nimmt dann die Straße einen zunehmend gewundenen Verlauf; die Verkehrsflüssigkeit wird durch mehrere Ortsdurchfahrten herabgemindert, so in Bach, Stockach und Holzgau. Man begegnet im Lechtal manch barockem Bauernhaus, dessen Fassade durch bunte „Lüftlmalerei" lebendig gestaltet wurde. Hinter Steeg (1122) verengt sich das Tal schluchtartig. Hinauf nach Warth (1494) überwindet die vorzüglich ausgebaute Straße einen HU von fast 400 m! In den Kehren weist die Fahrbahn Überbreiten auf. Mehrere Kunstbauten bieten Schutz vor Steinschlag bzw. Lawinenabgängen. Mit einer letzten Steigungsstrecke erreicht man das, hinter der Tiroler Landesgrenze exponiert liegende Dorf Warth. Die Ausblicke richten sich vor allem auf die Allgäuer Alpen mit dem Biberkopf (2599) im Vordergrund. Die max. Steigung beträgt nur mehr 8 %. Wegen der Länge der Steigungsstrecke wurde außerdem eine Kriechspur angelegt. – Die Hochtannbergstraße ist wichtiges Bindeglied zwischen dem Arlberg und dem Hinteren Bregenzerwald. Sie schließt in Warth an die B 198 an. Als Touristenstraße leitet sie durch eine landschaftlich besonders anziehende Region, welche vom Widderstein, einem nach S vorgeschobenen Doppelgipfel, beherrscht wird. Zwischen Warth und Hochkrumbach bieten mehrere Kunstbauten Schutz vor Lawinenabgängen. Von Warth bis zur Scheitelhöhe (1676), die auch unter der Bez. Hochkrumbach-Sattel bekannt wurde, ist der HU mit nur 175 m relativ gering; hingegen ist die w. Rampe stärker ausgeprägt als die ö., wobei die Talstufe hinab nach Schröcken (1269) einen HU von runden 400 m bewältigt. Die alte Straße im Abschnitt Schröcken-Neßlegg mit ihren extrem engen Kehren mußte einer neuen, 3 km langen Trasse weichen. Der Hochtannbergpaß ist jetzt auch absolut wintersicher. Durch diesen großzügigen Umbau konnten auch die

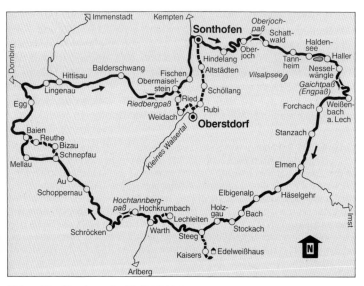

Skizze 31   Rund um die Allgäuer Alpen

Steigungsverhältnisse günstiger gestaltet werden. Sie betragen jetzt max. nur mehr 9%! — Der Abschnitt Schröcken-Schoppernau-Au der Bregenzerwald-B 200 und ihre Fortsetzung entlang der Bregenzerach wurde bis in den Raum von Egg stark modernisiert: neue Straßenbrücken überspannen die großen Wasserläufe und gewährleisten eine bessere Linienführung der Verkehrswege. Ein besonderer Wesenszug des Mittleren Bregenzerwaldes sind die zahlreichen Aulandschaften, was in den Orts- und Flurnamen wie Au, Schnepfau, Hirschau, Mellau, Bizau und Bezau zum Ausdruck kommt. Hierzu kann man auch die zu durchfahrenden Orte Lingenau und Hittisau rechnen. — In Hittisau (790) ändert man seine Fahrtrichtung entscheidend, indem man die B 205 verläßt und der L 5 ostwärts folgt. Die Fahrbahnbreiten der Hittisauer Landesstraße schwanken bis zur Staatsgrenze bei Schönhalden bzw. Schlipfhalden zwischen 6 und 7 m; diese 9 km lange Strecke ist durchgehend asphaltiert. Die Höchststeigung beträgt 10%. Der grenznahe Ort Balderschwang (1044) wurde früher wegen seiner Verkehrsabgeschiedenheit von den Einheimischen als „Bayerisches Sibirien" bezeichnet. Die Höhenstraße über den Riedbergpaß erreicht oberhalb des Ränkertobels mit 1420 m Seehöhe ihren Scheitelpunkt. Sie zählt zu den wenigen Hochstraßen

111

Deutschlands, welche diese Höhe überhaupt erreichen. Die Fahrbahnbreiten schwanken auf der Westrampe zwischen 3.5 und 7 m, auf der Ostrampe zwischen 5 und 7 m. In den obersten Abschnitten wurden beiderseits Steigungsmaxima von 16% gemessen. Auf der Ostrampe ist der Besler (1680) die markanteste Erhebung. Man passiert den Ort Obermaiselstein (859) und trifft wenig weiter bei Fischen im Allgäu (761) auf die stark frequentierte B 19, welche zur Straßenvereinigung mit der B 308 am w. Ortsrand von Sonthofen zurückleitet.

Variante: Bei Schnepfau bietet sich alternativ zur B 200 eine Fahrt über das Schnepfegg (902) nach Bizau und Reuthe an, welche besonders das Interesse von Zweiradfahrern erweckt. Das gilt sowohl für die landschaftlichen Eindrücke als auch für die meisterhafte Anlage des Bergsträßchens durch ein für den Straßenbau geologisch schwieriges Gebiet. Die Schnepfauer Seite wartet mit einer kurzen, aber kühnen Trassenführung auf, hingegen erfreuen Mischwaldparzellen und Feuchtgebiete auf der Bizauer Seite die Sinne der Tourenfahrer. Von der Scheitelhöhe hat man nach S den eindrucksvollen Blick auf die Kanisfluh mit ihren steil abfallenden Wänden. Die durch Leitplanken randgesicherte Schnepfauer Rampe ist nur einspurig und hat wenig Ausweichstellen. Die Rampe Bizau weist zunächst eine Gruppe enger Kehren auf, die durch Leitplanken abgesichert sind. Daran schließt bis zur Scheitelhöhe ein großzügig ausgebauter Abschnitt an. Bei den Hirschbergliften findet man einen größeren Parkplatz vor. Die Steigungen erreichen Maxima von 13%, durchgehend wurde staubfreier Belag aufgetragen. Bei Baien mündet man wieder in die B 200 ein. Plus 2 km. Fahrtechnische Beurteilung: mittel bis schwierig.

Variante: Zwischen Obermaiselstein und Sonthofen gibt es alternativ zur Hauptroute eine verkehrsberuhigte Entlastungsstrecke, welche folgenden Verlauf nimmt: Obermaiselstein, Ried, Weidach, Breitachbrücke, Rubi im N von Oberstdorf, Reichenbach, Schöllang, Hinang, Altstädten, Sonthofen. Plus 12 km. Fahrtechnische Beurteilung: leicht bis mittel.

Absteher: Von Steeg (1122) zum Edelweißhaus (1530) in Kaisers. Die zweispurig ausgebaute und asphaltierte Kaiserer-L 268 überwindet hier bei einer Streckenlänge von 4.3 km runde 400 m HU. Geschwindigkeitslimit 30 km/h! Das Steigungsmaximum beträgt 12%, der Sicherheit dient eine zirka 100 m lange Lawinengalerie. Das einsame Dorf Kaisers befindet sich in prächtiger Aussichtslage. Vom Edelweißhaus hat man faszinierende Ausblicke durch das Almajurtal auf die meist schneebedeckte Valluga (2811) im Arlberggebiet; ihr Sendemast, welcher den Gipfel krönt, ist weithin sichtbar. Hin und zurück 9 km. Fahrtechnische Beurteilung: mittel.

Absteher: Von der B 198 wenig ö. von Warth zum Holzgauer Haus (1512) in Lechleiten. Von der stark modernisierten Lechtalstraße zweigt in ihrem oberen Abschnitt nahe dem Waldheim nach N ein schmales Asphaltsträßchen

Auf der **Großen Dolomitenstraße** zwischen dem Pordoi- und Sellajoch; im Hintergrund die Langkofelgruppe → Route 59, Rund um die Sella. Foto Harald Denzel

Jaufenpaß, Sterzinger Rampe. Blick gegen die Tuxer Voralpen → Route 27, Rund um die Stubaier Alpen. Foto Harald Denzel

St. Gotthardpaß, Südseite. Die kühne Serpentinenanlage durch die Val Tremola → Route 49, Fünfpässetour der Zentralschweiz. Foto Gottfried Loy

Sottogudaschlucht. Tiefblick von der neuen Straße in die wildromantische Schlucht mit dem alten Fahrweg → Route 58, Im Banne der Marmolata. Foto Harald Denzel

Fahrt vom **Falzáregopaß** Richtung Valparolajoch mit Rückblick auf die Felsklötze Monte Averau und Monte Nuvolau → Route 58, Im Danne der Marmolata. Foto Harald Denzel

Von der Westrampe des **Grödner Jochs** genießt man herrliche Ausblicke auf die dominierende Langkofelgruppe → Route 59, Rund um die Sella. Foto Harald Denzel

Die neue Trasse des **Hochtannbergpasses** zwischen Schröcken und Neßlegg → Route 33, Lech-quellengebirge und Hinterer Bregenzerwald. Foto Harald Denzel

Strecke knapp unterhalb der Scheitelhöhe des **Gaviapasses** mit dem Lago Bianco im Norden → Route 67, Durch die Ortler-Cevedale-Gruppe. Foto Harald Denzel

zum bewirtsch. Holzgauer Haus ab, HT. Es wurde vollkommen mit kleinen Holzschindeln verkleidet, wie dies in diesem Landstrich üblich ist. Das Sträßchen steigt bei max. 13% noch bis zum Kirchlein von Lechleithen (1540) an und endet nach 2.5 km ab B 198 bei den letzten Häusern bzw. am Beginn des Anstiegsweges zum markanten Biberkopf (2599), einem prächtigen Aussichtsberg. Hin und zurück 5 km. Fahrtechnische Beurteilung: leicht bis mittel.

Rund um die Verwallgruppe**	**32**

Route: Bludenz (Ost) — St. Anton im Montafon — Gamprätz — St. Gallenkirch — Gaschurn — Partenen — Bieler Höhe (2036) — Galtür — Mathon — Ischgl — Ulmich — Lochau — Unterholdernach — See — Pians — St. Anton am Arlberg — Arlbergpaß (1793) — Stuben — Langen am Arlberg — Dalaas — Innerbraz — Bludenz (Ost). 150 km.

Fahrtechnische Beurteilung: mittel bis schwierig

Zeitaufwand: Tagestour

Die Silvretta-B 188 nimmt ihren Ausgang vom Straßenknoten in Bludenz-Ost, wo die Arlberg-Schnellstraße an die A 14, welche den Walgau durchmißt, anschließt. Von der insgesamt 64 km langen B 188 verlaufen 27 km durch das Montafon (Vorarlberg), 37 km durch das Paznaun (Tirol). Die mautpflichtige Scheitelstrecke der Vorarlberger Illwerke über die Bieler Höhe ist 21 km lang. Der Ausbauzustand der B 188 durch das Montafon ist unterschiedlich: normale, 6 bis 7 m breite Abschnitte münden in Engstellen mit nur 3 bis 4 m Breite ein. Bei Lorüns hat man einen unbeschrankten, schienengleichen Übergang zu queren, wenig weiter überwindet man eine kurze Talstufe bei max. 8% Steigung. Mehrere Orte im stark besiedelten Montafon werden umfahren, so Vandans, Schruns, Gaschurn und Partenen. — Die Silvretta-Hochalpenstraße ist eine der interessantesten und landschaftlich abwechslungsreichsten Touristenstraßen Österreichs. Die angrenzenden Talschaften, in Vorarlberg der Naturpark Montafon, in Tirol das pittoreske Paznaun, sind durch diesen großartigen Verkehrsweg über die Bieler Höhe (2036) miteinander verbunden. Die Mautstelle West befindet sich oberhalb Partenen-Loch (1051). Das Charakteristikum der Westrampe ist eine dichte Folge von 25 Serpentinen, mit denen man auf einer 9 km langen Strecke bis zum Vermuntsee (1747) einen HU von runden 700 m gewinnt. Der daran anschließende, 5 km lange Abschnitt durch das Großvermunt zur Bieler Höhe bewältigt mit nur fünf Kehren einen weiteren HU von 300 m. — Hingegen kommt die Ostrampe fast kehrenlos aus; im Anschluß an die Scheitelstrecke gibt es nur zwei Kehren. Dann folgt die Bergstraße der von Natur vorgezeichneten Furche im Kleinvermunt. Die gesamte Strecke ist asphaltiert, die Fahrbahn normal breit. Die Mautstelle Ost befindet sich außerhalb von Galtür beim Wirler Hof (1630). Die Höchststeigungen bzw. Gefälle betragen 10 bis 11 %. Vom w. Ufer des Silvretta-Stausees erblickt man die eisgepanzerten Dreitausender der Silvrettagruppe, welche vom Piz Buin (3312) dominiert werden. Die B 188 zieht mitten durch Galtür (1584), welches am Eingang in das Jamtal das oberste Kirchdorf im Paznauntal ist. Talab werden Mathon und der Hauptort Ischgl (1376) umfahren. Bei idealer Linienführung der Straße folgt man talaus der schäumenden Trisanna und berührt die Orte Lochau und See. Nachdem man unter der markanten Trisannabrücke der Arlbergbahn hindurch gefahren ist (daneben steht Schloß Wiesberg), gelangt man oberhalb Pians zur Anschlußstelle an die B 316. — Es empfiehlt sich, zwischen Pians und dem Anschluß St. Anton am Arlberg die kreuzungsfreie S 16 zu benützen, welche bis zum Tunnelportal mautfrei ist. In St. Anton gibt es ein Schimuseum zu besichtigen. — Leidenschaftliche Pässefahrer mit Sinn für die Schönheiten der Hochgebirgslandschaft lassen sich bei günstiger Wetterlage ihr „Gipfelerlebnis" kaum nehmen und benützen statt der mautpflichtigen und mit allen technischen Raffinessen ausgerüsteten, fast 14 km langen „Superröhre", die prächtige Aussicht gewährende Scheitelstrecke (1793). Der motorisierte Tourist findet zudem auf der B 197 bis Langen ausgezeichnete Straßenzustandsverhältnisse vor. Man hat eine durchwegs normal breite Asphaltstraße mit Überbreiten in den Kehren. Die Höchststeigung (Gefälle) konnte auf 12 % reduziert werden. Die Arlbergstraße verbindet alle touristisch bedeutsamen Talorte zwischen dem Lechquellengebirge im N und der Verwallgruppe im S. Als dominierende Erhebung ragt über dem Paßscheitel die Valluga (2809) auf. Die Abfahrt vollzieht man über die Alpe Rauz und den alten Ort Stuben (1407), dessen Name von den seinerzeitigen „Pilgerstuben" abgeleitet wurde. Man gelangt hinab nach Langen am Arlberg (1174), wo sich sowohl das Westportal des Arlberg-Straßentunnels als auch das der Arlbergbahn befindet. Wegen der verwinkelten Ortsdurchfahrten und ihren mannigfachen lokalen Verkehrserregern empfiehlt es sich, von der Anschlußstelle Langen bis zur Anschlußstelle Bludenz-Ost die mautfreie Schnellstraße zu benützen. Im Bj. gab es im Klostertal zwischen Dalaas und Innerbraz nur noch drei Kilometer der S 16, die nicht ausgebaut waren.

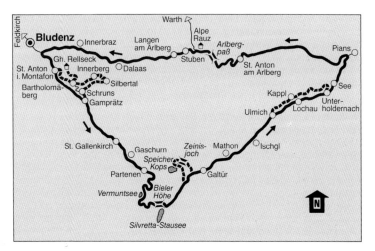

Skizze 32   Rund um die Verwallgruppe

Variante: Von St. Anton im Montafon über Bartholomäberg (1087) nach
Schruns und Gamprätz. Das Bergsträßchen von St. Anton im Montafon (651)
nach Bartholomäberg stellt an das Fahrkönnen einige Anforderungen, die nur
von geübten Bergfahrern erfüllt werden können. Das Sträßchen führt über
Jetzmunt (845) hinauf zu der sonnseitig gelegenen Streusiedlung im Silbertal.
Bis Bartholomäberg hat man 5 km an meist steiler Berglehne, jedoch auf
durchgehend asphaltierten und randgesicherten Sträßchen zurückzulegen.
Es gibt längere Abschnitte, welche nur einspurig sind und kaum Ausweichstellen aufweisen. Die max. Steigung wurde mit 12 % ermittelt. Bartholomäberg, ein rund 27 km² umfassendes Gemeindegebiet, ging aus einer uralten
Streusiedlung hervor; sie wurde bereits zur Zeit der Karolinger erwähnt und
gilt als älteste Niederlassung der Walser in dem einst rätoromanischen Montafon. Den Ortsmittelpunkt markiert die Kirche, ein prächtiges Barockbauwerk
in einmalig schöner Aussichtslage. – Das Straßennetz durch das verstreute
Siedlungsgebiet bietet sich dem Zweiradfahrer förmlich an. Über das ehemals
bemautete Stichsträßchen von Bartholomäberg hinauf zum Gh. „Rellseck"
(1483) wurde ein allgemeines Fahrverbot verhängt, wovon Anrainer und Inha-
ber von Fahrerlaubnisscheinen ausgenommen sind. – Hinab nach Schruns
(690) kann man auf zwei verschiedenen Wegen gelangen: entweder auf ausgebauter Direktverbindung von Bartholomäberg, 3 km, oder auf der Terrassenstraße nach Innerberg mit Abfahrt nach Silbertal, zirka 13 km. Plus 15 km.
Fahrtechnische Beurteilung: mittel.

Variante: Vom Kleinvermunt auf bemauteter Straße zum Speicher Kops und
zurück über das Zeinisjoch (1822) zur B 188 in Richtung Galtür. Die neue Kopser Straße mißt bis zum Großparkplatz (1855) am Speicher Kops runde 6 km.   115

Die Fahrbahn ist 6 bis 8 m breit und wird daher auch von Reisebussen befahren. Die max. Steigung beträgt 10%. Die 600 m lange Krone der 122 m hohen Staumauer ist eine technische Sehenswürdigkeit. Die alte Kopser Straße vom Zeinisjoch-Haus (1822) verläuft ö. des Zeinisbaches über das Kleinzeinis-Haus zur Einmündungsstelle in die B 188 beim Gh. Wirl. Sie ist knapp 6 km lang und für Zweiradfahrer gut geeignet. Plus 11 km. Fahrtechnische Beurteilung: neue Straße leicht, alte Straße mittel.

Variante: Paznauntal-Höhenstraße. Sie verläuft zwischen den Weilern Ulmich und Unterholdernach in aussichtsreicher Terrassenlage zwischen 1250 und 1500 m. Als Höhenstraße ist sie zirka 10 km lang und verbindet die sonnseitig gelegenen Streusiedlungen mit dem Dorf Kappl (1256). Die Höfe befinden sich vorwiegend in steiler Hanglage, jedoch weit unterhalb des Hohen Riffler (3168); sie alle haben hervorragende Südlage. Die Berge der unmittelbaren Umgebung gehören der Verwallgruppe an. Das Terrassensträßchen zieht vielgewunden, nur einspurig und mit nur wenig Ausweichstellen ausgestattet, von Ulmich über Kappl nach Perpat und Inner-Langesthei (1485). Von dort stellt eine neue, zweispurig angelegte und entsprechend ausgebaute Bergstraße die 4 km lange Verbindung mit der Talstraße B 188 her. Auf dieser Straßenlänge ist ein HU von knapp 400 m mittels mehrerer Serpentinen zu überwinden; beim Haus Spiss im SW von See mündet man in die Bundesstraße ein. Plus 4 km. Fahrtechnische Beurteilung: mittel bis schwierig.

33	**Lechquellengebirge und Hinterer Bregenzerwald****

Route: Stuben (1402) — Alpe Rauz — Flexenpaß (1773) — Zürs — Lech — Warth — Hochtannbergpaß (1679) — Schröcken — Au — Faschinajoch (1486) — Fontanella — Sonntag — Thüringen — Ludesch — Nüziders — Bludenz — Innerbraz — Dalaas — Klösterle — Stuben. 116 km.

Fahrtechnische Beurteilung: mittel

Zeitaufwand: Halbtagestour

Diese Rundtour zählt zu den landschaftlich reizvollsten im W Österreichs. Sie führt über drei hervorragend ausgebaute Pässe und vermittelt durch ihre beiden Abstecher gute Einblicke in die Kernlandschaften des Lechquellengebietes. — Beginnt man die Runde oberhalb von Stuben an der Arlbergstraße, so benützt man auf der Alpe Rauz (1620) die wichtige Abzw. der Lechtal-B 198 von der Arlberg-B 197. Als Flexenstraße leitet sie zunächst über den Paßscheitel (1784) in den Hotelort Zürs (1717) und weiter hinab in den stark aufgeschlossenen Fremdenverkehrsort Lech (1444). Tunnels und Galerien gewährleisten zwischen der Rauzalpe und Lech größtmöglichen Schutz vor Lawinenabgängen bzw. Steinschlag; hingegen gilt die Strecke Lech-Warth als nicht lawinensicher und bleibt bei entsprechender Schneelage in manchen Jahren bis weit in das Frühjahr hinein gesperrt. Die Fahrbahnbreiten der Flexenstraße schwanken zwischen 5 m (besonders in den Felstunnels) und 8 m; im Raum Zürs gibt es Überbreiten bis 14 m, welche bei Bedarf als Abstellplätze dienen. Das Steigungsmaximum beträgt auf der Südrampe 10%, auf der Nordrampe 7%. Die unübersichtlichen, engen Kurven in den alten Tunnels (Baujahr 1895!) erheischen einer besonderen Vorsicht! Zwischen Zürs und Lech gibt es hingegen nur für den modernen Verkehr angelegte Kunstbauten mit beleuchteten Tunnels und einer langen, geradlinig verlaufenden Galerie. — Im einsam gelegenen Kirchdorf Warth (1495) verläßt man die re. ins Lechtal hinabführende Straße und folgt nunmehr der Bregenzerwald-B 200 nach W zum Hochtannbergpaß (1676); sie ist wichtiges Bindeglied zwischen dem Arlberg und dem Hinteren Bregenzerwald. Ihre Scheitelstrecke wurde erst nach dem Zweiten Weltkrieg errichtet, nachdem die ursprünglichen Straßenbaupläne, welche aus dem Kleinen Walsertal einen Durchstich unter dem Widdersteinmassiv vorsahen, nicht mehr realisiert werden konnten. Zwischen Warth und Hochkrumbach gibt es mehrere Schutzeinrichtungen in Gestalt von Galerien und Tunnels. Auf der Scheitelstrecke durchfährt man im Sommer ein liebliches Almengebiet mit saftig-grünen Matten. Während von Warth bis zum Scheitel nur 175 Höhenmeter zu überwinden sind, bewirkt die Talstufe hinab nach Schröcken (1269) einen HU von über 400 m! Die alte Rampe zwischen Neßlegg und Schröcken mußte einer 3 km langen, völlig neu trassierten Bergstrecke weichen, wobei in den abgewickelten Baumaßnahmen insgesamt acht Brücken mit einer Gesamtlänge von 715 m, zwei Tunnels und 410 m natursteinverkleidete Stütz- und Futtermauern einbezogen wurden. Durch diesen großzügigen Ausbau ließen sich auch wesentlich günstigere Steigungsverhältnisse (Reduzierung von früher 14% auf jetzt nur noch 9%) erzielen. Die ursprünglich engen Kurven in den Wendepunkten besitzen jetzt durchwegs verkehrsfreundliche Kurvenradien! Ausgesetzte Stellen wurden durch Leitplanken abgesichert. Das reizvolle Gebiet zwischen Mohnenfluh und Widderstein wurde bereits rechtzeitig unter Naturschutz gestellt. Ab Schröcken wird die B 200 von der schäumenden Bregenzerach begleitet. — Um durch das Argenbachtal zum Faschinajoch (1486) bzw. nach Fontanella zu gelangen, muß man die B 200 in Au (791) verlassen und der Faschina-B 193 folgen. Im Vorblick hat man den beeindruckenden

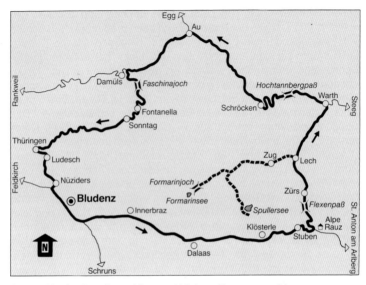

Skizze 33   Lechquellengebirge und Hinterer Bregenzerwald

Bergriegel der Kanisfluh. Die Hauptroute verläuft von Sonntag (888) durch das anmutige Großwalsertal, berührt die Orte Thüringen, Ludesch und Nüziders. – Es empfiehlt sich, das Ballungszentrum Bludenz zu meiden und zwischen Bludenz-West bis Bludenz-Ost die Walgau-Autobahn und im Anschluß daran bis Langen die S 16 zu benützen. In Langen am Arlberg (1190) darf man die Ausfahrt zur Arlberg-B 197 nicht versäumen, will man auf kürzestem Weg nach Stuben zurückkehren.

Abstecher: Von Lech über Zug zum Spullersee (1840). Man folgt von Lech dem windungsreichen Verlauf des Flusses und kommt am günstig, inmitten einer Flußschleife gelegenen Freischwimmbad vorbei. Hinter dem kleinen Kirchlein von Zug bzw. dem Gh. „Rote Wand" gelangt man zur Mautstelle. Die eingehobene Gebühr berechtigt zur Benützung sowohl des Fahrweges zum Formarinjoch als auch jenem hinauf zum Spullersee. Zwischen 9 und 15 Uhr sind jedoch beide Sträßchen in beiden Fahrtrichtungen für den Individualverkehr gesperrt und dürfen während dieser Zeit nur von einem Pendelbus befahren werden. Beide Wege sind wegen ihrer Abmessungen bzw. mangelndem Ausbauzustand besonders für Motorräder geeignet; die Brücken sind schmal, ihre Zufahrten meist stark gekrümmt. Knapp 5 km ab Mautstelle gelangt man an eine beschilderte Straßengabelung: li. durch ein anmutiges Hochtal zum Spullersee, 5 km, re. bei etwa gleicher Distanz zum Formarinjoch. — In Richtung Spullersee hat man nun eine längere Steigung von 12% zu bewältigen und folgt dabei dem vielgewundenen Sträßchen durch das allmählich sich verengende Tal des Spullerbaches. Auf den letzten 800 m bis zur n. Staumauer gibt es nur wenig Ausweichmöglichkeiten. Eindrucksvoll erhebt sich auf der gegenüberliegenden Seite der Spuller Schafberg mit seinem auffallend rötlichen Gestein. Am li. beginnenden Weg zur Ravensburger Hütte findet man mehrere Abstellplätze vor. Das Sträßchen endet 11 km von Zug entfernt. Über den Seespiegel und das eingeschnittene Klostertal hinweg richtet sich der Ausblick auf die Erhebungen der Verwallgruppe, welche im Hintergrund von der eisgepanzerten Silvretta überragt werden. Das in einem mächtigen Felsentrog zwischen zwei Sperrmauern aufgestaute Wasser wird durch einen Druckstollen dem Spullerseewerk an der alten Arlbergstraße zugeleitet; es dient der Versorgung der Arlbergbahn mit elektrischer Energie. Hin und zurück 26 km. Fahrtechnische Beurteilung: mittel bis schwierig.

Abstecher: Von Lech über Zug zum Formarinjoch (1871). Innerhalb des Lechquellengebirges gibt es außer dem Spullersee noch ein weiteres anfahrbares Hochziel, welches vor allem für die Besucher der Freiburger Hütte (1918) von Interesse ist. Es handelt sich um das sehr lohnende Formarinjoch, welches sich zirka 100 m über dem See befindet und von Zug runde 10 km entfernt liegt. Von der bez. Straßengabelung (1610) steigt man auf bewaldeter Strecke durch das vom Formarinbach durchflossene Hochtal an. Dieser kurvenreiche Alpfahrweg ist zwar zur Gänze asphaltiert, jedoch nur einspurig mit Ausweichstellen auf Sicht angelegt. Bei max. 13% Steigung bewältigt man nach einem von Latschenfeldern umgebenen Flachstück über reizvolle Almböden den langen Anstieg. Die zu querenden Wasserablaufrasten (Rinnen) gestatten allerdings nur eine beherzte Fahrweise, will man seine Stoßdämpfer nicht über Gebühr strapazieren. Während der Sommermonate erhält man auf der Formarinalpe Milch aus eigener Erzeugung und deren Nebenprodukte. Das letzte Stück Fahrweg hinab zum See wurde abgeschrankt und darf öffentlich nicht benützt werden. Rings um den See ist durch seine arenaähnliche Kessellage das Pfeifen der Murmeltiere kaum überhörbar. Die hochalpine Flora ist im Lechquellengebirge bekannt artenreich. Hin und zurück 26 km. Fahrtechnische Beurteilung: mittel.

Rund um den Walgau*	**34**

Route: Bludenz (588) — Nüziders — Ludesch — Thüringen — Blons — Sonntag — Fontanella — Faschinajoch (1486) — Damüls — Furkajoch (1759) — Rankweil — Feldkirch — Frastanz — Nenzing — Bludenz. 95 km.

Fahrtechnische Beurteilung: mittel

Zeitaufwand: Halbtagestour

Die Bezeichnung „Walgau" geht auf die Alemannen zurück, die im 3. bis 6. Jh. aus dem Bodenseeraum in das Tal des Alpenrheins eindrangen und für die dort ansässigen Rätoromanen die Wortbildung „Wala" bzw. „Walen" einführten. Charakteristisch für die Flußlandschaft des Walgaues sind die beiderseits der Ill verlaufenden Terrassen eiszeitlichen Ursprungs, über welche das Eis strömte und heute mehreren Siedlungen Platz in guter Mittelgebirgslage geben. Im N wird die breite Talflur vom hohen Grat des Walserkammes überragt, von S öffnen sich zwei große Rätikontäler. Während das waldreiche Gamperdonatal bis heute ein weitgehend naturbelassener, stiller Bergwinkel geblieben ist, hat sich das Brandner Tal in den letzten Jahrzehnten zu einer vielbesuchten Urlaubsregion entwickelt. Der wohl bekannteste Bergzug im Rätikon ist die Schesaplana, mit 2905 m ein „Fast-Dreisausender". — Das Großwalsertal ist ein freundliches, sonnenreiches Hochgebirgstal, einst ausgehobelt von den Gletschern der Eiszeit und ausgeprägt von den schäumenden Wassern der Lutz, welche von der Metzgertobelalpe herabziehen und sowohl im Speicher Raggal als auch im Speicher Gstins zur energiewirtschaftlichen Nutzung aufgestaut werden. — Durch die Talenge von Garsella wird das Großwalsertal in zwei touristische Räume geteilt. Die äußeren Talgemeinden sind Thüringerberg, St. Gerold, Blons, Raggal (einschließlich Marul), welche durch gute Straßen beiderseits des Lutzbaches miteinander verbunden sind. Beherrschende Erhebungen sind hier das zentrale Frassenmassiv, die Gamsfreiheitgruppe und die Kellaspitzgruppe. Im inneren Großwalsertal sind die Gemeinden Sonntag-Buchboden und Fontanella (der Ortsname ist romanischen Ursprungs und bedeutet „kleine Quelle" im Sinne einer Heilquelle). Fontanella-Faschina bildet ein weit verstreutes Bergsiedlungsgebiet, wobei Fontanella (1445) die höchstgelegene Gemeinde des Tales ist. Faschina (1486) ist eine Hotelsiedlung auf dem Joch, welches den Übergang nach Damüls herstellt. Das Bild der Hochgebirgslandschaft wird von der Zitterklapfengruppe, der Braunarlgruppe und der Roten Wand beherrscht. — Die 95 km lange Rundtour beginnt man zweckmäßigerweise in der Bezirkshauptstadt Bludenz, welche das wirtschaftliche und kulturelle Zentrum sowohl zwischen dem Arlberg und dem Walgau als auch zwischen dem Hinteren Bregenzerwald und den Bergen der Silvretta bzw. des Rätikons bildet. Man versäume es nicht, die sehenswerte Altstadt mit ihren Laubengängen und den Resten der alten Stadtbefestigung zu besichtigen. — Die Einmündung von vier Tälern (Klostertal, Montafon, Brandner Tal und Großwalsertal) in den Talkessel um Bludenz und die w. Fortsetzung der Ill durch den Walgau ließen hier einen touristisch hochbedeutsamen Verkehrs-

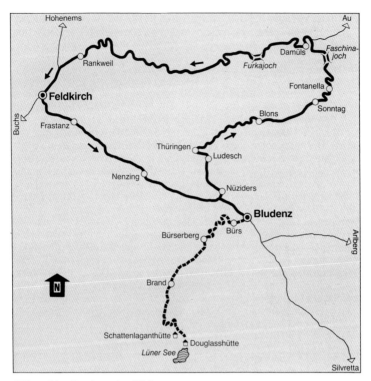

Skizze 34   Rund um den Walgau

knoten entstehen. — Die erste Etappe der Rundfahrt ist dem Großwalsertal gewidmet. Man folgt der ausgebauten Faschina-B 193 über
Thüringen nach Sonntag und gewinnt dann auf einer Serpentinenstrecke zirka 600 Höhenmeter bis hinauf zum Faschinajoch. Ein
bemerkenswertes Kunstbauwerk ist eine zirka 2 km lange Galerie,
welche den Anschluß an die zum Furkajoch ziehende Straße bildet.
Genaue Streckenbeschreibung dieser zweiten Etappe von Damüls
nach Rankweil → Route 35, Rund um den Bregenzerwald. — Von
Rankweil empfiehlt es sich, die Fortsetzung auf der B 190 zu vollziehen, welche auch den sehenswerten, mittelalterlichen Stadtkern von
Feldkirch und die Schattenburg berührt. Die 22 km lange Bundesstraße durch den Walgau zurück nach Bludenz bleibt seit Fertigstellung
der Rheintal-A 14 hauptsächlich dem lokalen Verkehr vorbehalten. 121

Durch die Verlagerung des Schwerverkehrs auf die Autobahn wird der Motorradfahrer ganz wesentlich entlastet und genießt ein rasches Vorwärtskommen.

Abstecher: Von Bludenz durch das Brandner Tal nach Schattenlagant (1565). Die Brandner Straße nimmt in Bludenz ihren Ausgang und leitet über Bürs (570) kurvenreich nach Bürserberg (895) hinauf, wobei die Steigung auf der 5 m breiten Bergstraße nur 8% beträgt. Bürserberg liegt auf einer Terrasse hoch über dem Alvierbach; sein Siedlungsgebiet hat eine große Streuung. Auf der Weiterfahrt bietet sich nach S durch das Sarotlatal ein herrlicher Ausblick auf die steil aufragende Zimba (2643), den wohl formschönsten Berg Vorarlbergs. Man tritt aus dem Wald heraus und ist vom Szeneriewechsel überrascht: der Ort Brand (1037) liegt wie in eine Schale eingebettet, umgeben von Almmatten und bewaldeten Hängen, dessen gleißenden Hintergrund der Brandner Gletscher auf der Schesaplana-Nordseite bildet. In Brand-Palüdbach (1065) endet nach 13 km die Landesstraße. Ihre Fortsetzung wird von der 7 km langen Schattenlagantstraße, einer mautfrei befahrbaren Privatstraße der Vorarlberger Illwerke AG, hergestellt. Die Fahrbahnbreiten schwanken zwischen 3 und 6 m; mehrere Abschnitte sind nur knapp zweispurig, vor Engstellen wurden Ausweichen angelegt. Die Steigungen betragen 12%, kurze Steilstücke erreichen jedoch Maxima von 15%. Die teilweise unübersichtliche Streckenführung erfordert eine entsprechend vorsichtige Fahrweise. Die durchgehend asphaltierte Bergstraße endet, 20 km von Bludenz entfernt, im Seetal, am Großparkplatz der Lünerseebahn-Talstation. Hin und zurück 40 km. Fahrtechnische Beurteilung: leicht bis mittel.

35	**Rund um den Bregenzerwald****

Route: Dornbirn (437) — Alberschwende — Müselbach — Egg — Bersbuch — Baien — Mellau — Au — Damüls — Furkajoch (1761) — Bad Laterns — Reuthe — Batschuns — Rankweil — Götzis — Hohenems — Dornbirn. 107 km.

Fahrtechnische Beurteilung: leicht bis mittel

Zeitaufwand: Halbtagestour

Die Bezeichnung „Bregenzerwald" für einen großen Landesteil ist nur geschichtlich erklärbar, denn die ausgedehnten, zusammenhängenden Wälder gab es nur vor seiner Besiedlung und Nutzung durch die Grafen von Bregenz und dem Kloster Mehrerau. Es setzte dann bald eine umfassende Rodung ein mit dem Ziel, ein gemischtes Wald- und

Weideland zu gewinnen. Im Begriff „Bregenzerwald" sind aber auch Hügelland, Almgebiete, Flußauen und Hochgebirge enthalten. — Eine intensive Aufschließung des Bregenzerwaldes trat erst mit der großen Motorisierungswelle zirka 10 Jahre nach Beendigung des Zweiten Weltkrieges ein. Ganz wesentlich hat dazu der Ausbau des Faschinajoches (1486) beigetragen, welches die bedeutende Klammer zwischen Fontanella und Damüls und somit die Anbindung von zwei großen Talschaften an den internationalen Straßenverkehr erlaubte. Der Bregenzerwald folgt im wesentlichen dem Ober- und Mittellauf der Bregenzerach. Manchmal stehen Bergzüge quer zum Lauf des Hauptflusses, wie z.B. der mächtige Gebirgsstock der Kanisfluh und verleihen dem Landschaftsbild sein besonderes Gepräge. Der Vordere Bregenzerwald besteht vornehmlich aus Flysch und tertiärer Nagelfluh und hat damit reinen Voralpencharakter; hingegen hat sich das formenreiche Kalkhochgebirge überwiegend aus Jurakreide gebildet. — Von Dornbirn auf der ausgebauten B 200 zunächst nach Alberschwende (721), wo sich ein besuchenswertes Agrarmuseum befindet. Über Müselbach fährt man weiter nach Egg (561), einem wichtigen Straßenknotenpunkt. 6 km der Bregenzerach talein folgend, gelangt man nach Bersbuch, wo die empfehlenswerte Variante über das Bödele (1140) auf die Hauptroute trifft. Die vorzüglich ausgebaute B 200 setzt sich über Baien und Mellau nach Au (791) an der Mündung des Argenbaches fort. — In Au muß man auf die li. abzweigende Faschina-B 193 achten, welche als 11 km lange Bergstraße bei Steigungsmaxima von 14% nach Damüls (1428) bzw. auf das 3 km weiter gelegene Faschinajoch (1486) hinaufleitet. Die Strecke vermittelt bemerkenswerte Ausblicke auf den markanten Felsriegel der Kanisfluh und auf die Damülser Mittagspitze. Die Fortsetzung von Damüls über das Furkajoch in das Laternser Tal stellt nunmehr die Landesstraße 51 her. — Das Furkajoch (1761) ist der dz. höchste, mit Zweirad anfahrbare Punkt des Bregenzerwaldes. Die 40 km lange Bergstrecke verbindet das n. des Walser Kammes verlaufende Laternser Tal mit dem Tal der Bregenzerach. Als „Angelpunkte" sind die beiden Orte Au mitten im Bregenzerwald bzw. das im Unterland gegen das Vorgebirge hingeschmiegte Rankweil zu betrachten. Das Furkajoch ist mit einer breiten Scharte vergleichbar. Die Ausblicke richten sich einerseits über das Rheintal zum Säntis, andererseits in den Nahbereich mit dem Portlerhorn (2010). — Die stark bewaldete Westrampe hinab nach Bad Laterns bietet kaum Aussicht, die Straßenbreite beträgt teilweise nur 4 m. Man berührt das NSG Hohe Kugel-Mellental. Erst die „Üble Schlucht" im Raum von Reuthe beeinflußt das Bild der Landschaft wesentlich. An der Laternser Straße entschärft ein 485 m langer,

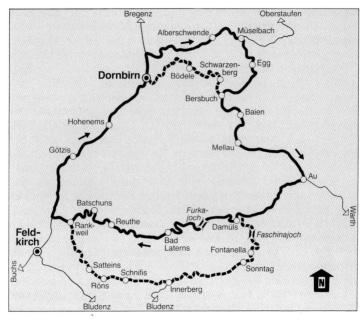

Skizze 35   Rund um den Bregenzerwald

neuer Tunnel eine bisher prekäre Strecke zwischen dem Talinneren und
Batschuns. Erwähnung verdient wegen seines vorzüglichen Säntis-
blickes der kleine Ort Thal. In Batschuns sollte man die Bergpfarrkirche
St. Johann, ein rechteckiger Bau des berühmten Tiroler Architekten
Clemens Holzmeister aus dem Jahr 1923, beachten. Von Batschuns
hat man nur mehr wenige Kilometer hinab nach Rankweil zu fahren, wo
man bald Anschluß an die Vorarlberger B 190 findet. Sie leitet durch den
dicht besiedelten Raum über Götzis und Hohenems zurück nach Dornbirn. – Das Haus der Vorarlberger Naturschau in Dornbirn vermittelt
durch seine berühmten Sammlungen einen umfassenden Einblick in
den Natur- und Lebensraum des Landes. Viel Platz wurde dort einer
besonders naturnahen Darstellung von Wasser- und Sumpfvögeln und
ihrer Reservate gewidmet.

Variante: Von Dornbirn über Bödele (1140) und Schwarzenberg nach Bersbuch. Sie bildet gewissermaßen die „Höhenvariante" zum untersten Abschnitt
der Bregenzerwald-B 200 mit entsprechend schönen Ausblicken. Dabei überquert sie den vom Hochälpele nö. zum Brüggelekopf ziehenden Bergrücken

wenig oberhalb des weiten Sattels, welcher offiziell als Losenpaß bezeichnet wird. Bemerkenswert ist die freie Sicht auf das Mündungsgebiet des Rheins, den Bodensee, den Bregenzerwald und Teile der w. Allgäuer Alpen. Der Ausbauzustand dieser von Dornbirn (434) nach Schwarzenberg (696) ziehenden, 14 km langen Bergstraße ist als vorzüglich zu bezeichnen. Die Fahrbahnbreiten bewegen sich zwischen 6 und 7 m, die Steigungsmaxima werden mit 12% beziffert, Linienbusverkehr! Minus 9 km. Fahrtechnische Beurteilung: leicht.

Variante: Faschinajoch (1486) und Großes Walsertal. Die mit aufwendigen Kunstbauten ausgestattete, 13 km lange, absolut wintersichere Verbindung von Damüls über das Faschinajoch hinab nach Fontanella (1145) und weiter hinab nach Sonntag (888) im Großen Walsertal bildet die von Zweiradfahrern bevorzugte und daher auch meist frequentierte Strecke in dieser Region. Kernstück ist die große Lawinenschutzgalerie am Faschinajoch, welche 1152 m in offener Bauweise und 225 m in geschlossener Bauweise geführt wird. Sie vermittelt nunmehr auch weitere Rundfahrtmöglichkeiten durch das „Ländle". Auf der beschriebenen Variante verläßt man das Große Walsertal bei Innerberg und folgt der L 54 über Schnifis und Röns nach Satteins. Außerhalb von Rankweil trifft man auf die B 190 in Richtung Dornbirn. Plus 7 km. Fahrtechnische Beurteilung: leicht bis mittel.

Aus unserem Verlagsprogramm

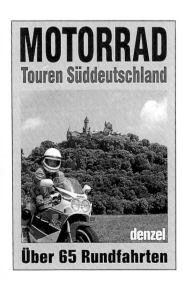

Dieser Denzel-Führer erfaßt alle landschaftlich reizvollen Mittelgebirge Süddeutschlands und die daran angrenzenden Gebiete. Insgesamt 67 auserwählte Rundfahrten auf speziell für Krafträder geeigneten Straßen über Berg und Tal mit empfohlenen Varianten und Abstechern. Beschreibung aller bedeutenden Sehenswürdigkeiten in der Natur und der kulturellen Attraktionen. Zu jeder Rundtour wurde eine eigene Orientierungsskizze gezeichnet. Exakte Unterscheidung zwischen Halbtages- und Tagestouren mit Angabe der jeweiligen Kilometerleistungen und fahrtechnischen Beurteilungen. Attraktive Fotos in Farbe und SW runden die Information ab. Handliches, bequem mitzuführendes Format 12 x 18 cm, 288 Seiten.

DEUTSCHLAND

36	Rund um die Salzburger und Berchtesgadener Alpen*

Route: Schneizlreuth (511) — Steinpaß (558) — Unken — Kniepaß (Engpaß) — Lofer — Paß Luftenstein (Engpaß) — Saalfelden — Maria Alm am Steinernen Meer — Filzensattel (1291) — Dienten am Hochkönig — Dientner Sattel (1379) — Mühlbach am Hochkönig — Bischofshofen — Werfen — Tenneck — Paß Lueg (Engpaß) — Golling — Kuchl — Hallein — Bad Dürrnberg — Roßfeld — Berchtesgaden — Wimbach — Taubensee — Schwarzbachwacht (868) — Unterjettenberg — Schneizlreuth. 166 km.

Fahrtechnische Beurteilung: leicht bis mittel

Zeitaufwand: Halbtagestour

Der Steinpaß stellt ein wichtiges Bindeglied zwischen Bad Reichenhall und dem Pinzgau her. Auf der stark frequentierten Strecke zwischen Schneizlreuth und Unken wurde durch den 482 m langen Wendelberg-Straßentunnel eine wesentliche Entschärfung der früher extrem engen Kurven herbeigeführt. Die Westrampe des Steinpasses (Rampe Melleck) hatte vor dem Ausbau ein Gefälle von 10%, jetzt gibt es nur noch 4% im offenen Verlauf. Die Fahrbahnbreite beträgt im Tunnel 8 m, die Geschwindigkeitsbeschränkung von 60 km/h ist unbedingt einzuhalten! — Die alte, schmale Straße über den Scheitel hat für Melleck nur mehr lokale Bedeutung; sie steht mit ihrer bemerkenswerten Aussicht auf die formschönen Loferer Steinberge nach wie vor dem Motorisierten zur Verfügung. — Mit dem Bau des 1.6 km langen Unkener Umfahrungstunnels und der Verwirklichung einer 1.8 km langen Nordumfahrung in Lofer wird das sogenannte „Kleine Deutsche Eck" im Straßenverkehr wesentlich aufgewertet. — Während der Hauptreisezeiten ist auch die Pinzgauer-B 311, welche man allerdings in Saalfelden am Steinernen Meer wieder verläßt, um der Hochkönig-B 164 bis Bischofshofen zu folgen, überbeansprucht. Die Fahrbahnbreiten schwanken bis Saalfelden zwischen 6 und 10 m. Im siedlungsarmen Saalachtal gibt es auf der 24 km langen Strecke zwischen Lofer und Saalfelden keine behindernden Ortsdurchfahrten, aber auch keine nennenswerten Steigungsstrecken. Südöstlich von Lofer bildet die Saalach im Paß Luftenstein einen Engpaß. Von den Sehenswürdigkeiten in der Natur ist das Lamprechtsofenloch, HT, unweit der Ruine Saaleck, zu erwähnen. Rund 13 km n. von Zell am See in dem weiten, von der Saalach durchflossenen Talboden, über dem die schroffe Felsmauer des Steinernen Meeres aufragt, liegt der stattliche Markt Saalfelden mit rund 10.000 Einwohnern. – Am Nordufer des nahegelegenen Ritzensees steht Schloß Ritzen mit seinem besuchenswerten Heimatmuseum. Die berühmte Einsiedelei St. Georg am Palfen (990) hingegen liegt, wie auch Schloß Lichtenberg, im N des Marktes, Zufahrt bis Bürgerau. – Die Hochkonig-B 164 tangiert den bekannten Erholungsort Maria Alm am Steinernen Meer (816) und leitet, gut ausgebaut, dicht an Hintertal (1016) vorbei. Der Filzensattel wartet mit max. 15% Steigung/Gefälle auf. Die Fahrbahnbreiten schwanken zwischen 4 und 6 m. Nach 19 km gelangt man zu einer wichtigen Straßenteilung: li. setzt sich die B 164 über den Dientener Sattel als ö. Abschnitt der landschaftlich sehr abwechslungsreichen Bergstraße fort. Kurz vor der Scheitelhöhe am Birgkarhaus mißt die Höchststeigung nur 8%. Keine Probleme gibt es auf der Mühlbacher Rampe trotz des abschnittsweise starken Gefälles von 18%. Beeindruckend von der Scheitelstrecke ist die Aussicht auf den gewaltigen Bergstock des Hochkönigs mit dem Matrashaus (2941) auf dem höchsten Punkt des Gebirges. Die Landesstraße folgt von Mühlbach am Hochkönig windungsreich dem Lauf des Mühlbaches und mündet am s. Ortsrand von Bischofshofen (556) in die Salzachtal-B 159 ein. – Vorzüglich ausgebaut und fast parallel zur Tauernautobahn verlaufend, berührt sie die Orte Werfen, Tenneck, Golling, Kuchl und die alte Salzstadt Hallein. Wegen des nur mehr geringen Verkehrsaufkommens, welches sich von der B 159 auf die A 10 verlagerte, findet der Motorradfahrer in der Regel eine „gemähte Wiese" bis in den Raum von Hallein vor. Dem Fahrzeuglenker ist es jetzt bei gemächlicher Fahrt vergönnt, nicht nur auf die Straße und den Verkehr zu achten, sondern auch manchen Blick auf die formenreichen Berge des Hochkönigs, des Hagen- und Tennengebirges re. und li. des Salzachtals zu wagen. – Will man seine Fahrt von Hallein auf der Dürrnberg-Panoramastraße fortsetzen, so findet man am n. Stadtrand Richtung Kaltenhausen li. die Abzw. von der B 159. Diese Strecke bildet die kürzeste Verbindung mit dem benachbarten, hübschen Markt Berchtesgaden. Sie mündet bei Oberau in die Roßfeld-Ringstraße ein. Der touristisch und

Skizze 36   Rund um die Salzburger und Berchtesgadener Alpen

Within the map (labels):

Traunstein • Bad Reichenhall • Grödig • Salzburg
Schneizlreuth
Unterjettenberg
Hallein
Oberau • Vigaun
Steinpaß (Tunnel)
Schwarzbachwacht-Sattel
Unterau
Bad Dürrnberg
St. Koloman
Unken
Berchtesgaden
Taubensee
Taubensee
Ober-salzberg
Roßfeld-Ringstraße
Kuchl
Weg-scheid
Kniepaß (Engpaß)
Hintersee
Rams-au • Wimbach
Hintersee
Königssee
Golling
Lofer
Abtenau
Paß Luftenstein (Engpaß)
Königssee
Paß Lueg (Engpaß)
Ruine Saaleck
Lamprechts ofenloch
Obersee
Tenneck
Werfen
St. Johann in Tirol
Einsiedelei St. Georg
Lichtenberg
Saalfelden
Arthurhaus
Bischofshofen
Ritzensee
Maria Alm
Hintertal
Filzen-sattel
N
Dienten am Hochkönig
Dientner Sattel
Mühlbach am Hochkönig
Zell am See
St. Johann i. P.

sportlich eingestellte Motorradfahrer hält sich nun links und benützt für seine Weiterfahrt nach S nun 15 km der insgesamt 21 km langen Roßfeld-Ringstraße, weil diese Höhenstraße wesentlich attraktiver als die B 319 über Unterau hinab zur Talstraße entlang der Berchtesgadener Ache ist. Die mautpflichtige Roßfeld-Ringstraße hat ihren Scheitelpunkt am Hennenköpfl (1543) und ist damit die höchste, vom öffentlichen Verkehr benützte Straße Deutschlands. Die max. Steigung beträgt 13%, die Fahrbahnbreiten schwanken zwischen 6 und 8 m. Die Ausblicke richten sich von der Ringstraße zum Hohen Göll (2522) und über das Salzachtal hinweg auf die Erhebungen der Osterhorngruppe. Den besten Aussichtspunkt bildet der Ahornbüchsenkopf (1604); dieser Hügel wird s. des Roßfeldes von der Straße tangiert. Das von weither sichtbare Purtscheller Haus (1692) steht auf dem Ecker First. An die Ringstraße schließt die Obersalzbergstraße B 425 an, welche ein längeres Gefälle von max. 24% aufweist und in Bahnhofsnähe von Berchtesgaden in die Deutsche Alpenstraße B 305 einmündet. — Seit ihrem Bestehen hat sich an der beispielhaften, landschaftsverbundenen Trassenführung der Deutschen Alpenstraße kaum etwas Wesentliches geändert; sie leitet am Bahnhof von Berchtesgaden vorbei und folgt der Ramsauer Ache durch ein enges, bewaldetes Tal zum Eingang in die besuchenswerte Wimbachklamm. Mit zwei Kehrschleifen und max. 12% Steigung überwindet man den HU bis zur Abzw. der Schwarzeckstraße. Man genießt dabei prächtige Ausblicke auf Watzmann, Hochkalter und den Gebirgsstock der Reiteralpe. An der „Hindenburg-Linde" vorbei über den einsam gelegenen Taubensee erreicht man bei der Schwarzbachwacht den Scheitelpunkt der B 305. Schließlich fährt man durch das bewaldete Tal zwischen Reiteralpe und Lattengebirge bei einem länger anhaltenden Gefälle von 11% hinab zur Saalachbrücke bei Unterjettenberg. Normal breite, teils asphaltierte, teils mit solidem Granitpflaster ausgestattete Fahrbahn und Bankette. Die Runde schließt sich am Ausgangsort Schneizlreuth.

Variante: 2 km n. von Golling bietet sich eine touristisch interessante Straße an, welche über Wegscheid und St. Koloman nach Vigaun leitet und vor Hallein wieder auf die B 159 trifft. Sie berührt den St. Kolomaner Gletscherschliff (692), ein sehenswertes Naturdenkmal; Schautafeln informieren über seine Entstehung. St. Koloman (848) ist Hauptort der terrassenartigen Taugl. Der vom Gletscher blankgeschliffene Fels wurde bei Straßenbauarbeiten 1974 zufällig entdeckt und durch Abtragung der Moräne freigelegt. Die Straße ist durchschnittlich 5 bis 6 m breit, ihre max. Steigung beträgt 15%. Plus 8 km. Fahrtechnische Beurteilung: mittel.

Variante: Von Oberau über Unterau und auf der Talstraße 305 (Deutsche Alpenstraße) nach Berchtesgaden. Von der Einmündungsstelle in Oberau leitet der nicht bemautete n. Abschnitt der Roßfeld-Ringstraße nach Unterau. Auf der Talfahrt gibt es noch schmälere Abschnitte, das Gefälle beträgt max. 14%. Auf der B 305 gelangt man schließlich nach Berchtesgaden. Diese n. Abfahrt ist zwar kürzer und zeiteinsparend, bietet jedoch landschaftlich betrachtet weniger als die s. Abfahrt über das Roßfeld und den Obersalzberg. Minus 17 km. Fahrtechnische Beurteilung: leicht bis mittel.

Variante: Von Wimbach an der Deutschen Alpenstraße lohnt sich der Umweg durch die Ramsau bei Berchtesgaden zum reizvoll gelegenen Hintersee. Man braucht denselben Weg nicht mehr zurückfahren, sondern kann auf einer schmalen, staubfreien Nebenstraße, die der alten Soleleitung folgt, zum Schwarzbachwachtsattel gelangen. Plus 5 km. Fahrtechnische Beurteilung: mittel.

Abstecher: Von Mühlbach am Hochkönig zum Arthurhaus (1502). Die 7 km lange, durchgehend zweispurig ausgebaute, bemautete Mandlwandstraße erschließt vor allem dem Wanderer und Bergsteiger eine günstige Basis für seine Touren. Die Auffahrt zum Arthurhaus vollzieht sich zunächst in einigen Serpentinen an der sonnigen Südflanke des Hochkeils (1783). Man genießt die Aussicht auf die Dientner Berge und den Hochkönig. Beim Gh. „Bergheimat" (1180) wird auch der Blick auf die zerrissene Mandlwand mit ihren rund 30 Zinnen und Türmen frei. Im Mitterberggraben folgen an der Bergstraße nacheinander das Mandlwandhaus (1330), das Mitterberghaus (1340) und das Hochkeilhaus (1383). An der letzten Kehre unterhalb des Arthurhauses findet man einen geordneten Parkplatz vor. Höchststeigung 12%. Hin und zurück 14 km. Fahrtechnische Beurteilung: leicht bis mittel.

Abstecher: Von Berchtesgaden auf der B 20 zum Großparkplatz im Ort Königssee (620), 5 km. Die Straße dient vor allem der Zufahrt zu den Schiffsanlegeplätzen und zum Besuch des berühmten Malerwinkels. In den Hochsommermonaten ein stark überlaufenes Touristengebiet! Hin und zurück 10 km. Fahrtechnische Beurteilung: leicht.

37	**Rund um den Chiemgau***

Route: Frasdorf (598) — Söllhuben — Riedering — Pietzing — Hirnsberg — Rimsting — Breitbrunn am Chiemsee — Gstadt a. Ch. — Seebruck — Arlaching — Laimgrub — Chieming — Grabenstätt — Bergen — Staudach/Egerndach — Marquartstein — Unterwössen — Oberwössen — Reit im Winkl — Kössen — Walchsee — Durchholzen — Sebi — Niederndorf — Erl — Nußdorf — Roßholzen — Samerberg (796) — Törwang — Achenmühle — Frasdorf. 144 km.

Fahrtechnische Beurteilung: leicht bis mittel

Zeitaufwand: Halbtagestour

Die Tour erfaßt die landschaftlich lohnendsten Zonen des Alpenvorlandes. Sie durchmißt hügelauf und hügelab das in der Eiszeit entstandene Seen- und Moränenland mit dem Chiemsee als „Kronzeugen" und seinem weit reichenden Erholungsraum. Aus seinem Umfeld treten auch die markanten Erhebungen der Alpenkette hervor, aus welcher Perspektive sie sich auch immer zeigen. Zu ihnen zählen Hochries, Kampenwand, Hochgern und Hochfelln. Die eindrucksvolle Abschlußkulisse bildet im S das Kaisergebirge, welches, vom Formenreichtum und den touristischen Frequenzen her betrachtet, seit

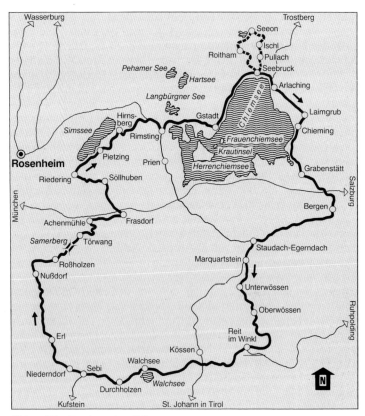

Skizze 37   Rund um den Chiemgau

vielen Jahren als Begriff „Münchner Hausberge" steht. Ein großes Plus ist auch der Seenreichtum zwischen Inn und Alz, dem natürlichen Abfluß des Chiemsees. Das Klima beschert Erholungssuchenden dieser Region eine relativ lange Saison, so vor allem auch im Frühjahr und im Herbst. Dem Motorisierten kommt das dichte Straßennetz ringsum zugute. Die große Wasserfläche des Chiemsees erfordert allerdings auch manchen größeren Umweg. Es empfiehlt sich aber auch, Ausflugsfahrten mit der angestammten Chiemsee-Schiffahrt zu unternehmen, so vor allem zu den beiden Inseln Frauenchiemsee (auch Frauenwörth genannt), einem malerischen Fischer-Eiland mit sehenswertem Münsterbau (im 8. Jh. gegründetes, später 131 jedoch zerstörtes Kloster) und Herrenchiemsee, mit dem unvollendeten Neuen Schloß König Ludwig II., nach dem Vorbild von Versailles erbaut. – Von Frasdorf nimmt man nicht die direkte Landesstraße über Prien am Chiemsee nach Rimsting, sondern die landschaftlich reizvollere Strecke über Söllhuben, Riedering, Pietzing und Hirnsberg. N. von Rimsting dehnt sich ein NSG aus, in dem der Langbürgner See, der Hartsee und der Pelhamer See nebst kleineren Gewässern unter Schutz gestellt wurden. Die wohl interessanteste Uferstrecke findet man zwischen Rimsting, Gstadt und Seebruck, wobei drei größere Buchten des Chiemsees n. umfahren werden. Vor Gstadt sollte man re. abzweigen, um zum berühmten „Malerwinkel", einem „Stelldichein" Chiemgauer und Münchener Künstler, zu gelangen. Von dort bietet sich ein besonders pittoresker Blick über die Fraueninsel und die benachbarte Krautinsel hinweg zu den Chiemgauer Bergen. Von Gstadt am Chiemsee (538) hat man die kürzeste Überfahrtsmöglichkeit zu den Chiemsee-Inseln. Linienschiffe und Motorboote verkehren hauptsächlich zwischen Gstadt, Frauenchiemsee und Herrenchiemsee. – Hinter Gstadt steigt die Straße leicht an, man passiert Gollenshausen am Chiemsee und erreicht bei guten Ausblicken auf den See den alten Ort Seebruck (550) mit den Überresten eines Römerkastells. Besuchenswert ist das Römermuseum Bedaium. Nach Überbrückung der Alz folgt man zunächst der Straße in Richtung Traunstein bis zur Laimgruber Kreuzung. Dort biegt man re. in die Straße nach Chieming ein, HT. – Vor Grabenstätt verläßt man den Chiemsee, überquert die Autobahn München-Salzburg und nimmt Kurs in Richtung Marquartstein. Ab Staudach folgt man der B 305 (Deutsche Alpenstraße) nach Reit im Winkl (695). Man fährt nun zum Loferbach hinab, der sich durch ein idyllisches Tälchen windet. – Die österr. B 172 leitet im S an Kössen (589) vorbei und befindet sich in akzeptablem Zustand. Zwischen Walchsee und Durchholzen durchmißt man ein verstreutes Siedlungsgebiet. Die Abfahrt von Durchholzen hinab nach Sebi vollzieht man auf teilweise breit ausgebauter Bergstrecke. In Niederndorf (499) ist darauf zu achten, daß man nicht geradeaus zum Grenzübergang Oberaudorf weiterfährt, sondern re. in die Straße nach Erl einbiegt. Der Grenzübergang Erl liegt 6 km weiter n. und unterhalb der Ruine Katzenstein. – Die vielgewundene Landesstraße berührt mehrere kleine Orte auf dem re. Innufer. Bis Nußdorf hat man 5 km auf verkehrsruhiger Strecke zurückzulegen. Die außerhalb von Nußdorf re. abzw. Straße über Roßholzen und Törwang verläuft über den aussichtsreichen Samerberg, HT. Besonders beeindruckt die

Abfahrt von Eßbaum über die kurvenreiche Bergstrecke hinab zur Achenmühle, wo man in die Landesstraße nach Frasdorf einmündet. Der Samerberg bietet Ausblicke sowohl in die Beckenlandschaft des Inns als auch in das Inntal bei Brannenburg. Die Befahrung des aussichtsreichen Samerberges bildet einen würdigen Abschluß der beschriebenen Rundtour.

Abstecher: Von Seebruck (526) am Nordufer des Chiemsees lohnt sich ein Besuch, vor allem für kulturell Interessierte, zu dem nur 8 km entfernten Seeon mit seinem ehem., aus dem 10. Jh. stammenden Benediktiner-Kloster. Man wählt mit Vorzug die über Roitham dorthin führende Straße. Angesichts des Klostersees, der den Mittelpunkt einer Platte kleinerer eiszeitlicher Gewässer bildet, zweigt man nach re. ab und nimmt bald den Klosterkomplex wahr; er birgt ein Bildungszentrum in sich und liegt malerisch auf einer Halbinsel. Im Grundschema ist die Klosterkirche eine dreischiffige Säulenbasilika. Wegen ihrer ökologischen Eigenheiten wurde die Seeoner Seenplatte zum NSG erklärt. 400 m vom Klosterkomplex entfernt, wurde ein Oldtimermuseum eingerichtet, HT. — Zurück an den Chiemsee bieten sich mehrere Straßen an, wovon die Straße über Ischl und Pullach neben der mäanderartig gewundenen Alz jener Naht folgt, welche seinerzeit Inn- und Chiemseegletscher markiert hatten. Hin und zurück 16 km. Fahrtechnische Beurteilung: leicht.

Rund um das Mangfallgebirge*	**38**

Route: Miesbach (696) — Hausham — Schliersee — Neuhaus — Aurach — Bayrischzell — Sudelfeld-Sattel (1097) — Straßendreieck Tatzelwurm — Wall — Niederaudorf — Flintsbach — Degerndorf — Brannenburg — Großholzhausen — Bad Feilnbach — Au — Hilgenrain — Leitzach — Miesbach. 82 km.

Fahrtechnische Beurteilung: leicht bis mittel

Zeitaufwand: Halbtagestour

Von Miesbach auf der B 307 durch das dicht besiedelte Tal zunächst nach Schliersee 6 km. Der Ort Schliersee (731) wurde durch das „Schlierseer Bauerntheater" auch weit über die Grenzen Oberbayerns bekannt; er breitet sich am Nordzipfel des Sees aus. Der Schliersee selbst nimmt nur einen Bruchteil der Wasserfläche des im W benachbarten Tegernsees ein, er ist nämlich nur 2500 m lang, 1250 m breit und 37 m tief. Beide Seen sind Relikte der Eiszeit und entwässern über die Mangfall zum Inn. Während der Tegernsee mit seinen bekannten Orten Tegernsee, Rottach-Egern und Bad Wiessee seit jeher ein beliebtes Ziel der erholungssuchenden Großstädter war, haben sich im Raum Schliersee, hauptsächlich durch den Bergbau in Miesbach und Hausham ausgelöst, mehrere Industrie- und Handwerksbetriebe angesiedelt. Sie verleihen der Talung bis Neuhaus im S des Schliersees ihr besonderes Gepräge. — Kernstück der vorgezeichneten Runde ist zwischen Bayrischzell und dem Straßendreieck Tatzelwurm das Teilstück der unvollendeten Deutschen Alpenstraße über den Sudelfeld-Sattel; bezogen auf ihre reizvolle Lage und ihren hervorragenden Ausbauzustand ist diese Bergstraße ein Eldorado für den Motorradfahrer. Sie durchzieht ein ausgedehntes Landschaftsschutzgebiet. Man könnte sie auch als „Wendelsteinstraße" bezeichnen, nachdem sie auf einem längeren Abschnitt über den sö. Fuß dieses berühmten Aussichtsberges verläuft; zu seinem Gipfel trennt ihn allerdings noch ein HU von 741 m (dorthin Seilbahn von Osterhofen bzw. Zahnradbahn von Brannenburg aus). Die Fahrbahnbreiten auf der Deutschen Alpenstraße schwanken zwischen 7 und 8 m, die max. Steigung bzw. das Gefälle beträgt 12%. In unmittelbarer Straßennähe findet man mehrere Abstellstreifen, größere Parkplätze wurden wenig abseits der Durchzugsstrecke angelegt. Tafeln weisen darauf hin, daß die Höchstgeschwindigkeit mit 60 km/h limitiert ist. Die wohl eindrucksvollsten Ausblicke richten sich vom Sudelfeld-Sattel auf Teile des Zahmen und Wilden Kaisers. — Eine auf der gegenüberliegenden Talseite verlaufende Alternativstrecke zieht über das Gh. „Brenneralm" und das Gh. „Grafenherberge" in sö. Richtung und verbindet den Abzw. Grafenherberge mit dem Abzw. Rosengasse. Dieses über zahlreiche Weideroste geführte schmale Sträßchen ist für Motorradfahrer nicht attraktiv. Vom Verbindungssträßchen gibt es wiederum Stichsträßchen zur Jst. „Tiroler Stüberl" auf dem Oberen Sudelfeld, Waller Alm (1230); dorthin sind es von der Brenneralm 2.5 km bzw. aus dem Rosengasse-Graben zum Gh. „Rosengasse" nur 500 m. — Inmitten des Straßendreieckes Tatzelwurm befindet sich ein bewaldeter Parkplatz, welcher nur 300 m vom Alpengh. „Feuriger Tatzelwurm" entfernt ist. Letzterer liegt unmittelbar an der durch das Auerbachtal über Wall nach Niederaudorf hinableitenden, 8 km langen Verbindungsstraße. Sie ist in ihrem unteren Abschnitt nur mehr knapp zweispurig, dabei windungsreich und weist ein Höchstgefälle von 14% auf. In Niederaudorf mündet sie li. in die Hauptstraße ein, welche durch das Inntal nach Flintsbach führt. Die Route setzt sich auf verkehrsärmeren Landesstraßen über Degerndorf, Brannenburg, Großholzhausen, Bad Feilnbach, Au, Hilgenrain und Leitzach nach Miesbach fort.

134

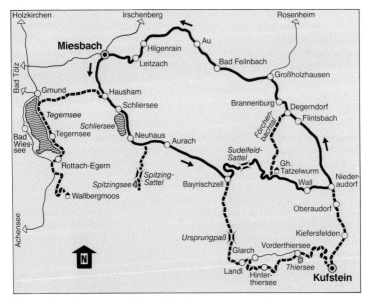

Skizze 38   Rund um das Mangfallgebirge

Variante: Von Bayrischzell (800) über den Ursprungpaß (849), den Thiersee und die Marblinger Höhe (686) nach Niederaudorf. – Zunächst leitet die Straße durch das Ursprungtal zum Ursprungpaß und weiter über Landl nach Thiersee. Zwischen Glarch bei Landl und Vorderthiersee achte man darauf, nicht auf der zwar etwas kürzeren Talstraße weiterzufahren, sondern die weitaus schönere Höhenstraße über Hinterthiersee zu benützen, welche über die „obere Etage" leitet, HT an der Abzw. in Glarch. Eine kurze Serpentinenauffahrt bei max. 15% und enge Kurven führen auf das Plateau hinauf. Wie auf einer „Schiefen Ebene" fährt man mit Vorblick auf den Thiersee und Teile des Zahmen Kaisers bei max. 11% Gefälle hinab zur Straßenvereinigung im Ort Vorderthiersee. Ebenso genußvoll ist die Weiterfahrt über die Marblinger Höhe, welche schöne Ausblicke auf das Inntal und die Festung Kufstein bietet, hinab zum Straßenknoten Kufstein. – Nun li. durch den engen Schlauch des Inntals mit den Verkehrsträgern Bahn, Bundesstraße und Autobahn nach Kiefersfelden. Die Hauptstraße führt durch das dicht besiedelte Inntal; der verwinkelte Straßenverlauf in Oberaudorf deutet darauf hin, daß dort wertvolle Bausubstanz dem modernen Straßenbau nicht weichen mußte. In Niederaudorf trifft man wieder auf die Standardroute. – Sowohl auf bayerischer als auch auf Tiroler Seite befährt man zwar vorwiegend ausgebaute Strecken, doch sind diese in der Regel eher verkehrsarm. Plus 16 km. Fahrtechnische Beurteilung: leicht bis mittel.

Variante: Vom Straßendreieck Tatzelwurm (800) durch das Förchenbachtal hinab nach Degerndorf (476). Es handelt sich dabei um eine 8 km lange, gebührenpflichtige Straße durch ein eingeschnittenes Gebirgstal mit nur wenig Aussicht. Diese direkte Verbindung kürzt zwar die Standardroute um einige wenige Kilometer ab, bietet jedoch landschaftlich nichts Bemerkenswertes. Das max. Gefälle beträgt 18%, die Fahrbahnbreiten schwanken zwischen 3 und 6 m. Der unbeleuchtete Tunnel hat eine Höhenbegrenzung von 3.3 m; die Gewichtsbegrenzung wurde mit 14 t festgesetzt. Minus 9 km. Fahrtechnische Beurteilung: mittel.

Abstecher: Von Hausham über Tegernsee und Rottach-Egern zum Wallbergmoos. Von Rottach-Egern (Ortsteil Reitrain) leitet die bemautete Wallbergstraße bis zum Wallbergmoos (1117), 4.5 km. Es handelt sich um eine normal breite Privatstraße mit nur zwei Kehren und einer max. Steigung von 13%. Die Aussicht beschränkt sich auf den Tegernsee. — Weit lohnender als die Wallbergstraße ist die Benützung der Wallbergbahn bis zum Restaurant „Wallberg" (1615). Ein umfassendes Panorama vermittelt der 1723 m hohe Wallberggipfel mit seiner weithin sichtbaren Kapelle. — Hin und zurück 45 km. Fahrtechnische Beurteilung: leicht bis mittel.

Abstecher: Zwischen Neuhaus und Aurach (770) zweigt von der B 307 die Bergstraße über den Spitzing-Sattel (1128) zum Spitzingsee, welcher der höchste, anfahrbare bayerische Alpensee (1083) ist, ab. Es handelt sich dabei um ein Teilstück der unvollendeten Deutschen Alpenstraße. Die Fahrbahnbreiten schwanken zwischen 7 und 9 m, die max. Steigung beträgt 14%. Der EP befindet sich hinter einem zirka 100 m langen Felstunnel an der St.-Bernhard-Kapelle. Hin und zurück 11 km. Fahrtechnische Beurteilung: leicht.

39	Zwischen Loisach und Isar*

Route: Bad Tölz (659) — Schlegldorf — Lenggrieser Isarbrücke — Wegscheid — Jachenau — Niedernach — Obernach — Walchensee — Urfeld — Kesselberg (858) — Kochel — Schlehdorf — Großweil — Sindelsdorf — Penzberg — Beuerberg — Königsdorf — Aug — Huppenberg — Bad Tölz. 106 km.

Fahrtechnische Beurteilung: mittel

Zeitaufwand: Halbtagestour

Die Route durchmißt von Bad Tölz aus den Isarwinkel, Teile des Estergebirges, tangiert den Walchen- und Kochelsee und durchquert dann die von der Loisach gebildete Filzlandschaft, um n. von Bad Tölz wie-

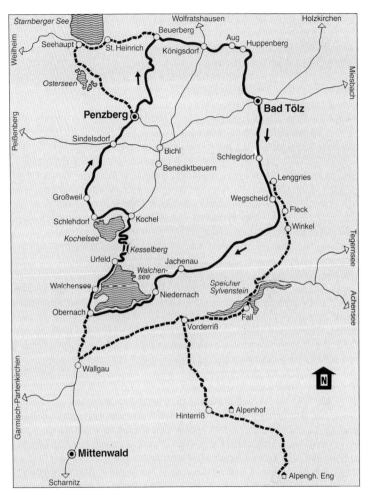

Skizze 39   Zwischen Loisach und Isar

der das Isartal zu erreichen. Man bewegt sich vorwiegend auf ruhige-
ren Nebenstraßen, sieht man von kurzen Abschnitten auf der B 11
bzw. der B 13 ab, welche man in den Hauptreisezeiten zu den Nord-
süd-Transitstrecken zählen muß. — Von Bad Tölz zunächst li. der Isar
über Schlegldorf, vorbei an der Lenggrieser Isarbrücke und hinter
Wegscheid re. dem Lauf der Jachen taleinwärts folgend. Die als   137

„Jachenau" bez. Talschaft kennzeichnen mehrere große Einödhöfe. Ab der Ortschaft Jachenau (790) hat man eine gebührenpflichtige Forststraße, welche über Niedernach am Südufer des Walchensees entlangzieht und bei Obernach in die sanierte B 11 einmündet. In unmittelbarer Ufernähe durchfährt man den Ort Walchensee und die vorwiegend aus Hotels bestehende Straßensiedlung Urfeld. — In Urfeld beginnt die s. Rampe der Kesselbergstraße mit ihren teilweise engen Kehren, die zur ausgeprägten Senke zwischen Jochberg und Herzogstand hinaufleiten. Man hat Ausblicke sowohl auf den Walchensee als auch in das Karwendelgebirge. Mit Erreichen der Scheitelhöhe (858) ändert sich geländebedingt die Anlage der Bergstraße. Sie wurde streckenweise begradigt, mehrere Kurven wurden entschärft, doch läßt sich ihr Alter nicht verleugnen. Es gibt manche konträr überhöhte bzw. überhaupt nicht überhöhte Kurven. Nachdem die Kesselbergstraße helle Scharen von Motorradfahrern an sich zog, wurde sie an Samstagen sowie an Sonn- und Feiertagen in der Fahrtrichtung Kochel-Walchensee für Motorradfahrer gesperrt; in der Gegenrichtung ist sie täglich frei befahrbar. Mehrere sehr schwere Unfälle, meist durch undisziplinierte Fahrweise verursacht, führte aus Sicherheitsgründen zur Verhängung dieses Verbotes. — Bei trockenen Straßenverhältnissen ist die Befahrung der Kesselbergstraße ohne Zweifel ein Genuß. Die Bergstrecke im engeren Sinn mißt zwischen Kochel und Urfeld 9 km. Steigungen bzw. Gefälle sind hervorragend ausgeglichen und überschreiten 5% nicht. Die Fahrbahnbreiten schwanken zwischen 5 und 8 m. Auf der Nordrampe beeindrukken die Ausblicke von einer bez. Stelle (Abstellstreifen) über den Kochelsee hinweg durch das breite Zufluß- und Abflußgebiet der Loisach bis hinüber nach Großweil bzw. Penzberg. Vom unteren Basispunkt der Bergstraße gibt es eine beschilderte Zufahrt zum Walchensee-Kraftwerk. — Von Kochel (605) folgt man li. der schmalen Landesstraße nach Schlehdorf mit dem ehem. Augustiner Chorherrenstift, einem von weither sichtbaren monumentalen Bau. Einem breiten Interesse begegnet auf dem Weg nach Sindelsdorf das Freilichtmuseum an der Glentleiten bei Großweil. Die Strecke über Sindelsdorf nach Penzberg ist durch ihre Moränenhügel gekennzeichnet. — Die für Motorradler sehr reizvolle Straße von Penzberg zurück nach Bad Tölz führt loisachabwärts zunächst nach Beuerberg. Am Nordrand des Königsdorfer Filzes gelangt man, vom Verkehr fast isoliert, nach Königsdorf, wo man die B 11 überquert, um seine Fahrt über Aug und Huppenberg zur Isar fortzusetzen. Die gut ausgebaute, kurvige Straße erlaubt einen runden Fahrstil und leitet li. der Isar, zuletzt an einem kleinen Stausee vorbei, in den N des Kurortes.

Variante: Von der Lenggrieser Isarbrücke auf der vorzüglich ausgebauten B 13 re. der Isar über Fleck und Winkel zum Sylvenstein-Speicher. Einmündung in die B 307 und Weiterfahrt über Neufall nach Vorderriß. Über die Isarbrücke und die gebührenpflichtige, knapp zweispurige Forststraße nach Wallgau. Zuletzt auf der ausgebauten B 11 an den Isar-Wasserfällen vorbei und, begleitet vom Obernachkanal, hinab nach Obernach, wo man wieder auf die Standardstrecke trifft. Plus 14 km. Fahrtechnische Beurteilung: leicht bis mittel.

Variante: Von Penzberg am Rande von ausgedehnten Hochmooren an den Osterseen vorbei nach Seeshaupt am Starnberger See und über St. Heinrich nach Beuerberg. Diese Alternativstrecke vollzieht sich auf für Motorradfahrer durchwegs akzeptablen Nebenstraßen, welche im Alpenvorland vorwiegend hügelauf und hügelab führen. Plus 5 km. Fahrtechnische Beurteilung: leicht bis mittel.

Abstecher: Von Vorderriß in das Engtal, Alpengh. „Eng" (1203). Beschreibung → Route 25, Rund um das Karwendelgebirge. Hin und zurück 50 km. Fahrtechnische Beurteilung: mittel.

Rund um den Peißenberg	**40**

Route: Weilheim (562) − Oderding − Peißenberg − Hohenpeißenberg − Krönau − St. Leonhard im Forst − Zellsee − Wessobrunn − Riedhof − Reichling − Kinsau − Apfeldorf − Schongau − Hohenfurch − Schwabsoien − Dienhausen − Osterzell − Sachsenried − Schwabsoien − Schwabbruck − Burggen − Dessau − Urspring − Steingaden − Ilgen − Rudersau − Rottenbuch − Böbing − Schöffau − Uffing − Murnau − Lothdorf − Höhlmühle − Habach − Antdorf − Stadel − Marnbach − Magnetsried − Bauerbach − Rauchmoos − Weilheim. 193 km.

Fahrtechnische Beurteilung: mittel

Zeitaufwand: Tagestour

Kurvenfans werden auf dieser Rundfahrt ihr Fahrvergnügen finden! Vom touristischen Mittelpunkt Peißenberg aus betrachtet, läßt sie sich auch als Sternfahrt auffassen. Bis auf kurze Querungen von Hauptstraßen benützt man fast nur verkehrsarme und damit auch relativ gefahrlosere Strecken. Man halte sich an die vorgegebene Fahrtrichtung, welche entgegen dem Uhrzeigersinn verläuft. − Von Weilheim über Oderding zunächst nach den Orten Peißenberg und Hohenpei-

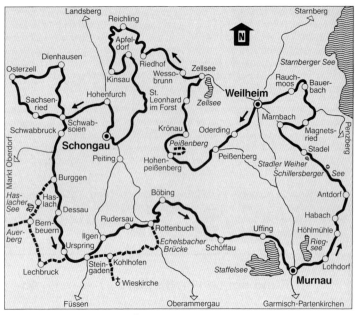

Skizze 40   Rund um den Peißenberg

ßenberg. Auf einem Nebensträßchen in n. Richtung weiter nach St. Leonhard, welches durch sein Wallfahrtskirchlein bekannt wurde. Eine weitere kulturelle Sehenswürdigkeit bietet Wessobrunn mit seiner ehem. Benediktiner-Abtei. Auf dem Weg zu den Lech-Staustufen wird der Ort Rott nur tangiert. Unterhalb der Ortschaft überbrückt man den Lech, ein zweites Mal zwischen Kinsau und Apfeldorf. Durch den Schongauer Forst gelangt man re. des Lechs an Herzogsägmühle vorbei und mündet vor der Lechbrücke in die frequentierte B 23 ein. Das maueumgürtete Städtchen Schongau mit seinen mittelalterlichen Wehrgängen und Türmen verdient eine nähere Besichtigung. — Die ausgebaute B 17 leitet am Berlachberg vorbei und hinauf nach Hohenfurch mit dem sehenswerten Kirchlein Mariä Himmelfahrt. Um nach Schwabsoien zu gelangen, hält man sich in Hohenfurch halbrechts (Bahnübergang). — Das Sträßchen über Schwabniederhofen war im Bj. nur einspurig befahrbar und für Pkw gesperrt; letztere benützten die Straßenverbindung von Schongau her. Eine Besichtigung der Kirche St. Michael in Altenstadt sollten kulturell Interessierte nicht versäumen! — Von Schwabsoien unternimmt man eine kleine

Runde um den Fahrenberg, wobei Dienhausen, Osterzell und Sachsenried berührt werden. Die Standardstrecke setzt sich von Schwabsoien über Schwabbruck nach Burggen fort. 4 km weiter im S kommt man bei Dessau dicht an den Lech heran, überbrückt ihn aber erst vor der nächsten Staustufe. – Von Steingaden fährt man nur das kurze Stück bis Ilgen mit dem Kirchlein Mariä Heimsuchung auf der B 17, um sie dann nach re. auf dem Sträßchen über Rudersau nach Rottenbuch wieder zu verlassen. In Rottenbuch ist die Kirche Mariä Geburt für den nicht Eiligen von Interesse. Das Sträßchen nach Murnau verläuft durch ein Hügelland über Böbing, Schöffau und Uffing, wobei man zuletzt das Ostufer des Staffelsees berührt. – Ein einsames Nebensträßchen verbindet Murnau über das Südufer des Riegsees, weiters über Lothdorf und Höhlmühle mit Habach. Im benachbarten Antdorf wählt man an der Straßenteilung li. die landschaftlich reizvolle, kurvige Strecke über den Schillersberger See und den Stadler Weiher nach Marnbach. Zurück nach Weilheim hätte man zwar nur noch knapp 5 km auf direktem Wege, doch nützt man bei günstiger Witterung die Fahrt durch das Alpenvorland mit einer letzten, größeren Schleife über Magnetsried und Bauerbach zum Ausgangsort; sie ist nur einspurig, jedoch asphaltiert und im Sommer schattig.

Variante: Von Burggen über Bernbeuren auf den Auerberg (1055). Seine Aussicht ist zwar nicht vergleichbar mit jener vom Peißenberg, doch ist der Blick über den Forggensee zu den Ammergauer Bergen bemerkenswert. In Burggen muß man das Sträßchen über Haslach nach Bernbeuren (773) einschlagen. Von dort leitet eine 4 km lange Stichstraße (samstags, sonn- und feiertags ganztägig, werktags von 16 bis 23 Uhr für Motorräder gesperrt) auf den Gipfel. Zurück nach Bernbeuren und Weiterfahrt über Lechbruck nach Steingaden. Plus 12 km. Fahrtechnische Beurteilung: mittel.

Variante: Von Steingaden über die Wieskirche zur Echelsbacher Brücke und nach Rottenbuch. Diesen relativ geringen Umweg mit Besuch der berühmten Wieskirche sollte man nicht versäumen! Natur und Bauwerk sind selten so miteinander vermählt wie bei der Wallfahrtskirche „Zum gegeißelten Heiland auf der Wies", eine der vollendetsten Schöpfungen des deutschen Rokokos aus dem Jahre 1754. Die Straße leitet von Steingaden zunächst 3 km bis Kohlhofen. Eine Abzw. wendet sich dann direkt nach S und läßt nach weiteren 3 km die prachtvolle Wieskirche erreichen. Zurück nach Kohlhofen, weiter über Wildsteig zur Echelsbacher Brücke und am li. Hochufer der Ammer Richtung Rottenbuch. Plus 9 km. Fahrtechnische Beurteilung: leicht bis mittel.

Abstecher: Von Hohenpeißenberg auf den Peißenberg (988). Diese exponierte Erhebung ist einer der lohnendsten Aussichtsberge im gesamten Alpenvorland und bietet einen weiten Überblick von den Chiemgauer Bergen bis zum Grünten. Der Gipfel des auch „Bayerischer Rigi" genannten Berges wird von einer aus dem Jahre 1514 erbauten Wallfahrtskapelle gekrönt; dort befinden sich auch Deutschlands ältestes Observatorium (aus dem 18. Jh.) sowie eine weithin sichtbare Fernsehstation. Das Observatorium wurde von Rottenbucher Chorherren errichtet. Am Hochziel trifft man häufig Gleichgesinnte an. Hin und zurück 6 km. Fahrtechnische Beurteilung: mittel.

41	**In den Ammergauer Bergen***

Route: Echelsbacher Brücke — Saulgrub — Unterammergau — Oberammergau — Graswang — Linderhof — Ammersattel (1082) — Plansee — Kreckelmoos — Reutte — Ehenbichl — Rieden — Weißenbach am Lech — Gaichtpaß (Engpaß) — Nesselwängle — Haller — Haldensee — Grän — Enge — Gh. Fallmühle — Pfronten — Zell — Eisenberg — Enzenstetten — Seeg — Sulzberg — Roßhaupten — Lechbruck — Steingaden — Kohlhofen — Echelsbacher Brücke. 130 km.

Fahrtechnische Beurteilung: leicht bis mittel

Zeitaufwand: Halbtagestour

Diese grenzüberschreitende Rundfahrt wurde dem Kapitel Deutschland zugeordnet, weil sie vorwiegend durch das bayerische Alpenvorland verläuft. Man kann auf ihr ein Wechselspiel zwischen Natur und Kultur erleben. Die Schönheiten der Natur sind in den Tiroler Bergen und an den zahlreichen Seen und Wasserläufen im Ostallgäu besonders ausgeprägt. Unter den kulturellen Sehenswürdigkeiten ragen die Klosterkirche in Ettal, das Schloß Linderhof und die berühmte Wieskirche in der Umgebung von Steingaden hervor. — Vom Straßenknoten an der Echelsbacher Brücke über die Ammer zunächst auf modernisierter Straße nach Oberammergau. Besondere Vorsicht erheischen die beiden schienengleichen Bahnübergänge in Saulgrub und in Unterammergau. Die Durchfahrt des Passionsspielortes Oberammergau ist verwinkelt und daher unübersichtlich. — Vom s. Ortsrand zweigt re. die Direktverbindung in Richtung Graswang und Linderhof ab. Diese Straße ist an Sonn- und Feiertagen und während der Hauptreisesaison bis zu den Parkplätzen in Linderhof stets stark frequentiert. Das Märchenschloß Linderhof, inmitten des einsamen Ammergebirges gelegen, wurde in verschwenderischer Rokoko-Architektur für König Ludwig II. erbaut und ist samt seinen Gartenan-

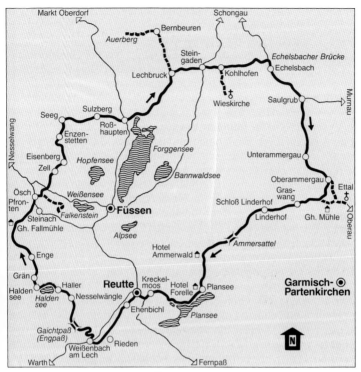

Skizze 41   In den Ammergauer Bergen

lagen eine außerordentliche Sehenswürdigkeit, zu der auch Besucher aus fremden Kontinenten anreisen. – Die Fortsetzung der Rundfahrt durch den Lindergrieß zum Ammersattel ist verkehrsarm. Von Linderhof (948) hat man bis zur Wasserscheide am Ammersattel (1082) zirka 7 km, bis nach Reutte 26 km zurückzulegen. Die max. Steigung beträgt am Sattel 12%. Die Fahrbahnbreiten schwanken zwischen 5 und 6 m. In der Regel bleibt der Übergang von Ostern bis Anfang November geöffnet, bei Schneelage außerhalb dieses Zeitraumes muß mit Sperren gerechnet werden. Den Plansee erreicht man beim Hotel „Forelle" (979). Die teilweise schmale Straße verläuft über das Nordufer des Sees zum Hotel „Seespitze", zuletzt am Kleinen Plansee entlang, hinab nach Kreckelmoos und zur Einbindung in den Straßenknoten Reutte-Ost. – Im Zentrum von Reutte (853) folgt man li. der Straße am Fuße des Sinnwag in Richtung   143

Ehenbichl, bleibt auf dem re. Lechufer, umfährt das Dorf Rieden und überquert bei Weißenbach am Lech die B 198. – Von Weißenbach gewinnt man auf der Tannheimer-B 199 durch vier, teilweise enge Kehren rasch an Höhe. Bis zum Scheitelpunkt bei Nesselwängle (1136) überwindet man einen HU von zirka 400 m. Die Wasserscheide bildet nicht, wie vielfach angenommen, der nach dem Weiler Gaicht benannte Engpaß, sondern der höher gelegene Sattel von Nesselwängle (1160). Die Steigungen betragen auf der Bergstrecke durchschnittlich 7%. Von den Wendepunkten der Kehren hat man gute Ausblicke, vor allem hinab in das Lechtal. Der Brückenschlag der 97 m langen Bogenbrücke über die Gemstalschlucht entschärfte den eindrucksvollen, jedoch durch Felsstürze gefährlich gewordenen Streckenabschnitt unterhalb der überhängenden Felsen. Die Fahrt durch das Tannheimer Tal bietet oberhalb der Kapelle an der Zufahrt nach Rauth herrliche Ausblicke auf Gehrenspitze, Kellesspitze, Gimpel und Rote Flüh. Die engen Ortsdurchfahrten von Nesselwängle, Haller und Haldensee erfordern erhöhte Vorsicht und bei Staubildung entsprechende Geduld. Der Haldensee (1124) ist lieblich in die Talung eingebettet; man umfährt ihn auf seinem Nordufer. – Ein bedeutsamer Abschnitt der Rundfahrt ist die 12 km lange Straßenverbindung von Grän (1134) nach Pfronten-Steinach, weil sie eine kurze und direkte Zufahrt vom Tiroler Außerfern in das östliche Allgäu herstellt. Angesichts des Aggensteins fährt man durch das Engetal und passiert die Staatsgrenze. Der modern ausgebaute Verkehrsweg, auf bayerischer Seite „Achtalstraße" genannt, leitet im Tal der Achen am bekannten Gh. „Fallmühle" vorbei. Von den Brückenbauwerken besticht die mit hohem Aufwand errichtete große Achtalbrücke. Nach Überwindung eines HU von 300 m mündet der normal breite und durchgehend asphaltierte Straßenzug bei Pfronten-Steinach (850) in die B 309 ein. Unter dem Sammelnamen „Pfronten" wurden 13, früher selbständige Ortsteile zusammengeschlossen. – Um auf kürzestem Weg nach Zell und Eisenberg zu gelangen, muß man nicht durch den gesamten Siedlungsraum von Pfronten fahren, sondern benutzt von Steinach die Hauptstraße nur bis Ösch, zweigt dort re. ab, quert den Bahnkörper und die Vils. Bei der Stoffelmühle hält man sich scharf li. und nimmt Kurs nach N. Die B 310 kreuzt man außerhalb von Pfronten. Auf der Strecke zwischen Zell und Eisenberg hat man li. die Ruine Hohenfreyberg (1046) auf einem Vorberg in prächtiger Aussichtslage und wenig weiter die Ruine Eisenberg. Von Seeg leitet eine gut ausgebaute Verbindungsstraße über Sulzberg nach Roßhaupten; man quert dort die B 16

Mit der Befahrung der → Route 77, Rund um den Idrosee, berührt man sowohl den **Passo di Croce Domini** als auch den Cadlnopaß mit seiner Scheitelhöhe. Foto Helga und Michael Braun

Bewundernswert ist die, aus dem Jahre 1826 stammende Kehrenanlage auf der Südtiroler Rampe der **Stilfser-Joch-Straße** → Route 67, Durch die Ortler-Cevedale-Gruppe. Foto Harald Denzel

Die **Westliche Gardesana** wurde zwischen Campione und Gargnano mit Galerien bzw. Tunnels durch den Naturfels geschlagen → Route 77, Rund um den Idrosee. Foto Giovanazzi

Die schmale, schwankende **Hängebrücke über den Cannobino** ist ein begehrtes Ziel von Zweiradfahrern. Im Bj. befand sich parallel hierzu eine neue, starre Brücke an der Auffahrt nach Cavaglio S. Domino, Abzw. an der SS. 631, in Bau → Route 81, Lago Maggiore-Nord. Foto Helga und Michael Braun.

Lago di San Giustina. Blick vom Nordufer zum Ponte Viadotto → Route 73, Rund um die Brenta-dolomiten. Foto Harald Denzel

Gaviapaß, Südrampe. Die einst gefürchtete Bergstraße hat ihre Schrecken so ziemlich verloren → Route 67, Durch die Ortler-Cevedale-Gruppe. Foto Harald Denzel

Abfahrt auf der **Großen Dolomitenstraße** in Richtung Cortina d'Ampezzo. Den Hintergrund bilden die wuchtigen Tofane → Route 58, Im Banne der Marmolata. Foto Harald Denzel

Timmelsjoch, Südtiroler Rampe. Blick durch das Seewertal auf die vergletscherten Dreitausender des Gurgler Kammes → Route 27, Rund um die Stubaier Alpen. Foto Harald Denzel

und gelangt unterhalb von Lechbruck zur Staustufe 3 des Lechs. Dann auf guter Nebenstraße nur 6 km bis Steingaden an der B 17. Etwas bescheidener ausgebaut ist die wichtige Verbindungsstraße von Steingaden zur Echelsbacher Brücke, 9 km.

Variante: Von Oberammergau über Ettal nach Linderhof. Für kulturell Interessierte lohnt es sich, einen kleinen Umweg in Kauf zu nehmen. Das Benediktinerkloster und die Wallfahrtskirche St. Maria liegen in Ettal unmittelbar an der Straße in Richtung Garmisch-Partenkirchen. Bei der sehenswerten Kirche handelt es sich um einen ungewöhnlichen gotischen Zentralbau, welcher unter Einfügung einer Mittelstütze gewölbt wurde. Der barocke Umbau fand Mitte des 18. Jh. statt, prachtvoll ist die Innenausstattung. Die Rückfahrt zum Straßendreieck Weidmoos, welches von der Ammer diagonal durchflossen wird, erfolgt von der beschilderten Abzweigstelle, nur wenig außerhalb von Ettal, über das Gh. „Mühle". Plus 3 km. Fahrtechnische Beurteilung: leicht.

Abstecher: Von Pfronten-Ösch auf den Falkenstein. Vom Zentrum Pfrontens (853) am Bahnhof vorbei (dort beschrankter, schienengleicher Übergang) und zunächst hinauf nach Meilingen. An der beschilderten Abzw. „Falkenstein" re. abbiegen und dem geteerten Sträßchen durch ein liebliches Hügelland mit Blick zum Breitenberg und zum Kienberg folgen. Man kommt li. an einem größeren Terrassenparkplatz vorbei und setzt seine Fahrt bis an den Rand des Hochwaldes fort. Dort Straßenteilung: geradeaus das Falkensteinsträßchen, welches sich auf durchwegs bewaldeter Strecke und mit langgezogenen Serpentinen auf der nö. Seite des Falkensteinkammes bis zum Burghotel (1250) emporwindet, 9 km. Es hat vorwiegend Naturbelag, aber auch einen asphaltierten Abschnitt. Im Bj. war zwar am Beginn dieser Bergstraße eine Tafel „Allgemeines Fahrverbot" aufgestellt, doch ist es Tagesgästen des Restaurants erlaubt, bis zum bez. Gästeparkplatz unterhalb des Hotels zu fahren, während Pensionsgästen die Auffahrt bis direkt zum Haus gestattet ist. Vom Tagesgäste-Parkplatz hat man nur noch eine kurze Wegstrecke durch enge Kehren bei einem Steigungsmaximum von 15% zurückzulegen, während Fußgänger ihr Ziel in 15 Min. erreichen können. Erwähnenswert ist die Gedenkstätte für die Gefallenen der 97., leichten Gebirgsdivision (Spielhahnfeder-Division) nur wenig oberhalb des Sträßchens. – Auch die knapp zweispurige, kurze Zufahrt von der Straßenteilung am Beginn des Hochwaldes re. zur Schloßanger Alp (1130) wartet mit einer merklichen Steigung auf. Sie mündet in einen geräumigen Parkplatz vor dem Berghotel „Schloßanger Alp". – Die eigentliche Attraktion ist nicht die Burgruine Falkenstein, an deren Stelle König Ludwig II. ein Prachtschloß errichten wollte und für dieses Vorhaben das Bergsträßchen bis zum heutigen Burghotel bauen ließ, sondern das umfassende Gipfelpanorama: im N und O hat man das Seengebiet des Voralpenlandes mit Weißensee, Hopfensee und Forggensee, im S den Breitenberg und die Tannheimer Berge, im O Säuling und Ammergebirge. Hin und zurück 18 km. Fahrtechnische Beurteilung: mittel.

Abstecher: Von Lechbruck auf den Auerberg (1055). Wählt man den Abstecher zu diesem anfahrbaren Aussichtspunkt von S her, so verläßt man in Lechbruck die Straße nach Steingaden, fährt nicht über die Lechbrücke, sondern benützt das Sträßchen nach Bernbeuren (773). Man folgt nun der Beschilderung zum Auerberg auf einer schmalen Bergstraße (samstags, sonn- und feiertags ganztägig, werktags von 16 bis 23 Uhr für Motorräder gesperrt). Der Auerberg ist, wie auch der Peißenberg, eine weit nach N vorgeschobene Erhebung, welche durch die Gletscherströme der Eiszeit bewirkt wurde. Die Kuppe besteht vornehmlich aus Moränenschuttmaterial. Die Ausblicke richten sich vor allem nach S auf den Forggensee und die Füssener Hausberge. Hin und zurück 17 km. Fahrtechnische Beurteilung: mittel.

Abstecher: Von Kohlhofen zur Wieskirche (870). Der Abzweig zu diesem äußerst besuchenswerten Rokoko-Kleinod befindet sich an der Verbindungsstraße von Steingaden zur Echelsbacher Brücke. Näheres über die Wieskirche → Route 40, Rund um den Peißenberg. Hin und zurück 6 km. Fahrtechnische Beurteilung: leicht bis mittel.

42	Westallgäu-Runde

Route: Kempten (677) — Sulzberg — Rottach — Untermaiselstein — Rauhenzell — Immenstadt — Thalkirchdorf — Oberstaufen — Oberreute — Simmerberg — Sigmarszell — Niederstaufen — Opfenbach — Maria Thann — Gießen — Gerazreute — Sechshöf — Ratzenried — Göttlishofen — Beuren — Friesenhofen — Winterstetten — Schmidsfelden — Eisenbach — Eschach — Buchenberg — Unterhalden — Kempten. 133 km.

Fahrtechnische Beurteilung: mittel

Zeitaufwand: Halbtagestour

Die Runde verläuft sowohl am Nordrand der Nagelfluhkette als auch durch das von zahlreichen Wasserläufen durchzogene und von einzelnen, markanten Erhebungen geprägte Hügelland. Berge, Täler, Seen, Moore, Wald und Weideflächen stehen in einem ständigen landschaftlichen Wechselspiel. Die Route berührt jedoch die bayerischen Alpen im engeren Sinne nicht. Das erfaßte Straßennetz ist dicht, der Ausbauzustand der einzelnen Straßen jedoch sehr unterschiedlich. Starker Verkehr herrscht vor allem auf den Transitstrecken, zu denen fast alle Bundesstraßen im erfaßten Raum zählen. Kul-

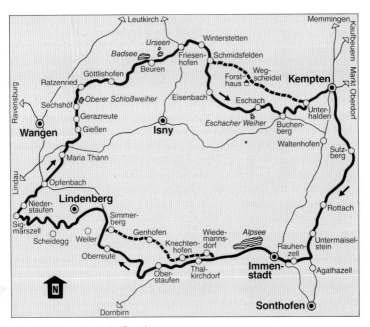

Skizze 42   Westallgäu-Runde

turelle Sehenswürdigkeiten sind im württembergischen Raum, wie er
nachfolgend bereist wird, spärlicher gesät als im benachbarten bayerischen Landesteil. Die Hauptsehenswürdigkeiten befinden sich vorwiegend in den Städten Füssen, Kempten, Isny und Wangen bzw. in
deren unmittelbarer Umgebung. Fallweise müßte man von der vorgegebenen Route geringfügig abweichen. — In Kemptens unmittelbarer
Umgebung auf dem Lindenberg ist der gallo-romanische Tempelbe-
zirk Cambodunum mit archäologischen Sammlungen und Ausgra-
bungen aus jüngster Vergangenheit von Interesse. — Von Kempten
zunächst nach Sulzberg, im O von Waltenhofen. Die nach dem Drei-
ßigjährigen Krieg verfallene Burg wird in lobenswerter Zusammenar-
beit mit dem Allgäuer Burgenverein saniert; bemerkenswerte Aussicht
vom eckigen Bergfried. Angesichts des Grünten (1738), dem weithin
sichtbaren „Wächter" der Allgäuer Vorberge, über Rottach nach
Untermaiselstein. Kurz vor Agathazell hat man re. das Verbindungssträßchen durch die Talweitung der Iller über Rauhenzell nach
Immenstadt. Man folgt nun auf dem Südufer des Alpsees der Deut-   147

schen Alpenstraße-B 308 im Konstanzer Tal. Den Talschluß bildet der bewaldete Kegel des Staufen (1032). Über Thalkirchdorf gelangt man zum Straßenknoten s. von Oberstaufen. Der Ort (792) hat sich durch seine Alphorn- und Maskenschnitzer einen Namen gemacht; in seinem Heimatmuseum wird eine mehr als 100 Jahre alte Alpsennerei gezeigt. Die hervorragend ausgebaute Deutsche Alpenstraße steigt nunmehr nach Oberreute (857) an, dort gibt es ein sehenswertes Uniformen- und Ordenmuseum. Beim Parkplatz „Paradies" ist der höchste Punkt (934) der Deutschen Alpenstraße im westlichen Allgäu erreicht. Die Ausblicke richten sich sowohl auf den Vorderen Bregenzerwald als auch in den oberschwäbischen Raum. Die Orte Simmerberg und Weiler werden umfahren. Auch Lindenberg, wo sich eine Stroh und Milch verarbeitende Industrie angesiedelt hat, bleibt abseits der Deutschen Alpenstraße. Der nur wenig neben der Route liegende Ort Scheidegg (804) kann mit einer Reptilienschau aufwarten. Das aus drei Ortsteilen bestehende Sigmarszell bildet bei Niederstaufen den westlichen Wendepunkt der Rundfahrt. — Man schlägt nun vom Straßenknoten Sigmarszell re. die gute Straße nach Opfenbach ein, quert dort die B 32 und gelangt unter Beibehaltung dieser Fahrtrichtung nach Maria Thann (620) mit seinem besuchenswerten Wallfahrtskirchlein. Nach Querung der frequentierten B 12 setzt man seine Fahrt auf Nebensträßchen durch den Gießenwald nach Gießen und Gerazreute fort. Der Weg nach Ratzenried leitet über Sechshöf und den Oberen Schloßweiher. Von Ratzenried weiter nach Göttlishofen und nach dem, auf einer Seenplatte liegenden Beuren (724). Dort liegt der reizvolle Badsee; nahebei befindet sich das unter Naturschutz gestellte Feuchtbiotop Taufachmoos mit dem Großen und Kleinen Ursee. Die verkehrsarme Route setzt man über Friesenhofen und Winterstetten nach Schmidsfelden fort. Im Eschachtal kommt man dicht am Schwarzen Grat (1118) des „Adelegg" genannten, bewaldeten Höhenzuges vorbei. Die Adelegg ist ein stark bewaldeter Ausläufer der Voralpen und ihr zweithöchster Gipfel. Eine umfassende Aussicht über die hochgewachsenen Baumwipfel hinweg vermittelt aber nur die Plattform des hölzernen Aussichtsturmes am Schwarzen Grat. Im S zeigt sich die Nagelfluhkette in ihrer ganzen Ausdehnung. Man fährt im gewundenen Eschachthal nach Eisenbach weiter, das zwischen dem Schwarzen Grat und der 1125 m hohen Schwedenschanze (Änger) liegt. Schließlich gelangt man, am Eschacher Weiher vorüber, auf den Weg nach Buchenberg (966). Dort hat man die Wahl, auf der B 12 direkt nach Kempten zu fahren, 7 km, oder den Umweg über Wirlings und den Knoten Waltenhofen zu nehmen, um dann auf der B 19 von S her in die Stadt zu kommen, 11 km.

Variante: Von der Abzw. kurz vor Thalkirchdorf über Wiedemannsdorf, Knechtenhofen und Genhofen nach Simmerberg. 9 km w. von Immenstadt bietet sich als Variante zur B 308 die alte Straße an, welche auf der Höhe von Konstanzer Osterdorf re. abzweigt und an Oberstaufen vorbei, hinauf nach Simmerberg leitet. Dort mündet man wieder in die Deutsche Alpenstraße ein. Minus 4 km. Fahrtechnische Beurteilung: mittel.

Variante: Von Schmidsfelden am Zusammenfluß von Kürnach und Eschach leitet eine normal breite Straße durch das Kürnachtal aufwärts zum Forsthaus Wegscheidel und weiter nach Unterhalden, wo sie in die B 12 nach Kempten einmündet. Diese, am Fuße des Blenders (1072) vorüberziehende Straße ist der beschriebenen Strecke durch das Eschachthal zustandsmäßig ebenbürtig. Der Blender ist ein bemerkenswerter Aussichtsberg im Naherholungsgebiet der Stadt Kempten. Minus 6 km. Fahrtechnische Beurteilung: leicht bis mittel.

Zwischen Iller und Bodensee*	**43**

Route: Immenstadt (728) – Zaumberg – Sibratshofen – Ebratshofen – Stiefenhofen – Genhofen – Simmerberg – Weiler – Bremenried – Bösenscheidegg – Scheidegg – Weienried – Lutzenreute – Eichenberg – Lochau – Bregenz – Fluh – Langen – Hintergschwend – Fischanger – Eschau – Schönenbühl – Oberhaus – Sulzberg – Doren – Zwing – Krumbach – Langenegg – Lingenau – Hittisau – Schlipfhalden – Balderschwang – Riedbergpaß (1420) – Obermaiselstein – Ofterschwang – Bihlerdorf – Immenstadt. 136 km.

Fahrtechnische Beurteilung: mittel

Zeitaufwand: Tagestour

Auf dieser grenzüberschreitenden Rundfahrt wird sowohl ein Teil des w. Allgäus durchfahren, wobei man aber auch bayerische Orte berührt, als auch ein Teil des Vorderen Bregenzerwaldes. Die Fahrt entlang der Bregenzer Bucht auf dem Ostufer des Bodensees bildet einen landschaftlich deutlichen Kontrast zum Bregenzerwald mit seinem stark gegliederten Hügelland bzw. seinen abgegrenzten Höhenzügen. Sulzberg bei Doren (1013) und Schlipfhalden (1080) bei Balderschwang sind die höchstgelegenen Orte, welche man durchfährt. Der höchste anfahrbare Punkt liegt auf dem Scheitel des Riedbergpasses (1420). Fast alle erfaßten Straßen weisen einen guten Zustand auf, die früher berüchtigten Steigungen konnten gemildert werden. Maxima von 16% findet man noch auf beiden Rampen des Riedbergpasses. – Von Immenstadt zunächst auf kurvenreicher Straße hinauf zur Wasserscheide bei Zaumberg, worauf man dem Stixnerbach hinab nach Sibratshofen folgt. In weiterem Auf und Ab leitet die Landesstraße über Stiefenhofen, Ebratshofen und Genhofen nach Simmerberg und Weiler im Allgäu. Über die Nachbarorte Bremenried und Bösenscheidegg gelangt man zum bayerischen Grenzort Scheidegg. Bei Weienried fährt man durch die „Eingangspforte" des Bregenzer Waldes. Die Straße führt neben dem Rieder Bach zur Wegevereinigung Lutzenreute hinab und man setzt seine Rundfahrt auf aussichtsreichen Serpentinen über Eichenberg nach Lochau fort. Auf der stark frequentierten Uferstraße erreicht man den Stadtkern von Bregenz. Der Transitverkehr, vor allem der Schwerverkehr, wurde im Abschnitt Lochau-Wolfurt auf den 6719 m langen, mautfreien Pfändertunnel verlagert, dessen Südportal sich in Weidach unweit der Bregenzerach befindet. – Aus dem Zentrum von Bregenz leitet die Schlobergstraße in Richtung Gebhardsberg. Man steigt auf einer Kammstrecke der Fluher Straße weiter an. Der Ort Fluh (743) befindet sich in guter Aussichtslage mit Blick auf den Säntis. Beim Abstieg in den Wirtatobel hat man ein stärkeres Gefälle von max. 19% auf einem nur knapp zweispurigen Abschnitt zu bewältigen. 6 km ab Bregenz mündet die Fluher Straße in die vorzüglich ausgebaute Langener Straße ein. Um nach dem hochgelegenen Sulzberg zu gelangen, verläßt man diese bei Fischanger und folgt re. der Straße über Eschau, Tobel, Schonenbühl und Oberhaus auf die Sonnenterrasse von Sulzberg. Nun strebt man nicht einem der nahen Grenzübergänge zu, die in den Raum Oberstaufen hinüberleiten, sondern man fährt nach Doren hinab und überbrückt bei Zwing die Weißach. Von Krumbach unternimmt man den kleinen Umweg über Langenegg, Lingenau und fährt nach Hittisau weiter. Dort folgt man der Bolgenach zur wichtigen Straßenteilung beim Gh. „Tannenbaum": den re. Zweig über das Gh. „Waldrast" (1030) hinab nach Sibratsgfäll (929) befährt man nicht; hingegen folgt man li. der 7 m breiten Straße durch das Balderschwanger Tal nur mäßig ansteigend nach Schlipfhalden. Balderschwang (1044), der im Volksmund als „bayerisches Sibirien" bez. Ort, befindet sich in der Einsamkeit. Die erst im Jahre 1961 fertiggestellte Bergstraße über den Riedbergpaß (1420) verbindet Balderschwang mit Obermaiselstein. Sie trennt zwei geologisch recht gegensätzliche Gebirgsformationen, im S den Schrattenkalk mit den bizarren Gottesackerwänden von den, im N sanft geschwungenen Höhenzügen mit den

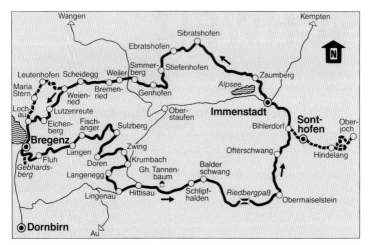

Skizze 43   Zwischen Iller und Bodensee

fruchtbaren Flyschböden rund um das Riedberger Horn (1786). Die
Fahrbahnbreiten schwanken zwischen 4 und 7 m, die Höchststeigungen erreichen 16%. Die Paßstraße weist auf beiden Seiten mehrere Brücken auf. Von Obermaiselstein verläuft die Straße in Terrassenlage über Ofterschwang nach Bihlerdorf. Von dort hat man bis Immenstadt nur noch 5 km auf einer Nebenstraße zurückzulegen.

Variante: Vom Grenzort Weienried auf der neu trassierten Rucksteigstraße
bei ausgewogenem Gefälle von 11% hinab nach Leutenhofen und über Maria
Stern nach Lochau. Plus 1 km. Fahrtechnische Beurteilung: leicht.

Abstecher: Von der Fluher Straße, wenige Kilometer außerhalb von Bregenz,
zweigt re. die 400 m lange Zufahrt zum Gebhardsberg ab, grüne HT. Die kleine Kirche neben der ehem. Burg Hohenbregenz ist ein beliebter Wallfahrtsort
der Bodenseegemeinden. Sie ist dem hl. Gebhard, dem ehem. Bischof von
Konstanz und Schutzpatron des Bodensees, geweiht. Die ehem. Burg (590)
beherbergt ein Restaurant, von dem aus man, wie von einer Kanzel, hervorragende Tiefblicke auf die Bregenzer Bucht genießen kann. Hin und zurück 800
m. Fahrtechnische Beurteilung: leicht

Abstecher: Von Bihlerdorf bei Sonthofen nach Hindelang (825) und über die
Jochstraße mit ihren 107, teilweise engen Kurven hinauf zum Ferienort Oberjoch (1136). Diese Bergstraße wurde als „Deutschlands kurvenreichste Straße" tituliert, weist normale Fahrbahnbreiten auf und hat ausgewogene Steigungsverhältnisse von 7%. Als Aussichtskanzel dient eine bez. Felspassage.
Hin und zurück 32 km. Fahrtechnische Beurteilung: mittel.

SCHWEIZ

44	**Rund um den Schweizer Nationalpark Ofenpaß****

Route: Martina (1035) — Norbert-Sattel (1454) — Reschenpaß (1510) — St. Valentin auf der Haide — Mals — Laatsch — Taufers — Müstair — Sta. Maria im Münstertal — Ofenpaß (2149) — Il Fuorn — Munt la Schera (Straßentunnel) — Livigno — Forcola di Livigno (2315) — La Motta — Berninapaß (2328) — Bernina Scuot — Pontresina — S. Gian — Samedan — Cinuos-chel — Brail — Zernez — Susch — Ardez — Scuol — Ramosch — Martina. 205 km.

Fahrtechnische Beurteilung: mittel

Zeitaufwand: Tagestour

Die vom österr. ZA Martinsbruck durch lichte Lärchenwälder heraufführende, nur wenig frequentierte Bergstraße zur Norberthöhe weist in elf numerierten Kehren Überbreiten auf; die Steigungsverhältnisse sind gut ausgewogen und betragen im Durchschnitt 8%. Ihre Scheitelhöhe, der Norbert-Sattel, befindet sich nahe dem bekannten Oberinntaler Aussichtspunkt Schöpfwarte. Am s. Ortsrand von Nauders (1394) mündet die vorzüglich ausgebaute, 8 km lange B 185 in die Reschen-B 315 ein und verbindet somit das Untere Engadin mit dem Oberen Vinschgau. Bis zur Wasserscheide Reschen-Scheideck (1510), über welche die Grenze zwischen Österreich und Italien verläuft, hat man von Nauders nur noch 4 km zurückzulegen. — Der Verkehrsweg über den Reschenpaß wurde bereits seit alters her als sogenannter „Oberer Weg" im Gegensatz zum Brenner als „Unterer Weg" benützt. Er ist nach dem Brenner der bedeutendste Übergang zwischen Nord- und Südtirol und während der Reisesaison viel befahren. Die Südtiroler Rampe ist weit weniger ausgeprägt als die Nordtiroler, weil sie auf einem riesigen, eiszeitlichen Schuttkegel erbaut wurde; dieser zog vom Becken, welches Reschen- und Haidersee bildeten, bis in den Raum Mals-Schluderns-Glurns herab. Die ausgedehnte Malser Haide durchfährt man dabei in sechs bequemen Kehren wie auf einer schiefen Ebene. Auf dem ö. Ufer des Reschen-

sees durchfährt man mehrere Galerien, die gegen Steinschlag und Lawinenabgänge schützen. Die Fahrbahnbreiten schwanken zwischen
6 und 8 m, das Steigungsmaximum beträgt auf der Südtiroler Seite
nur 7%, die Bergstrecke von St. Valentin auf der Haide hinab nach
Mals mißt 11 km. Kurz vor Mals hat man re. die hell leuchtenden Fas-
saden der Benediktinerabtei Marienberg im Blickfeld; sie erhebt sich
hoch über dem Dorf Burgeis. – Von Mals benützt man den Abkürzer
über Laatsch hinab zur Calvenbrücke über den Rambach. Taufers
(1240) ist das letzte Südtiroler Dorf vor der schweizerischen Grenze,
Müstair der erste Bündner Ort der hier rätoromanischen Bevölkerung.
4 km weiter findet man in Sta. Maria im Münstertal li. die Abzw. der
14 km langen Bergstraße zum Umbrailpaß (2501), auf der Grenze
zu Italien gelegen. Die Straße über den Ofenpaß/Passo dal Fuorn
(2149) hingegen stellt die direkte, innerstaatliche Verbindung mit dem
Unterengadin her. Sie verläuft mitten durch den Schweizer Nationalpark, wird gj. offengehalten und ist durchgehend staubfrei. Ihre Fahrbahnbreite beträgt 6 m, ihre max. Steigung 10%. Von Sta. Maria bis
Zernez hätte man 35 km zurückzulegen, doch führt unsere Rundfahrt bereits nach 23 km bei Il Fuorn li. durch den Munt-la-Schera-
Straßentunnel in das ital. Zollausschlußgebiet von Livigno. – Die mautpflichtige Privatstraße durch den 3.5 km langen Tunnel ist im Besitz
der Engadiner Kraftwerke AG. AP ist Punt la Drossa (1706) an der
Ofenpaßstraße; dort befindet sich am n. Tunnelportal das Schweizer
ZA. Der Richtungsverkehr durch den nur einspurig befahrbaren Tunnel wird durch Ampeln geregelt, Geschwindigkeitsbegrenzung von
60 km/h. Eine Durchfahrt ist gj. täglich von 8 his 20 Uhr möglich. Nach
Verlassen des Südportals ist man am Lago di Gallo, einem langgestreckten Speichersee, welcher aus dem aufgestauten Spöl und an-
deren Zuflüssen im Talbecken entstanden ist. Die Mauteinhebung fin-
det am Ponte del Gallo/Punt dal Gall (1806) statt; man fährt über die
Dammkrone der Staumauer und nach 500 m gelangt man zum ital.
Grenzbalken. Nun verläuft die vorwiegend zweispurig ausgebaute
Straße am w. Ufer des Stausees und nach 11 km erreicht man den
Ortsrand des weitverstreuten Livigno (1816). Einst als „weltabge-
schiedenes Nest hinter den Bergen" bezeichnet, hat das gesamte
Tal in den vergangenen Jahren einen wirtschaftlichen Aufschwung
genommen. Livigno profitiert vor allem von seinem Status als ital.
Zollausschlußgebiet. Hinter dem Ort setzt sich die normal breite
Asphaltstraße in dem monotonen Hochtal nach SW fort. Nach einer
längeren Hangstrecke mit Höchststeigungen von nur 9% ist die
Forcola di Livigno (2315), Wasserscheide zwischen Spöl (Inn) und

Poschianvino (Adda) erreicht. Die daran anschließende Talfahrt vermittelt gute Ausblicke auf die s. Ausläufer der Berninagruppe. Die Fahrbahnbreite auf der 4 km langen Bündner Rampe beträgt 6 m, das Gefälle max. 12%. Bei der schweizerischen Zollstation La Motta (2054) trifft man, 20 km von Livigno entfernt, auf die Südrampe der Berninastraße. – Um aus dem Puschlav in das Oberengadin zu gelangen, fährt man re. die obersten Kehren zum Scheitel des Berninapasses (2328) hinauf, welcher eindrucksvolle Ausblicke auf den Piz Cambrena (3604) mit seinem zerschundenen Gletscher vermittelt. Die Wasserscheide wird vom fast 3 km langen, aufgestauten Lago Bianco (2234) gebildet. Das Hochtal auf der Nordseite des Passes wirkt anfangs recht öde bis man hinab zur Talstation der frequentierten Diavolezza-Seilbahn kommt. Zur Rechten hat man die felsdurchsetzte Südflanke des Piz Albris (3166), ein bekanntes Steinwildrevier. Unterhalb von Bernina Suot bietet sich vom Parkplatz oberhalb der beiden Montebello-Kehren ein faszinierender Ausblick auf die hochalpine Szenerie: die von der Bellavista (3922), vom Piz Zupo (3996), vom Piz Bernina (4049) und vom Piz Morteratsch (3751) herabziehenden Gletscher vereinigen sich zum gewaltigen Eisstrom des Vadret da Morteratsch. Auf der Weiterfahrt kommt man am bekannten Ferienort Pontresina (1805) vorbei, das von der Durchzugsstraße talseitig umgangen wird. Ein nur kurzer Blick fällt durch das Rosegtal zum Piz Corvatsch (3451). Bei S. Gian, unweit der Muottas-Muragl-Standseilbahn gelangt man zu einer wichtigen Straßenteilung: li. über den St. Moritzer See nach Silvaplana, 10 km, geradeaus durch den Boden des breiten Hochtals zum Straßenknoten Samedan (1721), 1.5 km. – Die meisten Orte des Oberengadins werden von der neuen Hauptstraße 27 umfahren. Nach 14 km ab Knoten Samedan nimmt der Verkehrsweg geländebedingt einen gewundenen Verlauf. Bei Cinuoschel kommt man in eine Talenge, welche die Grenze zwischen dem Oberengadin und dem nun folgenden Unterengadin markiert. Die Straße durch das Untere Engadin folgt dem Inn abwärts. Der Flußname leitet sich aus dem rätoromanischen „En" ab, die Silbe „gadin" vom italienischen „giardino"; Engadin heißt deshalb nach seinem ursprünglichen Sinn „Garten des Inn". Man passiert die hoch über der Innschlucht liegende Häusergruppe Brail (1638). Die Talstufe hinab nach Zernez (1472) bewirkt einen HU von runden 200 m. Neben den freskenverzierten Engadiner Häusern ist in Zernez das Informationszentrum im Nationalparkhaus von Interesse, welches sich direkt an der Ausfahrt zum Ofenpaß befindet. Nach Einbindung der Ofenpaßstraße 28 fährt man weiter innabwärts nach Susch (1426), 6 km. Die normal breite Hauptstraße 27 begleitet den windungsreichen Inn ab-

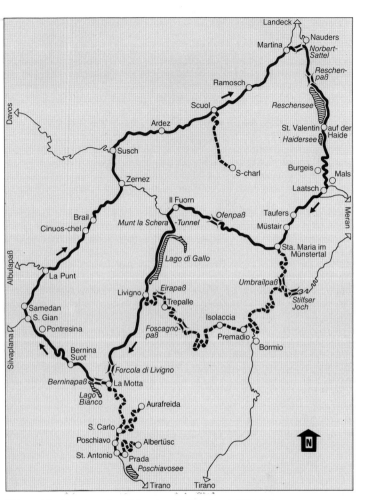

Skizze 44   Rund um den Schweizer Nationalpark Ofenpaß

wärts nach Ardez, welches mit wuchtigen Häusern im Sgraffitoschmuck aufwartet. Hinab zum Kurort Scuol/Schuls (1244) bewältigt die Straße erneut eine Talstufe mit zirka 200 m HU. Der Streckenabschnitt von Scuol nach Ramosch (1174) und hinaus zur Grenzübertrittsstelle Martina (1035) bringt kaum fahrtechnische Probleme mit sich.

Variante: Von Sta. Maria im Münstertal über Umbrailpaß (2501), Foscagnopaß (2291) und Eirapaß (2208) nach Livigno. Die Umbrailstraße hat ihren AP in Sta. Maria (1375). Auf der 14 km langen Bergstraße bis zur Paßhöhe bzw. noch 500 m weiter bis zur Einmündung in die SW-Rampe der Stilfser-Joch-Straße hat man 34 Kehren zu passieren. Die Höchststeigungen liegen bei 12%. Die Fahrbahnbreiten schwanken zwischen 4 und 7 m. Die zahlreichen unübersichtlichen Kurven erfordern eine vorsichtige Fahrweise. Es gibt auch Passagen, welche steinschlaggefährdet sind. In der schneefreien Jahreszeit ist der Paß von Mitte Mai bis Mitte November geöffnet. Zwischen 22 Uhr und 6 Uhr morgens bleibt der Übergang geschlossen. Während der Auffahrt durch das Muraunzatal bieten sich Tiefblicke in das Münstertal. Furkelspitz (3004) und Piz Umbrail (3031) sind die herausragenden Erhebungen in dieser Hochregion. – Im obersten Brauliotal fährt man zunächst auf einer sanften Gefällstrecke neben dem Bach bis zu einer Talstufe am Fuße des Monte Radisca hinab. Die nun folgende Serpentinenstrecke gewährt nach SO schöne Ausblicke auf die Hohe Schneide/Monte Cristallo (3434) mit ihrem Gletscher. Dann setzt sich die Fahrt durch die wilde Braulioschlucht mit ihren neun unbeleuchteten Tunnel- bzw. Felsgalerien zum Schutz gegen Steinschlag und Lawinenabgänge fort. Unterhalb eines Straßenwärterhauses (1716) hat man einen guten Ausblick in das Fraeletal, wo die Adda entspringt. Vor dem letzten Tunnel ist re. die Zufahrt zu den Bagni Vecchi (in den Fels gehauene Römerbäder), die unterhalb der SS. 38 liegen. Um in Richtung Livigno weiter zu fahren, muß man nicht in das Zentrum von Bormio hinab, sondern kann bereits re. die Zufahrt zu den Bagni Nuovi benützen und findet dort Anschluß nach Premadio (allerdings sehr zeitaufwendig). – Von Premadio setzt man seine Fahrt durch die Val Viola Bernina auf der SS. 301 fort, indem man der HT „Passo di Foscagno" folgt. Von der 38 km langen, durchwegs asphaltierten Gesamtstrecke Bormio-Livigno war im Bj. nur der 24 km lange Abschnitt bis hinauf zum Foscagnopaß (2291) 6 m breit ausgebaut. Es folgten schmälere Abschnitte mit Fahrbahnbreiten zwischen 3.5 und 6 m. Die Steigungen überschreiten nirgends 12%, wobei die Bergstrecke bei Isolaccia (1350) beginnt. Auf dem Scheitel des Passes, welcher gute Ausblicke auf die Ortler-Cevedale-Gruppe bietet, befindet sich die ital. Zollstation. Man fährt dann hinab nach Trepalle (2079), dem höchsten, in den Alpen gelegenen Kirchdorf. – Bevor man in das wannenartige Hochtal von Livigno hinabsteigt, ist mit dem Passo d'Eira (2208) eine letzte Hürde zu nehmen. Der Abstieg vollzieht sich in mehreren Aussicht gewährenden Schleifen auf einer Gefällstrecke von max. 12%. Im Bj. hatte diese Rampe eine auffallend schadhafte Straßendecke! Plus 31 km. Fahrtechnische Beurteilung: mittel bis schwierig.

Abstecher: Vom Umbrailpaß (2501) zum Stilfser Joch (2758). Von der Einmündung in die SS. 38 an der Cantoniera 4a lohnt es sich, den kurzen Abstecher hinauf zum Stilfser Joch zu unternehmen; man gewinnt dabei mit zehn kurzen Kehren einen HU von 260 m. Die Jochstraße ist in diesem Abschnitt 6 bis 7 m breit. Der Scheitel des Stilfser Joches (Großparkplatz im W) wird von zahlreichen bunten Andenkenläden flankiert. Über das Joch verläuft die deutsch-ital. Sprachgrenze. Einen bemerkenswerten Akzent setzt die Jochkapelle mit ihrem offenen Glockenstuhl in die sonst herbe Hochgebirgsland-schaft. Nach O richtet sich die Aussicht auf den Ortler (3905), der dominieren-den Erhebung in dieser stark vergletscherten Gebirgsgruppe. Im S der Schei-telhöhe zieht vom Monte Livrio und von der Naglerspitze (3259) ein vielbe-suchtes und durch Aufstiegshilfen stark erschlossenes Sommerschigebiet herab. Hin und zurück 6 km. Fahrtechnische Beurteilung: leicht bis mittel.

Abstecher: Von La Motta über San Carlo (1093) an der Berninastraße nach Aurafreida (2160). Dieses Ziel ist ohne Zweifel einer der schönsten Aussichts-punkte im Puschlav. Man zweigt am n. Ortsausgang von San Carlo im spitzen Winkel von der Berninastraße ab. Das kehren- und kurvenreiche Natursträß-chen wurde nur einspurig mit wenig Ausweichstellen angelegt. Kräftig anstei-gend (Maximum 14%) gewinnt es an der ö. Bergflanke rasch an Höhe, wozu mehrere Serpentinen beitragen. Von Curvera (1299) hat man eindrucksvolle Blicke über das Haupttal mit der kühn trassierten Berninabahn. Bei Scelbez hat man eine zweite Serpentinengruppe zu überwinden. Nur wenige Schritte weiter, im W von Aurafreida, am Ende des Fahrweges, fasziniert die Aussicht auf die Berninagruppe mit dem Piz Palü (3905) und seinem mächtigen Glet-scher, im N wird die Val da Camp vom Piz Paradisin (3302) überragt. – Eine alternative Auffahrt von der Berninastraße aus bietet sich 5.5 km n. San Carlo über das Ristorante Pozzolascio an; es handelt sich dabei um einen 3 m brei-ten, nicht asphaltierten Güterweg, welcher auf einer Streckenlänge von 4 km einen HU von 460 m mit max. 13% Steigung überwindet und sowohl zeitlich als auch distanzmäßig eine günstigere Zufahrt nach Aurafreida herstellt. – Hin und zurück 44 km. Fahrtechnische Beurteilung: mittel.

Abstecher: Von La Motta (2054) nach Poschiavo und über Cologna nach Albertüsc (2089). Ein weiteres anfahrbares Hochziel im Puschlav ist die, in prächtiger Aussichtslage befindliche Alp Albertüsc. Von Poschiavo fährt man auf der Hauptstraße 29 in s. Richtung weiter bis S. Antonio. Von dort nach Prada und auf normal breiter, asphaltierter Verbindungsstraße nach Cologna (1111). Nun in n. Richtung bei max. 12% Steigung bergan. Der zahlreiche Ser-pentinen aufweisende Fahrweg ist nur einspurig breit, war im Bj. nicht staub-frei, jedoch in einem ordentlichen Zustand. Bei der Häusergruppe Cansumé (1548) wendet sich das Bergsträßchen nach S und zieht durch Wald an der Bergflanke weiter aufwärts. In der Sassiglian-Kehre (1910) öffnet sich ganz unvermittelt ein eindrucksvoller Tiefblick auf den Puschlavsee (962). Den EP bilden die Alphütten von Albertüsc. Man hat gute Ausblicke auf die Ostflanke der Berninagruppe mit Piz Varuna, Piz Palü (3905) und Piz Cambrena. Hin und zurück 52 km. Fahrtechnische Beurteilung: mittel bis schwierig.

Abstecher: Von Scuol/Schuls (1244) zur Sommersiedlung S-charl (1810), einem der schönsten Ausflugsziele im Unterengadin. Das bei Scuol einmün-dende Tal markiert die ö. Begrenzung des 160 km^2 großen Schweizer Natio-nalparkes. Erschlossen wurde das romantische Hochtal durch eine zu zwei Drittel asphaltierte, knapp zweispurige Straße. Sie umgeht mit fünf Kehren die Clemgiaschlucht; die max. Steigung beträgt nur 9%. Dann wendet sie sich weiter talein. An der Mündung des Trigaltals ist eine breite Furt zu überwinden, welche nach starken Regengüssen durch Geschiebe blockiert sein kann. Nach 12 km findet man vor der Sommersiedlung (bewirtsch. Alm) genügend Abstellplätze. Hin und zurück 24 km. Fahrtechnische Beurteilung: mittel.

45	Bündner Pässe-Runde*

Route: Landquart (530) — Küblis — Klosters — Wolfgangpaß (1626) — Davos-Dorf — Tschuggen — Flüelapaß (2383) — Susch — Zernez — Brail — Cinuos-chel — Zuoz — La Punt — Samedan — S. Gian — St. Moritz — Silvaplana — Julierpaß (2284) — Bivio — Mulegns — Tinizong — Savognin — Tiefencastel — Thusis — Reichenau — Chur — Landquart. 208 km.

Fahrtechnische Beurteilung: leicht bis mittel

Zeitaufwand: Tagestour

Die Standardroute erfaßt mit ihren Varianten und Abstechern große Teile der Ostschweiz. Sie verläuft zunächst aus dem Rheintal durch den Prättigau, welcher durch die Kammlinie des Rätikon und der Silvretta vom angrenzenden Montafon getrennt ist. Es gibt in diesem großen Raum auch keinen Straßenübergang mit Österreich, gleichwohl seit vielen Jahren mehrere Projektstudien vorliegen. So befaßte sich z.B. eine Studie mit dem Bau eines Scheiteltunnels in etwa 1700 m Seehöhe unter dem Schlappiner Joch (2203). Eine solche Verbindung, ausschließlich als Touristenstraße konzipiert, wäre geeignet, große Umwege einsparen zu helfen. In der gegenwärtigen Situation ist das Bündner Land gegen NO barrierenhaft abgeschlossen. — Die 42 km lange Hauptstraße 28 von Landquart nach Davos ist bis Küblis zeitgemäß ausgebaut. Im Anschluß daran fehlen geeignete Ortsumfahrungen. In Klosters (1206) verläßt man das Landquarttal und wendet sich der Wasserscheide am zahmen Wolfgangpaß (1626) zu, wobei auf normal breiter Bergstraße bei max. 11 % Steigung ein HU von 425 m zu überwinden ist. Oberhalb Klosters hat man eine längere Kehre. Auch die Abfahrt nach Davos-Dorf ist problemfrei. — Die Hauptstraße 28 führt von Davos (1560) in das, gegen O ansteigende Flüelatal. Auf ausgebauter Strecke fährt man, zunächst von schönem Nadelwald begleitet, bergan. Mit zunehmender Höhe wird das Landschaftsbild unwirtlicher. Rasch ist die Baumwuchsgrenze passiert.

158 Zwischen Tschuggen (1938) und der Scheitelhöhe hat man sechs

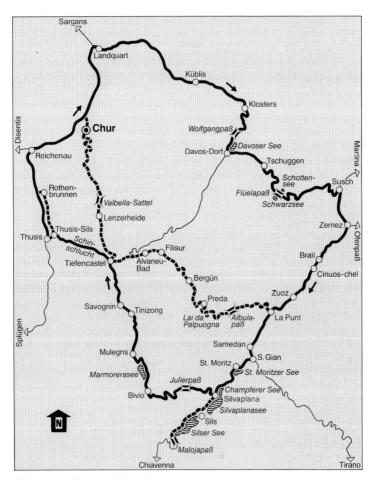

Skizze 45   Bündner Pässe-Runde

Kehren zu durchfahren; im Vorblick dominiert die mächtige Berggestalt des Schwarzhorns (3147). Schwarzsee und Schottensee bele-
ben die öde Paßregion mit ihren ausgedehnten Geröllfeldern. — Die
Ostrampe senkt sich mit einigen Kehren in das Tal der Susasca.
Prächtig ist der Ausblick durch die Val Grialetsch auf den vergletscherten Piz Vadret (3229), Tiefblicke eröffnen sich in das Unterengadin. Im Abstieg folgen nach einer längeren Flachstrecke erneut meh-   159

rere, teilweise kühn angelegte Serpentinen. Oberhalb von Susch (1426) erreicht das Gefälle max. 10%. In Susch mündet man in die teilweise modernisierte Hauptstraße 27 ein, welche über Zernez und La Punt zum Straßenknoten Samedan (1722) leitet → Route 44, Rund um den Schweizer Nationalpark Ofenpaß (in umgekehrter Richtung). Vorbei am St. Moritzer und am Champferer See gelangt man hinauf zum wichtigen Straßenknoten Silvaplana (1815), dem s. Wendepunkt der Standardroute. — In Silvaplana verläßt man das Oberengadin und setzt seine Runde über den Julierpaß (2284) in das Oberhalbstein mit den Orten Mulegns (1486), Tinizong (1232) und Savognin (1207) fort, ehe man als „Zwischentief der Route" Tiefencastel (851) am Albula-bach erreicht. Während man nämlich im Aufstieg von Silvaplana bis zur Wasserscheide am Julier 469 Höhenmeter gewinnt, ist der Abstieg vom Paß bis Tiefencastel mit einem Verlust von 1433 m ver-bunden; letztere Angabe bezieht sich allerdings auf eine Distanz von 35 km. Typisch für die Nordrampe ist ihr treppenartiges Profil. Gefälle werden jeweils von längeren, fast flachen Strecken unterbrochen. Die Fahrbahnbreiten schwanken zwischen 5 und 7.5 m. Das max. Gefälle wurde mit 10% gemessen. Auf der Ostrampe des Julierpasses faszi-niert der Ausblick in die Gletscherwelt der Bernina mit dem Piz Ber-nina (4049); im Tiefblick zeigen sich die Oberengadiner Seen, welche von dunklen Wäldern umrahmt, die blauen Augen dieser einzigartigen Landschaft sind. Zu den landschaftlich hervortretenden Abschnitten zählen die Strecke von der Scheitelhöhe nach Bivio, welche eine bemerkenswerte Aussicht auf den mächtigen Piz Platta (3392) bietet, und das Ostufer des Marmorerasees. — Während die Hauptstraße 3 sich von Tiefencastel auf kürzestem Weg in Richtung Chur über den Valbella-Sattel (1547) fortsetzt, benützt die vorgegebene Rundtour die jetzt hervorragend ausgebaute Straße durch die romantische Schinschlucht, um in Thusis (723) Anschluß an die N 13 (Alpina-Schnellstraße) zu finden, welche den Motorradfahrer problemlos durch das Rheintal über Reichenau und die Umfahrung der Kantons-hauptstadt Chur zum Ausgangsort Landquart zurückleitet.

Variante: Von La Punt im Oberengadin über den Albulapaß (2312) nach Alva-neu-Bad und Tiefencastel. Unter den beiden Verbindungen zwischen dem Oberengadin und dem Oberhalbstein ist ohne Zweifel jene über den Albula-paß der Julierpaßroute bezüglich des landschaftlichen Umfeldes vorzuziehen. Berühmter als die Straße ist allerdings die großartige Albulabahn, welche den Paßscheitel auf einer Seehöhe von rund 1800 m in einem 5.9 km langen Tun-nel unterfährt. Vor allem die NW-Rampe, auf der sich Straße und Bahn mehr-mals kreuzen, beeindruckt durch die außergewöhnliche Kühnheit ihrer, aus dem Ende des 19. Jh. stammenden Anlage. Der Aufstieg von La Punt (1687) bis zur Scheitelhöhe ist relativ kurz und vollzieht sich durch das Tal der Ova d'Alvra mit einer Gruppe von zehn Kehren. Die 40 km lange Paßstraße ist zwischen La Punt und Tiefencastel durchgehend asphaltiert, wobei die Fahrbahnbreiten zwischen 5 und 7 m schwanken. Die Höchststeigungen betragen auf beiden Rampen 12%. In den Wintermonaten ist zwischen Samedan und Thusis ein Autoverlad eingerichtet. Von der Scheitelhöhe hat man gegen W einen bemerkenswerten Blick auf den Piz Ela (3339). Oberhalb von Preda zieht die Straße am stimmungsvollen Lai da Palpuogna vorüber. Zwischen Preda (1789) und Bergün (1367) läßt sich die aufregende Trasse der Albulabahn gut verfolgen; sie meistert mit mehreren Brücken und vier Kehrtunnels ein schwieriges Gelände mit 400 m HU. Die erkergeschmückten Steinhäuser in Filisur verraten in ihrer Baugesinnung den Einfluß des benachbarten Engadins. Hinter Alvaneu-Bad vereinigt man sich mit der „Zügenstraße" aus Richtung Davos und erreicht wenig weiter den Straßenknoten Tiefencastel (851). Minus 22 km. Fahrtechnische Beurteilung: leicht bis mittel.

Variante: Von Tiefencastel über den Valbella-Sattel (1547) nach Chur. Die Hauptstraße 3 stellt zwar die kürzere Verbindung zwischen den beiden Orten her, doch ist die verlorene Höhe mit 700 m nicht unbeträchtlich. Diese Paßstraße wird hauptsächlich im Winter benützt, weil das Umfeld von Lenzerheide ein ausgezeichnetes Schigebiet ist. Die max. Steigungen bzw. Gefälle betragen 11%. Minus 10 km. Fahrtechnische Beurteilung: leicht bis mittel.

Variante: Von Thusis-Sils durch das burgenreiche Domleschg führt eine vielgewundene schmale, jedoch durchwegs geteerte, 9 km lange Nebenstraße über das re. Ufer des Hinterrheins zum Bahnhof Rothenbrunnen. Diese Alternative ist vor allem historisch Interessierten zu empfehlen, denn das Domleschg ist für diese und auch andere Zielgruppen eine wahre Fundgrube an Sehenswürdigkeiten. Distanz gleichbleibend. Fahrtechnische Beurteilung: mittel.

Abstecher: Von Silvaplana (1815) zum Malojapaß (1815). Man bewegt sich bei dieser nur 11 km langen Strecke auf einem topographischen Kuriosum, denn der Malojapaß hat im NO (Engadiner Seite) so gut wie keine Rampe. Während im SW das Bergell bzw. das Tal der Mera zwischen dem Scheitel und Chiavenna 1500 m tief abfällt, schließt sich in der Gegenrichtung die vom Gletschereis gebildete Seenplatte des Oberengadins an. So liegt der Abfluß des St. Moritzer Sees (1768), 16 km von der Wasserscheide entfernt, lediglich 47 m tiefer, der Ort Zuoz, 30 km von der Scheitelhöhe entfernt, nur 100 m tiefer! Der Motorradfahrer durchmißt zwar eine alpine Bilderbuchlandschaft mit besonders reizvollen Seen und schneebedeckten Bergen, jedoch braucht er keine Rampe mit Kehren zu meistern. Diese gibt es am Malojapaß nur auf der Bergeller Seite (SW-Rampe). — Vom Straßenknoten Silvaplana zunächst über das NW-Ufer des Silvaplaner Sees, dann auf dem Schwemmboden, welcher die beiden größten Engadiner Seen, den Silvaplana- und den Silser See trennt, zum Ort Sils (1809). Vom vermoorten SW-Zipfel des rund 5 km langen Silser Sees steigt die Hauptstraße 27 kaum merklich zum Ort Maloja und zur Paßhöhe an. Von der felsigen Plattform des Hotels „Kulm" genießt man eindrucksvolle Tiefblicke in das, von steilen Bergflanken umschlossene Bergell/ Val Bregaglia. Die vom Wetter begünstigste Reisezeit ist der Herbst; hier sind im September und Oktober, manches Mal auch in der ersten Novemberhälfte, die oberen Schichten der kalten Luft so stabil, daß sie eine ungetrübte Fernsicht vermitteln können. Hin und zurück 22 km. Fahrtechnische Beurteilung: leicht.

46	Zwischen Rhein und Ticino*

Route: Chur (595) — Reichenau — Bonaduz — Versam — Valendas — Castrisch — Ilanz — Tavanasa — Trun — Disentis — Lukmanierpaß (1916) — Camperio — Olivone — Biasca — Bellinzona (Nord) — San Bernardino — San-Bernardino-Paß (2065) — Hinterrhein — Splügen — Sufers — Roflaschlucht — Via Mala — Thusis — Bonaduz — Reichenau — Chur. 263 km.

Fahrtechnische Beurteilung: mittel

Zeitaufwand: Tagestour

Diese Route gibt mit ihren 263 Kilometern ein größeres Fahrpensum vor als im Durchschnitt bei anderen Routen veranlagt. Mit Varianten bzw. Abstechern erhöht sich die Leistungsanforderung nur gering. Wählt man Chur als AP, so gelangt der Motorradfahrer entweder über die N 13 oder über die Hauptstraße rasch zum Zusammenfluß von Vorder- und Hinterrhein bei Reichenau. Auf der alten, verbesserten Hauptstraße 19 setzt man seine Fahrt zunächst bis Bonaduz fort, um den weiteren Weg re. des Vorderrheins über Versam, Valendas und Castrisch nach Ilanz zu nehmen. Diese Straße wurde in den vergangenen Jahren abschnittsweise ausgebaut und ist wegen ihrer geringen Frequenzen für den Zweiradfahrer besonders tauglich. Von Versam leitet eine kurze Stichstraße zur romantischen Rheinschlucht, deren Besichtigung man nicht versäumen sollte. Die Fahrbahnbreiten sind auf dem rechtsufrigen Rheinufer geländebedingt geringer als anderswo gewohnt. Ab Ilanz weiter auf der ausgebauten Hauptstraße 19 über Tavanasa nach Trun. Auf diesem Streckenabschnitt werden alle Orte umfahren. In Disentis (1143) verläßt man die zum Oberalppaß weiterführende Straße und wendet sich dem Lukmanierpaß zu. — Die Rampe durch die Val Medel überwindet auf der 20 km langen Strecke bis zu ihrer Scheitelhöhe (1916) einen HU von 773 m. Die zwi-

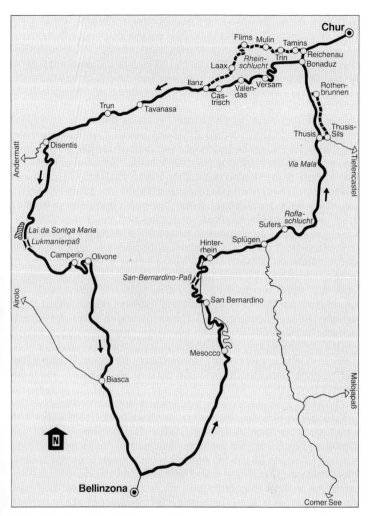

Skizze 46   Zwischen Rhein und Ticino

schen Disentis und Olivone 39 km messende Strecke präsentiert sich in einem hervorragenden Zustand: Fahrbahnbreiten zwischen 6 und 8 m, langgestreckte, flüssige Linienführungen und ungewöhnlich günstige Steigungsverhältnisse mit Maxima von nur 9% zählen zu den

163

Vorzügen dieser relativ wenig frequentierten Paßstraße. Zirka 4 km vor Erreichen des Scheitels blickt man auf die 100 m hohe Betonmauer, welche den Lai da Sontga Maria (1908) aufstaut. An seinem Ostufer steigt die durch eine 2 km lange Lawinengalerie geschützte Straße bis zur Höhenkote 1972 an und neigt sich dann leicht zur Scheitelhöhe hinab. − Jenseits des Scheitels fährt man durch die weite Parklandschaft der Valle Santa Maria abwärts. Dabei bieten sich hervorragende Ausblicke auf die vergletscherte Adulagruppe, die im Rheinwaldhorn (3402) ihre höchste Erhebung besitzt. Die teilweise völlig neu trassierte Paßstraße beschreibt bei Camperio (1230) zwei Kehren und senkt sich dann mit einer weit ausholenden Schleife nach Olivone (889) hinab, dem Hauptort des oberen Bleniotals. Nach Biasca an der Gotthardroute sind noch 23 km zurückzulegen, bis Bellinzona (229), der Hauptstadt des Kantons Tessin, hat man dann noch weitere 17 km. − Will man seine Rundtour, wie vorgegeben, durch die Val Mesolcina zum Passo San Bernardino fortsetzen, so verläßt man bereits in Bellinzona-Nord die Gotthardroute und benützt die Autostraße bzw. die Autobahn N 13 talein bis zur Halbanschlußstelle Mesocco-Nord oder den Vollanschluß Pian San Giacomo (1178). − Im Transitverkehr über die Alpen wurde durch den Bau langer Straßentunnels ein grundsätzlicher Wandel im Ablauf des Verkehrs herbeigeführt. Trotz erzielter Bequemlichkeiten und Zeiteinsparungen sucht der leidenschaftliche Pässefahrer bei sich bietenden Alternativen auch weiterhin die aussichtsreichen Paßhöhen auf. Vor allem bei Idealwetter (Kaiserwetter) fährt er nicht durch, sondern über die Alpen. Er wird dabei auf manche Bequemlichkeiten wie sie ihm „im Parterre" durch die Tunnelröhre geboten werden gerne verzichten, wenn er sich hierfür ein hochrangiges, landschaftliches Erlebnis eintauschen kann. − Die ursprüngliche Scheitelstrecke von San Bernardino (1608) über den Paß (2065) bis nach Hinterrhein (1620), 15 km messend, wird seit Bestehen des 6.6 km langen Scheiteltunnels nur mehr schwach frequentiert. Die alte Straße mit ihren 37 Kehren (beide Rampen zusammen) ist zweispurig angelegt und asphaltiert; es gibt kaum noch Engstellen, außer bei Begegnungen mit überlangen Bussen. Die max. Steigung beträgt 10%. − Der Name des Überganges bezieht sich auf den hl. Bernhard von Siena, der im 15. Jh. dort gepredigt haben soll. Bemerkenswert ist die geformte Rundhöckerlandschaft auf der Paßhöhe mit dem stillen Laghetto Moésola. Im Ort Hinterrhein vermittelt eine Halbanschlußstelle den Wechsel auf die N 13, welche auch als „Alpina-Schnellstraße" bekannt ist, und über die Orte Splügen (1457) und Sufers den Rheinwald durchmißt. Seit ihrem Bau ist von der ehem. Romantik in der Roflaschlucht bzw. in der Via Mala kaum noch etwas übriggeblieben. Manchen beklemmenden Eindruck hat man noch von der alten Straße aus der Postkutschenzeit, welche den Hinterrhein mehrmals überbrückt, im Gegensatz zur Schnellstraße, die dort vorwiegend im Fels bzw. durch Galerien verläuft. Über Reichenau zurück nach Chur.

Variante: Von Reichenau über Flims nach Ilanz. Die Hauptstraße 19 leitet über den Nachbarort Tamins (752) mit seiner großen Rosen- und Dahlienschau bei 10% Steigung hinauf nach Trin (860), wobei man schöne Blicke auf das burgenreiche Domleschg und die, durch den Schutt des Flimser Bergsturzes gebildete Schlucht des Vorderrheins hat. Die frequentierte Straße senkt sich auf der Terrasse nach Mulin merklich und steigt dann zum bekannten Ferienort Flims-Dorf (1080) empor. Li. leitet eine kurze Zufahrt zum idyllisch gelegenen Chrestasee (850), der in einem märchenhaften Blau leuchtet. Der bei Flims-Waldhaus (1099) von Wald umschlossene Caumasee ist dank seiner warmen Quellen und seiner geschützten Lage dafür bekannt, daß er bis in den Oktober hinein als Badesee aufgesucht wird. Die Hauptstraße senkt sich von Flims-Waldhaus oberhalb des tief eingeschnittenen Laaxer Tobels gegen Laax (1016), das umgangen wird. Der weitere Abstieg hinab nach dem altertümlichen Städtchen Ilanz (699) vollzieht sich, vorbei an malerischen Dörfern und verfallenen alten Burgen, bis in die Niederungen des Rheintales. Die links- und die rechtsufrige Straße weisen die gleiche Distanz von 23 km auf. Fahrtechnische Beurteilung: leicht bis mittel.

Variante: Von Thusis-Sils durch das burgenreiche Domleschg re. des Hinterrheins nach Rothenbrunnen → Route 45, Bündner Pässe-Runde. Distanz gleichbleibend. Fahrtechnische Beurteilung: mittel.

Zwischen Rhein und Reuss*	47

Route: Sargans (485) — Flums — Abzw. zwischen Murg und Mühlehorn — Kerenzenberg (743) — Mollis — Näfels — Netstal — Glarus — Schwanden — Linthal — Spittelrüti — Klausenpaß (1948) — Unterschächen — Spiringen — Bürglen — Altdorf — Erstfeld — Amsteg — Wassen — Göschenen — Andermatt — Oberalppaß (2044) — Disentis — Ilanz — Versam — Bonaduz — Reichenau — Chur — Straßenknoten Landquart — Bad Ragaz — Sargans. 265 km.

Fahrtechnische Beurteilung: mittel bis schwierig

Zeitaufwand: Tagestour

Eine große Rundtour mit viel landschaftlicher Abwechslung! Vom AP Sargans zunächst auf der N 3 oder auf der alten, windungsreichen Straße über Flums nach Murg am Walensee. Nun auf der alten 3er über den Kerenzerberg mit bemerkenswerten Ausblicken auf den See und hinüber zu den stark profilierten Churfirsten in das von der Linth durchflossene Tal. Die Rampe hinab nach Mollis zählt mehrere Kehren, welche Ausblicke auf die meist schneebedeckten Glarner Alpen vermitteln. Die teilweise gut ausgebaute Hauptstraße 17 leitet der Linth aufwärts folgend von Näfels über Glarus nach Linthal (662). — Der Klausenpaß (1948) verbindet die Orte im Glarnerland mit der Gotthardroute. Die Paßstraße mißt zwischen Linthal und Altdorf 47 km und ist in der Regel von Juni bis November geöffnet. Sie präsentiert sich in einem guten Zustand; die Fahrbahnbreiten schwanken zwischen 4.5 und 7 m, die Höchststeigungen überschreiten nirgends 9%. Unmittelbar am Ortsausgang von Linthal setzt die Steigung ein. In zehn Kehren überwindet die Straße am Fruttberg einen HU von rund 600 m. Man genießt prächtige Aussicht auf den imposanten Talschluß von Tierfehd (805) mit Selbsanft (3029) und Bifertenstock (3421). Nach Überschreiten der Kantonsgrenze zwischen Glarus und Uri gelangt man in den Urner Boden (1300-1400), eine fast 6 km lange, ebene Talmulde. Hinter dem Weiler Spittelrüti (1372) windet sich die Paßstraße mit mehreren Serpentinen hinauf zur Klus, einem wildromantischen Felskessel, über dessen Flanken Wasserfälle herabstieben. 22 km von Linthal entfernt gewinnt man die Scheitelhöhe des Klausenpasses. — Die w., dem Schächental zugewandte Rampe, senkt sich zunächst zum Hotel „Klausenpaßhöhe" (1840) mit prächtigem Blick auf Claridem (3268), Scherhorn (3294) und Gr. Windgällen (3187). Bei Unterbalm durchfährt man zwei Kehren, dann folgt eine lange, teilweise dem steilen Fels abgerungene Hangstrecke. Der weitere Abstieg von Urigen (1276) nach Unterschächen (995) vollzieht sich in zwei Serpentinen mit bemerkenswerter Aussicht auf das Brunnital und den Großen Ruchen. Im Schächental erreicht man nach Überwindung einer geringen Zwischensteigung den Ort Spiringen (923). Dort endet die eigentliche Paßfahrt. Über Bürglen (551), der Heimat Wilhelm Tells (kleines Museum), hat man bis Altdorf an der St. Gotthard-Route nur noch 9 km. — Altdorf (458) liegt nahe der Reussmündung in den Urner See. Die Hauptstraße 2 über Erstfeld nach Amsteg verläuft fast flach. Ihre Fortsetzung durch das enge Reusstal über Wassen (916) und Göschenen (1101) hinauf nach Andermatt (1447) ist in ihrem oberen Abschnitt straßenbautechnisch sehr interessant, besonders in der wildromantischen Schöllenenschlucht. Sie wird heute durch die aufwendigen Kunstbauten aller hier vertretenen

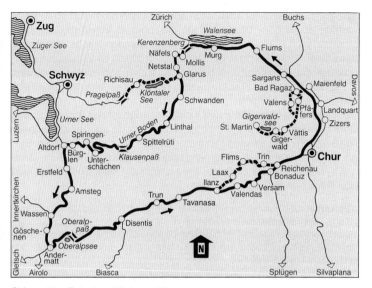

Skizze 47   Zwischen Rhein und Reuss

Verkehrsträger geprägt. Die alte 2er weist einen hervorragenden Ausbauzustand auf. Vor dem Bau der E 35 mit ihrer 16.3 km langen „Superröhre" ging im Abschnitt Wassen-Andermatt alle Faszination von der wildromantischen Reuss aus. Über die Teufelsbrücke steigt die Straße zum „Urner Loch", einem 64 m langen Tunnel an; dahinter öffnet sich ganz unvermittelt das weite Talbecken des Urseren. — In der 32 km langen Straße von Andermatt über den Oberalppaß (2044) nach Disentis besteht eine direkte Verbindung zwischen der Gotthardregion und dem Vorderrheintal. Sie folgt der großen Alpenlängsfurche, die sich nach W durch das Rhonetal bis zum Genfer See/Lac Léman fortsetzt. Während die Urner Paßrampe einen modernen Ausbauzustand bei Fahrbahnbreiten von 6 bis 7 m aufweist, fehlen auf der Ostrampe geeignete Ortsumfahrungen. Der Aufstieg von Andermatt zum Paßscheitel erfolgt in neun Kehren über den Nätschen. Dabei genießt man prächtige Ausblicke auf das trogförmige Urserental und die von markanten Dreitausendern flankierte Furka. Reizvoll ist die Paßregion. Am n. Ufer des langgestreckten Oberalpsees (2085) nehmen Straße und Furka-Oberalpbahn in einer 800 m langen Lawinenschutzgalerie einen gleichgerichteten Verlauf. Die beiden Zufahrten zum „Aussichtshügel" Piz Calmut (2311) dienen militärischen

167

Zwecken und sind für mot. Touristen ausnahmslos gesperrt. — Der Abstieg durch das „Tavetsch", wie das oberste Vorderrheintal auch genannt wird, ist windungsreich, wobei anfangs sechs Kehren zu bewältigen sind. Es fehlt dort auch an großartigen Landschaftseindrücken. Die Ostrampe mißt bis Disentis 21 km. In diesem Ort verdient die uralte Benediktinerabtei Beachtung. Strecke Disentis-Chur einschließlich der Variante und dem Abstecher zur Rheinschlucht → Route 46, Zwischen Rhein und Ticino (in umgekehrter Richtung). Von Chur gelangt man sowohl auf der N 13 als auch auf der alten Landstraße durch das teilweise monotone Rheintal zurück zum AP Sargans. Die 27 km lange Autobahnstrecke besitzt wichtige AA in Landquart, Maienfeld und Sargans. Die Landstraße leitet über Zizers und Bad Ragaz nach Sargans, 28 km.

Abstecher: Von Glarus zum Klöntaler See (848) und auf den Pragelpaß (1550). Eine neue Straße, ursprünglich aus strategischen Überlegungen konzipiert, verbindet Glarus (481) bzw. Netstal über den reizvoll gelegenen Klöntaler See mit dem Scheitel des Pragelpasses, 22 km. — Die 13 km lange Fortsetzung über das sehenswerte Hölloch nach Stalden und Hinterthal ist Samstag, Sonntag und an Feiertagen für den Touristenverkehr ab Richisau gesperrt. — Hin und zurück 44 km. Fahrtechnische Beurteilung: mittel bis schwierig.

Abstecher: Von Bad Ragaz (516) durch das Vättner Tal zum Gigerwaldsee. Wer die Autobahn durch das Rheintal benützt, wählt den AA Maienfeld, um nach Bad Ragaz zu gelangen. Zwei schmale Sträßchen leiten vom bekannten Thermalkurort auf beiden Seiten durch das von der Tamina durchflossene Hochtal: das linksufrige berührt Valens (925) und Vasön (928) und zieht viel gewunden nach Vättis (Vaternalpe). Der Ort (943) liegt am Fuße des Haldensteiner Calanda (2806), dem Hausberg der Bischofsstadt Chur. Das rechtsufrige Sträßchen führt über Pfäfers (820) und Vadura (957) nach Vättis. Beeindruckend ist die romantische Taminaschlucht. Dorthin gibt es eine Zufahrt in Bachnähe durch den Badtobel nach Bad Pfäfers (680). — Eine Durchfahrt von Vättis unter dem Calanda über den Kunkelsattel nach Tamins im Vorderrheintal ist ab der Kantonsgrenze s. von Vättis verboten! — Hingegen kann man im zeitlich geregelten Richtungsverkehr von Gigerwald auf schmalem Sträßchen zum Gigerwaldsee hinauffahren und über sein Südufer weiter bis nach St. Martin (1350) gelangen. Landschaftlich vielseitige Region! Hin und zurück 46 km. Fahrtechnische Beurteilung: mittel bis schwierig.

Straßenkarten für den Alpenfahrer: Das Straßennetz der Schweiz wird von der Karte im Maßstab 1 : 303.000, erschienen im Hallwag-Verlag, und von der Karte im Maßstab 1 : 301.000 des TCS (Touringclub der Schweiz), erschienen bei Kümmerly & Frey, erfaßt. Sie eignen sich sowohl für das Detail als auch für die Übersicht. Gute Dienste leisten auch die zwei Großraum-Kartenblätter der Generalkarte im Maßstab 1 : 200.000.

Route: Schwyz (516) — Muotathal — Hinterthal — Stalden — Pragelpaß (1550) — Richisau — Glarus — Näfels — Niederurnen — Siebnen — Sattelegg (1190) — Willerzell — Birchli — Euthal — Unteriberg — Oberiberg — Ibergeregg (1406) — Rickenbach — Schwyz. 127 km.

Fahrtechnische Beurteilung: mittel

Zeitaufwand: Halbtagestour

Diese Tour durchzieht eine Berge-Seenlandschaft im NO von Schwyz mit vorwiegend Mittelgebirgscharakter. Klöntaler See, Wägitaler See und Sihlsee wurden großzügig angelegt und sind Stauseen. Durch die Nähe der großen Alpenseen wie Züricher See, Zuger See und Vierwaldstätter See wird die beschriebene Zentralschweizer Runde touristisch noch ganz wesentlich aufgewertet. Im Raum von Schwyz gibt es auch mehrere Bergbahnen, unter denen jene auf den Rigi die bekanntesten sind. — Von Schwyz steuert man zunächst Muotathal (610) auf guter Straße an. Nach 13 km hat man in Hinterthal eine wichtige Straßenteilung: re. setzt sich die schmale Straße durch das Bisistal über Dürrenboden (853) in Richtung Glattalpbahn (Seilschwebebahn) fort, 9 km. Li. führt die Bergstraße über Stalden zum Pragelpaß bei 12% Steigung und teilweise geringen Fahrbahnbreiten (Schwankungen zwischen 3 und 6 m) hinauf. Eine Sehenswürdigkeit besonderer Art stellen die Höllochgrotten bei Stalden dar, die mit einer Gesamtlänge von zirka 70 km die größten, bisher erforschten Höhlen der Schweiz sind. Im Bj. war über einen Teil der Glarner Rampe oberhalb von Richisau an Samstagen, sowie an Sonn- und Feiertagen ein allg. Fahrverbot verhängt! Den 5 km langen Klöntaler See (848) umfährt man auf seinem Nordufer. Am Ende des schmalen Seebeckens hält man sich an der Straßenteilung re. und benützt die windungsreiche, jedoch fahrtechnisch interessantere Strecke hinab in Richtung Glarus (die direkte Straße leitet durch das enge Tal der Löntsch hinab nach Riedern, wo sich beide Abfahrten wieder vereinigen). — Man setzt nunmehr auf den Hauptstraßen 17 und 3 seine Rundfahrt fort. Die Strecke bis Siebnen ist allerdings nur teilweise zeitgemäß ausgebaut. Auf der alten 3er fehlen vor allem Ortsumfahrungen. Wer diesen Umstand scheut, benützt besser zwischen Näfels

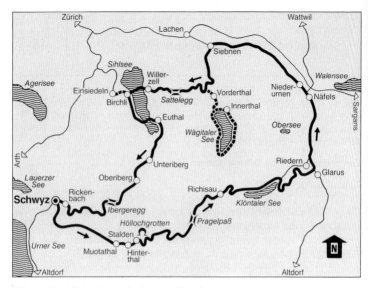

Skizze 48   Kleine Zentralschweizer Runde

(Oberurnen) und Lachen die Autobahn. — Siebnen (446) ist AP der Nebenstraße in das Wägital. Bis zur Straßenteilung Sattelegg bzw. Wägitaler See hat man 6 km zurückzulegen. Dann beginnt die vielgewundene Auffahrt zum Sattelegg (1190) bei max. 14% Steigung. Die Fahrbahnbreite beträgt 5 m, in den Wendepunkten der sieben Kehren ist sie auch etwas breiter. Die vorwiegend bewaldete Strecke und auch der Scheitel bieten kaum Aussicht. Die Westseite des Sattels hat max. 12% Gefälle und nur 4 m Fahrbahnbreite. N. von Willerzell überquert man auf einer knapp 2 km langen Dammstrecke den idyllisch gelegenen Sihlsee (889). Nach vollzogenem Wechsel der Uferseiten setzt man seine Fahrt zunächst auf dem Westufer, dann nach nochmaligem Wechsel auf dem Ostufer über Euthal nach Unteriberg fort. Im Dorf hält man sich an der Straßenteilung re., will man auf das Ibergeregg (1406) gelangen, max. 13% Steigung, Fahrbahnbreite 3.5 m. Mit unübersichtlichen Kurven (teilweise sind Verkehrsspiegel aufgestellt) und mehreren Engstellen wird man auf der Abfahrt in Richtung Rickenbach mit zahlreichen Hindernissen „bedient". Auch dort ist die Fahrbahn nur 3.5 m breit. Vom Paßscheitel Ibergeregg sind bis Schwyz knapp 11 km bei entsprechend behutsamer Fahrweise zurückzulegen.

Abstecher: Von der Wägitaler Straßenteilung lohnt es sich, über Vorderthal noch weiter talein zu fahren und den reizvoll gelegenen Wägitaler See (900) auf seinen Uferstrecken im Uhrzeigersinn zu umrunden, wobei man den Ort Innerthal berührt. Hin und zurück 20 km. Fahrtechnische Beurteilung: leicht bis mittel.

Abstecher: Von Birchli am Sihlsee zur Benediktinerabtei Einsiedeln (881). Die Kirche gilt als bedeutendster Barockbau der Schweiz und ist deshalb besonders sehenswert. Einsiedeln weist aber noch einen 2. Superlativ auf, denn es wurde der berühmteste und meistbesuchte Wallfahrtsort der Schweiz. Hin und zurück 4 km. Fahrtechnische Beurteilung: leicht.

Fünfpässetour der Zentralschweiz***	**49**

Route: Meiringen (595) — Willigen — Innertkirchen — Grimselpaß (2165) — Gletsch — Oberwald — Ulrichen — Nufenenpaß (2478) — Val Bedretto — Airolo — St.-Gotthard-Paß (2108) über die Tremolakehren (= alte Straße) — Hospental — Andermatt — Göschenen — Wassen — Meien-Dörfli — Fornigen — Sustenpaß (2224) — Gadmen — Nessental — Wiler — Innertkirchen — Willigen — Meiringen. 175 km.

Fahrtechnische Beurteilung: leicht bis mittel

Zeitaufwand: Tagestour

Diese Runde berücksichtigt mit ihren Abstechern die dicht angeordneten, anfahrbaren Hochpunkte und landschaftlichen Höhepunkte der Zentralschweiz. Nicht von ungefähr wurde diese Rundtour mit allen drei zu vergebenden Sternchen ausgezeichnet! Wählt man Meiringen zum AP, so ergibt sich eine passende Gelegenheit, auf dem Weg zum benachbarten Ort Innertkirchen (625) auch die großartige Aareschlucht zu besichtigen; die rund 1.5 km lange Klamm wurde in Tausenden von Jahren von der Aare durch einen Felsriegel gesägt. Mit einem kühn angelegten Steig wurde dann die Schlucht erschlossen. — Die Nordrampe des Grimselpasses auf der Berner Seite wurde in den vergangenen Jahren großzügig ausgebaut, wobei drei Tunnels neu errichtet worden sind. Die Steigungsmaxima erreichen nur 10 %, die Fahrbahnbreiten schwanken zwischen 6 und 7.5 m. Auch größere Reisebusse können sich jetzt auf der Grimsel problemlos begegnen. Der Lauf der Aare bewirkte im Haslital die Bildung mehrerer Talstufen, welche von der, aus fünf Einzelwerken bestehenden Gesamtanlage der Kraftwerke Oberhasli zur Gewinnung elektrischer Energie genutzt wird. Die fjordartigen Stauseen verleihen der Paßregion ihren eigenartigen Reiz. In mehreren Windungen und zuletzt mit zwei Kehren klettert die modernisierte Alpenstraße zur Sperrmauer des Stausees Räterichsboden (1767) hinauf, um dann an seinem Ostufer entlangzuziehen. Wenig weiter zeigen sich die Staumauern der Seeuferegg-Sperre und jene der Spitallamm-Sperre. Beide stauen den 5.5 km langen Grimselsee (1909), welcher sowohl vom Oberaargletscher als auch vom Unteraargletscher gespeist wird. Das bewirtsch. Grimselhospiz (1980) thront auf dem Felsriegel des Nollen und bietet einen bemerkenswerten Ausblick nach W auf das Finsteraarhorn (4274). Vom Grimselsee steigt die Hauptstraße 6 mit vier Kehren gegen den Paßscheitel der Grimsel (2165) an, über welchen die Grenze zwischen den Kantonen Bern und Wallis verläuft. Zwischen gerundeten Felsen liegt der winzige Totensee. Auf der Südrampe vollzieht sich der Abstieg nach Gletsch (1757) in sechs dicht übereinander angeordneten Kehren über die steile Meienwand, wobei nunmehr auch der untere Abschnitt großzügig ausgebaut worden ist. Dabei genießt man eindrucksvolle Ausblicke auf den Eiskatarakt des im Rückzug befindlichen Rhonegletschers und zu den Serpentinen der Furkastraße. Durch das Tal zieht das silberne Band der jungen Rhone, die hier im „Goms" Rotten genannt wird. Im Hotelort Gletsch findet die Vereinigung mit der Hauptstraße 19 statt. Distanz von Meiringen bis Gletsch 39 km. Nun hinab nach Oberwald (1386). Der Ort Unterwasser liegt am Ausgang des neuen Furkabahntunnels. — Ulrichen, 11 km von Gletsch entfernt, ist AP der knapp 37 km langen Straße über den Nufenenpaß/Passo della Novena (2478) nach Airolo. Die gesamte Strecke ist staubfrei, auf der Ostrampe wurde abschnittsweise auch eine Betondecke aufgetragen. Die Fahrbahnbreiten schwanken zwischen 5 und 6 m. Die Höchststeigungen liegen auf der Walliser Rampe bei 11% mit einem kurzen Maximum von 13% im Aeginental (dort auch noch einige wenige Engstellen), auf der Tessiner Seite bei 10%. Von Ulrichen hat man bis zur Scheitelhöhe zehn Kehren zu durchfahren und gewinnt auf dieser 14 km langen Bergstrecke einen HU von 1132 m. An der vorletzten Kehre befindet sich re. die Abzw. der für den öffentlichen Verkehr gesperrten, 2 km langen Zufahrt zum Griessee (2386) bzw. zu dessen Staumauer, welche sich mächtig über dem Aeginental erhebt. Die hochalpine Paßregion mit ihrem winzigen See ist von ursprunghafter Wildheit. Großartig ist der Blick gegen NW auf die vergletscherten Drei- und Viertausender der Berner Alpen, aus denen Finsteraarhorn, Schreckhorn und Lauteraarhorn herausragen. In vier Kehren senkt sich die Tessiner Rampe zur Alpe Cruina (2028)

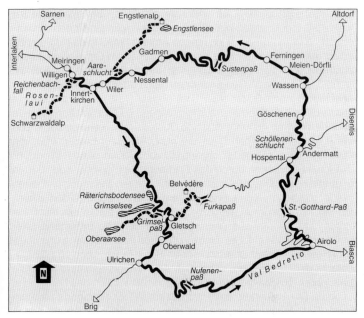

Skizze 49   Fünfpässetour der Zentralschweiz

hinab. Eindrucksvoll ist der Rückblick durch die Val Corno auf den
zerklüfteten Nufenenstock (2866). All'Acqua (1644) liegt direkt unterhalb des San-Giacomo-Passes (2313), welcher allerdings vom N her
nicht anfahrbar ist, sondern nur einen Übergang für Wanderer in das
Formazzatal herstellt. Die Straße talaus nach Airolo an der Gotthardroute wurde zeitgemäß ausgebaut und gewährleistet ein rasches
Vorwärtskommen. Ronco, Bedretto, Villa und Ossasco werden in der
Val Bedretto umfahren. – In Airolo (1175) hat man je nach Witterung
und Straßenzustandsverhältnissen die Wahl, entweder die völlig neu
trassierte Gotthard-Südrampe der Hauptstraße 2 über sechs Kehren
bzw. weit ausholenden Schleifen mit Tiefblicken in das Bedrettotal
und in die Leventina zu benützen oder vom Ponte di mezzo (1729) auf
der kühnen Serpentinenanlage durch die Val Tremola (Tal des Zit-
terns) zum Paßscheitel „hinaufzuklettern". Nach mehrjähriger Sperre
wurde diese äußerst interessante Bergstrecke mit ihren 24, dicht
übereinander errichteten Kehren wieder für den allgemeinen Verkehr
freigegeben. Bei Nässe muß man allerdings die Tremola wegen ihres
gefährlichen glatten Kopfsteinpflasters meiden! – Das Museum auf   173

der Paßhöhe (2108) zeigt auf eindrucksvolle Weise die Geschichte der Gotthardüberquerungen mit all ihren Schwierigkeiten in der Vergangenheit. — Während der 9 km langen Abfahrt hinab in das Urserental verliert man 628 Höhenmeter bei ausgeglichenem Gefälle von durchschnittlich 8%. Von Hospental (1480) nach Andermatt verläuft die Straße 3 km fast flach. Von Andermatt durch die romantische Schöllenenschlucht nach Göschenen und Wassen (916) hat man auf der Hauptstraße 2 elf Kilometer zurückzulegen. — Die zwischen Wassen und Innertkirchen 46 km messende Sustenstraße weist durchgehend eine 6 m breite Fahrbahn auf, die max. Steigung beträgt 9%. Von Wassen ist bis zur Scheitelhöhe ein HU von 1300 m, auf der Westrampe nach Innertkirchen durch das Gadmental ein solcher von 1600 m zu überwinden. Die Sustenstraße zählt wegen ihrer beispielhaften Anlage, die sich hervorragend der Landschaft anpaßt, zu den schönsten Hochstraßen im Alpenraum. Sie kommt mit einem Minimum von Kurven und Kehren aus und weist auch sehr ausgewogene Steigungsverhältnisse auf. Sie nimmt in Wassen ihren Ausgang und überwindet mit einer nach N ausholenden Schleife die wilde Mündungsschlucht der Meienreuss; dabei sind drei Tunnels und eine Kehre zu durchfahren. Noch vor Meien-Dörfli (1274) öffnet sich das freundliche Meiental. Die Paßstraße zieht, vorbei am Weiler Fernigen (1450), in langen Geraden taleinwärts. Über zwei, dem Steilhang abgerungene Kehren, erreicht man nach 18 km das Ostportal des 325 m langen, unbeleuchteten Scheiteltunnels. Am w. Ausgang des Tunnels auf der Berner Seite des 2259 m hohen Sustenpasses hat man unvermittelt ein großartiges Panorama vor sich. Es fächert sich während der Abfahrt noch weiter auf. Besonders eindrucksvoll ist der gewaltige, vom Gwächtenhorn (3420) und von den Tierbergen herabziehende Steingletscher, ein mächtiger Eisstrom, welcher im SO von der markanten Pyramide des Sustenhorns (3503) flankiert wird. Die Paßstraße, welche dem Motorradfahrer einen bemerkenswerten Fahrtgenuß vermittelt, senkt sich allmählich über den Himmelrank in den Boden des Gadmentals. Niemand versäume auf diesem letztgenannten Abschnitt eine Rast einzulegen, um das großartige Hochgebirgspanorama mit Muse zu genießen! Am Bäregg passiert man mehrere kurze Tunnels und fährt dann über fünf Kehren auf bewaldeter Strecke hinab nach Gadmen (1205), das von den zerklüfteten Kalkriffen der Gadmerfluh (2779) überragt wird. Die Talfahrt hinab nach Innertkirchen gestaltet sich abwechslungsvoll. Unterhalb von Nessental (925) zweigt re. das Stichsträßchen zum Engstlensee ab. Bei Wiler (760) bietet sich ein Durchblick zum unverwechselbaren Großen Engelhorn (2781). Von Innertkirchen zurück bis Meiringen sind es noch 6 km.

Abstecher: Von Willigen in das Rosenlaui (1313) und zur Schwarzwaldalp (1467). Zwischen Innertkirchen und Willigen nimmt die neu trassierte Bergstrecke von der Grimselstraße ihren Ausgang. Sie windet sich in mehreren Kehren zunächst durch den Wald zum Gh. „Zwirgi" empor. Von dort leitet ein kurzer Fußsteig zum imposanten Reichenbachfall. Setzt man seine Fahrt auf dem Bergsträßchen fort, so zeigen sich bald die trutzigen, stets firnbedeckten Paradegipfel von Wetterhorn und Eiger (3970). Bei Gschwandtenmaad (1311) weitet sich die Aussicht auch auf die Engelhörner und den Rosenlauigletscher. Das Sträßchen, teilweise nur mehr einspurig und geschottert, erreicht nach 8.5 km beim Gh. „Rosenlaui" den EP der öffentlich benützbaren Strecke. Eine Weiterfahrt zur Schwarzwaldalp ist nur den Bussen der PTT erlaubt. Hin und zurück 17 km. Fahrtechnische Beurteilung: mittel.

Abstecher: Vom Grimselpaß zum Trübegg (2379) und Oberaarsee (2303). Das zwar asphaltierte, jedoch nur einspurige Werksträßchen der Kraftwerke Oberhasli AG hat seinen AP unmittelbar am Scheitel der Grimsel. Auf dem 6 km langen, mautfreien Privatsträßchen wurde ein ampelgeregelter Einbahnverkehr eingerichtet: zur vollen Stunde steht die Ampel am Beginn auf Grün; jeweils zur halben Stunde wird vom EP am Oberaarsee freie Fahrt signalisiert. Die Einfahrtphasen betragen beiderseits 10 Min. Ein Einordnen in den fließenden Richtungsverkehr ist daher genau zu beachten! Die Höchstgeschwindigkeit ist mit 40 km/h begrenzt, die max. Steigung beträgt 12%. Das Sträßchen verläuft, mäßig ansteigend, an der steilen Bergflanke hoch über dem Grimselsee nach W. Man hat unvergeßliche Ausblicke auf das Finsteraarhorn (4274) und das Lauteraarhorn (4042). Unterhalb der Lauteraarhütte zieht der gewaltige Eisstrom des Unteraargletschers herab. Am Trübegg erreicht das Werksträßchen in 2379 m Höhe seinen Kulminationspunkt; anschließend leitet es auf einer Gefällestrecke über zwei Kehren zum bewirtsch. Berghaus Oberaar (2338) und zum Oberaarsee hinab. Von der Dammkrone kann man Prachtblicke auf den Oberaargletscher und das Oberaarhorn genießen. Hin und zurück 12 km. Fahrtechnische Beurteilung: mittel.

Abstecher: Von Gletsch zur Furka-Scheitelhöhe (2431). Die Walliser Rampe ist komplett ausgebaut und erfüllt alle Ansprüche, die mit einem reibungslosen Verkehrsablauf verbunden sind. Wegen ihrer Hochlage erstreckt sich die Wintersperre in der Regel von November bis Mai. Im Rahmen der Rundtour wurde nur die 10 km lange Walliser Rampe in den Tourenvorschlag miteinbezogen, weil sie zweifellos zu den attraktivsten Strecken im schweizerischen Raum zählt. Von Gletsch (1757) zunächst am Rande des breiten Gletscherbodens mit vier Kehren, einer Geradstrecke und nochmals einer Kehrengruppe hinauf zum Belvedere (2274). Die Straße führt dabei unmittelbar an den gewaltigen Eiskatarakt des Rhonegletschers heran; dort hat man auch eine künstliche Eisgrotte gestaltet. Die aussichtsreiche Scheitelhöhe der Furka erreicht man mit einem letzten, kurzen Serpentinenanstieg. Zirka 500 m vor der Wasserscheide bietet sich der umfassendste Ausblick auf das Oberwallis mit den vergletscherten Drei- und Viertausendern der Berner Alpen. Hin und zurück 20 km. Fahrtechnische Beurteilung: leicht bis mittel.

Abstecher: Zwischen Nessental und Wiler Abzw. von der Sustenstraße zur Engstlenalp (1837). 3 km oberhalb Wiler (735) zweigt re. das gebührenpflichtige Bergsträßchen zur Engstlenalp ab. Es ist bei einer Fahrbahnbreite von nur 3.2 m durchgehend staubfrei. Ausweichstellen erkennt man auf Sichtweite. Die Steigung überschreitet nirgends 12%. Die Mauteinhebestelle befindet sich beim Gh. „Wagenkehr" (1213), das man nach einer kurvigen Steigungsstrecke im Mühlewaldtal erreicht. Dahinter wendet sich die Straße dem malerischen Gental zu. Im Rückblick zeigen sich die zerklüfteten Engelhörner (2885), darüber Wetterhorn und Schreckhorn (4078). Nach 13 km endet die Fahrt am stimmungsvollen Engstlensee, dessen eindrucksvolle Kulisse die firnbedeckten Felsgestalten der Titlisgruppe (3238) und der Wendenstöcke bilden. Hin und zurück 26 km. Fahrtechnische Beurteilung: mittel.

50	**Rund um das Brienzer Rothorn****

Route: Thun (560) — Steffisburg — Oberei — Schallenberg-Sattel (1167) — Schangnau — Wiggen — Schüpfheim — Sörenberg — Glaubenbüelenpaß (1611) — Kleinteil — Giswil — Lungern — Brünigpaß (1008) — Brienzwiler — Brienz — Interlaken — Unterseen — Merlingen — Gunten — Thun. 150 km.

Fahrtechnische Beurteilung: mittel

Zeitaufwand: Halbtagestour

Eine ausgewählte Route, welche sowohl im Hinterland großer Alpenseen mehrere Hochpunkte berührt als auch lange Uferstrecken im N des Brienzer und Thuner Sees miteinbezieht. Als touristische Höhepunkte lassen sich der Schallenberg-Sattel zwischen Oberei und Wiggen, der Glaubenbüelenpaß zwischen Sörenberg und Kleinteil, der Brünigpaß zwischen Lungern und Brienzwiler, die Uferstrecken im N von Brienzer und Thuner See sowie der lohnende Abstecher von Interlaken nach Beatenberg (1150) bezeichnen. Den Motorradfahrer wird die vielgewundene, abschnittsweise schmale Ostrampe des Glaubenbüelenpasses besonders ansprechen. Stärkere Verkehrsfrequenzen weisen Brünigpaß und die n. Uferstraße am Brienzer See auf. Die Runde wurde im Hinblick auf eine landschaftliche Steigerung von Thun aus im Uhrzeigersinn vorgegeben. — Vom günstig erreichbaren Straßenknoten Thun bzw. Thun-Nord der N 6 zunächst in den Nachbarort Steffisburg und hinauf nach Oberei (907). Die Westrampe

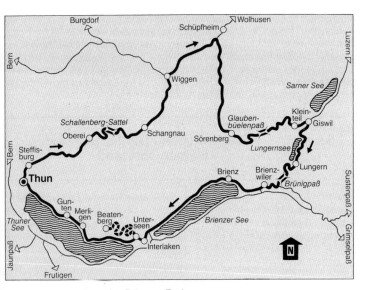

Skizze 50   Rund um das Brienzer Rothorn

des Schallenberg-Sattels weist nur einen HU von 260 m auf, den man mit wenigen Kehren gewinnt. Auf der Ostrampe gelangt man nach Schangnau (930) hinab und fährt dann über Marbach nach Wiggen. Noch vor Schüpfheim verläßt man das Entlebuch re. durch das Tal der Waldemme. In Sörenberg (1159) beginnt die offiziell als „Panoramastraße" bez. Bergstrecke des Glaubenbüelenpasses. Steigung bzw. Gefälle sind mit 12% ausgeschildert. Re. hat man die Talstation der Seilbahn auf das Brienzer Rothorn (2350), einen berühmten Aussichtsberg, auf den von der Brienzer Seite eine Zahnradbahn hinaufführt. Die Talstation liegt außerhalb von Sörenberg und ist vom Ort 2.5 km entfernt. Der Scheitel des Passes und vor allem die Ostrampe vermitteln vortreffliche Ausblicke auf den Sarner See, das Stanser Horn und den Pilatus. S. von Giswil (485) mündet man in die Hauptstraße 4 ein und gelangt über den zahmen Brünigpaß (1008) bei max. 10% Gefälle hinab nach Brienz und auf der 21 km langen Uferstrecke weiter nach Interlaken (572). Man bleibt nun auf der Norduferstraße und fährt am Rande der Beatenbucht über Merligen und Gunten nach Thun zurück. Der Parkplatz für Besucher der Beatushöhlen (621) befindet sich zirka 6 km von Interlaken entfernt. Die labyrinthartig angelegten Tropfsteinhöhlen sind sehenswert.

Abstecher: Von Interlaken nach dem hübsch, auf einer Terrasse gelegenen Beatenberg (1150). Die windungsreiche, teilweise sehr schmale, 13 km lange Straße bewältigt von Unterseen einen HU von knapp 600 m mittels zwölf Kehren. Der Luftkurort ist durch eine Sesselbahn mit dem aussichtsreichen Niederhorn (1950) verbunden. Eine Durchfahrt auf Karrenwegen nach Sigiswil bzw. Gunten mit Querung des eingeschnittenen Justistals ist nicht möglich und auch verboten. Hin und zurück 26 km. Fahrtechnische Beurteilung: mittel.

51	Pässe zwischen Genfer See und Berner Oberland

Route: Aigle (417) — Le Sépey — Col des Mosses (1445) — La Lécherette — Les Moulins — Montbovon — Epagny — Broc — Charmey — Jaun — Jaunpaß (1509) — Reidenbach — Zweisimmen — Saanenmöser — Saanen — Gstaad — Gsteig — Reusch — Col du Pillon (1546) — Les Diablerets — Col de la Croix (1778) — Villars-sur-Ollon — Ollon — Aigle. 168 km.

Fahrtechnische Beurteilung: leicht bis mittel

Zeitaufwand: Halbtagestour

Zwischen Thuner und Genfer See sind die „Pässezwillinge" Col des Mosses und Col du Pillon von größerer Bedeutung. Während der Col des Mosses den bequemeren Übergang in das Untere Rhonetal darstellt, entschädigt die Strecke über den Col du Pillon durch ihre Ausblicke auf die Diablerets (Teufelshörner). Auch findet der Bergfahrer im Col de la Croix landschaftlich und fahrtechnisch eine interessante Fortsetzung auf dem Weg zum Genfer See bzw. in das Rhonetal. Eine willkommene Alternative zum modern ausgebauten Col des Mosses bietet der weit im W gelegene Sattel Les Agites (1558), welcher ursprünglich als Militärsträßchen konzipiert wurde. Als Verbindungsspange fungiert schließlich in der vorgegebenen Runde der Jaunpaß (1509), welcher eine direkte Verbindung zwischen Bulle und Interlaken herstellt. Die Rundtour unternimmt man mit Vorzug im Uhrzeigersinn. — Von Aigle im Rhonetal folgt man der Hauptstraße 11 hoch über der Grande Eau mit zahlreichen Windungen hinauf nach Le Sépey (975) im Ormont-Dessous. An der großen Straßenteilung hält man sich li. und erreicht nach insgesamt 18 km den fast flachen Scheitel des Col des Mosses (1445). Nach SO blickt man auf La Tornette (2540) und den Pic Chaussy (2351), letzterer ist als Schiberg bekannt. Château-d'Oex (958) bleibt re. liegen, indem man s. des Ortes die Hauptstraße verläßt und über Les Moulins auf einer, das Haute Gru-

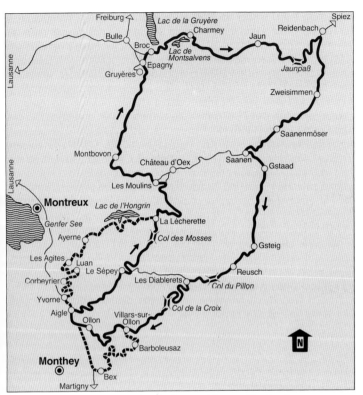

Skizze 51   Pässe zwischen Genfer See und Berner Oberland

yère durchziehenden Verbindungsstraße in Richtung Bulle weiterfährt. Will man das malerische Städtchen Gruyères besichtigen, so
muß man bereits in Epagny abzweigen und der HT folgen. – Die
Rundtour berührt Bulle nicht. Um einen Umweg zu vermeiden, folgt
man von Epagny re. der kurzen Verbindung nach Broc, 2 km. Die viel
landschaftliche Abwechslung bietende Bergstrecke zum Jaunpaß
(1509) leitet dicht am Lac de Montsalvens vorbei nach Charmey.
Neben dem Jaunbach führt sie in den Ort Jaun und bei max. 14%
Steigung zum bewaldeten Scheitel des Passes hinauf. Die Fahrbahnbreite beträgt 6 bis 7 m. Es sind nur drei Kehren zu durchfahren, aber
mehrere unübersichtliche Kurven. Die NO-Rampe hinab nach Reidenbach (845) wartet mit zehn Kehren und einem Gefälle von 11%
auf, die Fahrbahnbreite beträgt auf dieser Seite nur 4 m (in den Wen-   179

depunkten 7 m). — Kurz vor Reidenbach hat man den n. Wendepunkt der Runde erreicht und folgt nunmehr bis Saanen der Hauptstraße 11, welche kurvig durch das enge Simmental zunächst nach Zweisimmen (948) führt und dann mit 9% Steigung mäßig zum Sattel von Saanenmöser (1279), einem im Winter vielbesuchten Schigebiet, ansteigt. Nach kurzem Gefälle geht es dann nach Saanen hinab. Auf dem Weg zum Col du Pillon berührt man Gstaad (1050), bekannt als Aufenthaltsort prominenten Publikums. Die nun schmäler werdende Straße zum Col du Pillon (1546) zieht kaum merklich ansteigend (max. 9%) durch das freundliche Saanetal. Man passiert Gsteig (1189) mit seinen schönen alten Holzhäusern. Nun verengt sich das Tal und man strebt dem kleinen Ort Reusch (1383) zu. Nach Überschreiten der Kantonsgrenze zwischen Bern und Waadt ist der Scheitel des Passes erreicht. Die Fahrbahnbreite beträgt dort zirka 12 m, im direkten Umfeld der Diablerets-Seilbahnen auch mehr. Die Bergstation auf den Diablerets-Gletscher befindet sich in einer Höhe von 3000 m. Nun 5 km auf der Westrampe hinab in den Ort Les Diablerets (1185). — Eine 17 km lange, gut ausgebaute Bergstraße leitet durch das Ormont-Dessus zum Col de la Croix (1778) hinauf und talwärts über Villars-sur-Ollon (1253) und Ollon nach Aigle. Diese empfohlene Bergstrecke ist fahrtechnisch wesentlich interessanter als die direkte Abfahrt von Les Diablerets über Sépey hinab ins Tal.

Variante: Von Aigle über Yvorne nach Les Agites (1558) und über die „Route de l'Hongrin" nach La Lécherette (1379) an der Mosses-Route. Dieses 32 km lange Bergsträßchen wird nur während des Sommers samstags und sonntags für den öffentlichen Transitverkehr freigegeben. Die SW-Rampe darf jedoch bis zum Scheiteltunnel von Les Agites (Gipfel 1626 m) bei entsprechender Witterung und Wegeverhältnissen auch täglich befahren werden. Die Wasserscheide befindet sich bei Ayerne (1490) am Beginn des Hochtales, in dem auch der Lac de l'Hongrin (1255) aufgestaut wurde; er entwässert zur Sarine ins Haute Gruyère. — Auf der SW-Rampe hat man bis Corbeyrier (920) zahlreiche Serpentinen zu bewältigen. Ein Tunnel mit automatischer Richtungsregelung (Phasenwechsel alle 15 Min.) wurde zwischen Luan und Les Agites durch den Fels geschlagen. Die Hangstrecke hoch über dem Stausee mit seinen fjordähnlichen Gliedern beeindruckt den Vorüberziehenden. Die Steigungsverhältnisse sind ausgeglichen und erreichen max. 14%. Die Bergstrecken sind schmal und nur einspurig befahrbar, es gibt aber genügend Ausweichmöglichkeiten. Plus 14 km. Fahrtechnische Beurteilung: mittel bis schwierig.

Variante: Von Villars-sur-Ollon führt ein s. Zweig über Barboleusaz nach Bex ins Rhonetal. Diese kurvenreiche Strecke bringt für den Motorradfahrer viel Fahrvergnügen. Auf der gut ausgebauten Hauptstraße 9 gelangt man schließlich nach Aigle. Plus 10 km. Fahrtechnische Beurteilung: mittel.

ITALIEN

Kleine Karnische Runde**	52

Route: Comeglians (548) — Mieli — Tualis — Casera Chiadinis (1967) — Sella Valcalda (958) — Cercivento — Sutrio — Baita da Rico — Rif. Enzo Moro — Monte Zoncolan (1730) — Liariis — Ovaro — Comeglians. 64 km.

Fahrtechnische Beurteilung: mittel bis schwierig

Zeitaufwand: Halbtagestour

Der Routentitel mag zwar bescheiden klingen, der tatsächliche Routenverlauf ist jedoch für den Motorradfahrer wesentlich anspruchsvoller! Die alpine Region ist charakteristisch für den N Friauls: dort bildet der Karnische Kamm, welcher in der Hohen Warte/Monte Coglians (2780) kulminiert, die natürliche Grenze gegen Kärnten; im W begrenzen die Pesarinischen Dolomiten und im O Teile der Julischen Alpen den hier erfaßten Raum. Die gesamte Rundstrecke läßt sich in zwei voneinander unabhängige Schleifen gliedern: die n. Schleife beinhaltet die Panoramica delle Vette mit ihrem höchsten Punkt (1967) oberhalb der Casera Chiadinis alta, wenig unterhalb des Monte Crostis (2250). Die s. Schleife bezieht sich auf die aussichtsreiche Höhenstraße über den Monte Zoncolan (1730). Zwischen beiden Schleifen zieht die SS. 465 von Comeglians über die Sella Valcalda (958) nach Sutrio bzw. Paluzza hindurch, welche auch als Basisstrecke für die beschriebenen Hochpunkte fungiert. — Wählt man Comeglians zum AP für eine Befahrung der Panoramica delle Vette, so hat man auf ihrer Westrampe 27, teilweise sehr enge Kehren zu bewältigen. Die Straße leitet über Mieli zunächst nach Tualis (898) hinauf, wo die eigentliche Bergstrecke beginnt. Von der 29 km langen Panoramastraße waren im Bj. nur 8 km oberhalb von Tualis ausgebaut und asphaltiert. Aus diesem Grund wird die Befahrung der Straße nur auf eigene Gefahr hin geduldet, HT. Auf der Ostrampe waren im Bj. ab Sella Valcalda nur 7 km fertiggestellt, die restliche Strecke über den Scheitel war geschottert und wies Fahrbahnbreiten zwischen 3 und 4

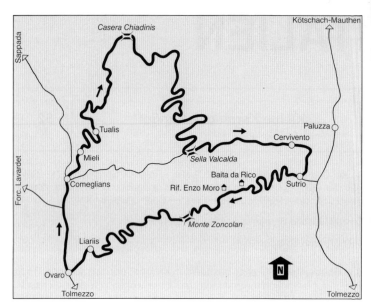

Skizze 52   Kleine Karnische Runde

m auf; hinzu kam eine unzulängliche Beschilderung. Im W ist die Aussicht auf die Felsgipfel der Pesariner Dolomiten erwähnenswert. Von
der Ostrampe bieten sich bemerkenswerte Ausblicke in die Julischen
Alpen. – AP zur Befahrung der 24 km langen Höhenstraße über den
Zoncolanrücken nach Ovara (525) ist Sutrio (570), weshalb man seine Runde von der Sella Valcalda auf der SS. 465 zunächst über Cercivento (Umfahrung im S) nach Sutrio fortsetzt. Oberhalb des Ortes
beginnt der Serpentinenanstieg über zehn Kehren in ein gut erschlossenes Schigebiet. Die Bergstraße war im Bj. auf 10 km vorzüglich ausgebaut, was auch eine zügige Fahrweise ermöglichte. Der Ausbau
endete bei den Hütten Baita da Rico bzw. Rif. Enzo Moro in 1320 m
Seehöhe. Die restliche Strecke über den Pian di Val bis zu den drei
unbeleuchteten Scheiteltunnels wies im Bj. Schotterbelag, nach heftigen Gewittern auch starke Auswaschungen und tiefe Rinnen auf.
Die Steigungsmaxima betragen im O 18%, im W 10%. Zwischen
dem Scheitel und Liariis überwindet das ehem. Militärsträßchen einen
HU von über 1000 m auf einer Länge von nur 9 km! Von der Scheitelstrecke gelangt man in wenigen Min. zu Fuß auf die Gipfelkuppe
des Monte Zoncolan mit Aussicht auf die Pesariner Dolomiten und

den Karnischen Kamm mit der Hohen Warte (2780). Gut einzuse-
hen ist auch der serpentinenreiche Verlauf der Panoramica delle
Vette an der Südflanke des Monte Crostis. Von Ovaro fährt man auf
der SS. 355 durch den Canale di Gorto zurück nach Comeglians.

Rund um den Karnischen Kamm**	**53**

Route: Lienz i.O. (669) − Oberdrauburg − Gailberg-Sattel (982) − Kötsch-
ach-Mauthen − Ederwirt − Plöckenpaß (1362) − Paluzza − Sutrio − Monte
Zoncolan (1730) − Ovaro − Abzw. Comeglians − Prato − Crostas − Forc.
Lavardet (1542) − Campolongo − S. Stefano di Cadore − Campitello −
Kreuzberg-Sattel (1636) − Moos − Sexten − Innichen − Vierschach − Sillian
− Mittewald − Lienz i.O. 199 km.

Fahrtechnische Beurteilung: mittel

Zeitaufwand: Tagestour

Wesentlich weiter durch die Region der Karnischen Alpen holt diese
Runde gegenüber dem beschriebenen kleinen Giro aus. Mit ihr werden fünf, für den Motorradfahrer technisch und auch landschaftlich
interessante Pässe bzw. Hochpunkte „aufgefädelt". Als AP wählt man
mit Vorzug Lienz i.O. In rascher Fahrt gelangt man drauabwärts nach
Oberdrauburg, 21 km. Einen fortschrittlichen Ausbau weist die B 110
über den Gailberg-Sattel (982) auf; ihre Steigungsverhältnisse sind
gut ausgeglichen (Nordrampe 10 %, Südrampe nur 8 %). Ausgesetzte
Stellen wurden durch Leitplanken abgesichert. Man durchfährt den
Doppelort Kötschach-Mauthen und folgt, begleitet vom Valentins-
bach, der nur mehr 5 bis 6 m breiten Straße über den „Ederwirt" hinauf zum Plöckenpaß/Passo di Monte Croce Carnico (1362), wobei
zuletzt Steigungsmaxima von 13 % zu überwinden sind. − Eine Doku-
mentation der Dolomiten- und Kärntner Front befindet sich im Rathaus von Kötschach-Mauthen. Im besuchenswerten Plöckenmuseum
sind außer Fotos, Karten und Originalskizzen auch zahlreiche Fund-
gegenstände ausgestellt. Sie zeigen das Schicksal der Soldaten an
der hochalpinen Front und tragen zum näheren Verständnis der Zeit-
geschichte in diesem umkämpften Grenzraum bei. Ein Freilichtmuseum ist nahe dem Plöckenpaß am Kleinen Pal entstanden. − Auf der
kehrenreichen Südrampe hinab nach Timau (Tischlwang) besteht bei

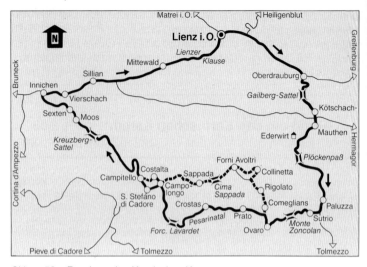

Skizze 53   Rund um den Karnischen Kamm

Nässe erhöhte Rutschgefahr. Besondere Vorsicht erheischen auch die zu durchfahrenden Tunnels bzw. Galerien. Paluzza (602) wird im W umfahren; knapp 2 km weiter im S ist re. die Abzw. der SS. 465 zur Sella Valcalda bzw. über die Butbrücke nach Sutrio, wo die Zoncolan-Höhenstraße ihren Ausgang nimmt → Route 52, Kleine Karnische Runde. – Man gelangt über Ovaro nach Comeglians (553) und folgt dort der SS. 465 durch das anmutige Pesarinatal, welches im N von den Pesariner Dolomiten (Monte Terza grande, 2586) begrenzt wird. Eine besondere Sehenswürdigkeit dieses Tales ist der „Schiefe Turm" in Prato Carnico (663). Die Bergstraße steigt oberhalb von Crostas (1036) merklich an und hat auf der Forc. Lavardet (1542) ihren höchsten Punkt. – Besonders sportlich eingestellte Motorradfahrer schätzen die interessante Anlage von 14 dicht aufeinanderfolgenden Kehren auf der Nordrampe des Passes, max. 12% Gefälle. Im Bj. war die nicht ausgebaute Nordrampe wegen der teilweise grob geschotterten Passagen nur für Enduros geeignet, Abrutschungen nach heftigen Regengüssen erschwerten das Vorwärtskommen; eine Befahrung erfolgte auf eigene Gefahr. Die Fahrbahnbreiten schwankten zwischen 3 und 7 m. Die SS. 465 mündet bei Campolongo (940), ö. S. Stefano di Cadore (908), in die Sappada-Route ein. – Kaum fahrtechnische Schwierigkeiten gibt es auf der 37 km langen Strecke von S. Stefano di Cadore über den Kreuzberg-Sattel (1636) bis nach

Innichen (1174). Die Italiener kennen zwei Pässe unter dem Namen „Monte Croce". Zur Unterscheidung fügen sie beim Kreuzberg-Sattel die Bezeichnung „Comelico" hinzu, wogegen der Plöckenpaß den Beinamen „Carnico" trägt. Beim Kreuzberg handelt es sich um einen relativ niedrigen und schwach frequentierten Übergang zwischen dem Comelico und dem Hochpustertal. Der HU beträgt von S. Stefano bis zum Scheitel 730 m, talwärts bis Innichen nur 465 m. Die Südrampe wartet mit max. 8% Steigung auf, die Nordrampe oberhalb von Moos mit 12% und einem günstigen Straßenverlauf. Die zahlreichen Felsnadeln, Türme und Spitzen hat man in den Sextener Dolomiten li. der Fahrtrichtung; sie sind für manche der Inbegriff einer Dolomitenlandschaft. Re. der vorgegebenen Fahrtrichtung erheben sich die Karnischen Alpen mit wesentlich sanfteren Zügen. Bei Innichen findet man Anschluß an die SS. 49, welche windungsreich zur ital.-österr. Grenze leitet. – Die B 100 über Sillian, das im Bj. noch ohne Umfahrung war, ist gut ausgebaut und erlaubt entsprechende Reisedurchschnitte. Das Tal der Drau verengt sich hinter Mittewald zusehends und weitet sich erst wieder hinter der Lienzer Klause, wo das Pustertal im O endet. Lienz ist mit dem Schloß Bruck eine sehenswerte Kleinstadt, welche am Zusammenfluß von Isel und Drau liegt. In der Hauptreisezeit wird sie allerdings von einer Verkehrslawine förmlich überrollt.

Variante: Von Comeglians über Sappada nach Campolongo. Zunächst leitet die SS. 355 durch den Canale di Gorto aufwärts. Oberhalb von Rigolato unternimmt der sportlich eingestellte Motorradfahrer den Abstecher durch ein Seitental hinauf zu den Häusern von Collinetta und zu den winzigen „Bergnestern" Sigilletto und Frassenetto (1089). Der geringe Umweg lohnt sich wegen der Ausblicke auf die Hohe Warte, welche sich im Talhintergrund aufbaut, und in der Gegenrichtung in die Pesariner Dolomiten. Mit einem Gefälle von 15% auf asphaltierter, knapp zweispuriger Straße gelangt man in Forni Avoltri wieder auf die SS. 355. Im erneuten Anstieg mit max. 15% kommt man schließlich nach Cima Sappada/Oberbladen (1286) und über Sappada (1217), einer deutschen Sprachinsel, durch das Tal des jungen Piave auf vorzüglicher Straße hinab nach Campolongo. Dort mündet man in die SS. 465 ein. Plus 6 km. Fahrtechnische Beurteilung: mittel bis schwierig.

Variante: Von Campolongo über Costalta nach Costalissoio und Campitello an der SS. 52. Für besonders Unternehmungslustige bietet sich im Raum von S. Stefano eine fahrtechnisch interessante Alternative an: sie leitet als schmale Höhenstraße von Borgata Mare ö. Campolongo über die Aussicht bietenden Abhänge des Monte Zovo hoch über S. Stefano nach Costalissoio und mündet wenig weiter in die Kreuzberg-Paßstraße ein. Plus 1 km. Fahrtechnische Beurteilung: mittel.

Route: San Stefano di Cadore (908) — Campolongo — Forc. Lavardet (1542) — Sella di Razzo (1760) — Sauris — la Maina — Passo di Pura (1425) — Ampezzo — Villa Santina — Comeglians — Rigolato — Collinetta — Sigilletto — Frassenetto — Forni Avoltri — Cima Sappada (1286) — Sappada — Campolongo — San Stefano di Cadore. 124 km.

Fahrtechnische Beurteilung: mittel bis schwierig

Zeitaufwand: Halbtagestour

Diese Rundtour umfaßt vor allem die Pesariner Dolomiten, doch wartet sie mit Sauris, der deutschen Sprachinsel Zahre, und ihrem Abstecher durch das Zötztal zu den Piavequellen noch mit weiteren touristischen Höhepunkten auf. — Von S. Stefano di Cadore zunächst hinauf zur Forc. Lavardet (1542) → Route 53, Rund um den Karnischen Kamm (in umgekehrter Richtung). Auf zweispurig ausgebauter, nur 4 km langer Spange weiter bergan zur Sella di Razzo (1760). Nunmehr wechseln die Fahrbahnbreiten hinab nach Sauris di sopra/Oberzahre (1394) und Sauris di sotto/Unterzahre (1214) ständig (im Bj. Stelle mit weggespülter Trasse, nur mit LM umfahrbar). Die Straße ist windungsreich und hat unter dem Monte Pezzocucco mehrere Serpentinen mit ausgeprägten Haarnadelkurven. Von Unterzahre leitet die Bergstraße hinab zum aufgestauten Lago di Sauris (977) und benützt sein Ostufer. Man tangiert die Häusergruppe la Maina, umfährt die Plottempochbucht und gelangt zur Krone der Staumauer: dort hat man an der Gabelung die Wahl zwischen der Straße durch die wildromantische Lumieischlucht direkt nach Ampezzo (559) hinab, 10 km, oder der Seeuferstraße, welche den See auch bald verläßt, um in Serpentinen zum Passo del Pura (1425) mit dem Rif. Tita Piaz anzusteigen. Diese, für den Zweiradfahrer interessantere Straße senkt sich im S mit neun Spitzkehren zur Mauriapaßstraße SS. 52 hinab, in die sie nach 19 km ab Straßenteilung bei der Osteria al Pura (726) einmündet. Vom Purapaß richten sich die Ausblicke hauptsächlich auf die Berge im N mit Monte Pieltinis (2027) und Monte Torondon (2019) bzw. Oberkofel (2034). Von Ampezzo bleibt man auf der SS. 52 bis zum Straßenknoten Villa Santina (363), wo man auf die SS. 355 trifft. Dieser Staatsstraße folgt man durch den Canale di Gorto nach Come-

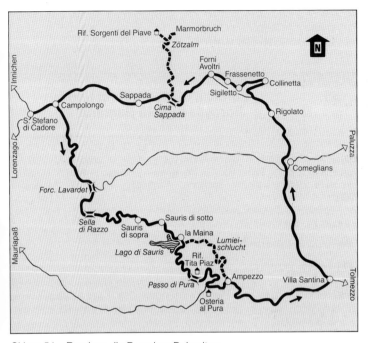

Skizze 54   Rund um die Pesariner Dolomiten

glians, 13 km, und benützt für die Rückfahrt die Sappada-Route →
Route 53, Rund um den Karnischen Kamm, wie als Variante beschrieben. Von Campolongo zurück nach S. Stefano di Cadore.

Variante: Die Direktverbindung von la Maina nach Ampezzo führt durch die
wildromantische Lumieischlucht und wurde teilweise in den Felsen gehauen.
Minus 9 km. Fahrtechnische Beurteilung: mittel.

Abstecher: Von Cima Sappada (1286) führt nach N ein geteertes Sträßchen
durch das Zötztal/Valle di Sesis, welches nach 8 km am Rif. Sorgenti del Piave
(1830), wenig unterhalb des Canevapasses (1853), endet. Der Talschluß mit
den Piavequellen ist sehenswert. Eindrucksvoll ist der Blick im oberen Zötztal
auf den Monte Peralba/Hochweißstein (2694); dort befand sich im Ersten
Weltkrieg die höchste Geschützstellung der österr. Artillerie in den Karnischen
Alpen. Die max. Steigung der Straße durch das Zötztal beträgt 18%;
abschnittsweise hat man eine nur einspurige Straße mit Ausweichstellen. —
Folgt man an der Zötzalm dem mit 132 bez. Fahrweg in Richtung Calvihütte,
so können geübte Bergfahrer noch bis zum Marmorbruch (2030) hinauffah- **187**

ren. Bei einer Steigung von max. 12% durchfährt man auf der einspurigen Bergstrecke acht Serpentinen, 1.5 km. — Hin und zurück 19 km. Fahrtechnische Beurteilung: mittel bis schwierig.

55	Forcella di Monte Rest und Forcella di Pala Barzana*

Route: Ampezzo (560) — Forc. di Priuso (660) — Forc. di Monte Rest (1052) — Tramonti di sopra — Ponte Racli — Navarons — Poffabro — Pian d. Merie — Forc. di Pala Barzana (842) — Bosplans — Val Cellina — Maniago — Lestans — Pinzano al Tagliamento — Abzw. Flagogna — Casiacco — Bagni — S. Francesco — Pozzis — Sella Chianzutan (954) — Verzegnis — Tolmezzo — Socchieve — Ampezzo. 148 km.

Fahrtechnische Beurteilung: mittel

Zeitaufwand: Tagestour

Diese Rundfahrt ist auf die Erwartungen des Zweiradfahrers wie zugeschnitten: verkehrsarme, abwechslungsvolle Routenführung mit sehr kurvenreichem Straßenverlauf. Sie wird im W von der Cellina, im O vom Tagliamento begrenzt. Zu den beiden, im Titel genannten Pässen ist als „Zuckerl" noch die serpentinenreiche Sella Chianzutan (954) zuzuzählen. — Im Lumieital zweigt 4 km sö. von Ampezzo die ausgebaute SS. 552 von der SS. 52 ab. Über den zahmen Sattel von Priuso (660) gelangt man bald in das Tal des Tagliamento. Nach Überquerung des Flusses gewinnt man bei max. 12% Steigung die Scheitelhöhe des Passo Rest (1052) mit dem Rifugio. Die asphaltierte Bergstraße leitet zwar vorwiegend durch dichten Mischwald, doch gewährt sie wiederholte Male gute Ausblicke in das Tal des Tagliamento. Straßenbautechnisch interessant ist ein stark gekrümmter Kehrtunnel durch den felsigen Steilhang. — Der Abstieg von der Scheitelhöhe hinab nach Tramonti di Sopra (426) vollzieht sich über 20, zum Teil enge Kehren. An allen ausgesetzten Stellen wurden Leitschienen zur Absicherung angebracht. Am Ortsbeginn von Tramonti hält man sich li. und benützt die Umfahrung. Auf dem Ostufer des langgestreckten Lago di Tramonti gelangt man zum Ponte Racli und wenig weiter re. zur gelb beschilderten Abzw. der Pala Barzana-Touristenstraße. Von Navaronz setzt man seine Fahrt über Poffabro (455) und Pian d. Merie fort, wo der Serpentinenanstieg zum Paß beginnt. Als strategisch

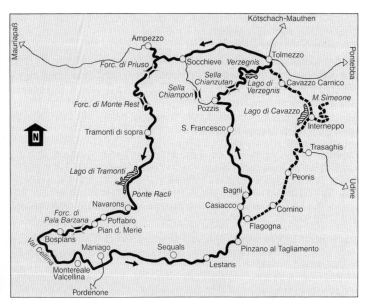

Skizze 55   Forcella di Monte Rest und Forcella di Pala Barzana

wichtige Verbindung nach Cimolais wurde die Straße über die Forc. di
Pala Barzana (842) während des Ersten Weltkrieges erbaut; auf der
Scheitelhöhe ist eine würdige Gedenkstätte für die dort Gefallenen
der Alpinitruppe angelegt worden. – Die Abfahrt hinab zum Weiler
Bosplans erfolgt über 16 Kehren auf durchwegs asphaltierter Straße.
W. von Barcis (409) mündet man li. in die Straße durch das Cellinatal
ein; die wildromantische, enge Schluchtstrecke wird durch eine Tun-
nelstraße unter dem Monte Fara abgelöst, wodurch das Verkehrsauf-
kommen in dieser bisher ruhigen Zone entsprechend emporschnellen
wird. Montereale Valcellina (317) läßt man re. liegen und folgt der vorgegebenen Route über Maniago in Richtung Sequals und Lestans am
Südrand der Alpen weiter bis man bei Pinzano den Tagliamento
erreicht. Landschaftlich und fahrtechnisch hochwertig verläuft nun die
Strecke über Casiacco nach San Francesco. Man verläßt das breite
Tagliamentotal über einen Sattel, der in das vom Arzino durchflossene
Nebental hinüberleitet. Auf der Bergstrecke bei Bagni sind mehrere,
dicht übereinander angeordnete Kehren zu bewältigen, weiter n.
schließt eine Strecke mit Tunnels bzw. Galerien an. – In Pozzis, am
Fuße des Monte Verzegnis (1915), gelangt man zu einer Straßentei-   189

lung: li. über die Sella Chiampon (790) nach Socchieve an der SS. 52, 12 km. Man hält sich jedoch re., will man als letzten touristischen „Leckerbissen" der beschriebenen Runde noch die Sella Chianzutan mit der lohnenden Abfahrt bei 11 % Gefälle durch das Verzegnis miteinbeziehen. Bemerkenswert sind dabei die Ausblicke auf den Lago di Verzegnis, ehe man hinab in das Tagliamentotal kommt. Die breite, durch ihre umfangreichen Schotterablagerungen gekennzeichnete Talsohle überquert man im S von Tolmezzo (323). Auf der SS. 52 kehrt man nach Ampezzo zurück.

Variante: Von Flagogna über den Lago di Cavazzo nach Tolmezzo. 4 km n. von Pinzano al Tagliamento zweigt man re. nach Flagogna ab und folgt der Straße über Cornino und Peonis flußaufwärts. Kurz vor Trasaghis wechselt man die Talseite und mündet in die SS. 512 nach li. ein. Man folgt ihr über das Ostufer des Lago di Cavazzo nach Interneppo und über den Ort Cavazzo Carnico (280) nach Tolmezzo. Minus 4 km. Fahrtechnische Beurteilung: mittel.

Abstecher: Von Interneppo (195), das am reizvollen Ostufer des Cavazzosees liegt, leitet ein interessantes Bergsträßchen durch ausgedehnten Buschwald auf den Monte San Simeone (1506) mittels 15 Serpentinen hinauf, HT. Es endet wenig unterhalb des Gipfels und ist nur teilweise geteert, im übrigen Verlauf geschottert, wird aber gut instand gehalten. Ohne Zweifel ist der Serpentinenanstieg mit den Ausblicken in die breite Furche des Tagliamentotales für den Motorradfahrer ein besonderes Erlebnis, wobei man auf einer knapp zweispurigen Straße runde 1200 m zu überwinden hat! Hin und zurück 24 km. Fahrtechnische Beurteilung: mittel bis schwierig.

56	**Rund um die Sextener Dolomiten***

Route: Innichen (1174) — Sexten — Moos — Kreuzberg-Sattel (1636) — Padola — S. Anna — Zovopaß (1489) — S. Caterina — Auronzo di Cadore — Ansieital — Bivio Dogana Vecchia — Misurinapaß/Col Sant'Angelo (1757) — Schluderbach — Neutoblach — Innichen. 89 km.

Fahrtechnische Beurteilung: mittel

Zeitaufwand: Halbtagestour

Die Runde ist geeignet, gute Einblicke in ein touristisch hochbedeutsames Gebiet mit den östlichen Dolomiten zu gewinnen. AP ist Innichen/S. Candido. Als weitere AP bieten sich aber auch alle an der

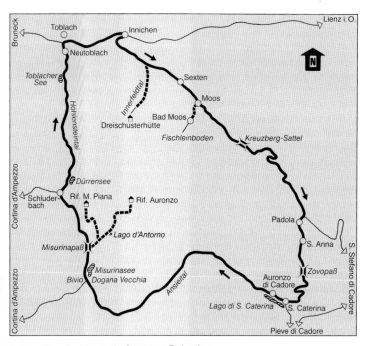

Skizze 56   Rund um die Sextener Dolomiten

Rundfahrtstrecke gelegenen Orte an, besonders jene im Puster- und Sextental. Der Kreuzberg-Sattel/Passo M. Croce di Comelico (1636) bildet einen relativ niedrigen und schwach frequentierten Übergang vom Hochpustertal in das Comelico. Weit mehr besucht werden die Seitentäler, wie das Innerfeldtal und das Fischleintal. Im S des Passes gibt es nur einige wenige Ziele, welche eine Anfahrt lohnen; zu ihnen zählt die Bergstraße von Campitello über den Col Cestella hinauf nach Danta di Cadore (1398). Im Durchzugsverkehr stellt der Kreuzberg-Sattel die wichtige Verbindung vom Pustertal nach Friaul (Udine), Julisch-Venetien und zur nördlichen Adria her. Die Steigungen erreichen auf der Nordrampe wenig oberhalb von Moos 12%, auf der Südrampe nur 8%. Der Straßenzug ist ausgebaut und überall mit Randsicherungen versehen. Die durchgehend asphaltierte Fahrbahn ist zwischen 5 und 8 m breit. Felsnadeln, Türme und Spitzen charakterisieren die Sextener Dolomiten, welche viel Faszination ausstrahlen. Während der Paßscheitel (dort deutsch-ital. Sprachgrenze) freie

Aussicht über die Almböden zu den ihn umrahmenden Bergen bietet, leiten beiderseits des Sattels seine Rampen durch ausgedehnte Waldgebiete. Die Karnischen Alpen weisen, entwicklungsgeschichtlich bedingt, wesentlich sanftere Züge auf als die vielgezackten Dolomiten. — Von Innichen sind es bis zum Kreuzberg-Sattel nur 15 km. Nach weiteren 10 km zweigt man im Comelico Superiore re. ab und folgt der SS. 552 über Padola und S. Anna hinauf zum Zovopaß (1489) in guter Aussichtslage. Diese Paßstraße ist wesentlich schmäler als die Durchgangsstraße in Richtung S. Stefano di Cadore. Die Steigungsverhältnisse sind unterschiedlich: im N 12%, im S 15% auf windungsreicher und teilweise unübersichtlicher Rampe mit 19 Kehren. Mitten in der Waldeinsamkeit steht auf der Nordrampe die St.-Anna-Kapelle aus dem 17. Jh. Bevor man die Scheitelhöhe erreicht, kommt man dicht am Laghetto Sant'Anna vorüber. Auf dem Scheitel befindet sich die, dem hl. Antonius geweihte Kapelle, weshalb dieser Übergang auch unter dem Namen St.-Antonius-Höhe bekannt ist. Im Juni breitet sich in dieser Höhenlage ein wunderbarer Teppich hochalpiner Flora aus. Am s. Ende des langgestreckten Lago di San Caterina mündet man in die SS. 48 ein. — Der Zovopaß läßt sich bei widrigen Straßenzustandsverhältnissen im S durch einen zirka 4 km langen Tunnel umfahren; ab Dosoledo bleibt man dabei auf der SS. 52 und folgt in S. Stefano kurz dem Piave flußabwärts, um dann beim Ponte d. Lasta re. den Straßentunnel nach S. Caterina zu benützen. — Die SS. 48, welche normal ausgebaut ist, führt durch das stark bewaldete Ansieital zur Straßengabel „Bivio Dogana Vecchia" (1641) hinauf und mündet nach 22 km in die SS. 48bis re. ein. Sie überwindet zuletzt einen HU von 300 m mit max. 14% Steigung. Zum Misurinapaß/Col Sant'Angelo (1757) hat man dann nur knappe 2 km zurückzulegen. Die landschaftliche Beurteilung des Misurinasees mit seinem Umfeld ist bei den Touristen unterschiedlich: auf manche mag der erste Eindruck etwas enttäuschend wirken, andere Besucher wiederum entzückt diese Hochregion! Es kommt sehr darauf an, zu welcher Tageszeit, bei welcher Beleuchtung und vor allem von welcher Seite her man ihn betrachtet. Von seinem Südufer hat man zwar den Blick auf die Drei Zinnen, doch haben sie von dieser Seite nicht ihre charakteristische Form von drei freistehenden Berggestalten; vielmehr erwecken sie den Eindruck eines Felsmassivs mit Doppelgipfel. — Bei einem durchschnittlichen Gefälle von 11% fährt man nun hinab zum Ponte delle Marogna, über welchen die Provinzgrenze zwischen Belluno und Bozen verläuft, und gelangt wenig weiter zum aufstrebenden Hotelort Schluderbach/Carbonin (1438). Auf der frequentierten Strada d'Alemagna fährt man durch das meist düstere und auch

Stilfser Joch, Südtirolor Rampe, Kehre 1 mit prachtvollem Ortlerblick → Route 67, Durch die Ortler-Cevedale-Gruppe. Foto Harald Denzel

Jaufenpaß, Südrampe. Der oberste Abschnitt bietet eindrucksvolle Tiefblicke. Neben der Straße steht das Passeirer Jaufenhaus → Route 27, Rund um die Stubaier Alpen. Foto Harald Denzel

Zwischen Susa- und Chisonetal → Route 84, **Assietta-Kammstraße** und Chisonetal. Foto Helga und Michael Braun

Abfahrt vom Gardettapaß auf der **Maira-Stura-Kammstraße** gegen Osten → Route 86, Durch den Südwesten Piemonts. Foto Helga und Michael Braun

Von den felsigen Passagen des **Kaiserjägersträßchens** hat man gute Tiefblicke auf den Caldonazzosee → Route 69, Durch die Hochebene der Sieben Gemeinden. Foto Thanalak Denzel

Monte-Piana-Sträßchen, unterer Abschnitt → Route 56, Rund um die Sextener Dolomiten. Foto Harald Denzel

Auf der Nordrampe zum **Sellajoch** → Route 59, Rund um die Sella. Foto Harald Denzel

Auffahrt vom Colle Chaberton zum **Mont Chaberton** auf der stark geschotterten Kehrenanlage →
Route 85, Rund um den Chaberton. Foto Helga und Michael Braun

enge Höhlensteintal auf einem schmalen Korridor zwischen zwei Naturparks. Man gelangt über den Dürrensee, welcher teilweise verlandet ist, und den Toblacher See hinaus in das Hochpustertal, wo man bei Neutoblach in die SS. 49 re. einmündet und 5 km weiter wieder in Innichen zurück ist. Nicht versäumen darf man den faszinierenden Blick vom w. Ufer des Dürrensees auf die vielgezackte Cristallogruppe, eines der typischen und meistfotografierten Dolomitenmotive.

Abstecher: Zwischen Innichen und Sexten zweigt von der SS. 52 re. das asphaltierte Sträßchen ins Innerfeldtal ab, HT „Dreischusterhütte". Das nur einspurig mit Ausweichen auf Sicht angelegte Hochtalsträßchen leitet zunächst durch lichten Lärchenwald und üppige Wiesen geradlinig und dabei sanft ansteigend talein. Im weiteren, nunmehr kurvigen Anstieg mit Maxima von 16% hat man zwei Bachfurten und eine Serpentinengruppe mit engen Kurven zu überwinden. Die Geschwindigkeit ist mit 30 km/h beschränkt. Nach 4 km stellt man vor einem Sperrschranken beim Antoniusstein (1500) sein Fahrzeug auf einem Parkstreifen neben der Fahrbahn ab. Zur Dreischusterhütte hat man dann noch einen Fußweg von 30 Min. Hin und zurück 8 km. Fahrtechnische Beurteilung: mittel.

Abstecher: Von Moos (1337) zum Fischleinboden (1454). Mit Superlativen soll man zwar sparsam umgehen, aber das Fischleintal ist halt eine dolomitische Bilderbuchlandschaft: die berühmte Sextener Sonnenuhr mit dem Neuner, dem Zehner, der Rotwandspitze, dem Elfer (3092) und dem Zwölfer (3094) sowie dem Einser ist im Alpenraum einmalig. Auffällig ist auch der Kontrast zwischen dem üppigen, lärchenbestandenen Wiesengrund des Fischleinbodens und den wildzerklüfteten Felszinnen, die über den steilen, von Geröllreißen durchzogenen Hängen aufragen. Das Talinnere wurde für den öffentlichen Verkehr gesperrt. Ein Großparkplatz befindet sich in Bad Moos an der Talstation des Rotwiesen-Kabinenliftes, ein weiterer nur wenig talein; diese Plätze werden vorwiegend von Bergwanderern bzw. Hüttenbesuchern benützt. Hin und zurück 6 km. Fahrtechnische Beurteilung: leicht.

Abstecher: Vom Misurinapaß zum Rif. Monte Piana (2205). Vom Paßscheitel zweigt bei der Enzianhütte nach O eine Straße ab, die sich nach 500 m nochmals gabelt: li. hat man das kühn angelegte, durchgehend asphaltierte Sträßchen auf den Monte Piana. Nach knapp 5 km endet es beim gleichnamigen Schutzhaus. Die Fahrbahnbreiten schwanken zwischen 2.5 und 5 m, die Wendepunkte in den einst sehr engen Serpentinen wurden im Zuge von Sanierungsmaßnahmen teilweise verbreitert, die ursprüngliche Steigung von max. 20% etwas entschärft. Ausweichstellen gibt es auf Sichtweite. Ausgesetzte Stellen wurden mit Leitplanken bzw. Holzplanken abgesichert. Mit insgesamt acht Kehren hat man einen HU von 450 m zu bewältigen. Im oberen Streckenabschnitt beeindrucken vor allem die Tiefblicke auf den Misurinasee. Wiederhergestellte Frontsteige, Kavernengänge und ehem. Stellungsanlagen vergegenwärtigen auf dem Gipfelplateau die damalige Art der Kampfführung der österr. bzw. ital. Gebirgstruppe auf realistische Weise. Die „Dolomitenfreunde" haben dort oben unter Anleitung des hochverdienten Oberst Walther Schaumann für die Touristen ein Menschenalter später dieses besuchenswerte Freilichtmuseum errichtet. Hin und zurück 10 km. Fahrtechnische Beurteilung: schwierig.

Abstecher: Vom Misurinapaß auf der Drei-Zinnen-Straße zum Rif. Auronzo (2320). Diese Bergstraße zählt zu den landschaftlich schönsten Touristenstraßen in den Dolomiten. AP ist der Misurinapaß/Col Sant'Angelo (1757). Die bis 8 m breite Asphaltstraße überwindet einen HU von zirka 600 m bis zur Auronzohütte. Dazwischen gibt es neun Kehren und Steigungsmaxima bis 20%. Ausgesetzte Wendepunkte wurden mit Leitplanken abgesichert. Die 7.5 km lange Bergstrecke wird auch von Omnibussen stark befahren, daher muß man erhöhte Aufmerksamkeit walten lassen! Die Mauteinhebung erfolgt nach 2 km beim Rif. Lago d'Antorno (1866), kurz hinter dem gleichnamigen, idyllisch gelegenen See. Die Geschwindigkeit wurde mit 40 km/h begrenzt. Von der Bergstrecke bieten sich bemerkenswerte Ausblicke auf den Misurinasee und auf die Cadinigruppe. Neben dem meist überfüllten Parkplatz an der Auronzohütte findet man weiter oben in zirka 2400 m an der, gegen die w. Zinne herangeführte Serpentine zusätzliche Abstellplätze. Eine Weiterfahrt auf dem schmalen, ehem. Militärsträßchen über die Alpinikapelle in Richtung Paternsattel ist strikte verboten! — Mit dem Ausbau der Drei-Zinnen-Straße hat der Massentourismus am Fuß des weltberühmten Felsensembles endgültig Einzug gehalten. An sommerlichen Schönwettertagen zirkulieren dort oben ganze Heerscharen von Ausflüglern, die allerdings vergeblich „Erholung in den Bergen" suchen. Hin und zurück 15 km. Fahrtechnische Beurteilung: mittel.

57	**Rund um den Monte Pelmo****

Route: Cortina d'Ampezzo (1211) — Pocol — Giaupaß (2233) — Selva di Cadore — Costa — Pescul — Forc. Staulanza (1766) — Zoldo Alto — Dont-Villa — Forno di Zoldo — Sommariva — Fornesighe — Forc. Cibiana (1536) — Cibiana — Venas — Vodo — Borca — S. Vito di Cadore — Cortina d'Ampezzo. 96 km.

Fahrtechnische Beurteilung: mittel

Zeitaufwand: Halbtagestour

Von Cortina d'Ampezzo zunächst 6 km auf der Großen Dolomitenstraße hinauf nach Pocol (1527); dort nimmt die Straße zum Giaupaß, SS. 638, li. ihren Ausgang, HT. In mäßigem Gefälle fährt man kurz hinab

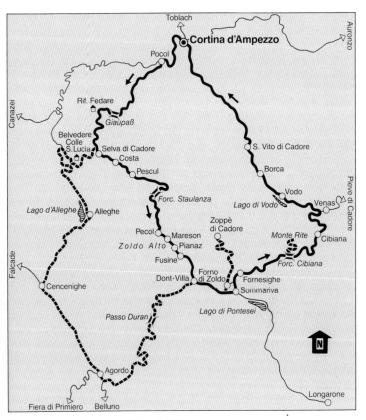

Skizze 57   Rund um den Monte Pelmo

zum Falzaregobach. Hinter der Brücke beginnt die stark bewaldete Anstiegsstrecke. Die NO-Rampe präsentiert sich bis hinauf zum Scheitel als modern ausgebaute, 10 km lange Bergstraße mit normalen Fahrbahnbreiten. Bis zur oberen Waldgrenze zählt man 31 numerierte Kehren. Die durchwegs asphaltierte Straße überwindet einen HU von rund 700 m, wobei die Steigungen 12% nicht überschreiten. Auf der Scheitelstrecke hat man die markanten Felsgestalten von Gusela, Nuvolau und Averau im Blickfeld. — Vom höchsten Punkt (2233) leitet die Durchgangsstraße bei nur mäßigem Gefälle vorbei am Hotel „Enrosadira" zunächst in w. Richtung. Die generelle Trassenführung ändert sich ab dem Rif. Fedare (2000) bei km 13 von W nach S. Eindrucksvoll ist der Tiefblick durch das steil herabziehende Codalongatal auf die zahlreichen, übereinander angeordneten Serpentinen der Südrampe, welche eine Meisterleistung ital. Straßenbaukunst darstellen. Drei Lawinengalerien sorgen für die Sicherheit der Straßenbenützer, vor allem während der nicht schneefreien Jahreszeit. Auf der 7 km langen, hervorragend ausgebauten Bergstrecke bis zu ihrer Einmündung in die SS. 251 im N von Selva di Cadore (1335) hat man 24 Kehren zu durchfahren und überwindet dabei einen HU von 922 m. Das Gefälle wird mit 12% angegeben. Die gesamte Strecke von Pocol nach Selva mißt 22 km. − Den Straßenzug der SS. 251 durch das Fiorentinatal über den Staulanzapaß (1766) in das Zoldotal kann man als touristisch bedeutsame Alternative zur stark frequentierten Olympiastraße durch das Ampezzotal auffassen. Beide Routen werden durch eine Kette hoher Berge, deren hervorragendste Erhebungen Croda da Lago, Monte Pelmo und Monte Rocchetta sind, voneinander geschieden. Im landschaftlich ansprechenden Fiorentinatal berührt man die Orte Selva di Cadore, Costa und Pescul, im jenseits der Forc. Staulanza sich erstreckenden Zoldotal das aufstrebende Zoldo Alto mit seinen Fraktionen Pecol, Mareson, Pianaz und Fusine. Die Nordrampe ist ausgebaut, teilweise auch neu trassiert, die Südrampe wurde zwar in einigen Abschnitten modernisiert, doch ist sie windungsreich geblieben. Die Fahrbahnbreiten schwanken zwischen 6 und 8 m, durchwegs wurde Asphaltbelag aufgetragen. Die max. Steigung beträgt im N 9%, im S beim Anstieg von Pecol zum Col di Vallon (1522) kurz 14%. − Kommt man von N und fährt die Scheitelhöhe an, so hat man im Vorblick den Felskoloß des Monte Pelmo. Nun glaubt man, daß die Straße im Talschluß endet, weil das Gelände keinerlei Fortsetzung erkennen läßt und ist dann überrascht, wie sie unvermittelt hinter einem bewaldeten Rücken nach re. abbiegt und sich in einem Seitental zwischen Monte Crot und dem Pelmomassiv einen kehrenarmen Übergang in das obere Zoldotal verschafft. Während die Nordrampe von einer streng dolomitischen Landschaft geprägt wird, durchmißt man im S der Forc. Staulanza einen mehr lieblichen als großartigen Landstrich. Am Zusammenfluß von Duran und Maè erreicht man den Doppelort Dont-Villa (935), 3 km weiter den Straßenknoten Forno di Zoldo (810). − Die Rundtour setzt man von Forno di Zoldo über die Forc. Cibiana (1536) nach Venas di Cadore fort, 21 km. Es ist zweckmäßig, zunächst der SS. 251 1.5 km bis zu den Häusern von Sommariva zu folgen, will man die verwinkelte Durchfahrt der weit verstreuten Siedlung von Forno di Zoldo meiden. Eine Straße in Bachnähe verbindet mit Fornesighe (977) an der SS.

347. Knapp zweispurig windet sich das Paßsträßchen durch lichten Lärchenwald zur Scheitelhöhe hinauf, ohne nennenswerte Ausblicke zu bieten. Erst die Paßhöhe gewährt beschränkte Aussicht auf die Erhebungen um den Monte Rocchetta (2468). Die kehrenreiche NO-Rampe wurde neu asphaltiert und weist jetzt bei ihrer Befahrung stark verbesserte Eigenschaften auf. Das Gefälle beträgt unverändert 15%. Auch der Abschnitt unterhalb des Kasernenortes Cibiana di Cadore vermittelt talaus über die Boitebrücke akzeptable Straßenverhältnisse. Am w. Ortseingang von Venas di Cadore (775) mündet man scharf li. in die SS. 251 (Alemagna) ein. Man berührt im Anschluß daran die Terrassenorte Vodo, Borca und S. Vito di Cadore, ehe man nach 22 km auf der überbreiten Olympiastraße Cortina d'Ampezzo (1211) erreicht.

Variante: Von Selva di Cadore über den Belvedere Colle S. Lucia (1475) hinab in das Cordevoletal und rund um die Civetta nach Dont-Villa. Von besonderem touristischen Interesse ist die 13 km lange Bergstrecke über den berühmten Aussichtspunkt mit dem grandiosen Blick auf die NW-Wandflucht der Civetta (3220). In der Tiefe glitzert der Wasserspiegel des Sees von Alleghe. Die Bergstraße ist teilweise recht kühn in die steil abfallenden Hänge trassiert; sie ist durchgehend zweispurig, hat aber einige enge Kurven, ihr Gefälle erreicht 9%. An der Straßenteilung nach 7 km hält man sich scharf li., denn geradeaus würde man zum Falzáregopaß gelangen. Die Talstraße SS. 203 über Alleghe und Cencenighe bietet bis Agordo kaum Nennenswertes. Erst die 21 km lange Verbindungsspange SS. 347 über den wenig frequentierten Passo Duran (1601) ist wieder eine „Augenweide" und bietet auch echtes Fahrvergnügen. Während die SW-Rampe einen HU von runden 1000 m bewältigt, reduziert sich der HU im NO des Passes auf „nur" 650 Höhenmeter. Bemerkenswert sind die Ausblicke auf die Palagruppe und zur Moiazza (2878). Auf der Scheitelhöhe steht das gj. bewirtsch. Rif. San Sebastiano. Der Ausbauzustand der Paßstraße ist unterschiedlich: SW-Rampe gut, NO-Rampe wies im Bj. Engstellen in den Ortschaften auf. Steigungen bzw. Gefälle sind mit max. 14% angegeben. In Dont-Villa mündet man in die SS. 251 ein. Plus 36 km. Fahrtechnische Beurteilung: mittel bis schwierig.

Abstecher: Von Forno di Zoldo (840) nach Zoppè di Cadore (1461). Die 9 km lange Bergstraße nimmt im ö. Ortsteil Soccampo ihren Ausgang von der SS. 251, HT. Sie führt über Bragarezza (sehr enge Ortsdurchfahrt) zunächst in das vom Rutorto eingeschnittene Hochtal auf meist bewaldeter, zweispuriger Strecke; die Steigungsmaxima erreichen 15%. Die besten Ausblicke, sowohl auf die Südseite des Monte Pelmo als auch auf die vielgezackten Zoldiner Dolomiten, hat man von der obersten Kehre bei der Locanda Belvedere. Der Anblick des Monte Pelmo, mit einer Felsenburg vergleichbar, ist faszinierend! Hin und zurück 18 km. Fahrtechnische Beurteilung: leicht bis mittel.

Abstecher: Von der Forc. Cibiana auf den Monte Rite (2181). Vom Scheitel des Sattels (1536), gleich neben dem Rif. Remauro, nimmt der geschotterte, einspurige Fahrweg seinen Ausgang, HT. Bereits während der Auffahrt auf der nicht abgesicherten Serpentinenstrecke hat man bemerkenswerte Ausblicke auf den Sassolungo di Cibiana (2413), den Sfornioi (2410), den Sasso Bosco Nero (2409) und den Monte Rocchetta (2468), welche den östlichen Zoldiner Dolomiten zugeordnet sind. Das 7.5 km lange Gipfelsträßchen ist bis zu den Kavernen (ehem. Kriegsunterkünfte) befahrbar, die Steigungsverhältnisse sind ausgeglichen und betragen max. 12%. Vom Gipfelplateau, auf dem eine Relaisstation errichtet wurde, hat man auch gute Ausblicke auf den Monte Pelmo (3168) und über das Ampezzotal hinweg zum häufig schneebedeckten Antelao (3263), der höchsten Erhebung im S der Sorapisgruppe. Im Bj. befand sich neben dem Rif. Remauro ein Fahrverbotsschild ohne Zusatztafel. Aktuelle Information erteilt der Hüttenwirt. Hin und zurück 15 km. Fahrtechnische Beurteilung: mittel bis schwierig.

58	**Im Banne der Marmolata*****

Route: Canazei (1465) — Pecol — Pordoijoch (2239) — Arabba — Buchenstein — Salesei — Andraz — Cernadoi — Falzáregopaß (2105) — Pocol — Giaupaß (2233) — Selva di Cadore — Caprile — Rocca Pietore — Malga Ciapela — Fedaiapaß (2056) — Penia — Alba — Canazei. 111 km.

Fahrtechnische Beurteilung: leicht bis mittel

Zeitaufwand: Tagestour

Die Große Dolomitenstraße steigt hinter Canazei zuerst in einer weit ausholenden Schleife, dann in sechs dicht aufeinanderfolgenden Kehren auf der li. Seite des Antermonttales empor. Man gelangt zur Capanna Lupo Bianco (1715) mit den Talstationen zweier Doppelsesselbahnen. Am Rande des Pian Schiavaneis hat man eine Straßenteilung: geradeaus zum Sellajoch, scharf re. über Pecol hinauf zum Albergo Pordoi (2117). Fast jede Wegbiegung eröffnet eine andere, faszinierende Aussicht; besonders imposant baut sich die himmelstürmende Felsbastion der Sella mit ihren markanten Querbänderungen auf. Mit neun weiteren von insgesamt 25 Kehren auf der Westrampe, erreicht man das Pordoijoch (2239), den höchsten Paß im Zuge der Großen Dolomitenstraße Bozen-Cortina. Steigungen bzw. Gefälle betragen nur 8%. Man hat grandiose Ausblicke auf den Rosengarten, die Langkofelgruppe und den Sellastock. — Die kühne,

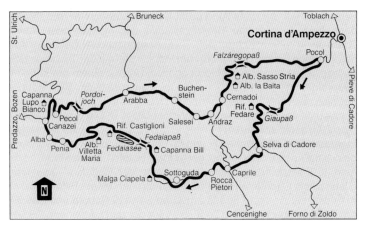

Skizze 58   Im Banne der Marmolata

ohne Zwischenpfeiler errichtete Großkabinen-Seilbahn auf den Sass Pordoi bringt den Fahrgast in nur 4 Min. auf die Pordoispitze (2950), wobei sie einen HU von 720 m überwindet. Von der Bergstation bietet sich ein umfassendes Panorama, welches von der Bernina bis zu den Julischen Alpen reicht! Im SO beherrscht die majestätisch aufragende Marmolata das Blickfeld. – Die ö. Paßrampe hinab nach Arabba zählt 33 numerierte Kehren, die sich wie auf einer „Schiefen Ebene" gut überblicken lassen. Vor sich hat man den im Ersten Weltkrieg heiß umkämpften Col di Lana (2452), welcher ein Eckpfeiler der damaligen Dolomitenfront war. Die Spitze dieser „Blutberg" genannten Erhebung wurde von den Italienern gesprengt, wobei es zahlreiche Menschenopfer gab; zurück blieb von ihr nur ein gähnender Krater. – Die SS. 48 leitet bei sanftem Gefälle über Arabba (1601) hinab nach Pieve di Livinallongo/Buchenstein (1470). Das benachbarte Salesei wurde durch seinen schön gelegenen Soldatenfriedhof auf dem Pian di Salesei bekannt; er erstreckt sich wenig oberhalb des Cordevole. Andraz (1414) läßt man re. unterhalb der Durchzugsstraße liegen. Die gut ausgebaute, normal breite Straße zum Falzáregopaß (2105) setzt sich mit einer Steigung von 8% oberhalb von Cernadoi (1512) fort. Durch ein von freundlichen Lärchenwäldern umgebenes Hochtal schraubt sich die Straße, rasch an Höhe gewinnend, durch 20 Kehren empor. Oberhalb vom Albergo la Baita (1600) hat man li. die Häuser von Castello (1726) mit der Burgruine Buchenstein, dahinter ragt der Hexenstein/Sasso di Stria (2477) auf. Die SS. 48 tangiert den Pian di **199**

Falzárego, auf dem das Albergo al Sasso di Stria steht, beschreibt dann eine ausgeprägte Haarnadelkurve und verschwindet wenig oberhalb in einem Kehrtunnel. Vom Ausgangsportal hat man nur mehr wenige hundert Meter bis zum Paßscheitel mit der Talstation der Seilschwebebahn zum Kleinen Lagazuoi (2778), einem großartigen Panoramapunkt. Von der Scheitelhöhe richtet sich der Blick hauptsächlich nach SW zur eisgepanzerten Marmolata (3343), welche den Mittelpunkt der beschriebenen Rundtour bildet. — Die Große Dolomitenstraße senkt sich auf der Ostseite des Falzáregopasses, vorbei an mehreren Einkehrstationen li. und re. des frequentierten Verkehrsweges, hinab nach dem schön gelegenen Hotelort Pocol (1530), den man 10 km talwärts erreicht. Fortsetzung der Rundfahrt über den Giaupaß bis Caprile → Route 57, Rund um den Monte Pelmo, wobei man diesmal die neue Straße zwischen Selva di Cadore und Caprile am Fiorentinabach entlang benützt. — Mit der durchgehenden, 29 km langen Verbindung Caprile-Canazei bietet sich mit der SS. 641 über den Fedaiapaß eine hochalpine Fortsetzung der Runde an. Von der Straßenvereinigung n. von Caprile (1014) zunächst hinauf nach Rocca Pietore (1156). Vor Sottoguda verläßt die neue Straße den Pettorinabach. Von der die Schlucht überspannenden Brücke bieten sich schwindelerregende Tiefblicke. Die alte Straße, welche stets in Bachnähe durch die wildromantische Sottogudaschlucht führt, konnte man im Bj. auch noch befahren. Die Wiedervereinigung beider Straßen erfolgt auf der Malga Ciapela (1450) mit Talstation der großen Marmolata-Seilbahn, welche die höchste Seilbahn der Dolomiten ist. Die Bergstation (3270) befindet sich knapp unterhalb der Punta di Rocca. — Von der Malga Ciapela auf nunmehr ausgebauter Hochtalstraße, an zahlreichen Heuhütten vorbei, hinauf zur Capanna Bill. Über den Pian de Lobbia (1943) weiter zum Kleinen Fedaiasee (2028) und über das Nordufer des Großen Fedaia-Stausees zum Rif. E. Castiglioni (2054) am w. Seespitz. Die alte, s. Uferstraße wurde gesperrt, doch kann man die Zufahrt bis zur Marmolata-Kabinenseilbahn (Bergstation beim Rif. Pian dei Fiacconi in 2625 m) benützen. Die Abfahrt durch das Tal des Avisio leitet auf einer Hangstrecke mit mehreren Kunstbauten, zuletzt mit vier Kehren, hinab zum Pian Trevisan mit dem Albergo Villetta Maria (1681). Talaus führt die Straße, meist in Bachnähe, nach Canazei (1440), um in die Große Dolomitenstraße durch das Fassatal einzumünden. Die Orte Penia und Alba werden dabei von der SS. 641 umgangen. Die Neubaustrecken weisen in bestimmten Abschnitten nicht mehr als 10% Steigung bzw. Gefälle auf, die Fahrbahn ist normal breit, die Wendepunkte in den Kehren wurden mit Überbreiten versehen.

Route: Wolkenstein/Selva di Val Gardena (1563) — Plan — Grödner Joch (2121) — Kurfar/Corvara in Badia — Campolongo-Paß (1875) — Arabba — Pordoijoch (2239) — Pecol — Sellajoch (2213) — Plan — Wolkenstein. 64 km.

Fahrtechnische Beurteilung: mittel

Zeitaufwand: Halbtagestour

Diese besonders empfehlenswerte Rundtour führt über vier der bekanntesten Dolomitenpässe und vermittelt einen repräsentativen Querschnitt der formenreichen Bergwelt. Mit Ausnahme des Campolongopasses befinden sich die Scheitelpunkte der großen Pässe in Höhenlagen von über 2000 m. Die gesamte Rundstrecke ist eine einzigartige Panorama-Route mit stets wechselnden Hochgebirgs-Szenerien; sie durchmißt das Kerngebiet der westlichen Dolomiten. Die empfohlene Fahrtrichtung verläuft im Uhrzeigersinn. — Die Auffahrt aus dem Grödner Tal zum Grödner Joch vollzieht sich n. der Steilabstürze des Sellamassivs; die Murfreit-Türme und die Tschierspitzen sind besonders markante Berggruppen. Bis zur Scheitelhöhe hat man fünf Kehren zu bewältigen, die Straße ist 6 bis 7 m breit ausgebaut. Die kehrenreiche Ostrampe vom Scheitel hinab nach Kurfar/Corvara mißt knapp 10 km und weist ein Gefälle von 12% auf. Es gibt dort steinschlaggefährdete Stellen und unzureichende Randsicherungen. Landschaftlich bietet die Fahrt talwärts manche Reize. Man wird einerseits von der zerklüfteten Flanke des Sellastockes, andererseits von der Felsbastion des Sass Songher (2665) beeindruckt, der im O das Blickfeld beherrscht. Die anfangs herbe Landschaft wird von lichten Lärchenwäldern und freundlichen Matten sowie von sauberen Siedlungen abgelöst. An der Einmündung des Colfuschger Baches in das Gadertal trifft man auf eine Straßengabel: re. nach Corvara in Badia (1555) und zum Campolongo-Paß, geradeaus nach St. Lorenzen im Pustertal. — Der Campolongo-Paß verbindet als schwach frequentierter Übergang das Hochabtei mit dem Buchenstein, wo man Anschluß an die Große Dolomitenstraße findet. Die SS. 244 ist normal breit, ihre Steigung erreicht nur kurze Maxima von 10%. Während der Auffahrt von Corvara hat man auf der Nordrampe, die mit elf Kehren aufwartet, bemerkenswerte Rückblicke in den Talkessel um Corvara

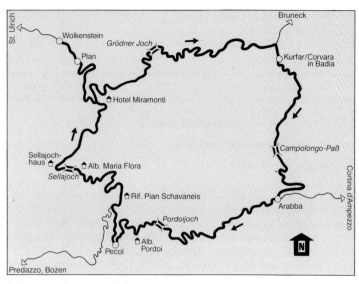

Skizze 59   Rund um die Sella

und auf den markanten Sass Songher. Die Südrampe bietet gleich jenseits der Scheitelhöhe Prachtblicke auf die eisgepanzerte Marmolata (3343), die hinter dem dunklen Padonkamm (Gestein vulkanischen Ursprungs) aufragt. Distanz Corvara-Arabba 11 km. — Beschreibung der Strecke auf der Großen Dolomitenstraße von Arabba über das Pordoijoch bis zur Straßenteilung beim Pian Schiavaneis → Route 58, Im Banne der Marmolata (in umgekehrter Richtung). — An der Straßengabelung zu Beginn der fast ebenen Bergweidenregion fährt man geradeaus weiter und kommt am gleichnamigen Rifugio (1150) sowie an der Jausenstation M. Pallidi vorbei, ehe man re. den Eingang in die Val Lasties hat. Nach Überbrückung des Baches erfolgt angesichts der Sellagruppe der Anstieg zum Sellajoch über mehrere, langgezogene Serpentinen. Die formschöne Felskulisse der Sellatürme wirkt in ihrer Anordnung wie aneinandergereihte Orgelpfeifen verschiedener Größen. Am Col de Toi (2244) erreicht man den höchsten Punkt der Straße, die sich, nachdem das Albergo Maria Flora passiert wurde, mäßig zum Sellajoch hinabneigt. Der Wiesensattel eröffnet ein prächtiges Panorama, das im SO von den ausgedehnten Gletscherfeldern der Marmolata beherrscht wird. Greifbar nahe zeigt sich im W das „Dreigestirn" Langkofel-Fünffingerspitze-Grohmannspitze. In unmittelbarer Nähe des Sellajochhauses (2176) befindet sich die Talstation der Gondelbahn zur Langkofelscharte; sie leitet in 14 Min. über die „Steinerne Stadt" genannte Felswildnis durch ein beklemmend enges Kar zur Langkofelscharte hinauf und bewältigt dabei 500 Höhenmeter. Die SS. 242 führt nunmehr im W der Sella zum Plan de Gralba (1831) und zu den Hotels an den zahlreichen Aufstiegshilfen hinab. Vom Grödner Joch herabziehend, mündet die SS. 243 beim Hotel Miramonti ein. Auf der Sellajochstraße schwanken die Fahrbahnbreiten zwischen 5 und 7 m, die Steigungsmaxima betragen auf der SO-Rampe 11%, auf der kehrenarmen Nordrampe 9%. Die weitere Talfahrt über Plan nach Wolkenstein ist problemlos.

| **Rund um die Plose*** | **60** |

Route: Brixen (570) — Lüsen — St. Nikolaus — Petschied — Lasankenbachtal — Gungganwiesen — Kofeljoch (Halsl, 1863) — Gh. Vallazza — Afers — St. Andrä — Milland — Brixen. 52 km.

Fahrtechnische Beurteilung: mittel bis schwierig

Zeitaufwand: Halbtagestour

Diese Rundtour zählt zwar zu den kürzesten, doch bietet sie unter Einschluß der vorgeschlagenen Abstecher viel Abwechslung. Die Plose ist ein langgestreckter Gebirgszug zwischen dem Lüsen- und Aferer Tal einerseits und dem Eisacktal bzw. Tal der Rienz andererseits. Plosegipfel (Telegraph, 2487) und Großer Gabler (2576) sind ihre höchsten Erhebungen. Das abgeschiedene Lüsener Tal begrenzt die Plose im N. — Die durchgehend ausgebaute L 30 nimmt in Brixen beim Hotel „Senoner" ihren Ausgang und endet nach 14 km windungsreicher Strecke in Lüsen (960). Die Auffahrt bietet bemerkenswerte Ausblicke auf die Tuxer und Pfunderer Berge sowie auf die vergletscherten Zillertaler Alpen. Die max. Steigungen auf der Serpentinenstrecke hoch über der Rienzschlucht betragen 10%. — Von Lüsen talein leitet eine normal breite Asphaltstraße bis nach St. Nikolaus (1107), welche sich dann zusehends verschmälert und bei Petschied in ein schmales Sträßchen überleitet. Von Hinterlüsen kann man dem Lasankenbach entlang durch das Hochtal bis zur Einmündung in die Würzjochstraße hinauffahren. Diese befindet sich bei den sich reizvoll **203**

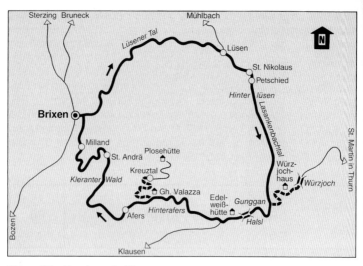

Skizze 60   Rund um die Plose

ausbreitenden Gungganwiesen. Das 9 km lange, asphaltierte Sträßchen ist einspurig und mit Ausweichstellen versehen, max. 12% Steigung. Nachdem man den Schartenbach oberhalb der Gungganwiesen überbrückt hat, fährt man in nw. Richtung über das Halsl weiter,
tangiert die Halsl- und Edelweißhütte und gelangt zur Straßenteilung
vor der Russisbrücke, wo man sich scharf re. hält. Auf mehrfach
gewundener Asphaltstraße nun oberhalb des Russisbaches an den
verstreuten Höfen von Hinterafers vorbei zur Einmündung in die Plo-
sestraße beim Gh. Vallazza (1697). Auf normal breiter Straße über die
aussichtsreiche Berglehne (Blicke auf die vielgezackten Aferer Geis-
ler) nun mäßig abwärts nach Afers (1503) und durch den Kleranter
Wald hinab nach St. Andrä (961), das sich weithin sichtbar auf einer
Mittelgebirgsterrasse ausbreitet. Die 8 km lange Bergstrecke hinab
nach Milland und Brixen leitet kurvenreich durch Wiesen und Wald. In
den Kehren gibt es verbreiterte Fahrbahnen.

Abstecher: Von Gunggan zum Würzjoch. Hält man sich an der Straßenteilung
bei der Schartenbachbrücke scharf li., so hat man nur noch 3 km mäßig
ansteigend bis zum Würzjochhaus (2006) hinaufzufahren. Überraschend öffnet sich oberhalb Gunggan ein prächtiger Blick durch das Lüsener Tal nach N
auf den vergletscherten Zillertaler Hauptkamm mit Turnerkamp und Großem
Möseler. Als beherrschende Erhebung im S des Würzjoches zeigt sich in sei-

ner ganzen Wucht der Peitlerkofel (2875). Von der Scheitelhöhe des Joches erblickt man im O die Fanesgruppe mit dem Heiligkreuzkofel. Hin und zurück 6 km. Fahrtechnische Beurteilung: mittel.

Abstecher: Vom Albergo Vallazza nach Kreuztal. Die nur bis zur Hotelsiedlung Kreuztal asphaltierte Straße mit Fahrbahnbreiten zwischen 4 und 8 m endet dort an der Bergstation des Gondelliftes (2030). Über die Fortsetzung bis zur Plosehütte, von der man ein prächtiges Panorama hat, wurde ein allg. Fahrverbot verhängt. Kreuztal liegt auf etwa halber Strecke. Hin und zurück 10 km. Fahrtechnische Beurteilung: leicht bis mittel.

<table>
<tr><td>

Rosengarten und Seiser Alm**

</td><td>

61

</td></tr>
</table>

Route: Blumau bei Bozen (315) — Fausthof — St. Katharina — Tiers — Nigerpaß (1688) — Karerpaß (1745) — Vigo di Fassa — Pozza di Fassa — Pera — Mazzin — Campitollo di Fassa — Canazei — Sellajoch (2213) — Plan — Wolkenstein — St. Ulrich — Panider Sattel (1437) — St. Michael — Kastelruth — Seis — Völs — Fausthof — Blumau. 108 km.

Fahrtechnische Beurteilung: leicht bis mittel

Zeitaufwand: Halbtagestour

Auf dieser Runde mit ihren beiden Abstechern lernt man die wesentlichen Facetten dolomitischer Landschaften kennen: Talschaften, Mittelgebirge, Hochalmen und charakteristische Berggestalten. Von Blumau im Eisacktal nicht auf der alten Tierser Talstraße über Breien nach Tiers, sondern über die neue Höhenstraße vom Fausthof (475) zunächst in Richtung Prösels und an der Straßenteilung vor dem Ort re. abbiegen! Oberaicha, Völser Aicha und die einsame Kirche St. Katharina bleiben mit ihren Zufahrten unterhalb der Höhenstraße. Man fährt durch einen kurzen Kehrtunnel mit stärkerem Krümmungsradius. Die Aussichtsstraße leitet oberhalb St. Katharina weiter talein, wobei die Blicke auf die bizarren Spitzen des Rosengartens besonders beeindrucken. Die Steigungsverhältnisse sind ab Fausthof gut ausgeglichen und überschreiten kaum 9%. Nach Vereinigung der alten mit der neuen Straße gelangt man schließlich in den touristisch bedeutsamen Ort Tiers. — Im 17 km langen Abschnitt Tiers-Nigerpaß-Karerpaß hat man eine 5 bis 6 m breite, vielgewundene Asphaltstraße, welche zwischen der Kapelle St. Cyprian und dem Cyprianer Hof Steigungsmaxima von 20% aufweist. Im weiteren Verlauf ist der Anstieg zum Nigerpaß mit nur 8% gut ausgeglichen. Nicht der Nigerpaß (1688), welcher von der Straße nur tangiert, nicht aber überschritten wird, ist höchster Punkt der Route, sondern die Scheitelhöhe bei der Tscheiner Hütte (1774). Die Abfahrt nach S bietet Ausblicke auf die Rotwand und den Latemar, gegen SW zeigen sich am Horizont Zanggenberg, Schwarzhorn und Weißhorn. In sanftem Gefälle strebt man dann auf der Rosengartenstraße, an der Bungalowsiedlung vorbeiziehend, dem Karerpaß zu, die Einmündung in die Große Dolomitenstraße befindet sich unterhalb des Hotels „Latemar". – Mit nur wenigen Windungen erreicht man die Scheitelhöhe (1745) des Karerpasses, welche gute Aussicht nach SO auf die Fassaner Berge, bei optimalen Sichtverhältnissen bis zur Palagruppe bietet. Nach NW reicht der Blick bis zu den Ötztaler Gletschern, im W bis zur Ortler-Cevedale-Gruppe. Die auch weiterhin gute Ausblicke gewährende Trasse nimmt auf der Ostrampe zunächst einen fast flachen Verlauf, dann steigt sie vielgewunden in das Fassatal hinab. Im N zeigen sich Langkofel und ein Teil des Sellastockes. – Unterhalb von Vigo di Fassa mündet die Paßstraße in die SS. 48 ein. Angesichts des Col de Mesdi und des Bel Col auf der einen Seite bzw. den Bergen der Larsec auf der anderen Seite folgt man der sanft ansteigenden Straße durch die Orte Pozza, Pera, vorbei an Campitello das Fassatal aufwärts nach Canazei (1465). Dort setzt man seine Runde mit der 6 km langen Auffahrt durch zahlreiche Serpentinen bis zur Vereinigung mit der SS. 242 am Rande des Pian Schiavaneis fort. Anschlußstrecke über das Sellajoch (2213) hinab in das Grödner Tal → Route 59, Rund um die Sella. – Von Wolkenstein/Selva di Gardena hat man noch weitere 7 km bis St. Ulrich/Ortisei (1236). Die staubfreie, normal breite L 64 zweigt außerhalb des Ortes li. nahe der Esso-Tankstelle ab und stellt die 11 km lange Straßenverbindung mit Kastelruth (1060) und dem Schlerngebiet her. Die windungsreiche, bis 15% Steigung aufweisende Auffahrt zum Panider Sattel (1437) beginnt im Ortsteil Überwasser und bietet bemerkenswerte Tiefblicke in die Furche des Grödner Tales. Die Scheitelstrecke ist größtenteils bewaldet und vermittelt daher nur eine beschränkte Aussicht. Auf der Westrampe ändert sich das Landschaftsbild ganz wesentlich: ab St. Michael (1282) fährt man bei sanftem Gefälle über eine Feld-Wiesen-Hochfläche und hat den Ritten im Vorblick. Will man von Kastelruth zurück zum AP Blumau, so benützt man die 18 km lange, aussichtsvolle Terrassenstraße über Seis und Völs am Schlern hinab nach Blumau. – Eine andere gute Straße verbindet Kastelruth mit Waidbruck im Eisacktal.

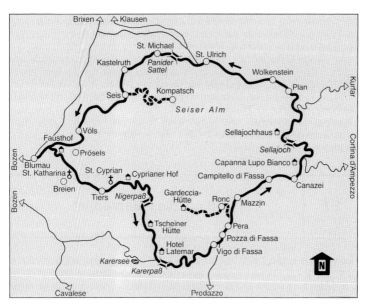

Skizze 61   Rosengarten und Seiser Alm

Abstecher: Aus dem Fassatal durch das Vajolettal zur Gardeccia-Hütte (1949). Das durchgehend asphaltierte, knapp zweispurige Bergsträßchen, welches durch das, zwischen phantastisch geformten Felstürmen und Zinnen herabziehende Hochtal in das Herz der Rosengartengruppe leitet, ist für die Allgemeinheit nicht mehr befahrbar; wegen des starken Andranges während des Hochsommers und der negativen Einflüsse auf die Umwelt wurde vom Straßenerhalter ein Fahrverbot für Kfz verhängt. – Das Sträßchen nimmt an der SS. 48 zwischen Pera und Mazzin nahe dem „Camping Soal" seinen Ausgang. Es führt zunächst mit max. 20% Steigung vom Talboden zur Terrasse bei Ronc (1484). Man gelangt zur Umkehrschleife oberhalb von Monzon; bereits über diese Zufahrt wurde eine Sperre in der Zeit von 8 bis 18 Uhr verfügt. Ab der Umkehrschleife ist für motorisierte Touristen die Benützung des Sträßchen durch das Hochtal des Rio di Soia hinauf zur Gardeccia-Hütte streng verboten! Fahren dürfen außer Einsatzfahrzeugen der Bergrettung und anderer Notdienste nur solche, welche der Versorgung bewirtsch. Hütten dienen. Hin und zurück: 12 km. Fahrtechnische Beurteilung: mittel.

Abstecher: Von Seis auf der Seiseralm-Straße nach Kompatsch (1844). Die hervorragend ausgebaute, durchwegs normal breite L 25 weist Steigungsmaxima von nur 12% auf und wurde an ausgesetzten Stellen durch Leitschienen abgesichert. Während der Auffahrt hat man besonders imposante Blicke auf das greifbar nahe Felsmassiv des Schlern mit der steil aufragenden Santner-spitze als n. Eckpfeiler. An der oberen Kehre beim Spitzbühl-Sessellift tangiert die Straße den weitläufigen Naturpark Schlern, in dessen Mittelpunkt der gleichnamige Gebirgsstock, eines der Wahrzeichen Südtirols, himmelwärts strebt. Nach 11 km erreicht man am Westrand der Seiser Alm die Feriensied-lung Kompatsch mit großem Parkplatz beim Hotel „Plaza". Eine Weiterfahrt in Richtung Postalm ist nur Anrainern und Pensionsgästen bei entsprechendem Nachweis gestattet. — Beachtlich sind die zu überwindenden HU aus dem Eisacktal: von Waidbruck 1376 m bei 19 km Streckenlänge, von Blumau 1529 m bei einer Distanz von 24 km. — Hin und zurück 20 km. Fahrtechnische Beurteilung: leicht bis mittel.

62	**Rund um die Palagruppe***

Route: Paneveggio (1515) — Rollepaß (1972) — S. Martino di Castrozza — Siror — Fiera di Primiero — Tonadico — Ceredapaß (1369) — Mis — Don — Gosaldo — Forc. Aurine (1299) — Frassene — Voltago — Agordo — Cencenighe — Falcade — Passo di Valles (2032) — Paneveggio. 98 km.

Fahrtechnische Beurteilung: mittel bis schwierig

Zeitaufwand: Halbtagestour

Diese Rundtour erfaßt große Teile der südlichen Dolomiten; sie sind nicht so stark frequentiert wie die westlichen oder die östlichen Dolo-miten, was sich auch im Straßenverkehr entsprechend auswirkt. Her-vorragend ausgebaut sind die Scheitelstrecke der Rollepaßstraße, der kurze Abschnitt zwischen Agordo und Cencenighe im Cordevole-tal und die SW-Rampe des Vallespasses. Die Trassierungen aller übrigen Bergstrecken gehen zwar auf eine längere Vergangenheit zurück, doch sind sie dank ständiger Verbesserungsarbeiten durch-aus akzeptabel. — Paneveggio, eine hauptsächlich aus Forsthäusern und Sägebetrieben bestehende Siedlung, befindet sich inmitten eines ausgedehnten Waldgebietes. Das Nutzholz aus den umliegenden Wäldern gilt seit jeher als eines der besten im Trentino. Eine natur-kundliche Sammlung nebst Holzmuseum (Centro Visitatori) wurde im Ort eingerichtet, doch leider ist sie nur jeden Freitag von 14 bis 16 Uhr 30 zugänglich. Durch hochstämmigen Nadelwald führt die SS. 50 mit max. 9% Steigung an der Berglehne empor. Oberhalb der Baumgren-ze wird die Sicht auf den Rollepaß und die ihn umgebende grandiose

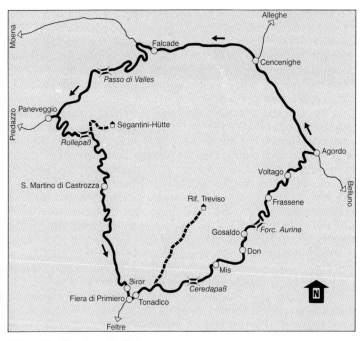

Skizze 62　　Rund um die Palagruppe

Bergwelt frei. Die Scheitelstrecke und kurze Abschnitte der Südrampe wurden in den vergangenen Jahren merklich modernisiert; dort schwanken die Fahrbahnbreiten zwischen 6 und 8 m. Steigungen bzw. Gefälle sind durch nahezu 30 Kehren gut ausgeglichen und überschreiten 11 % nicht. Auf der meist bewaldeten Südrampe laden an geeigneten Plätzen neben der Straße aufgestellte hölzerne Tische und Bänke den Vorüberziehenden zur Rast ein. Stets wechselnde Ausblicke auf die vielgestaltigen Türme, Spitzen und Wände der Pala erhöhen den Fahrtgenuß auf dieser landschaftlich besonders reizvollen Route. Der bedeutendste Fremdenverkehrsort an ihr ist das terrassenartig angeordnete San Martino di Castrozza (1467). Die Fortsetzung hinab nach Fiera di Primiero (717) benützt im Tal des Cismon die meist bewaldete Seite und verläuft bei mäßigem Gefälle entlang der Berglehne über Siror in die altösterr. Kleinstadt Primör, das jetzige ital. Fiera di Primiero. — Als Verbindung zwischen den großen Dolomitentälern des Cismon und des Cordevole ist die SS. 347 von erhöhtem touristischen Interesse. Sie überquert im S der Pala zwei kleine Wasserscheiden, den Ceredapaß (1369) und die Forc. Aurine (1297). Die weite Wiesensenke des Ceredapasses bietet nach beiden Seiten Aussicht, im W bis zur Cima d'Asta (2847), deren hoher Granitrücken die umliegenden Berge der Lagoraikette deutlich überragt, im O die Monti del Sole mit dem Piz di Mezzodi (2240). An der Strecke, die in einem steten hügelauf und hügelab verläuft, berührt man die kleinen Orte Mis, Gosaldo, Frassene. Voltago wird umfahren ehe man in den Etappenort Agordo (611) gelangt. Eine bemerkenswerte Aussicht vermittelt die Forc. Aurine auf die Bergketten im O mit Civetta, Moiazza und Schiara, im S erblickt man die Feltriner Dolomiten. Der Zustand der zwischen Primiero und Agordo 33 km messenden Strecke ist im allgemeinen akzeptabel; lediglich zwischen dem Ceredapaß und Don traf man im Bj. noch mehrere Engstellen an. Mit 15% sind die Steigungsverhältnisse an der Westrampe des Ceredapasses ganz beachtlich, im weiteren Verlauf überschreiten sie kaum 10%. – Von Agordo auf der frequentierten SS. 203 über Cencenighe nach Falcade (1297) sind es 21 km. Die 14 km lange Touristenstraße von Falcade Alto (1400) nach Paneveggio über den Passo di Valles (2031) ist eine landschaftlich ansprechende Bergstrecke im Rahmen einer Umrundung der großartigen Palagruppe. Hervorzuheben sind vor allem die Ausblicke von der Scheitelhöhe nach S und SO auf die vielgestaltigen Erhebungen des Pala-Nordzuges mit der Cima Venegiotta (2401). Die meist nur wenig frequentierte Provinzstraße 25 zieht zunächst hoch über dem Vallesbach durch dichten Wald bis zur großen Schleife im Gebiet der Vallesalmen empor. Dann auf breitem, neu ausgebautem und gut überschaubarem Streckenabschnitt weiter bergan zur Scheitelhöhe mit ihrer weithin sichtbaren, hölzernen Kapelle. Die Fahrbahnbreiten schwanken zwischen 5 und 7 m, in den Kehren gibt es Überbreiten. Die max. Steigung beträgt 13%. Auf dem Scheitel verläuft die Provinzgrenze zwischen Belluno und Trento. – Die nach SW gerichtete Trentiner Rampe, als Provinzstraße 81 bez., ist kehrenarm. Man fährt durch das ausgedehnte Forstgebiet von Paneveggio, welches als Naturpark ausgewiesen ist. Im unteren Abschnitt wird man vom kristallklaren Wasser des Travignolobaches begleitet und gelangt bei sanftem Gefälle von max. 10% hinab zur Einmündung in die Rollepaßstraße im W von Paneveggio.

Abstecher: Vom Rollepaß zur Segantini-Hütte (2174). Dieses Ziel mit dem vorgelagerten kleinen Bergsee, in dem sich der Cimon della Pala (3185) spiegelt, zählt zweifellos zu den eindrucksvollsten Dolomitenmotiven: das elegant gegen den Himmel schwingende Felshorn des Cimone wird auch das „Matter-

horn der Dolomiten" genannt. Seine Spitze ist häufig von einem Wolken-
schleier umgeben. – Das 3 km lange Serpentinensträßchen nimmt sö. der
Scheitelhöhe an der Rollepaßstraße in der obersten Kehre seinen Ausgang.
Es ist knapp zweispurig und hat kaum Engstellen. Die Geschwindigkeitsbegrenzung wurde mit 30 km/h festgesetzt. Die Dauersteigung beträgt 14%.
Ein striktes Fahrverbot besteht für alle nicht berechtigten Kraftfahrzeuge zwischen 9 und 16 Uhr! Während dieser Zeit verkehrt ein Pendelbus (Shuttle).
– Als Alternative zum Fahrweg bietet sich der Costazza-Sessellift an. – Hin
und zurück 6 km. Fahrtechnische Beurteilung: mittel.

Abstecher: Durch das Canalital zum Rif. Treviso (1631). Zwischen Fiera di
Primiero und dem Ceredapaß zweigt nach Überwindung einer Talstufe beim
ehem. Castel Pietra li. die Straße in das Canalital von der SS. 347 ab. Die
bewaldete, fast flach verlaufende Talstraße leitet zwischen dem Laghetto
Welsperg und dem Campingplatz hindurch. – Nach 2 km an der Straßengabelung führt li. über die Brücke ein windungsreiches Asphaltsträßchen
durch den Wald hinauf zur Terrasse mit den prächtigen Piereniwiesen, max.
12% Steigung. Von der Pension Piereni (1320) hat man gute Ausblicke sowohl
in das Predidali- als auch in das obere Canalital. – Letzteres war im Bj. über
La Ritonda (1160) und die Malga Canali (1302) bis zum Rif. Treviso (1631)
befahrbar. Im oberen Abschnitt hatte man eine schmale Bergstrecke und 12%
Steigung. Der Fahrweg wird an Wochenenden viel von Wanderern benützt.
Hin und zurück 18 km. Fahrtechnische Beurteilung: mittel bis schwierig.

Rund um die Cima d'Asta* | 63

Route: Cavalese (1000) – Castello Molina – Molina – Passo Manghen (2047)
– Telve – Strigno – Castello Tesino – Broconpaß (1615) – Canal San Bovo –
Gobbera-Sattel (988) – Imer – Mezzano – Fiera di Primiero – Siror – S.
Martino di Castrozza – Rollepaß (1972) – Paneveggio – Bellamonte – Pre-
dazzo – Cavalese. 166 km.

Fahrtechnische Beurteilung: mittel

Zeitaufwand: Tagestour

Im S der Lagoraikette erhebt sich die Cima d'Asta (2847) als höchste
Erhebung dieser Region und ist weithin sichtbar. Straßenmäßig ist
dieser Gebirgszug kaum erschlossen. Im W bildet der Passo Manghen den einzigen Straßenübergang zwischen dem Fleimstal und der
Valsugana. Diese nur wenig frequentierte Nordsüdverbindung, wel-

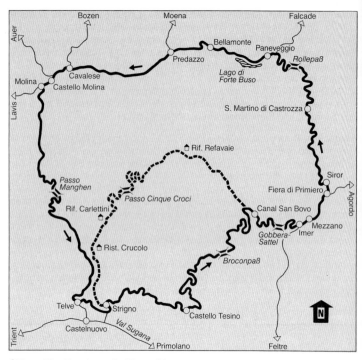

Skizze 63   Rund um die Cima d'Asta

che durch ausgedehnte Waldgebiete zieht, ist vom n. AP Cavalese
über Molina (857) bis zum s. Basisort Castelnuovo (361) 46 km lang
und durchgehend asphaltiert. Die Fahrbahnbreiten schwanken zwischen 3 und 6 m, die Steigungsmaxima erreichen 16%. Auf der Nordrampe des Passes zählt man 13, auf der Südrampe nur 10, vorwiegend enge Kehren. Die Scheitelhöhe bietet Aussicht bis zum Mendelgebirge. Nach S blickt man auf eine Serpentinengruppe mit sechs
Kehren hinab; diese Strecke ist besonders steinschlaggefährdet. Ein
kleiner Weiher belebt die einsame Paßregion neben der bewirtsch.
Baita Manghen. Der landschaftlich ansprechendste Abschnitt leitet
aus der Val Cadino vom Ponte delle Stue über den Scheitel in die Val
Calamento. Wald, Almen mit Vieh und zerklüftete Felsen befinden
sich in einem Zonenwechsel, im S wird man von einer klimatisch
begünstigten Vegetation mit Nußbäumen, Maulbeerbäumen und
Edelkastanien empfangen. Die langwierige Fahrt durch das untere

Calamentotal bietet keine touristischen Höhepunkte. Zwischen Telve (600) und Strigno (463) leitet eine Terrassenstraße über das eingeschnittene Tal des Maso. — Die Runde setzt sich über Castello Tesino (871) und den Broconpaß hinab nach Canal San Bovo (757) fort, woran die vielgewundene Auf- und Abfahrt über den Gobbera-Sattel anschließt. Sowohl fahrtechnisch als auch landschaftlich ist die 56 km lange Strecke von Strigno bis Imer im Cismontal interessant und abwechslungsvoll. Infolge günstiger Trassierungen halten sich Steigungen bzw. Gefälle in engen Grenzen und überschreiten nirgends 8%. Dem Motorradfahrer kommt auf diesen Verbindungsstraßen ein schwaches Verkehrsaufkommen sehr zugute. — Bei Imer mündet man in die zeitgemäß ausgebaute SS. 50 ein. In Mezzano (637) öffnen sich die Ausblicke auf die Südseite der Palagruppe. Fast flach verläuft die Straße durch das Cismontal nach Fiera di Primiero (717) mit den beiden Ortsteilen Transacqua und Tonadico. — Abschnitt von Primiero über den Rollepaß nach Paneveggio → Route 62, Rund um die Palagruppe (in umgekehrter Richtung). — Auf der SS. 50 berührt man das Ufer des Lago di Forte Buso, einen Stausee des Travignolo, und zieht dann durch das besonders reizvoll gelegene Bellamonte bei max. 5 m breiter Fahrbahn hinab nach Predazzo, das im S parallel zum Travignolo umfahren wird. Auf den folgenden 13 km durch das Fleimstal fehlen bis Cavalese die Ortsumfahrungen. Die SS. 48 verläuft über das re. Hochufer des Avisio und durchmißt wenig außerhalb von Cavalese einen größeren Tunnel. Im SW prägen die Erhebungen der Lagoraikette das Landschaftsbild.

Variante: Von Strigno nach Canal San Bovo über den Passo Cinque Croci (2018). Über diesen kaum frequentierten Übergang im W der Cima d'Asta zwischen der Valsugana und dem Cismontal war im Bj. über die Scheitelstrecke ein allgemeines Fahrverbot verhängt. Es betraf den Abschnitt zwischen dem Rif. Carlettini (1370) und dem Rif. Refavaie (1116); damit war diese Variante nicht mehr durchgehend benützbar. Auf der Westrampe konnte man das empfehlenswerte Ristorante Crucolo anfahren. Minus 1 km. Fahrtechnische Beurteilung: mittel bis schwierig.

Straßenkarten für den Alpenfahrer: Wegen ihres praktischen Kartenausschnittes hat sich die „Reisekarte Italien" in 15 Blättern hervorragend bewährt. Es handelt sich hierbei um eine Sonderausgabe der offiziellen TCI-Karte 1 : 200.000, welche bei Kümmerly & Frey in Bern erschienen ist. Sie weist eine den Realitäten entsprechende Geländedarstellung auf und ist hinsichtlich aller eingezeichneten Straßen, insbesondere auch in bezug auf die Nebenstraßen und ihrer Qualifizierungen, äußerst zuverlässig. Für die italienischen Alpen sind die Blätter 1 Aostatal-Piemont, 2 Lombardei, 3 Trentino-Südtirol, 4 Friaul-Venetien und 5 Ligurien-Ital. Riviera einschlägig.

Route: Sterzing (948) — Elzenbaum — Gh. Schönblick — Penser Joch (2215) — Pens — Weißenbach — Astfeld — Nordheim — Sarnthein — Bundschen — Wangen — Oberinn — Klobenstein — Lengmoos — Maria Saal — Lengstein — Saubach — Barbian — Stofels — Villanders — Klausen — Feldthurns — Tschötsch — Brixen — Vahrn — Franzensfeste — Sterzing. 132 km.

Fahrtechnische Beurteilung: leicht bis mittel

Zeitaufwand: Tagestour

Eine Fahrt über das Penser Joch ist mit der Bewältigung eines beachtlichen HU verbunden, gleichwohl die Basisorte wie Sterzing und Bundschen bereits Höhenlagen von mehr als 900 m aufweisen. Die Straße über das Joch in das Penser Tal und durch das Sarntal führt in das Herz der Sarntaler Alpen, welche von N her erst sehr spät durch den Bau einer strategischen Verbindung erschlossen wurden. Der Paß ist von Juni bis zum Wintereinbruch offen. — Die SS. 508 beginnt sw. der AA Sterzing und überquert den Ridnaunbach. Über der Eisackniederung thront auf einem isoliert aufragenden Felsrücken Schloß Reifenstein, eine der besterhaltenen Burgen Südtirols. Beim Weiler Elzenbaum (975) beginnt die windungsreiche Bergstrecke mit einer lange anhaltenden Dauersteigung. Vom Gh. „Schönblick" sieht man hinab nach Mauls sowie durch die „Sachsenklemme" in das Pustertal bis zum Kronplatz bei Bruneck. Hoch über dem Egger Tal erreicht man die Waldgrenze und dann die freie Scheitelhöhe des Penser Joches mit dem Berggh. „Alpenrose". Von dort hat man eine bemerkenswerte Gipfelschau auf die Stubaier Alpen mit Zuckerhütl und Pflerscher Tribulaun sowie auf die Zillertaler Berge mit Hochfeiler und Möseler. Die Steigungen betragen auf der Nordrampe 13%, auf der Südrampe 12%. Die Fahrbahnbreiten schwanken auf der Nordrampe zwischen 4 und 7 m, auf der Südrampe zwischen 5 und 7 m. — Über ein ausgedehntes Almengebiet fährt man in einer großzügig angelegten Schleife hinab zur Brücke über die hier junge Talfer und folgt dem einförmig wirkenden Penser Tal abwärts. Man berührt die Orte Pens, Weißenbach, Astfeld und Nordheim. Der Hauptort Sarnthein (967) erstreckt sich auf der gegenüberliegenden Talseite. Man folgt der ausgebauten Straße über Bundschen (924) noch ein kurzes Stück hinab bis li. die Bergstrecke hinauf nach Wangen und Oberinn

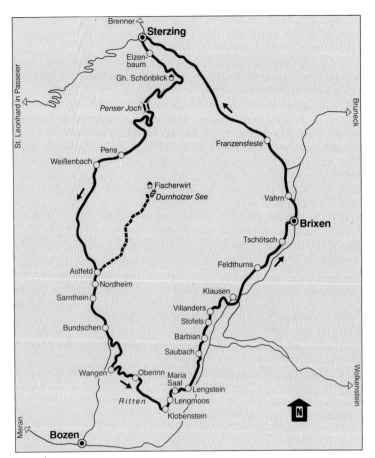

Skizze 64   Rund um die Sarntaler Alpen

abzweigt, HT. — Der Ritten ist nicht nur von Bozen über Rentsch durch eine vorzügliche Straße erschlossen, sondern auch vom Sarntal aus auf einer schmäleren Bergstraße; letztere steigt in Serpentinen auf bewaldeter Strecke an. Sie ist durchgehend zweispurig und auch asphaltiert, ausgesetzte Stellen wurden durch Leitplanken abgesichert. Die max. Steigung zwischen Wangen und Oberinn beträgt 16%. Auf kurvenreicher Straße erreicht man nach 9 km die Kirche von Oberinn. Im Abstieg bieten sich Prachtblicke auf die Dolomiten mit   215

Schlern und Rosengarten, im SW erhebt sich das Mendelgebirge. Man fährt nun durch das Rittner Gemeindegebiet bis Klobenstein (1154) weiter und biegt dort li. in die Straße nach Lengmoos ein. Zwischen Lengmoos und Maria Saal lassen sich im Finsterbachgraben die berühmt gewordenen Erdpyramiden bewundern. In Lengstein (972) endete im Bj. die vorzüglich ausgebaute Rittner Straße. — Anschluß daran verläuft in Höhenlagen zwischen 950 und 850 m ein schmales Verbindungssträßchen über die aussichtsreiche Terrasse am sö. Fuße des Rittner Horns. Es hat ein Gefälle von max. 13% und berührt die weit verstreuten Höfe sowie den Weiler Saubach. Auch vermittelt es den Zugang zum besuchenswerten Kirchlein St. Verena (889), welches weithin sichtbar, auf einem Hügel hoch über dem Eisacktal thront. Im Bj. war das bis Barbian 7 km messende Sträßchen zwar staubfrei, jedoch befand es sich wegen der Schlaglöcher in einem miserablen Zustand. Es gibt mehrere sehr unübersichtliche Kurven, welche erhöhte Aufmerksamkeit erfordern! Im Gemeindegebiet von Barbian ist die Straße mit kurzen Ausnahmen normal breit ausgebaut. — Von Barbian (730) vermittelt ein knapp zweispuriges, mit Ausweichbuchten versehenes, 5 km langes Asphaltsträßchen die Verbindung mit Villanders bzw. Klausen. In Barbian fährt man um die Kirche und die Friedhofsmauer herum, dann direkt in n. Richtung. Das Panoramasträßchen mit herrlichen Ausblicken auf den Schlern und hinab in das Eisacktal führt über die Pension „Kircher" weiter, um dann unterhalb von Bad Dreikirchen in das bewaldete Tal des Zargenbaches nach NW einzubiegen. In der Talenge gelangt man über eine durch Leitschienen abgesicherte Brücke auf die gegenüberliegende Talseite und erreicht nach einer kurzen Steigung von 12% den Weiler Stofels (1001) mit dem Gh. „Winterlehof". Unweit von Schloß Pardell mündet man in die vom Samberger Hof nach Villanders herabziehende, normal breite Straße ein. Vorzüglich ausgebaut bietet sich nunmehr die faszinierende Serpentinenstrecke hinab zur SS. 12 an. Man folgt der Brenner-Staatsstraße nur bis zum auffallenden Rundbau des romanischen Kirchleins S. Sebastian auf der Umfahrung von Klausen. Dort hat man li. die beschilderte, 4 km lange Auffahrt nach Feldthurns. Hoch über dem Eisacktal setzt man die Route auf einer aussichtsreichen Terrasse fort; sie durchmißt, bevor sie sich nach Brixen senkt, die Tschötscher Heide mit ihren seltenen Beständen an alten, knorrigen Edelkastanien. N. vom Bahnhof Brixen hat man zuletzt einen schienengleichen Übergang, welcher die Straße in die Stadt leitet und kurz darauf in die SS. 12 einmündet. Zurück nach Sterzing vermittelt die neuzeitlich ausgebaute Brenner-Staatsstraße über Vahrn und Franzensfeste ein rasches Vorwärtskommen, 30 km.

Abstecher: Von Astfeld (1021) zum Durnholzer See (1540). Die 5 bis 6 m breite Asphaltstraße nimmt von der SS. 508 ihren Ausgang und führt bei max. 6% Steigung in das Talinnere. Sie endet kurz vor dem Durnholzer See. Die Benützung des Uferfahrweges zum „Fischerwirt" und seine Fortsetzung zu den Bergbauernhöfen in Innerdurnholz ist nur den Anrainern gestattet. Der besondere Reiz der Sarner Berglandschaft liegt, im Gegensatz zum Formenreichtum der Dolomiten, in ihren freundlichen Almen, dunklen Nadelwäldern und kleinen Bergseen; unter ihnen ist der fischreiche Durnholzer See der größte und auch der bekannteste. Hin und zurück 22 km. Fahrtechnische Beurteilung: leicht.

| **Rund um den Salten*** | **65** |

Route: Bozen (266) — Reichriegler Hof — Jenesien — Gh. Tomanegger — Flaas — Schermoos-Sattel (Parkplatz Lafenn, 1449) — Mölten — Verschneid — Terlan — Siebeneich — Bozen. 47 km.

Fahrtechnische Beurteilung: mittel

Zeitaufwand: Halbtagestour

Der Salten ist die Kernlandschaft des Tschögglberges, der sich, abgegrenzt durch das Sarntal im O, das Etschtal im S und das Passeiertal im NW erstreckt. Dieses Mittelgebirge kulminiert in Höhenlagen von fast 2000 m, falls man das Möltner- und Vöraner Joch in die Betrachtung miteinbezieht. Der Salten ist in seiner ganzen Pracht und Ausdehnung ein Reich für sich mit spezifischem Kolorit. Einen Höhepunkt bildet zweifellos der Gang zum Kirchlein St. Jakob auf der Lafenn. — In Bozen hat man für die Auffahrt nach Jenesien die Wahl zwischen der alten (Jenesier Weg) → Variante und der neuen Jenesier Straße. Die neue, knapp 10 km lange Straße, als P. 99 bez., zweigt am Fagenbach von der Sarntaler Straße nach N ab und benützt die Fagenschlucht hinauf zum Reichrieglerhof. Auf der Schluchtstrecke wurde ein Geschwindigkeitslimit von 50 km/h festgesetzt. Bis zur Straßenteilung schwanken die Fahrbahnbreiten zwischen 3 und 5 m, die max. Steigung beträgt dort 18%. Beim Reichrieglerhof li. halten, HT! Die neue Straße nimmt nun einen völlig geänderten Verlauf und wurde meisterhaft unter weitestgehender Schonung der Kulturgründe dem schwierigen Gelände angepaßt. Die Steigungsmaxima erreichen 9%. Abschnittsweise ist sie eine hervorragende Aussichtsstraße mit

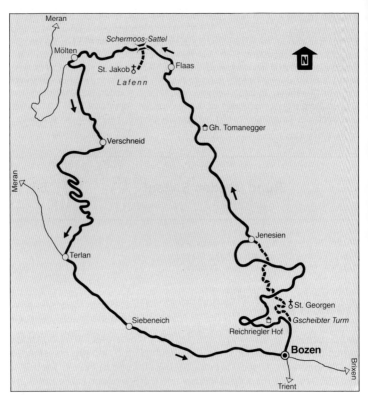

Skizze 65   Rund um den Salten

Prachtblicken auf Schlern, Rosengarten und Latemar. Im SO zeigen
sich Zanggen, Weißhorn und Schwarzhorn. Zu Füßen breitet sich die
Talferstadt aus. Weit nach S läßt sich das glitzernde Band der Etsch
verfolgen. Es gibt mehrere Tunnels, darunter einen schwach beleuchteten Kehrtunnel. Die Fahrbahnbreite mißt 6 m, unübersichtliche
Krümmungen und ausgesetzte Stellen wurden mit Leitschienen ausgestattet. – In Jenesien (1089) schließt das Sträßchen nach Flaas an.
Es führt auf der ö. Seite des Saltner Höhenrückens, welcher im Kirch-
hügel von Lafenn (1527) gipfelt, talein. Ohne nennenswerte Steigungen auf knapp 10 km langer, meist bewaldeter Strecke gelangt man
am reizvoll gelegenen Gh. „Tomanegger" (1329) vorbei und strebt auf
der Schattseite der Flaaserbachbrücke zu. Die Strecke ist einspurig

und mit Ausweichen versehen, abschnittsweise auch knapp zweispurig. Nach Überquerung des Baches bewältigt man eine kurze Steigung von 12% hinauf zum entlegenen Bergdorf Flaas (1357). Bemerkenswert sind die Ausblicke auf Ritten und Rosengarten. Bei den letzten Häusern hält man sich li. und befährt ein teilweise schmales Sträßchen hinauf zum Schermoos-Sattel. Beim großen Wanderer-Parkplatz von Lafenn führt eine kurze Zufahrt, über die ein allgemeines Fahrverbot verhängt wurde, zum Gh. „Lafenn" und zum Kirchlein hinauf. Beide sind in wenigen Gehmin. erreichbar. Auf dem Sattel findet man Anschluß an die ausgebaute Rampe hinab nach Mölten; sie weist ein Gefälle von max. 14% auf. Von Mölten (1142) setzt man seine Rundfahrt in Richtung Terlan über Verschneid (1076) fort und hat dann bergab ein Meisterwerk ital. Straßenbaukunst. Abschnittsweise wurde die neue Bergstraße hinab in das Etschtal dem Porphyrfels abgerungen. Mittels mehrerer Kunstbauten, darunter ein 250 m langer Tunnel, hat man eine ideale Linienführung der Aussicht bietenden Straße verwirklicht. Das max. Gefälle bewegt sich zwischen 12 und 14%. Im SO von Terlan, unweit der Genossenschaftskellerei, mündet man in die stark frequentierte Staatsstraße nach Bozen ein; die Schnellstraße Meran-Bozen ist am re. Etschufer projektiert.

Variante: Von Bozen nach Jenesien auf dem Jenesier Weg (alte Straße). Sie zählt zu den steilsten und schwierigsten Bergsträßchen Südtirols und kann daher nur berggewohnten Fahrern empfohlen werden. Der AP befindet sich im N der Stadt am Fagenbach nahe dem „Gscheibten Turm". Die nur 6 km lange, staubfreie Strecke hat eine Dauersteigung von 22% und Maxima bis 30%. Die engste Stelle mißt nur 2 m, das Geschwindigkeitslimit beträgt 20 km/h. Ausgesetzte Stellen wurden mit Leitplanken abgesichert. Es gibt nur wenig Ausweichmöglichkeiten. Bei St. Georgen fährt man abschnittsweise mitten durch die „Weinpergeln". Der mittlere Abschnitt der Alten Jenesier Straße darf zwischen den beiden Kreuzungen mit der Neuen Jenesier Straße nicht mehr öffentlich befahren werden (Privatstraße mit Sperrschranken). Im oberen Streckenteil dominieren Laub- und Nadelbäume; sie zeigen das Erreichen einer höher gelegenen Vegetationszone an. Minus 3 km. Fahrtechnische Beurteilung: mittel bis schwierig.

Fahrverbote in den Italienischen Alpen. Es ist im Grunde nicht zielführend, Haftungsausschlüsse durch Fahrverbote auszudrücken, wie dies auf ital. Bergsträßchen häufig praktiziert wird. Haftungsausschlüsse (d.h. Befahrung auf eigene Gefahr und Haftung) sollten als solche beschildert, und Fahrverbote nur dort aufgestellt werden, wo sie als solche gemeint sind, dann aber auch konsequent befolgt werden. Allg. Fahrverbote mit Hinweis auf die betreffenden Landesgesetze bzw. Verordnungen (in Form von zusätzlichen Beschilderungen) sind grundsätzlich ernst zu nehmen, will man sich keiner Strafverfolgung aussetzen.

Route: Nals (331) — Prissian — Tisens — Naraun — Bad Gfrill — Gampenjoch (1518) — St. Felix — Fondo — Malosco — Hotel Waldkönigin — Mendelpaß (1363) — Kalterer Höhe — St. Michael (Eppan) — Pillhof — Unterrain — Andrian — Nals. 70 km.

Fahrtechnische Beurteilung: leicht bis mittel

Zeitaufwand: Halbtagestour

Im NW von Nals folgt man zunächst an der Stachelburg vorbei der Serpentinenstraße hinauf nach Prissian (610) im Tisenser Mittelgebirge. Fallburg und Werburg wurden zu Hotels umgewidmet; das ehem. Schloß Katzenzungen ist leider dem Verfall preisgegeben wie auch die ehem. Zwingenburg und das ehem. Schloß Holz in der Umgebung des Ortes. Die gedeckte Steinbogenbrücke blieb dem malerischen Ort Prissian erhalten. Unterhalb des Ortes wird Wein- und Obstanbau betrieben. Die Landesstraße leitet über Tisens zu den Häusern von Naraun weiter, wo sie in die Gampenjochstraße einmündet. Man hält sich beim Straßenwärterhaus scharf li. und folgt der ausgebauten Straße über den Gh. „Tschengg" und den Gfriller Hof (1061) bergan nach Bad Gfrill. Mit einer großen Schleife durch ein Seitental gewinnt man auf der meist bewaldeten Strecke bis zum Gampenjoch weiter an Höhe. Die Steigungsverhältnisse sind gut ausgeglichen und überschreiten 9% nicht. Man setzt seine Fahrt durch die vier Deutschgemeinden am Oberen Nonsberg fort. Unsere Liebe Frau im Walde wird umfahren, St. Felix nur tangiert. — Laurein und Proveis liegen weit abseits und waren im Bj. nur über das Brezer Joch (1398) erreichbar, wobei man den Umweg über Fondo in Kauf nehmen mußte. Eine Verbindung aus dem Ultental mit einem Straßentunnel ist nun in Bau. — Von Fondo (991) setzt man seine Rundfahrt auf der Verbindungsstraße über Malosco bis zur Einmündung in die SS. 42 beim Hotel „Waldkönigin" fort; dieses liegt oberhalb von Ronzone. Auf vielgewundener Strecke gelangt man über die Hotels „Waldruhe" und „Paradiso" hinauf zum Mendelpaß. Über die Scheitelhöhe verläuft die Provinzgrenze, welche zugleich auch deutsch-ital. Sprachgrenze ist. — Die Bergstrecke der Ostrampe ist ein Meisterwerk altösterr. Straßenbaukunst; ihre Schlüsselstelle befindet sich an der steil abfallenden Mendel-

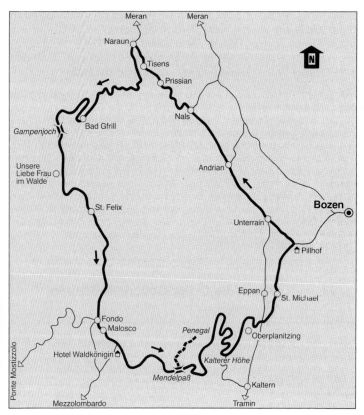

Skizze 66   Rund um den Gantkofel

wand: dort wurde die Trasse in das rötlich leuchtende Porphyrgestein
gehauen. An dieser Stelle beeindrucken vor allem die Tiefblicke über
die „Überetsch" genannte, wellige Hochfläche. Aus dem Grün der
Landschaft hebt sich das Blau des Kalterer Sees deutlich ab. Auf
leicht gewundener Strecke traversiert man die Aussicht bietende
Mendelwand, ehe eine Gruppe von dicht aufeinanderfolgenden Serpentinen zu bewältigen ist. Die Fahrbahnbreiten variieren geländebedingt zwischen 5 und 8 m, in den Kehren gibt es meist Überbreiten.
Ausgesetzte Stellen wurden mit Leitplanken abgesichert, das max.
Gefälle beträgt auf der Ostrampe 12%. — Man fährt hinab nach
Schloß Matschach und zieht durch weitere Kehren über die Kalterer   221

Höhe (670), tangiert Oberplanitzing und mündet bei Kreuzweg in die Hauptstraße ein, welche nach St. Michael (Eppan) führt. Die weitere Strecke leitet, dicht an Schloß Warth vorbei, mitten durch ein bekanntes Weinbaugebiet. An der Abzw. beim Pillhof biegt man li. ab und erreicht über Unterrain und Andrian den Ausgansort Nals.

Abstecher: Vom Mendelpaß auf den Penegal (1737). Der Penegal zählt zu den großartigsten, anfahrbaren Aussichtsplätzen in der Grenzzone zwischen Südtirol und dem Trentino. Er wurde durch eine 4 km lange Gipfelstraße erschlossen, welche von der Scheitelstrecke des waldreichen Passes ihren Ausgang nimmt. Die Benützung der Privatstraße ist gebührenpflichtig. Ihre Anlage ist zweispurig, die Strecke wurde durchgehend asphaltiert. Die Steigungen erreichen max. 17%. Den HU von runden 400 m gewinnt man mittels mehrerer Serpentinen. Unterhalb des Gipfelplateaus wurden drei Großparkplätze terrassenartig angeordnet. Ein 25 m hoher Aussichtsturm vermittelt ein perfektes Rundumpanorama u.a. mit dem vergletscherten Zillertaler Hauptkamm, Dolomiten, Adamello, Presanella, Brenta und Ortler-Cevedale-Gruppe. Hin und zurück 8 km. Fahrtechnische Beurteilung: mittel.

67	**Durch die Ortler-Cevedale-Gruppe***

Route: Spondinig (886) — Prad — Gomagoi — Trafoi — Stilfser Joch (2758) — Abzw. Umbrailpaß (2501) — Bormio — S. Nicolo — Santa Caterina Valfurva — Gaviapaß (2621) — Ponte di Legno — Tonalepaß (1883) — Cusiano — Dimaro — Malè — Ponte Mostizzolo — Dres — Cagno — Revo — Romallo — Brez — Fondo — Gampenjoch (1518) — Lana — Umfahrung Meran — Forst — Töll — Naturns — Schlanders — Spondinig. 247 km.

Fahrtechnische Beurteilung: mittel bis schwierig

Zeitaufwand: Tagestour

Mit dem Stilfser Joch und dem Gaviapaß werden von dieser Runde die beiden höchsten Durchgangspässe in den ital. Alpen erfaßt. AP ist Spondinig im Vinschgau, an der SS. 38 gelegen. Trotz ihres Alters zählt die Stilfser-Joch-Straße zu den anlagemäßig interessantesten und landschaftlich attraktivsten Hochalpenstraßen, was ihr den Beinamen „Königin der Alpenstraßen" einbrachte. Seit ihrer Erbauung im Jahre 1820 ist ihr diese unbestrittene Auszeichnung geblieben, wobei bis zum heutigen Tag die Trasse kaum verändert wurde. Lediglich überhängende Felsbalmen wurden im oberen Abschnitt durch Stützmauern abgefangen. Die Fahrbahnbreiten schwanken zwischen 5 und 7 m, in den Kehren gibt es fallweise auch Überbreiten. Steigungen bzw. Gefälle haben auf beiden Seiten des Passes max. 12%, auf der Ostrampe ist beim „Weißen Knott" ein kurzer Abschnitt mit 15%. Die gesamte Strecke von Spondinig bis Bormio mißt 50 km und ist durchgehend mit staubfreiem Belag versehen. In der Regel ist die Hochstraße von Ende Juni bis Ende Oktober, je nach Schneelage, geöffnet. Auf der Ostrampe durchfährt man zwischen Gomagoi und der Jochhöhe 48 numerierte Kehren, auf der Westrampe hinab nach Bormio sind es deren 39. Die Bergstrecken verlangen Ausdauer sowohl vom Lenker als auch vom Motorrad. Sichtverhältnisse wie in „Waschküchen" und Nässe erhöhen die Rutschgefahr. – Die NO-Rampe im engeren Sinn beginnt oberhalb Gomagoi (1266). Knapp vor Trafoi (1543) gibt eine Talweitung den Blick auf die Madatschspitzen, die Trafoier Eiswand, die Schneeglocke und das Nashorn frei. Mit zunehmender Höhe steigert sich das Fahrterlebnis, wobei man auf kurze Distanz an den Madatschferner herankommt. Eine erste Kehrengruppe leitet hinauf zur Jst. „Weißer Knott" (1876) in guter Aussichtslage. Es folgt eine noch kühnere Kehrenanlage auf einer langen Hangstrecke hinauf zur Franzenshöhe (2189), wo der Blick auf die Ortlerspitze frei wird. Stereotyp folgt nunmehr Kehre auf Kehre, womit man rasch an weiterer Höhe gewinnt. Besonders beeindrucken die an den Fels gemauerten Kehren, welche, aus der Distanz gesehen, mit Schwalbennestern vergleichbar sind. – Der Übergang Stilfser Joch wird auf den Streifen neben der Straße von zahlreichen bunten Andenkenläden flankiert. Einen besonderen Akzent setzt die Jochkapelle mit ihrem offenen Glockenstuhl in die herbe Hochgebirgslandschaft. Der neu angelegte Großparkplatz befindet sich im W unterhalb der Scheitelstrecke. Nach O richten sich die Ausblicke hauptsächlich auf den Ortler (3905), der höchsten Erhebung Südtirols. Über das Stilfser Joch verläuft auch die deutsch-ital. Sprachgrenze. Bessere Ausblicke genießt man von der nahegelegenen Dreisprachenspitze (2843), auf welcher bis 1919 die Grenzen Österreichs, Italiens und der Schweiz zusammenliefen. – Auf der SW-Rampe senkt sich die Straße in großen Schleifen. An der Abzw. der Straße über den Umbrailpaß hinab nach Santa Maria im Münstertal (1375) befindet sich die ital.-schweizerische Zollstation. Im obersten Brauliotal fährt man zunächst auf sanfter Gefällstrecke neben spärlichen Almböden und begleitet vom Brauliobach eine Talstufe hinab. Im Rückblick zeigen sich mehrere Kaskaden eines hohen Wasserfalles. Die nun folgende Serpentinenstrecke vermittelt nach SO bemerkenswerte Ausblicke auf die Hohe Schneide/Monte Cristallo (3434) mit ihren Gletscherfeldern.

Dann folgt die Fahrt durch die wilde Braulioschlucht. Zum Schutz gegen Steinschlag und Lawinenabgänge wurde sie mit neun Felsgalerien ausgestattet. Unterhalb des letzten Straßenwärterhauses (Cantoniera) öffnet sich der Blick in das Fraeletal, wo die Adda entspringt. Vor dem letzten Tunnel zweigt die Zufahrt zu den in den Fels gehauenen Römerbädern ab. Bormio (1222) liegt an der Einmündung der Valfurva und der Val Viola in das Addatal, welches im S Veltlin genannt wird. – Für den leidenschaftlichen Tourenfahrer ist die Fortsetzung der Route über den Gaviapaß ein hochalpiner Leckerbissen, der wegen seiner landschaftlichen Vielfalt und relativen Unberührtheit entsprechend hoch zu bewerten ist. Auf beiden Rampen durchfährt man große Teile des „Nationalparks Stilfser Joch". – Von S. Nicolo (1320) darf man das Sträßchen 5 km bis zur Zebrubachbrücke unterhalb Pradaccia (1700) benützen, HT „Madonna di Monti". Unter Androhung hoher Geldstrafen ist eine Weiterfahrt in das Herz des Nationalparks strikte verboten! – Die Scheitelstrecke erfordert nach wie vor fahrerisches Können und Ausdauer, gleichwohl jetzt Leitplanken den Straßenbenützer vor abgründigen Tiefen schützen. Die gesamte Paßstrecke ist asphaltiert. Es gab nur noch auf der Südrampe einige wenige Engstellen. Beim Durchfahren des Lärchenwaldes im unteren Teil ist erhöhte Vorsicht geboten, wenn nasse Nadeln die Fahrbahn extrem rutschig machen. Der stark ausgesetzte, früher gefürchtete Abschnitt, von dem ein Militär-Lkw abstürzte, wobei mehrere Alpinisoldaten ihr Leben lassen mußten, wird jetzt durch einen zirka 200 m langen Tunnel umfahren. Auf beiden Rampen erreichen die Steigungen max. 16%, die HU von den Basisorten zur Scheitelhöhe betragen jeweils zirka 1400 m. Während die Nordrampe mit nur 10 Kehren ihr Auskommen findet, benötigt die Südrampe zur Bewältigung des HU insgesamt 15 Kehren, welche in zwei Gruppen bei dichter Folge angeordnet sind. Die gesamte Paßstrecke von Bormio bis Ponte di Legno mißt 43 km. – Die SS. 300 folgt von Bormio zunächst der Valfurva 13 km taleinwärts nach Santa Caterina Valfurva (1734). Eine darauffolgende Serpentinengruppe tangiert die Plaghera-Hochfläche (2138). Von der Straße bietet sich ein bemerkenswerter Ausblick in das Forno- und Cedectal zum Monte Cevedale (3769). Die nur mehr von Latschen gesäumte Straße leitet in eine hochalpine Region. Das viel Glimmer enthaltende Gestein blinkt in tausend kleinen Irrlichtern auf. Über eine langgestreckte, fast ebene Mulde, in der das Rif. Berni (2541) und eine Bergkapelle liegen, erreicht man nach weiteren 13 km die Scheitelhöhe (2621). Dort steht, den rauhen Winden ausgesetzt, das Rif. Bonetta. Die Ausblicke

Die wohl beste Aussicht durch das Durancetal zum weitläufigen See von Serre-Ponçon vermittelt der anfahrbare **Col de Chérine** → Route 99, Zwischen Guil und Ubaye. Foto Michael Braun

Paradiesische Kehren bietet die Serpentinenstraße von Pedesca-la im **Val d'Astico** hinauf nach Castelletto und Rotzo → Route 69, Durch die Hochebene der Sieben Gemeinden. Foto Harald Denzel

Auf der Südseite des **Col d'Izoard**, 16 km von Briançon, findet man die sehenswerte Casse Déserte. Aus riesigen Geröllteppichen ragen Felsnadeln, Türme und Klötze. Foto Thomas Rettstatt

Blick von den unteren Kehren der **Kaunertaler Gletscherstraße** auf den fjordartigen Gepatsch-Stausee → Route 28, Rund um die Ötztaler Alpen. Foto Uwe-Jens Dreber

Arlbergpaß. Blick vom Scheitel in Richtung Vorarlberg → Route 32, Rund um die Verwallgruppe. Foto Harald Denzel

Natur-Felstor in der wildromantischen **Combe Laval** → Route 97, Nördliche Vercors-Runde. Foto Helga und Michael Braun

Die Aufnahme vermittelt zwar einen geländebedingt leicht zu bewältigenden Streckenabschnitt, doch ist die **Maira-Stura-Kammstraße** in ihrer Gesamtheit fahrtechnisch als schwierig zu beurteilen → Route 86, Durch den Südwesten Piemonts. Foto Wolfgang Krenmüller

Motiv vom nordwestlich des Col des Mosses aufgestauten **Lac de l'Hongrin** → Route 51, Pässe zwischen Genfer See und Berner Oberland. Foto Gottfried Loy

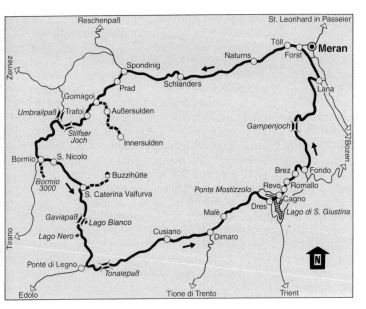

Skizze 67   Durch die Ortler-Cevedale-Gruppe

richten sich hauptsächlich auf die Punta S. Matteo (3678) mit dem eindrucksvoll herabziehenden Doseguletscher und auf den pyramidenförmigen Pizzo Tresero (3594), welchen man bereits während der Auffahrt im Auge hat. Nach S reicht der Blick zu den ausgedehnten Gletscherfeldern der Adamello-Presanella-Gruppe. Die Straße senkt sich auf der Südrampe mit vier Kehren zum Lago Nero (2386) hinab. Dann folgen elf, teilweise enge Kehren an einer felsigen Hangstrecke. Stereotyp hat man nunmehr Kehre auf Kehre in dichter Folge. Auf den weit geschwungenen Hängen mit ihrer dürftigen Grasnarbe finden große Schafherden in ihrem genügsamen Verhalten ausreichend Nahrung. Beim kleinen Bad Sant'Apollonia (1585) in der Val delle Messi endet die Bergstrecke. Man fährt nun im freundlichen Wiesental des jungen Oglio hinab zur Straßengabelung: li. zum Tonalepaß, re. hinab nach Ponte di Legno (1257). – Der 10 km lange Abschnitt hinauf zum Scheitel des Tonale (1883) wurde großzügig ausgebaut; er stellt den Übergang aus der Valcamonica in das Nonstal her. Eine Seilbahn leitet zum Passo Paradiso (2580) hinauf, eine andere zum Presena-Schutzhaus (2750). Der Presenagletscher ist ein vielbesuchtes Sommerschigebiet. Die SS. 42 zieht durch die Val Vermiglio hinab nach Cusiano, welches an der Mündung des Pajotales liegt. Im Nonstal (Val di Sole) abwärts berührt man Dimaro und Malè; es fehlen moderne Ortsumfahrungen. Beim Ponte Mostizzolo (593) folgt man zunächst re. der SS. 43 bis Dres (661) in s. Richtung. Dort zweigt man scharf li. im spitzen Winkel ab, fährt durch einen kurzen Tunnel und benützt die Brücke über den fjordartigen Stausee von S. Giustina zum n. Ufer, das man beim Castel Cagno erreicht. Auf der sowohl landschaftlich lohnendsten als auch fahrtechnisch interessantesten Strecke berührt man die Orte Cagno (675), Revo, Romallo und Brez, ehe die steinerne Brücke über die Novellaschlucht den kurzen Anstieg nach Fondo (988) vermittelt. Der kürzeste Weg in das Obere Etschtal führt von Fondo (988) auf der SS. 238 über das Gampenjoch/Passo della Palade (1518) hinab nach Lana (316). Um das verkehrsreiche Ballungszentrum von Meran zu umgehen, empfiehlt es sich, von Oberlana auf der Straße entlang dem Falschauer Bach zur Industriezone Lana hinabzufahren, wo man Anschluß an die kreuzungsfreie Schnellstraße findet. Der Abschnitt vom Schnellstraßenende bei Forst bis Töll ist auf der SS. 38 wegen des gemischten Verkehrs (mit Schwerfahrzeugen) über eine gewundene Talstufe kritisch. Wesentlich flüssiger gestaltet sich dann die Fahrt durch den Vinschgau über Naturns und Schlanders zum EP Spondinig.

Abstecher: Von Gomagoi nach Innersulden (1925). Das Suldental zieht, wie auch das benachbarte Trafoier Tal, aus der Gletscherwelt des Ortlers nach N herab, um sich in Gomagoi zu vereinigen. Niemand sollte es versäumen, in den großartigen Talschluß von Sulden zu fahren, um den Ostabsturz des Ortler mit seinen Fernern zu erblicken. Die SS. 622 zweigt in Gomagoi von der Stilfser-Joch-Straße scharf li. ab, HT „Sulden" und überbrückt den Suldenbach. Mit einer ausgeprägten Talstufe und einem Steigungsmaximum von 13% gelangt man hinauf nach Außersulden. Dann verläuft die Straße, von Wiesen und Wald reizvoll umgeben, über das Gh. „Gand" (1684) zur Karnerbrücke. Hinter der Brücke erneuter Anstieg. Nach Bewältigung der zweiten Talstufe leitet die durchwegs asphaltierte Straße fast flach durch das anmutige Hochtal des Suldenbaches. Die Fahrbahnbreiten schwanken zwischen 4.5 und 7 m, in Außersulden mißt sie bei einem Torbogen nur 2.3 m. Der Vorrang für Bergauffahrende ist ausgeschildert. Ausgesetzte Passagen wurden durch Leitplanken abgesichert. Genügend Abstellplätze findet man am Straßenende nahe der Suldenbahn-Talstation. Hin und zurück 24 km. Fahrtechnische Beurteilung: mittel.

Abstecher: Von Bormio (1222) nach Bormio 3000. Im S von Bormio zieht eine 6 bis 7 m breite und nur auf dem ersten Kilometer asphaltierte Serpentinenstraße bergwärts; die restlichen 7 km bis Bormio 2000 waren im Bj. eine wellige und staubige Piste. Während der Fahrt hat man sowohl Ausblicke in das Zebrutal als auch Tiefblicke in den Talkessel von Bormio. Eine Befahrung der daran anschließenden Bergstrecke erfolgt auf eigene Gefahr und Haftung! Die Bergstraße ist extrem steil, ihre Maxima erreichen 30%; die durchschnittliche Steigung ist mit 14% einzuschätzen. Die unebene Fahrbahndecke ist als Erschwernis zu bewerten. Durch jüngsten Beschluß der Gemeinde Bormio ist ab einer Höhenlage von zirka 2200 m das ehem. Werksträßchen für Motorfahrzeuge jeglicher Art gesperrt. Diese Verordnung wird durch ein nicht zu übersehendes, neues Schild an Ort und Stelle kundgemacht. Welche Gründe auch immer für diese Maßnahme ausschlaggebend waren, ist nicht bekannt. Bereits die Rumpfstrecke bietet Ausblicke auf die Erhebungen der Ortler-Cevedale-Gruppe und auf die Bernina sowie in das oberste Addatal (Fraeletal) mit den beiden Stauseen. Von Bormio bis zur Sperre und zurück sind es zirka 18 km. Fahrtechnische Beurteilung: mittel.

Abstecher: Von Santa Caterina Valfurva durch das Fornotal zur Buzzihütte (2176). Der bekannte Fremdenverkehrsort (1734) liegt zwischen Bormio und dem Gaviapaß. Auf einem knapp zweispurigen Asphaltsträßchen kann man das Tal bis zum Albergo Ghiacciaio dei Forni, welches besser unter dem Namen Buzzihütte bekannt ist, 5 km hinauffahren. Im Bj. befanden sich die letzten 1500 m nicht asphaltierter Straße in einem miserablen Zustand mit zahlreichen Schlaglöchern. Die Steigungen sind gut ausgeglichen und überschreiten 10% nicht. — Eine Speicheranlage sammelt das Wasser von Cevedale und Fornogletscher und leitet es zur Energiegewinnung weiter; die Staumauer darf nicht angefahren werden. Die Fahrwege zum Rif. Pizzini (2706) bzw. zum Rif. Cesare Branca (2493) am Rand der Sommerschigebiete dürfen nur von dazu berechtigten Jeep-Taxis benützt werden. Hin und zurück 10 km. Fahrtechnische Beurteilung: leicht bis mittel.

Zwischen der Val Sugana und den Sieben Gemeinden*	68

Route: Primolano (220) — Enego — Enego 2000 — Rif. Val Maron — Rendale — Casera di Campomulo — Gallio — Campanella — Foza — Valstagna — Primolano. 83 km.

Fahrtechnische Beurteilung: mittel

Zeitaufwand: Halbtagestour

Fahrtechnische Höhepunkte dieser Runde sind die beiden attraktiven Serpentinenstraßen aus dem Brentatal hinauf nach Enego bzw. von Foza hinab nach Valstagna. Von landschaftlichem Interesse ist der Blick nach O auf den Monte Grappa und seine, im Ersten Weltkrieg

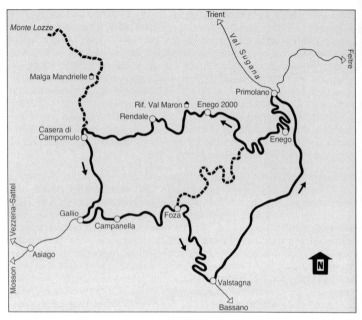

Skizze 68   Zwischen der Val Sugana und den Sieben Gemeinden

heiß umkämpften Vorberge. Im N gingen der Monte Ortigara und der
Monte Lozze, welche sich beide im Karstgebirge erheben, in die
Kriegsgeschichte ein. Die einst als Kriegsfahrwege angelegten Straßen dieser Region wurden in der Nachkriegszeit für zivile Zwecke entsprechend ausgebaut. Sie sind nur schwach frequentiert und werden
deshalb von Motorradfahrern mit Vorzug gewählt. − AP ist der Straßenknoten Primolano am Ausgang der Val Sugana. Der Anstieg nach
Enego (768) beginnt unvermittelt vom re. Brentaufer aus. Die knapp
zweispurige Bergstraße windet sich mit 14, meist dicht übereinander
angelegten Kehren, zuletzt auf bewaldeter Strecke, zur Hochfläche
hinauf. Die Steigungsverhältnisse sind gut ausgeglichen und überschreiten kaum 10%. Man gewinnt noch weiter an Höhe bei merkli-
cher Steigung und erreicht re. die Abzw. zum Wintersportort Enego
2000 am Fuße des ehem. befestigten Monte Lisser (1634). − Nun
folgt man von Bivio Dori re. der windungsreichen Straße über das Rif.
Tombal (1300) zum Rif. Val Maron (1350). Dort mündet man in den
aus Richtung Colle di Val d'Antenne herabziehenden Fahrweg ein

und folgt ihm nach S zu den Baracken von Rendale. Dort Vereinigung mit der vom Rif. Marcesina (1369) herüberführenden Straße. Man gelangt am Bivio Campo Cavallo (1364) vorbei und hält sich li., will man zu den Casera di Campomulo kommen. — Die asphaltierte Straße nach Gallio (1090) leitet durch das Campomulotal. Nach Zurücklegung von zirka 8 km erreicht man Gallio, das zu den Sieben Gemeinden zählt. Die Rundfahrt findet ihre Fortsetzung in der Aussicht vermittelnden Höhenstraße nach Foza. In Campanella fährt man geradeaus weiter, denn die re. abbiegende Straße leitet in das Frenzelatal nach Stoccareddo. Eindrucksvoll ist der Abstieg über 15 Kehren am steil abfallenden Fels hinab nach Valstagna (147). Drei Tunnels schützen auf der knapp zweispurigen, 11 km langen Bergstrecke vor Steinschlag. — Von der untersten Kehre der Straße durch die Val Vecchia führt ein kurzer Fahrweg zur sehenswerten und gut erhaltenen Cala del Sasso. Der mit 4422 Stufen angelegte Weg (Steinerne Stiege) durch die Frenzelaschlucht hinauf nach Sasso wurde im Mittelalter viel benützt, weil er die kürzeste Verbindung zwischen Valstagna und Gallio herstellte. — Von Valstagna kehrt man in rascher Fahrt auf der Schnellstraße SS. 47 nach Primolano zurück.

Variante: Von Enego nach Foza auf der Höhenstraße. Wer nicht die komplett vorgegebene Runde befahren möchte, jedoch die Höhepunkte auf den beiden kehrenreichen Bergstraßen aus dem Tal der Brenta hinauf zur Hochebene erleben möchte, der kann sich auf die 17 km lange Verbindungsspange Enego-Foza beschränken und zuletzt die Abfahrt nach Valstagna unternehmen. Durch den Bau des Viaduktes über die Val Grande, einer hohen Bogenbrücke mit zwei schlanken Pfeilern, konnte die windungsreiche Höhenstraße etwas verkürzt werden. Minus 24 km. Fahrtechnische Beurteilung: mittel.

Abstecher: Von der Casera di Campomulo über die Malga Mandrielle zum Monte Lozze (1900). Für kriegsgeschichtlich Interessierte ist ein kurzer Ausflug in die einst heiß umkämpfte Karstregion um den Monte Lozze ein besonderes Erlebnis. Zunächst auf asphaltierter Straße bis zur Malga Mandrielle (1562); man folgt stets der gelben HT „Ortigara". Von der Alm hat man bis zum EP mit Parkplatz noch zirka 8 km zurückzulegen. Die geschotterte Wegstrecke ist im allgemeinen schmal und windungsreich, teilweise auch holprig, jedoch befindet sich wider Erwarten das letzte Stück Auffahrt in asphaltiertem Zustand. — Vom EP sind es bis zur kleinen Cecchin-Hütte bzw. zur Gedächtniskapelle, die den Gipfel krönt, nur wenige Gehmin. Charakteristisch für diese wasserarme Bergregion sind die zahlreichen trichterförmigen Vertiefungen im Karst. Hin und zurück 25 km. Fahrtechnische Beurteilung: mittel bis schwierig.

Verkehrswege sind ständigen Veränderungen unterworfen. Hinweise und Ergänzungsvorschläge nimmt unsere Redaktion stets dankend entgegen.
Denzel-Verlag, Maximilianstraße 9, A-6020 Innsbruck

Route: Trient (194) — Calliano — Folgaria — Francolini — Passo Coe (1610) — Valbona-Scharte (1782) — Tonezza del Cimone — Arsiero — Barcarola — Pedescala — Castelletto — Rotzo — Albaredo — Mezzaselva — Roana — Alb. Ghertele — Vezzena-Sattel (1402) — Alb. Monte Rovere — Caldonazzo — Calceranica al Lago — Pergine — Trient. 142 km.

Fahrtechnische Beurteilung: leicht bis mittel

Zeitaufwand: Tagestour

Aus dem wegen seines dichten Straßennetzes nur schwer überschaubaren Gebiet wurden sowohl touristische als auch fahrtechnische Höhepunkte erwählt und wie Perlen an einer Schnur zu einer erlebnisreichen Runde aneinandergereiht. Man verläßt Trient vom Straßenknoten an der Etschbrücke auf der neuen Umgehungsstraße. Von der Etsch begleitet, findet man im S der Stadt bald die Einbindung in die SS. 12, der man bis Calliano (187) folgt. — Die ausgebaute Bergstraße SS. 350 nach Folgaria beginnt in Calliano unterhalb des Kastells Beseno. Folgaria (1166) wird im S umfahren. Die Abzw. zum Passo Coe findet man am ö. Ortsende re. der Sommostraße. Die Provinzstraße 143 leitet über den Erholungsort Francolini (1216) und erreicht nach 7 km den Passo Coe (1610). Im Rückblick hat man das zerschossene Forte Sommo Alto und das Rif. Stella d'Italia auf einem sanft verlaufenden Höhenrücken. Der Paßscheitel liegt im Schnittpunkt mehrerer Wanderwege und bietet genügend Abstellplätze. Die Bergstraße steigt weiter zur Valbona-Scharte (1782) an. Ein knapp zweispuriges Stichsträßchen führt von dort zum militärischen Sperrgebiet auf dem aussichtsreichen Monte Toraro (1899). — Man fährt nunmehr auf der Südseite des langgestreckten Campomolon-Rückens in weiten Schleifen bergab und tangiert li. den Tunnel, welcher mit der Straße verbindet, die zum Sommopaß über das Albergo Fiorentini (1461) vielgewunden heraufzieht. Geradeaus setzt sich die Straße nach Tonezza fort und tangiert den Passo della Vena (1546). Auf einer längeren Gefällstrecke von durchschnittlich 10% gelangt man hinab zur Hochfläche von Tonezza mit dem Luftkurort Tonezza del Cimone (992). — Über das alte, geschotterte Serpentinensträßchen hinab nach Barcarola im Asticotal wurde ein allg. Fahrverbot verhängt! Die neue, normal breite Asphaltstraße nach Arsiero (343)

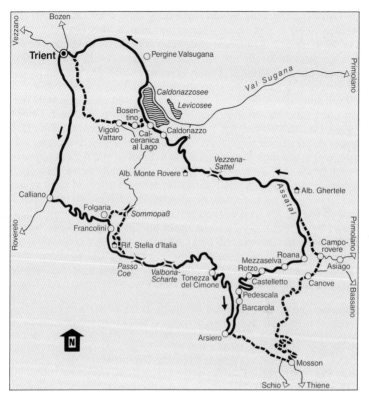

Skizze 69   Durch die Hochebene der Sieben Gemeinden

ermöglicht durch ihre zahlreichen Tunnels eine großzügige Linienführung und auch eine flüssige Fahrweise. Die Strecke bietet großartige
Ausblicke auf die gegenüberliegende Talseite; dort beeindruckt
besonders die kühne Straßenanlage von Pedescala (324) hinauf nach
Castelletto. — Von Arsiero nimmt man die Hauptstraße durch das Asticotal bis zur Abzw. nach Pedescala bei Barcarola. Mit zwölf Kehren
gewinnt die 10 km lange Bergstraße hinauf nach Castelletto 500
Höhenmeter. Sie wurde knapp zweispurig angelegt und ist durchgehend asphaltiert. Auf ihr wurde ein Geschwindigkeitslimit von 50 km/h
verordnet. Entlang dem steil abfallenden Fels verläuft sie, nach oben
und unten gut verfolgbar, und erreicht in Castelletto die Hochebene. In
der Fortsetzung passiert man die Orte Rotzo, Albaredo, Mezzaselva   231

und Roana (990). Eine direkte Verbindung leitet unter Umgehung von Asiago (999) in das obere Assatal, wo man s. des Gh. „Ghertele" (1130) in die SS. 349 einmündet. Ihren höchsten Punkt gewinnt die gut ausgebaute Straße auf dem Vezzena-Sattel (1402). – 3.6 km sind es noch bis zum Albergo „Monte Rovere" (1255). Dort nimmt re. die Provinzstraße 133 (Kaiserjägerstraße) ihren Ausgang; sie bildet, nur 12 km lang, die direkte und daher kürzeste Verbindung sowohl hinab nach Caldonazzo (480) als auch mit einem ö. Ast nach Levico (506). Das Gefälle beträgt max. 12%, die Mindestbreite 2.5 m. Das heute durchgehend asphaltierte, von Tiroler Kaiserjägern erbaute, vorwiegend einspurige Sträßchen weist auf halber Höhe zwei schmale Felstunnels auf. Zahlreiche enge und unübersichtliche Passagen erfordern eine behutsame Fahrweise, denn es erfolgen nicht selten Begegnungen, wo geeignete Ausweichstellen fehlen. Im unteren Abschnitt wurde umtrassiert. Dort trifft man einen normalen Ausbauzustand mit zweispuriger Fahrbahnbreite an. Die Strecke bietet Prachtblicke auf den Caldonazzo- und Levicosee. Gute Anschlüsse an die Schnellstraße SS. 47 gewährleisten die beiden Uferstraßen, unter denen die westliche über Calceranica die reizvollere ist. An Pergine vorbei zieht die Schnellstraße durch das Fersental hinab nach Trient.

Variante: Von Folgaria über das Rif. Stella d'Italia (1536) zum Passo Coe. Wenig unterhalb des Sommo-Paßscheitels (1343) zweigt von der Südrampe ein Schottersträßchen mit festem Unterbau (ehem. Militärsträßchen) ab, das durch den Wald zum Rif. Stella d'Italia 3.8 km hinaufzieht. Die Bergstation des Sesselliftes ist bereits von weither erkennbar. Die Fortsetzung des Fahrweges über das zerschossene Forte Sommo Alto zum Passo Coe ist mit Ausnahme des letzten Kilometers fast verfallen. Plus 4 km. Fahrtechnische Beurteilung: mittel bis schwierig.

Variante: Von Arsiero über Mosson und Canove in das Assatal. Die Bergstrecke von Mosson mit ihren zehn Kehren mißt bis zur Abzw. „Monte Pau", HT, 13 km. Sie ist durchwegs 8 m breit und asphaltiert. Ungetrübte Ausblicke in die venezianische Ebene hat man selten, weil diese meistens von einer Dunstglocke eingehüllt ist. Von Canove fährt man direkt nach Camporovere weiter und läßt Asiago re. liegen. Wenig unterhalb vom Alb. Ghertele trifft man auf die Zusammenführung der über Roana geleiteten Standardstrecke mit der SS. 349. Plus 7 km. Fahrtechnische Beurteilung: leicht bis mittel.

Variante: Von Calceranica an der Westuferstraße des Caldonazzosees über einen kurzen Serpentinenanstieg hinauf nach Bosentino und durch die breite Senke von Vigolo Vattaro auf der SS. 349 hinab nach Trient. Eine landschaftlich abwechslungsvolle und meist auch verkehrsarme, 18 km lange Entlastungsstraße, wie von Motorradfahrern bevorzugt! Plus 1 km. Fahrtechnische Beurteilung: leicht bis mittel.

Route: Trient (Nord) — Pergine Valsugana — Canezza — S. Orsola Terme — Palu del Fersina — Redebus-Paß (1449) — Regnana — La Centrale — Brusago — Valcava — Segonzano (Erdpyramiden) — Piazzo — Faver — Cembra — Verla — Lavis — Trient (Nord). 75 km.

Fahrtechnische Beurteilung: mittel

Zeitaufwand: Halbtagestour

Die kleine Trentiner Runde wird im S durch das Fersental, im N und O durch das Cembratal, im W durch das Etschtal begrenzt. Mit Ausnahme von Sonn- und Feiertagen ist die umschriebene Region nur schwach frequentiert. Von touristischem Interesse sind das reizvolle Fersental (Val dei Mocheni), die Hochebene von Piné und der Lago Santo oberhalb von Cembra. — Vom Straßenknoten Trient-Nord leitet die SS. 47 nach Pergine Valsugana (482), das man auf der SP. 8, das Fersental einwärts, verläßt. An der Straßenteilung bei Canezza hält man li., gewinnt über eine gut ausgebaute Serpentinenstrecke rasch merklich an Höhe und gelangt hoch über dem Bach nach S. Orsola Terme (925). Es folgt ein kurvenreicher Abschnitt in Richtung Palu del Fersina (Palai). Vor den ersten Häusern der weit verstreuten Siedlung (deutsche Sprachinsel) hat man li. die beschilderte Abzw. zum Redebus-Paß. Die SP. 224 leitet zweispurig auf teilweise bewaldeter Strecke mit max. 15% Steigung/Gefälle über Regnana in das Pinétal und mündet bei La Centrale unterhalb von Bedollo in die, nach Brusago (1104) führende, ausgebaute Straße. Man bleibt auf der li. Seite des Brusagobaches, passiert die Häuser von Valcava und mündet in die, von Sover heraufziehende Straße ein, der man nach Segonzano folgt. Den beiderseits der Straße am Hang sich ausbreitenden Ort durchfährt man und gelangt wenig weiter zur Brücke über den Regnanabach. Vom n. Brückenkopf hat man li. die Zufahrt zum Parkplatz für Besucher der Erdpyramiden, HT. Letztere erreicht man in zirka 20 Gehmin. über eine gestufte Steiganlage. — Man setzt nun die Rundfahrt über Piazzo fort. Auf einer weit gespannten Brücke wechselt man die Uferseite des Avisio und mündet in Faver in die rechtsufrige SS. 612 ein, welche über Cembra (665) und das Weinanbaugebiet von Verla, zuletzt in Serpentinen, nach Lavis (232) hinableitet. Auf der vorzüglich ausgebauten SS. 12 gelangt man zum Straßenknoten Trient-Nord zurück.

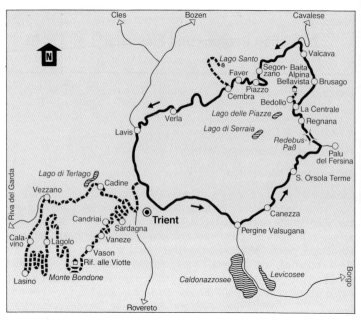

Skizze 70   Zwischen Fersen- und Fleimstal

Abstecher: Von La Centrale im Pinètal zur Baita Alpina (1350). Von der Talstraße SP. 83 zunächst hinauf nach Bedollo (1165), dem Hauptort der Hochfläche. Eine HT zeigt die Richtung zum empfohlenen Panoramapunkt an. Man
fährt zunächst auf einer Neubaustrecke weiter bergwärts bis zur Kapelle von
Svaldi (1270) in guter Aussichtslage. Folgt man auf einem Karrenweg noch
weiter bis zur Baita Alpina Bellavista, so findet man dort nicht nur ein bemerkenswertes Panorama über ein, von Seen durchsetztes, bewaldetes Hügelland und Erhebungen des Fersentales vor, sondern auch eine Ruhe- und
Erholungszone (area di sosta) mit aufgestellten Tischen und Bänken. Hin und
zurück 10 km. Fahrtechnische Beurteilung: mittel bis schwierig.

Abstecher: Von Cembra zum Lago Santo (1195). Das abschnittsweise nur
einspurige, aber auch knapp zweispurige Sträßchen führt anfangs durch ein
eingeschnittenes Tal zu einem großen Porphyrsteinbruch hinauf. Achtung auf
manövrierende Schwerfahrzeuge! Mit einer großen Schleife durch schönen
Buchenwald gewinnt man bei max. 16% die waldumrahmte Mulde mit dem
See. Parkmöglichkeiten gibt es beim bewirtsch. Rif. Alpino (1208). Am w.
Seeufer laden idyllische Plätze zum Baden ein. Hin und zurück 11 km. Fahrtechnische Beurteilung: mittel.

234

Abstecher: Von Trient auf den Monte Bondone. Das Bergmassiv des Bondone breitet sich im SW von Trient (194) aus und gipfelt im Palon (2091). Der Hausberg der Trentiner bietet im Sommer und Winter an seinen sanft geneigten Hängen ein ausgedehntes Erholungsgebiet, welches sowohl durch Bergstraßen als auch durch Aufstiegshilfen erschlossen wurde. Für den Zweiradfahrer ist nachstehende Runde von besonderem Interesse: Vom s. Straßenknoten Trients an der Etsch auf der SS. 45bis zirka 3 km hinauf bis zur Abzw. der Bondonestraße, welche über Sardagna (571) kurvenreich bei max. 12% Steigung nach Candriai (1012) führt; dort mündet die von Cadine (468) über Sopramonte leitende Auffahrt ein. Man genießt eindrucksvolle Tiefblicke in das Etschtal. Mit 23, meist engen Kehren setzt man seine Bergfahrt über Vaneze und Vason fort. Es öffnen sich Prachtblicke auf die wildzerrissenen Brentadolomiten, hinter denen die vergletscherte Presanella aufragt. Die Straße ist bis zu ihrem Scheitelpunkt beim Rif. alle Viotte (1537) normal breit, auf der Westrampe bis hinab nach Lagolo meist aber nur einspurig. Mit Tiefblikken in das Sarcatal fährt man schließlich auf ausgebauter Strecke mit vier Kehren zur Terrasse Lasino-Calavino-Vezzano hinab, wo man wiederum Anschluß an die SS. 45bis findet, welche hoch über dem Lago di Terlago durch Cadine nach Trient zurückleitet. Der unterste Streckenabschnitt wurde durch zwei neue Straßentunnels modernisiert. Hin und zurück 63 km. Fahrtechnische Beurteilung: mittel.

# Rund um den Pasubio**	## 71

Route: Rovereto (192) — Terragnolo — Borcolapaß (1206) — Ganna — Maso di Posina — Xomopaß (1058) — Ponte Verde — Pian delle Fugazze (1162) — Vallarsa — Rovereto. 74 km.

Fahrtechnische Beurteilung: schwierig

Zeitaufwand: Halbtagestour

Diese interessante Tour läßt sich in bezug auf eine Nachvollziehung nur mit gravierenden Vorbehalten schildern. Bekanntlich war der kurz „Pasubio" genannte Gebirgsstock von 1916 bis 1918 eine Schlüsselstellung der Südtiroler Front zwischen dem Suganatal und dem eisgepanzerten Adamello. Beiderseits des Frontverlaufes wurde ein ungewöhnliches Netz kühn angelegter Kriegsstraßen errichtet, welches jährlich leidenschaftliche Bergfahrer aus aller Herren Länder sowohl mit Zweirad als auch mit Vierrad angezogen hatte. Durch inzwischen eingetretene Naturgewalten (Bergrutschungen, Gesteinsverschüttun-

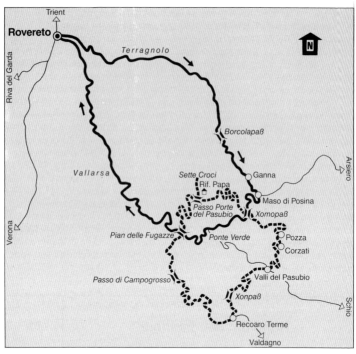

Skizze 71   Rund um den Pasubio

gen, Unwetter mit Überflutungen im Gefolge, u.a.) gab es auf manchen Bergstrecken sowohl irreparable als auch zeitlich bedingte Hindernisse. So wurde über beide Pasubiostraßen vor kurzer Zeit ein allgemeines Fahrverbot verhängt. Sie sind jetzt nicht mehr benützbar und mit Schranken versehen, die man nicht umfahren kann. — Die Runde nimmt ihren Ausgang im N von Rovereto. Man folgt auf windungsreicher, 3 bis 4 m breiter Asphaltstraße der HT „Terragnolo" bzw. „Borcolapaß" dem Tal der Leno di Terragnolo aufwärts. Der nur wenig frequentierte Passo della Borcola verbindet im NO des Pasubio das Terragnolotal mit dem Posinatal. Dieser niedrige Übergang war im Ersten Weltkrieg stark umkämpft, wovon auch heute noch gut erkennbare Artillerie-Stellungen, Kavernen und ehem. Militärunterkünfte zeugen. Eine Gedächtniskapelle wurde zu Ehren österr. Gefallener errichtet. Die Nordrampe weist max. 14% Steigung auf. Die ebenfalls staubfreie Südrampe mit ihren 19 Kehren konnte man wegen der Felssprengungen nur auf eigene Gefahr befahren. — Will man von der Südrampe direkt zum Xomopaß, so muß man nicht bis Posina (544) hinab, sondern benützt bereits an der Häusergruppe Ganna (641) re. den beschilderten Abkürzer über Maso di Posina und trifft bald auf die 3 bis 4 m breite, durchgehend asphaltierte Paßstraße. Sie verläuft vorwiegend durch Laubwald, ist aber stellenweise steinschlaggefährdet; das Geschwindigkeitslimit beträgt 30 km/h. Auf der Scheitelhöhe vereinigen sich nahe dem Rif. Alpino mehrere Bergstraßen. — Die gegen SW zum Ponte Verde (901) gerichtete, 5.4 km lange Rampe ist auf 1.3 km geschottert, die restlichen 4.1 km waren im Bj. asphaltiert. Aus der Fahrbahndecke ragten stellenweise spitze Steine hervor. Nach weiteren 2.2 km erreicht man auf der SS. 46 den Scheitel des Fugazzepasses, über den die Grenzen der Provinzen Trento und Vicenca verlaufen. Die Staatsstraße nach Rovereto vermittelt landschaftlich hervorragende Eindrücke; die zahlreichen engen Kurven und das empfindliche Gefälle von max. 14% stellen fahrtechnisch auch an den Kenner und Könner manche Ansprüche.

Variante: Vom Xomopaß über den Xonpaß nach Recoaro Terme und zum Passo di Campogrosso (1457). Vom Passo di Xomo zunächst ein Stück in sö. Richtung auf dem Sträßchen nach S. Caterina, 4 km. Dort zweigt man scharf re. ab und befährt die Serpentinenstraße, welche Pozza bzw. Corzati berührt; ihre Einmündung in die SS. 46 erfolgt sö. von Valli del Pasubio (350). Der untere Abschnitt war im Bj. staubfrei. Eine zwar windungsreiche, jedoch ebenfalls staubfreie Straße setzt sich von Valli d. Pasubio über den Passo Xon (671) nach Recoaro Terme (445) fort, 10 km. Die daran anschließende, 11 km lange Bergstrecke hinauf zum Passo di Campogrosso weist mehrere sehr enge Kehren und Steigungsmaxima von 14% auf. Die beschriebene Variante wird auf der knapp 7 km langen, neuen Straße abgeschlossen, welche im W am Fuß des Monte Cornetto (1900) zum Pian delle Fugazze hinableitet und in die SS. 46 einmündet. — Im Bj. war die direkte Strecke zwischen dem Passo di Campogrosso und dem Pian delle Fugazze in der Zeit von 8 bis 18 Uhr ausnahmslos gesperrt, wobei das Verbot streng überwacht wurde. Es ist anzunehmen, daß nach Beendigung der Ausbauarbeiten die genannte Strecke wieder öffentlich benützbar ist. — Plus 33 km. Fahrtechnische Beurteilung: mittel bis schwierig.

Viele Motorradfahrer nehmen zu wenig **Rücksicht.** Bei Begegnungen mit Wanderern, Radfahrern, Kraftfahrzeugen und Viehherden sowie beim Durchfahren von Siedlungen muß unbedingt die Fahrweise bzw. die Geschwindigkeit soweit angepaßt werden, daß keine Gefährdung anderer und keine Belästigung durch Staub und Lärm erfolgt. Zugenommen hat auch das „wilde Geländefahren" abseits der normalen Fahrwege. Hier sollte man eine Grenze zum „motorisierten Wandern" ziehen, denn ohne eine gewisse Disziplin von seiten der Alpenfahrer werden Sperrungen weiterer interessanter Strecken die Folge sein.

<table>
<tr><td>

72

</td><td>

In den Lessinischen Bergen*

</td></tr>
</table>

Route: Rovereto (192) — Ala — Sdruzzina — Sega di Ala — Passo Fittanze di Sega (1393) — S. Giorgio — Velo Veronese — Abzw. Giazza — Tebaldi — Durlo — Ferrazza — Crespadoro — Altissimo — Passo di S. Caterina (801) — Valdagno — Recoaro Terme — Passo di Campogrosso (1457) — Pian delle Fugazze (1162) — Anghebeni — S. Anna — Foppiano — Albaredo — Rovereto. 162 km.

Fahrtechnische Beurteilung: mittel bis schwierig

Zeitaufwand: Tagestour

Von Rovereto zunächst über Ala (183) auf der SS. 12 nach Sdruzzina (160); dort li. Abzw. der SP. 211 „Dei Monti Lessini". Im Bj. war die Bergstraße im Anstieg aus dem Etschtal nur teilweise zweispurig ausgebaut und asphaltiert. Das Geschwindigkeitslimit auf geschotterten Strecken beträgt 20 km/h, die max. Steigung 18%. Bis zum Felstunnel bei km 6.3 bieten sich gute Tiefblicke. Bei km 10.6 erreicht man Sega di Ala (1224) mit Abzw. der Höhenstraße nach Fosse. Zum Passo Fittanze di Sega steigt die nunmehr asphaltierte Straße weiter an. Man kommt am Albergo „Alpino" (1270) und am Ristorante „Monti Lessini" vorüber, wo auch die Baumgrenze verläuft. Schließlich ist bei km 14.3 die Scheitelhöhe des Passo Fittanze (1393) erreicht, nachdem man aus dem Tal einen HU von 1240 m bewältigte! Über den Scheitel mit dem Kriegerdenkmal wurde die Grenze zwischen den Provinzen Trento und Verona gezogen. — Durch eine unwirtliche Region windet sich in Höhenlagen zwischen 1400 und 1500 m das 17 km lange Sträßchen nach San Giorgio in ö. Richtung unterhalb der, durch die Lessinischen Berge gebildeten, breiten Barriere. Von San Giorgio hinab nach Velo Veronese (1087) hat man eine vorwiegend ausgebaute Straße. Landschaftlicher Reiz geht von der Querung des Illasitales unterhalb von Giazza aus. Im Anschluß daran hat man die 6 km lange, für Zweiradfahrer interessante Bergstrecke über den Sattel von Tebaldi, der man im weiteren Verlauf über Durlo und Ferrazza nach Crespadoro (363) folgt, 14 km. Nach Valdagno (230) leitet die Rundfahrt über Altissimo (672) und den Passo di San Caterina, weitere 16 km. Man mündet in Valdagno in die SS. 246 ein, welche bis Recoaro Terme (445) einen guten Ausbauzustand aufweist, 10 km. — Von Recoaro empfiehlt sich

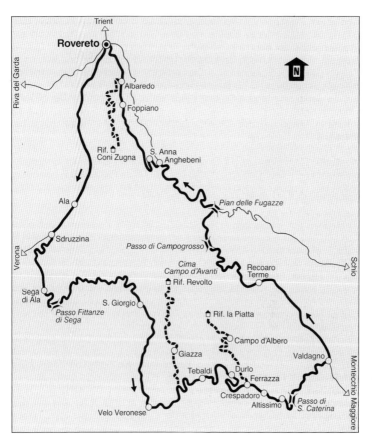

Skizze 72   In den Lessinischen Bergen

die Weiterfahrt über den Passo di Campogrosso (1457) zum Pian delle Fugazze (1162) und hinab auf der SS. 46 bis Anghebeni → Route 71,
Rund um den Pasubio. In Anghebeni zweigt man li. ab und wechselt
die Talseite hinüber nach S. Anna (580). Die vorzüglich ausgebaute
linksufrige Höhenstraße bietet eindrucksvolle Tiefblicke in das Tal des
Leno (Vallarsa) und hinab zum ehem. Fort Pozzacchio bei Valmorbia.
Über den faszinierenden, 320 m langen Viadukt hoch über dem Val
del Restel gelangt man nach Foppiano und Albaredo (702). Nach
Rovereto hinab sind es dann nur noch 6 km.

Abstecher: Zwischen Velo Veronese und Tebaldi befindet sich die Abzw. zum Rif. Revolto (1320). Im Bj. konnte man über Giazza (758) das Illasital bis zur Provinzgrenze, auf der die Hütte steht, hinauffahren, 12 km. Der Ort Giazza geht auf eine bajuwarisch-langobardische Gründung zurück und war lange Zeit eine deutsche Sprachinsel. — Die Fortsetzung, welche den Passo Pertica mit dem Schutzhaus (1522) tangiert und beim Passo Pelagatta (1776) endet, war als wenig einladendes Schottersträßchen im Bj. gesperrt. — Die gültigen Öffnungszeiten der Hütten dieser Region sind über die S.A.T. in Trento zu erfragen. Hin und zurück 24 km. Fahrtechnische Beurteilung: mittel bis schwierig.

Abstecher: Von Ferrazza zur Cima Campo d'Avanti (1689). Das Bergsträßchen war im Bj. über Campo d'Albero bis zum Rif. la Piatta (1225) befahrbar, wobei eine Gruppe mit neun Kehren zu bewältigen war. Hin und zurück 20 km. Fahrtechnische Beurteilung: mittel bis schwierig.

Abstecher: Von Albaredo zum Rif. Coni Zugna (1616). Zwischen dem breiten Etschtal und der engen Vallarsa zieht ein langgestreckter Bergrücken von N nach S, welcher im Ersten Weltkrieg heiß umkämpft wurde. Er war strategisch bedeutsam, weil von ihm aus beide genannten Täler kontrolliert werden konnten. Das ehem. Kriegssträßchen, das von Albaredo bis zur Schutzhütte 12.4 km mißt, wurde dann zu Friedenszeiten für touristische Zwecke adaptiert und mit einer Asphaltdecke versehen. Es wurde zwar nur einspurig angelegt, doch gibt es Ausweichstellen auf Sichtweite. Die Wendepunkte in den Kehren weisen Überbreiten auf. Für Tourenfahrer bietet sich eine ideale Bergstrecke, welche nach beiden Seiten eindrucksvolle Ausblicke vermittelt. Die Steigungsverhältnisse sind gut ausgeglichen und betragen im Durchschnitt 7%. Bei km 5.1 soll man sich die Ausblicke von der Kanzelkehre nicht entgehen lassen; sie richten sich auf Rovereto und das Etschtal. Vor besonders unübersichtlichen Kurven empfiehlt es sich, akustische Signale zu geben. Die Kehre bei km 10 vermittelt informative Tiefblicke in die Vallarsa und auch hinüber auf den Pasubio. An der Malga Tovo öffnet sich der Blick auf die Zugna Torta. Neben dem schmalen Sträßchen weist eine Tafel zu einem aufgelassenen Soldatenfriedhof hin. — Der 300 km lange Friedenspfad (Via della Pace) zwischen dem Stilfser Joch und der Marmolata leitet vom Schutzhaus (zahlreiche Erinnerungen an den Krieg im Gastraum) zu einer neuen Gedenkstätte (dorthin wenige Gehmin.) für die vielen Opfer, zu denen auch Erfrorene und Verschüttete zählten. Um an diesem Berg das kostbare Regenwasser aufzufangen, wurden hangseitig gewaltige, schräge Steinmauern errichtet, welche das Wasser in Zisternen leiteten; ähnliche Auffangmauern gibt es in Fernost. — Hin und zurück 25 km. Fahrtechnische Beurteilung: mittel.

Besondere Vorsicht ist bei der Befahrung von **Tunnelstrecken** angebracht. Diese sind oft naß und schlüpfrig, manchmal liegen Kurven auch in diesen Strecken. Überholen ist nie ratsam! Das Auge des Fahrers muß sich beim Eintritt von der Tageshelle in das Dunkel und umgekehrt erst den Lichtverhältnissen anpassen.

Route: Ponte Mostizzolo (594) — Malè — Dimaro — Pian di Campiglio (1681) — Madonna di Campiglio — Pimonte di sotto — Carisolo — Pinzolo — Tione di Trento — Ponte Arche — Dorsino — S. Lorenzo in Banale — Molveno — Andalo — Santel — Fai della Paganella — Rocchetta — Denno — Tuenno — Cles — Ponte Mostizzolo. 145 km.

Fahrtechnische Beurteilung: leicht bis mittel

Zeitaufwand: Tagestour

Die Tour erfaßt den größten Teil des westlichen Trentinos. Ihr verkehrsgünstig gelegener AP ist Ponte Mostizzolo an der Zusammenführung der SS. 42 mit der SS. 43. Bis Malè wird die Straße von der Schmalspurbahn Trento-Malè begleitet. Im darauffolgenden Ort Dimaro (772) verläßt man das Tal des Noce (Sulzberg) und zweigt li. in die Val Meledrio ab. Die 32 km lange Bergstrecke über den Pian di Campiglio (auch Campo Carlo Magno genannt) hinab nach Pinzolo (770) bildet sowohl die Zufahrt in das Herz der Brenta als auch die landschaftlich eindrucksvollste Strecke zum Gardasee, wenn man von N kommt. Diese relativ schwach frequentierte Route nach S wird durch Schwerverkehr kaum belastet. Die SS. 239 ist normal breit ausgebaut und durchwegs asphaltiert; auf der Südrampe hat man Überbreiten bis 8 m. Die Hangstrecken sind mit Leitplanken gut abgesichert. Auf der Nordrampe erreichen die Steigungen max. 9%, auf der Südrampe max. 11%. Beide Rampen zählen sieben Kehren, die auch übersichtlich sind. Madonna di Campiglio (1514) ist sowohl von freundlichen Almböden als auch von dunklen Nadelwäldern umgeben. Das landschaftliche Paradestück bildet zweifellos der aussichtsreiche Streckenabschnitt zwischen dem Pian di Campiglio und dem Eingang in das Nambronetal bei Pimonte di sotto (950). Die stark gegliederten Brentadolomiten mit Türmen, Nadeln, Zacken und Spitzen zeigen sich von dort auf besonders eindrucksvolle Weise. Aus dem wildzerklüfteten Gebirgsstock ragen als dominante Erhebungen die Cima Brenta (3150) und die Cima Tosa (3173) auf. Carisolo (818) ist als Ausgangsort für einen Abstecher in die Val Genova von Bedeutung. Von Pinzolo hat man abwärts durch das Rendenatal noch weitere 17 km bis zum Straßenknoten Tione di Trento (565) zurückzule-

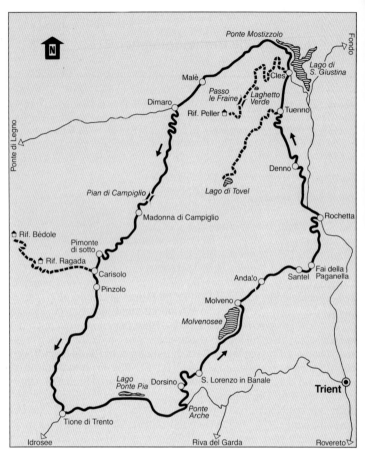

Skizze 73   Rund um die Brentadolomiten

gen. — Durch das schluchtartige Sarcatal setzt man die Rundfahrt auf der SS. 237 bis zum Straßenknoten Ponte Arche (398) fort, um dort das Ufer der Sarca zu wechseln und auf gewundener Bergstrecke über Dorsino (636) nach S. Lorenzo in Banale (758) hinaufzufahren. Die modernisierte SS. 421 überwindet mit mehreren kurzen Tunnels den felsigen Steilabfall der Cima Chez und leitet über das Ostufer des Molvenosees mit Blick durch das Seghetal auf die Cima Brenta nach Molveno (868). — Im Nachbarort Andalo hält man sich an der Straßenteilung re. und folgt der Straße nach Fai della Paganella (985). Der Ort liegt wie auf einem Aussichtsbalkon hoch über dem Zusammenfluß von Noce und Etsch. Im S hat man die Paganella (2124) im Blickfeld, die man von Santel (1033) auch mit einem Sessellift in mehreren Sektionen erreichen kann. Besonders aussichtsreich und auch fahrtechnisch interessant gestaltet sich die Abfahrt hinab nach Rocchetta (292), wo man auf die SS. 43 trifft. Man hält sich jedoch li. und kehrt über Denno und die auf einer Terrasse gelegenen Orte Tuenno (629) und Cles (658) zum Ponte Mostizzolo zurück, 27 km ab Rocchetta.

Abstecher: Von Carisolo (818) durch die Val Genova zum Rif. Bédole (1641). Das weitgehend ursprunghafte Tal wurde noch rechtzeitig in den Naturpark Adamello-Brenta eingegliedert. Im Bj. waren nur die ersten 9 km der insgesamt 18.6 km langen Straße mit max. 13% Steigung asphaltiert und öffentlich befahrbar; ab der Ponte Maria bestand für die mit einer eingewalzten Schotterdecke versehene Strecke bis zum Rif. Bédole, einem wichtigen Stützpunkt für Bergsteiger, ein allg. Fahrverbot. Eine besondere Sehenswürdigkeit ist die imposante Cascata di Nardis mit einer Fallhöhe von mehr als 100 m. Im Naturpark findet man neben der Straße gut eingerichtete Picknickplätze. Hin und zurück 37 km. Fahrtechnische Beurteilung: leicht bis mittel.

Abstecher: Von Tuenno zum Lago di Tovel (1177). Ein lohnender Besuch zu einem Landschaftswunder im Naturpark Brenta! Von Tuenno (629) auf staubfreier Straße talein, der HT folgend. Auf halber Strecke der 11 km langen Hochtalstraße kommt man am Vivaio Forestale Tuenno (770) vorüber. Die max. Steigung mit über 12% befindet sich im oberen Abschnitt. Abstellplätze findet man am w. Ufer des Sees beim Rif. Lago Tovel (1189) vor. — An heißen Sommertagen ist eine auffällige Rotfärbung des Gebirgssees zu beobachten, welche auf ein massenhaftes Vorkommen von Mikroorganismen zurückzuführen ist; böse Zungen behaupteten früher, daß fallweise Anilinfarben in den See geschüttet werden, um Besucher aus der Fremde anzulocken! Hin und zurück 22 km. Fahrtechnische Beurteilung: leicht bis mittel.

Abstecher: Von Cles zum Rif. Peller (2022). Das 17 km lange, staubige Bergsträßchen hat seinen AP in Cles. Die Fahrbahndecke besteht nur aus Naturbelag; bis zur Baita della Milizia (1737) wurde es knapp zweispurig angelegt. Der Laghetto Verde ist im Sommer nur eine ausgetrocknete Mulde, es gibt aber wenig weiter eine Quellfassung mit köstlichem Wasser bei einem Bründl. Die Fortsetzung zum Passo le Freine (1705) und bis zum EP ist einspurig und hat nur wenig Ausweichen. An der Abzw. in Höhe des Lago Durigal hält man sich re., denn li. leitet der Brenta-Höhenweg mit Bez. 351 zur anfahrbaren Malga Tassulo (2090), am s. Fuße des Monte Peller gelegen. Zuletzt hat man eine kurze, steile Zufahrt (keine Probleme mit LM) zur bewirtsch. Schutzhütte der S.A.T., Sektion Cles. Die Aussicht zu den Brentadolomiten ist allerdings von diesem Standpunkt aus durch das Croce Peller (2208) verstellt, hingegen bieten sich während der Auffahrt im unteren Streckenteil gute Ausblicke in die vom Noce durchflossene Talung mit dem Lago di S. Giustina im NO. Die Steigungsverhältnisse betragen im unteren Streckenabschnitt durchschnittlich 10%, die letzten 250 m zur Hütte muß man mit 20% einschätzen. Hin und zurück 34 km. Fahrtechnische Beurteilung: mittel bis schwierig.

74	Stivo-Bondone-Runde*

Route: Arco (91) — Bolognano — Passo Creino (1169) — Ronzo-Chienis — Passo Bordala (1253) — Lago di Cei — Cimone — Garniga Nuova — Monte Bondone (Rif. alle Viotte, 1537) — Lagolo — Lasino — Udalrico-Sattel (650) — Drena — Dro — Arco. 97 km.

Fahrtechnische Beurteilung: mittel bis schwierig

Zeitaufwand: Tagestour

Während in den s. Gefilden an der Etsch bzw. am Gardasee der Frühling sehr zeitigen Einzug hält, sind Monte Baldo, Monte Stivo und Monte Bondone häufig bis in den Mai hinein schneebedeckt. Von dieser klimatischen Regel sind auch die Bergstraßen der nachstehend vorgegebenen Runde teilweise betroffen. — Von Arco zunächst auf wenig frequentierter Nebenstraße nach Bolognano (153). Ein interessantes, staubfreies Bergsträßchen windet sich von dort mit 19 kühn angelegten Kehren durch schütteren Wald zur Santa-Barbara-Kapelle auf dem Passo Creina (1169) empor. Diese Strecke vermittelt eindrucksvolle Tiefblicke in das Sarcatal und vom Scheitel des Passes öffnet sich der Ausblick auf den Monte Altissimo di Nago (2079) im N des Monte Baldo. Man fährt von der Straßenteilung in Ronzo-Chienis (1005) nicht nach Loppio hinab, sondern folgt der Beschilderung „Passo Bordala" auf vielgewundener Straße. An der darauffolgenden Abzw. re. oberhalb Castellano steigt man auch nicht zur Etschbrücke ab, sondern folgt der Höhenstraße geradeaus weiter zum idyllisch gelegenen Lago di Cei (916). Durch die Valle di Cei setzt man seine Fahrt fort und gelangt durch die weit verstreute Siedlung Cimone (523). Von dort aus auf keinen Fall ins Etschtal hinabfahren, sondern geradeaus die Bergstrecke über Garniga Nuova (730) zum Monte Bondone wählen, HT! Nahe des Rif. alle Viotte (1537) trifft man auf die von Trient heraufziehende, kehrenreiche Straße, der man nun mit

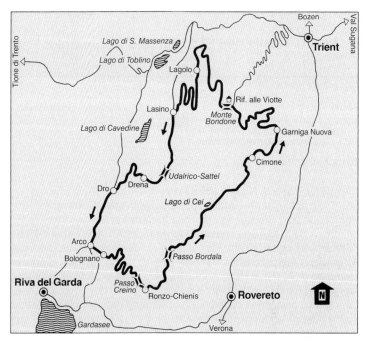

Skizze 74   Stivo-Bondone-Runde

faszinierendem Vorblick auf die Bergkette der Brentadolomiten hinab nach Lagolo folgt. Diese nach W gerichtete Bergstrecke weist bis zum Scheitel eine normal breite, dann eine nur einspurig breite Fahrbahn auf. Nach weiteren 8 km auf einem nunmehr ausgebauten Abschnitt trifft man s. von Lasino auf das aussichtsreiche Terrassensträßchen, welches über den Sattel von Udalrico (650) nach Drena (393) hinab-leitet. Im Bereich der Burgruine Drena, welche aus der Skaligerzeit stammt, wird man auf dem Weg nach Dro (123) zwischen wilden Fels-trümmern, der sogenannten „Marocche" von der Herbheit dieses Landstriches stark beeindruckt. Von Dro sind es nur noch wenige Kilometer zurück zum sehenswerten AP Arco, wobei die Strecke über das li. Ufer der Sarca verläuft.

Viele Motorräder haben beim **Motoröl** Wechselintervalle von nur 3000 km. Durch die höhere Beanspruchung im Gebirge sollte man diese nicht überziehen. Nach der Fahrt sind speziell Reifen und Luftdruck, Kette sowie Luftfilter zu kontrollieren.

Route: Avio (131) — Lago Pra da Stua — S. Valentino — Polsa — Prada — Brentonico — Corné Dosso — Chizzola — Pilcante — Avio. 56 km.

Fahrtechnische Beurteilung: mittel

Zeitaufwand: Halbtagestour

Diese Tour über die Nordostabflachung des Monte Baldo erweckt vor allem ein fahrerisches Interesse, wobei die meisterhaft angelegte Bergstraße zum Stausee Pra da Stua herausragt. Von Avio im Etschtal, das verkehrsgünstig und nur 3 km von der AA Ala-Avio der Brennerautobahn entfernt liegt, folgt man in nw. Richtung durch das vom Avianabach durchflossene Tal, an dessen Ausgang das Kirchlein Madonna della Pieve (165) steht. Deutlich sichtbar zieht eine Druckrohrleitung herab. Bald verläßt man das enge Tal des Avianabaches, um die 16, vorwiegend in den felsigen Abhang gehauenen Kehren zu überwinden. Man tangiert den schmalen See (1050) mit seiner Staumauer und bewältigt nochmals fünf Kehren innerhalb einer weiteren Gruppe, bevor S. Valentino (1314) und damit die Monte-Baldo-Höhenstraße erreicht ist, 17 km. Die Bergstraße ist durchgehend asphaltiert, die Fahrbahnbreiten schwanken zwischen 4 und 6 m, wobei die unteren Kehren in den Wendepunkten eng sind. — Von S. Valentino folgt man der windungsreichen, nur teilweise staubfreien Straße über ein Almgebiet und den Sornabach nach Polsa (1240), 8 km. Polsa hat sich mit mehreren Aufstiegshilfen für Schifahrer eingerichtet, im Sommer ist es ein Luftkurort. Auf kurvenreicher Bergstraße setzt man seine Fahrt talab nach Prada und Brentonico (692) fort, 12 km. Die Runde wird abgeschlossen mit einer Abfahrt über Corné Dosso hinab nach Chizzola im Etschtal. (Alternativ läßt sich auch die linksufrige Straße über Cazzano durch das Sornetal bei fast gleicher Distanz benützen.) Nach Avio hat man zuletzt über die rechtsufrige Straße parallel zur Etsch noch 12 km zurückzulegen.

Abstecher: Vom Lago Pra da Stua zum Rif. Madonna della Neve (1082). Das Sträßchen von Avio zum Stausee hat wenig unterhalb der Staumauer (1041) li. die Abzw. der Zufahrt über den Passo Pozza di Cola (1289) zur Wallfahrtskapelle Madonna della Neve (1122) bzw. zur gleichnamigen Schutzhütte in ihrer

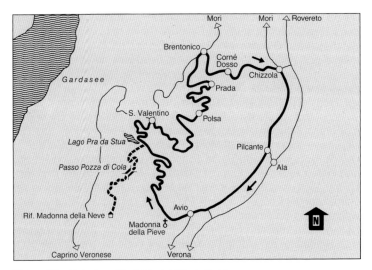

Skizze 75   Zwischen Etschtal und Monte Baldo

unmittelbaren Umgebung, 10 km. Während das Verbindungssträßchen zwischen der Seemauer und der Höhenstraße asphaltiert ist, traf dies im Bj. für die letzten Kilometer der Stichstraße zur Schutzhütte nicht zu. — Will man zum Rif. Monte Baldo (1123), so muß man sich an der letzten Straßengabelung re. halten. Zirka 1 km weiter steht die teilweise saisonmäßig bewirtsch. Berghütte. — Hin und zurück 20 km. Fahrtechnische Beurteilung: mittel bis schwierig.

Große Monte-Baldo-Runde*	**76**

Route: Mori (204) — Brentonico — S. Valentino — Passo Canalette (1617) — Bocca di Navene (1425) — Cavallo di Novezza (1433) — Rif. Novezzina — Ferrara di M. Baldo — Spiazzi — Vezzane — Caprino Veronese — Lumini — Pora — Villanova — Castelletto di Brenzone — Malcesine — Torbole — Nago — Passo S. Giovanni (278) — Mori. 107 km.

Fahrtechnische Beurteilung: mittel

Zeitaufwand: Tagestour

Die 58 km lange, durchwegs asphaltierte Höhenstraße von Mori über den Passo Canalette, auch als Bocca di Creen bez., und den zahmen Sattel „Cavallo di Novezza" führt nach Spiazzi (862) und Caprino Veronese (254) hinab. Sie verläuft, vom Gardasee durch den langgestreckten Rücken des Monte Baldo getrennt, auf seiner dem Etschtal zugekehrten Ostseite. Der Ausbauzustand war im Bj. unterschiedlich: von Mori nach S. Valentino 3 bis 6 m breit, max. 15% Steigung; von S. Valentino bis zur Trentiner Provinzgrenze am Cavallo di Novezza normal breite Fahrbahn, max. 10% Gefälle. Im Abstieg über das Rif. Novezzina nach Ferrara di Monte Baldo (856) max. 14% Gefälle. — Nur die Bocca di Navene, eine Scharte im schmalen Grat bei km 26, gibt Tiefblicke auf den See bei allerdings eingeschränktem Blickwinkel frei. Weit umfassender jedoch ist die Aussicht vom „Belvedere del Garda" auf der Bocca di Tratto Spino (1720), deren 3 km lange Zufahrt während des Sommers wegen der Viehtriebe gesperrt bleibt. — Die Höhenstraße verläuft unterhalb der Cima Valdritta (2218), der höchsten Erhebung des Monte Baldo und am Fuße der Punta Telegrafo (2200). An der folgenden Straßenteilung hält man sich nach Ferrara li., denn re. gelangt man über Vilaggio (1239) nur auf einem Umweg nach Spiazzi. Von Ferrara setzt sich die Monte-Baldo-Höhenstraße nach dem sehenswerten Spiazzi fort. Dort sollte man seine Fahrt kurz unterbrechen, um die kühn in den steil abfallenden Fels errichtete Wallfahrtskirche Madonna della Corona aus dem 16. Jh. zu besichtigen. Dorthin hat man nur fünf Gehmin. über einen gestuften Steig. Von der Kirche genießt man besonders eindrucksvolle Tiefblicke in das Etschtal, wobei man 730 m über der Etsch steht. Von Spiazzi leitet die ausgebaute Bergstraße über Vezzane hinab nach Caprino Veronese (253), 9 km. Weitere 6 km sind es nach Lumini (695) über eine Nebenstraße. Man bleibt noch auf der Mittelgebirgsterrasse und fährt über Pora und Villanova nach Castelletto di Brenzone hinab, wo man in die SS. 249 (Gardesana Orientale) einmündet. — Die frequentierte Uferstraße leitet über das malerische Malcesine mit seiner zinnengekrönten Skaligerburg aus dem frühen Mittelalter vorüber. Von der Hangseite ziehen Olivenhaine bis zur Straße herab. Torbole (85) liegt am nö. Ende des Sees, man erreicht es nach 25 km Uferstrecke. In Torbole nächtigte seinerzeit Goethe auf seiner Italienreise, wo er als vermeintlicher Spion kurzfristig festgehalten wurde. Heute ist dieser vielbesuchte Küstenort fest in der Hand von Surfern. — Die vorzüglich ausgebaute SS. 240 führt über den zahmen Sattel von Nago, auch als Passo S. Giovanni bez., mit bemerkenswerten Rückblicken auf Torbole und den Monte Brione, welcher sich aus dem fruchtbaren Mün-

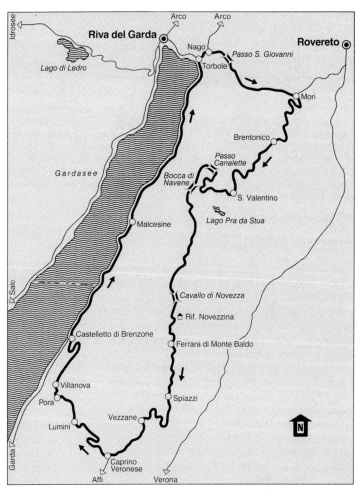

Skizze 76   Große Monte-Baldo-Runde

dungsgebiet der Sarca erhebt. Man fährt durch ein altes Bergsturzgebiet am verlandeten Loppiosee vorbei, von dem man nur noch den
Umfang seines ehem. Beckens erkennt. In Mori schließt sich die
abwechslungsvolle Runde.

Route: Riva del Garda (73) — Ponaleschlucht — Molina di Ledro — Mezzolago — Bezzecca — Tirano di sopra — Laghetto d'Ampola — Storo — Lodrone — Bagolino — Alb. Blumone — Cadinopaß (1938) — Passo di Croce Domini (1892) — Giogo della Bala (2176) — Goletto delle Crocette (2070) — Rif. Bonardi — Manivapaß (1664) — Passo del Dosso Alto (1725) — Passo della Berga (1527) — Passo della Spina (1521) — Passo del Marè (1418) — Anfo — Pieve Vecchia — Lemprato — Lago di Valvestino — Navazzo — Gargnano — Campione — Limone — Riva del Garda. 177 km.

Fahrtechnische Beurteilung: mittel bis schwierig

Zeitaufwand: Tagestour

Eine touristisch und auch fahrerisch sehr interessante Runde, welche sowohl besuchenswerte Gebiete im sw. Trentino als auch im NO der Provinz Brescia erfaßt. Von Riva del Garda zunächst auf der Gardesana Occidentale wenige hundert Meter bis eine HT zum Lago di Ledro (Ledersee) zeigt, wo man re. abzweigt. Die kühn angelegte Ponalestraße leitet vom Seeufer an den Steilwänden der Rocchetta durch mehrere kurze Tunnels und in Serpentinen durch die Ponaleschlucht hinauf in das vom Ponale durchflossene Ledrotal. Bis zum Ledrosee wird ein HU von rund 600 m bewältigt. Bedingt durch die vielgewundene Trassierung, bedarf es auf der schmalen Straße einer besonders vorsichtigen Fahrweise. Von den Serpentinen bieten sich bemerkenswerte Ausblicke auf den langgestreckten Rücken des Monte Baldo und nach W auf den markanten Corno (1731). Beeindruckend sind die Tiefblicke auf den See, das Blickfeld erfaßt allerdings nur einen Sektor am Ostufer. Zur Beobachtung des Gegenverkehrs wurden an kritischen Stellen Spiegel aufgestellt. — Ein zirka 5 km langer Straßentunnel zwischen der vom Tennosee über Franzo (458) auf der re. Talseite in Richtung Riva herabziehenden Straße umgeht das Ballungszentrum von Riva und trägt als Alternative wesentlich zur Flüssighaltung des Verkehrs bei. — Die Ponalestraße gewinnt, sich stets an die n. Berglehne haltend, das Hochtal mit mehreren kleinen Orten, zuletzt Molina di Ledro (665), bevor sie das n. Seeufer erreicht. Sie verläuft weiter über Mezzolago (674) in w. Richtung und berührt Bezzecca (688), den Hauptort der Talschaft. Der male-

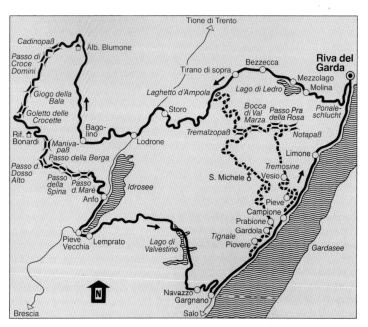

Skizze 77   Rund um den Idrosee

risch anmutende See verdankt seine Entstehung dem eiszeitlichen
Chiesegletscher. Anläßlich des Kraftwerkbaues kamen Tausende
alter Holzpfähle im abgesenkten See zum Vorschein; sie erwiesen
sich als Überreste vorzeitlicher Pfahlbauten. Bei Tiarno di sopra (749)
ist die Wasserscheide erreicht, worauf man fast flach durch das
Ampolatal mit dem kleinen See hinabfährt. Die SS. 240 zieht an mehreren Wasserfällen vorbei. Das ehem. Fort Ampola, welches passiert
wird, wurde 1866 zerstört. Den Abstieg hinab nach dem malerischen
Ort Storo (394) vollzieht man über zwei markante Talstufen. — In der
breiten, vom Chiese durchflossenen Talung angekommen, überbrückt
man das Gewässer und folgt der SS. 237 bis Lodrone (392), wo re.
das direkte Sträßchen nach Bagolino (712) abzweigt. — Die asphaltierte SP. 7 zieht durch die Val Caffaro weiter zum Alb. „Blumone"
(1492); der Cornone di Blumone (2842) ragt im Hintergrund auf. Die
knapp zweispurige Fahrbahn wurde vor Engstellen mit Ausweichen
versehen; hinter der Rimalbrücke hat man eine Steigung mit zirka   251

15% zu bewältigen. Man verläßt nun das Tal li. nach W, weil die Talstraße geradeaus beim Rif. Nikolajevka (1515) endet. Auf kehrenreicher, 6 km langer Bergstrecke steigt man bei max. 12% über den Goletto Gaver (1795) zum Scheitel des Cadinopasses (1938) an. Zwischen Judikarien und der Val Camonica vermittelt dieser Übergang eine nur wenig frequentierte Ostwestverbindung. Mit nur einer einzigen Kehre gelangt man zum Passo di Croce Domini (1892) hinab. — Dort trifft man auf die SS. 345. Der 16 km lange Höhenstraßenzug vom erwähnten Paß über den Giogo della Bala (2176) und den Goletto delle Crocette (2070) war im Bj. erst s. des Balajoches normal breit ausgebaut und asphaltiert. Das nur einspurige, 8 km lange Zwischenstück bis zum Beginn der Ausbaustrecke stellt seit vielen Jahren nur ein Provisorium dar; Steigungen bzw. Gefälle erreichen Maxima von 15%. Auf der Südrampe des Goletto delle Crocette fährt man am Rif. Bonardi (1744) vorbei und gelangt zum reizvoll gelegenen Manivapaß (1664), wo man die SS. 345 delle Tre Valli wieder verläßt. — Die 21 km lange Straßenverbindung vom Giogo del Maniva hinab nach Anfo am Idrosee mit ihrer abschnittsweise kühnen Trassierung ist ganz auf die Vorstellungen der Tourenfahrer zugeschnitten, wobei mehrere kleine Pässe wie der Passo del Dosso Alto (1725), der Passo della Berga (1527), der Passo della Spina (1521) und der Passo del Marè (1418) zu überqueren sind. Der eindrucksvollste Streckenabschnitt liegt zwischen dem Berga- und Spinapaß; dort wurde die Trasse des ehem. Militärsträßchens mit drei Tunnels in steiles Felsgelände verlegt. Im Bj. wies der gesamte Straßenzug unterschiedliche Zustände auf: asphaltierte Teilstrecken wechselten mit geschotterten, durchschnittlich 2.5 m breiten Fahrbahnen. Durchgehend staubfrei zeigte sich die Bergstrecke vom Rif. Rosa di Baremone am Passo del Marè hinab nach Anfo (392), wobei ein HU von rund 1000 m zu überwinden ist. Höchststeigung bzw. Gefälle wurden mit 13% gemessen. Vom Marèpaß gibt es eine kurze Zufahrt zum ex Forte dell'Ora, welches prächtige Ausblicke auf den Idrosee und die Erhebungen zwischen Idro- und Gardasee vermittelt. — Die Rundfahrt setzt man von Anfo auf der SS. 237, welche über das Westufer des Idrosees verläuft, bis zur Abzw. bei Pieve Vecchia fort. Man überbrückt li. den Abfluß des Sees und fährt über Lemprato (386) hügelauf und hügelab durch das Capovalle hinüber in die Val Vestino mit den fjordartigen Armen des Stausees (503). Die Straße benützt sein Ostufer und tangiert im S die Staumauer. Den HU hinab zum Gardasee vermittelt eine 8 km lange, hervorragend ausgebaute Serpentinenstraße von Navazzo (496) nach Gargnano (98). Auf der stark frequentierten Gardesana Occidentale kehrt man auf der, von Tunnels geprägten Uferstraße über Limone zurück nach Riva.

Die jetzt für Motorradfahrer gesperrte, eindrucksvolle Serpentinengruppe zwischen **Nota-** und **Tremalzopaß** → Route 77, Rund um den Idrosee. Foto Johann Ellerbeck

Abstecher: Aus dem Ampolatal zum Tremalzopaß (1665). Kommt man aus dem N durch das Ledro- bzw. Ampolatal, so zweigt man 4 km sw. von Tiarno di sopra (726) beim Gh. „Ampola" von der SS. 240 ab und folgt der SP. 127. Sie leitet zunächst an der ö. Berglehne mit einer ersten Gruppe von acht Serpentinen zur Heiligkreuz-Kapelle empor. Dann zieht sie, auf der insgesamt 12 km langen, zweispurig ausgebauten und asphaltierten Nordrampe an den freundlichen Wiesenböden der oberen Tiarno-Alm mit dem Rif. Garibaldi (1522) und dem Rif. Tremalzo F. Guella (1582) vorüber. Mit einer letzten Schleife erreicht man schließlich den Tremalzopaß (1665). – Eine kurze, nach W gerichtete Zufahrt leitet zum Rif. Bezzecca (1526), unmittelbar am Fuße der Cima Dil (1808) gelegen. Aussicht hat man hauptsächlich auf den Monte Baldo, vom Gardasee sieht man nur einen Sektor mit dem Ort Malcesine auf dem Ostufer. Das gesamte Gebiet um den Tremalzopaß steht unter Naturschutz. Das Pflücken bzw. Ausgraben von Pflanzen jeder Art ist dort streng verboten! – Zum Leidwesen vieler Tourenfahrer ist die Weiterfahrt Richtung Gardasee ab der Scheitelhöhe seit 1997 nicht mehr möglich; sowohl über den 17 km langen Fahrweg durch die Costa Monte di Mezzo und die Valle S. Michele nach Tignale (555), welcher den eindrucksvollen Ca dell'Era, einen zirka 100 m hohen, sehenswerten Schleierfall berührt, als auch über das, wegen seiner kühnen Anlage berühmte, vom Rif. Garda (1708) durch den Scheiteltunnel (1830) der Bocca di Val Marza zum Notapaß (1208) und nach Tremosine (526) führende Sträßchen wurde ein striktes Fahrverbot für Motorradfahrer verhängt! Hin und zurück 24 km. Fahrtechnische Beurteilung: mittel.

Route: Monno (1066) — Passo di Foppa (1852) — Passo di Guspessa (1824) — Trivigno — Rif. Betulle — Passo di Aprica (1176) — Cantoniera Belvedere — S. Cristina — S. Rocco — Canali — Sernio — Lovero — Mazzo di Valtellina — Passo di Foppa — Monno. 82 km.

Fahrtechnische Beurteilung: mittel bis schwierig

Zeitaufwand: Halbtagestour

Durch den Ausbau des Foppapasses wurde das Netz ehem. Kriegsfahrwege zwischen der Oberen Val Camonica und dem Oberen Veltlin wesentlich aufgewertet. Jetzt kann man den langgestreckten Höhenrücken zwischen den beiden genannten Talschaften entweder von Monno, Aprica (1113) oder von Mazzo di Valtellina (552) aus in einem lohnenden Rundkurs befahren. — Die Bergstrecken von Monno zum Foppapaß und weiter über den Guspessapaß nach Trivigno und Aprica waren im Bj. durchgehend asphaltiert. Die schmale Verbindungsstraße von S. Cristina (715) über S. Rocco (1085) befand sich zwar bis Canali in einem nicht staubfreien Zustand, doch ist sie von fahrerischem Interesse. Das gute Ausblicke bietende Kernstück ist zweifellos die Kammstrecke zwischen den genannten Pässen. Die eindrucksvollsten Ausblicke richten sich auf den Adamello, das Puschlav und die südliche Bernina. Die Fahrbahnbreiten variieren zwischen knapp zweispurig und einspurig mit Ausweichen; es treten Höchststeigungen von 12% auf. Die empfohlene Fahrtrichtung verläuft von NO nach SW. — Der Passo del Mortirolo (1896) nahe dem Albergo Alto ist kein Durchzugspaß, er wird lediglich im NW des Foppapasses durch die Kammstraße tangiert, endet aber blind.

Es empfiehlt sich, bereits vor Antritt schwieriger Strecken mit engen Passagen Seitenkoffer und andere überbreite Behälter schon im Talort abzumontieren und dort zu hinterlegen, weil **sperrige Ausrüstungsgegenstände** an Felswänden, Mauern und Zäunen oder bei Begegnungen mit anderen Verkehrsteilnehmern Angriffsflächen bieten, die Stürze verursachen können. Außer materiellen Schäden wären dann auch Personenschäden durch Verletzungen zu beklagen.

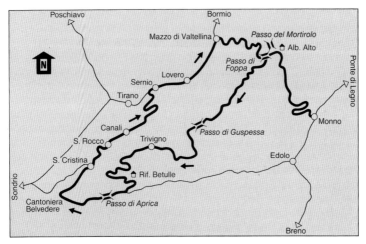

Skizze 78   Kammstraße Oberes Veltlin

| **Zwischen Comer See und Bergamasker Alpen**** | **79** |

Route: Straßenknoten Piantedo (215) — Morbegno — Albaredo per S. Marco — Passo di S. Marco (1985) — Mezzoldo — Lenna — S. Giovanni Bianco — Sottochiesa — Olda — Vedeseta — Avolasio — Culmine S. Pietro (1254) — Moggio — Maggio — Colle di Balisio (723) — Introbio — Cortenova — Parlasco — Esino Lario — Perledo — Varenna — Bellano — Dervio — Colico — Straßenknoten Piantedo. 163 km.

Fahrtechnische Beurteilung: mittel

Zeitaufwand: Tagestour

Vom Straßenknoten Piantedo, nur wenig von der Addamündung in den Comer See entfernt, hat man zunächst auf der verkehrsreichen (viele Lkw) SS. 38 bis Morbegno 13 km zurückzulegen. Dort beginnt die derzeit einzige, über den Hauptkamm der Bergamasker Alpen leitende Paßstraße. Ihr Name San Marco erinnert an einen schon im Mittelalter bekannten Übergang eines Handelsweges zwischen Venedig und Süddeutschland. Im N hat man bis zum Paßscheitel 26 km zurückzulegen und überwindet dabei über 1700 Höhenmeter! Auf der Südrampe senkt sich die Paßstraße mit 13 Kehren in das Tal des Brembo, wobei sie bis Lenna 22 km mißt. Die Straße ist durchgehend asphaltiert. Die max. Steigung auf der Nordrampe ist mit 13% ausgeschildert, auf der Südrampe mit 11%. Die durchschnittliche Fahrbahnbreite beträgt 6 m. Den landschaftlich ansprechendsten Abschnitt findet man zwischen Albaredo per San Marco (898), der Scheitelhöhe und Mezzoldo (880). Das ehem. Hospiz San Marco dient heute als Schutzhütte (1830). Ab Mezzoldo hat man bis S. Giovanni Bianco eine Talfahrt ohne besondere landschaftliche Reize. — Erst nach der Abzw. re. in die Val Taleggio ändert sich die Szenerie; man fährt durch die romantische Ennaschlucht stetig bergan. Sehenswert ist vor allem die Häusergruppe Sottochiesa auf einem isolierten Felsen über dem Ort. Die gute und durchgehend asphaltierte Straße zieht nun über Olda, Vedeseta und Avolasio zum Sattel Culmine S. Pietro hinauf. Hinter Avolasio senkt sich die im Bj. nicht staubfreie, sehr holprige Straße in einen Tobel hinab, um dann wieder auf asphaltierter Steigungsstrecke mit 18% steil dem Sattel zuzustreben. In der bemerkenswert reizvollen Landschaft genießt man von der Scheitelhöhe aus einen weiten Blick auf den Talkessel Moggio-Barzio; im Hintergrund ragt der Monte Legnone (2609) hervor. Im W sind die Grigna Sett. (2409) und die Grigna Merid. (2177) zu erkennen. Zur Weiterfahrt wählt man die Strecke über Moggio nach Maggio zum Colle di Balisio. — Auf gut ausgebauter Straße durchmißt man die Valsassina mit leichtem Gefälle bis Cortenova (483). Dort zweigt man li. ab, um auf einer gebirgigen, reizvollen Strecke in das, vom Esino durchflossene Nachbartal hinüberzuwechseln. Auf kurviger Straße werden die kleinen Orte Parlasco (681) unterhalb eines Sattels (1241), Esino Lario (910) und Perledo (herrliche Panoramablicke) passiert, ehe man mit elf kurzen Kehren nach Varenna (220) hinabsteigt. Über Bellano, Dervio und Colico kehrt man auf der frequentierten Uferstraße zum AP zurück.

Variante: Von Dervio rund um den Monte di Muggio nach Bellano. Eine zwar kurze, aber mit ihren Abstechern fahrerisch interessante Runde, ganz nach dem Geschmack des Zweiradfahrers. Der Anstieg beginnt im Uferort Dervio (204) am Comer See und leitet über eine Gruppe eng übereinander angelegter Serpentinen hinauf nach Vestreno (587) und weiter über Introzzo (687) nach Tremenico (739). Die Fortsetzung des Terrassensträßchens ist noch bis zur Häusergruppe Aveno akzeptabel, dann aber auf der vorwiegend einspurigen Strecke Richtung Premana sehr unübersichtlich und gefährlich. Es empfiehlt sich, vor scharfen Kurven rechtzeitig zu hupen. Hinter Pagnona hält man

Auf der Südseite des **Col du Galibier** mit Blick auf die großartige Barre des Ecrins → Route 95, Rund um Grand Galibier und Grandes Rousses. Foto Werner Potusek

Landschaftliche Höhepunkte und Kurvenfreuden bietet eine Befahrung der → Route 59, Rund um die **Sella**. Im Hintergrund links erkennt man die Grödner-Joch-Straße. Foto Harald Denzel

Am **Lac Gignoux (Lago di Sette Colori)** im ital.-franz. Grenzgebiet südlich von Cesana Torinese → Route 85, Rund um den Chaberton. Foto Rainer Ohlsen

In den **Daluisschluchten** leitet die
Straße mitten durch das Schiefergestein. Im Hintergrund die Brücke Saut
de la Mariée → Route 102, Durch die
wildromantischen Schluchten der
Seealpen. Foto Verlagsarchiv

Im **Oberen Máiratal** am Lago Saretto bei Chiappera → Route 86, Durch den Südwesten Piemonts. Foto Verlagsarchiv

Partie in den **Grands Goulets** → Route 97, Nördliche Vercors-Runde. Foto Helga und Michael Braun

Eine der üblichen Begegnungen mit einer Schafherde, dieses Mal auf dem **Col de la Cayolle →** Route 101, Rund um den Mont Pelat. Foto Norbert Rudolph

Passo Manghen, Nordrampe. Schmal, aber in ausgezeichnetem Zustand präsentiert sich die Straße über die reizvolle Almregion → Route 63, Rund um die Cima d'Asta. Foto Harald Denzel

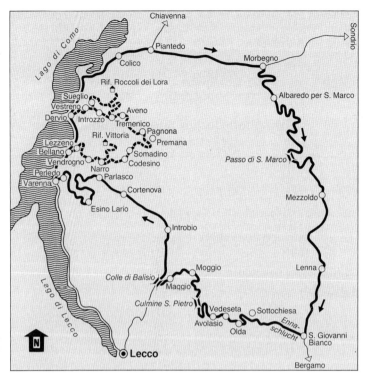

Skizze 79   Zwischen Comer See und Bergamasker Alpen

sich an der Straßenteilung re. und fährt über Somadino (863) nach Codesino (770). Dort mündet man in das von Margno heraufziehende Asphaltsträßchen ein. Über Narro (988) und Vendrogno leitet die abwechslungsvolle Bergstrecke über die Nordhänge des Muggiascatales hinaus nach Bellano, wobei Lezzeno (380), bekannt durch sein altes Kirchlein, berührt wird. Plus 47 km. Fahrtechnische Beurteilung: mittel bis schwierig.

Abstecher: Von Sueglio zum Rif. Roccoli dei Lorla (1470) und hinab nach Tremenico. Einen lohnenden Umweg bildet der Besuch dieser Schutzhütte im Umfeld des Monte Legnoncino (1714), welcher sich im W seines großen „Bruders", des Monte Legnone erhebt. Für den Rückweg bietet sich die Abfahrt nach Tremenico (754) an. Während die staubfreie Auffahrt zum Rif. Roccoli empfohlen werden kann, ist die Zufahrt zur kleinen Bellanohütte (1200) auf geschottertem Fahrweg bis Artesso nur wenig lohnend. Hin und zurück 16 km. Fahrtechnische Beurteilung: mittel.

Abstecher: Will man zum Rif. Vittoria (1478), auf der Südseite des Monte Muggio gelegen, so benützt man von der Häusergruppe Narro (988) aus, HT, das asphaltierte Sträßchen mit seinen sieben, gute Ausblicke bietenden Kehren. Hin und zurück 6 km. Fahrtechnische Beurteilung: mittel.

80	**Zwischen Comer See und Luganer See****

Route: Menaggio (203) — Cardano — Grandola — Carlazzo — S. Bartolomeo — S. Nazzaro — Cavargna — Vesetto — Porlezza — Claino — Laino — Abzw. Péllio Intelvi — S. Fedele Intelvi — Dizzasco — Argegno — Ossuccio — Lenno — Tremezzo — Cadenabbia — Bellagio — Lezzeno — Nesso — Zelbio — Piano del Tivano — Colma del Piano (1124) — Sormano — Vallasina — Magreglio — Civenna — Guello — Bellagio — Cadenabbia — Menaggio. 127 km.

Fahrtechnische Beurteilung: mittel

Zeitaufwand: Tagestour

Der Comer See (199) ist fjordartig zwischen den Bergamasker Alpen und den Bergen von Lugano mit seinen weit verzweigten Armen eingebettet; er ist mit 410 m der tiefste aller oberitalienischen Seen, 50 km lang, max. 4.4 km breit und bedeckt eine Fläche von 146 km². Am Vorgebirge von Bellagio teilt er sich in zwei Arme: in den sw. gelegenen See von Como und im SO in den Leccosee. Die bedeutendsten Zuflüsse kommen von N her, es sind dies Mera und Adda. — Wegen seiner besonders verkehrsgünstigen Lage wurde Menaggio als AP gewählt. Von dort führen Hauptstraßen nach drei Richtungen, weitere gute Verbindungen stellen die Autofähren von Cadenabbia nach Bellagio bzw. Varenna her. — Die SS. 340 in Richtung Porlezza verläßt man bereits nach wenigen Kilometern bei Cardano (396) und fährt über Grandola nach Carlazzo (481) hinauf, wo man Anschluß an die zwar verkehrsarme, aber kurvenreiche Höhenstraße nach S. Bartolomeo findet. Im weiteren Anstieg gelangt man nach S. Nazzaro und zieht unterhalb des Talschlusses weiter nach Cavargna (1071). Man wechselt über einen zahmen Sattel das Tal. — Bei Zeitmangel läßt sich die Streckenführung durch das Cavargnatal über die nur 2 km lange Direktverbindung von Carlazzo nach Vesetto abkürzen. — Im Rezzotal nunmehr bergab und über Vesetto talaus nach Porlezza

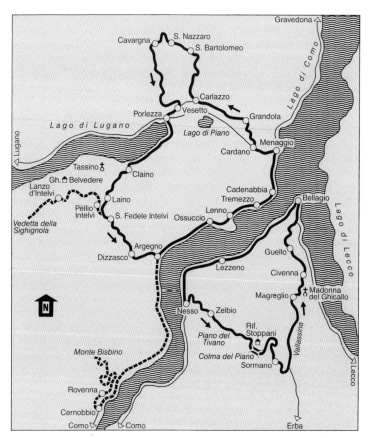

Skizze 80   Zwischen Comer See und Luganer See

(271), das sich am Nordufer des Luganer Sees ausbreitet. Jetzt überquert man die weite Talung im O des Sees und gelangt nach 7 km
über sein s. Ufer nach Claino (389). Eine reizvolle Bergstrecke leitet
über Laino (671) nach S. Fedele Intelvi (779), wo eine romanische Kirche aus dem 11. Jh. steht. Talaus führt eine gut ausgebaute Straße bei
ausgeglichenem Gefälle über Dizzasco (506) nach Argegno (291), wo
man wieder das w. Ufer des Comer Sees erreicht. — An der frequentierten Uferstraße SS. 340 sind von Interesse Ossuccio mit dem romanischen Kirchlein S. Maria Maddalena und seinem kuriosen Cam-

panile, weiters Lenno mit S. Stefano aus dem 11. Jh. Die bekannte Villa Carlotta befindet sich w. von Tremezzo, zu ihr gehört ein prachtvoller Park; von Mai bis Juni blühen dort zahlreiche Rhododendren und Azaleen. Berühmtheit erlangte die Villa durch die aufgestellten Skulpturen von Canova, Thorwaldsen u.a. Die Anlegestellen der Autofähren von und nach Bellagio bzw. Varenna bilden in Cadenabbia eine Art Brückenkopf für sämtliche Uferstraßen am Comer See. — Eine kleinere, nur 50 km lange Runde leitet vom mondänen Ort Bellagio auf durchwegs asphaltierten Straßen um den Monte S. Primo (1685) herum. Auf der SS. 583 fährt man zunächst über Lezzeno mit seinen bemerkenswerten Villen und Parkanlagen nach Nesso. Dort verläßt man die Uferstraße und windet sich durch mehrere, gute Ausblicke vermittelnde Kehren hinauf nach Zelbio (802). Auf dem nun folgenden Piano del Tivano findet man mehrere Gasthäuser bzw. kleinere Schutzhütten in Höhenlagen zwischen 900 und 1000 m vor. Beim Rif. Stoppani auf der Colma del Piano erreicht die Höhenstraße ihren Kulminationspunkt (1124), worauf man in einem großen Bogen den Schluß des Roncagliatales umfährt. Von Sormano (760) erfolgt der Serpentinenabstieg in die vom Lambro durchflossene Vallassina, der man in n. Richtung bis Magreglio (744) aufwärts folgt. An der Straßenteilung beim Kirchlein Madonna del Ghisallo (755) in hervorragender Aussichtslage hält man sich re. und fährt nach Civenna (627) weiter. Eines der schönsten Panoramen auf den Leccosee und die bizarre Felsspitze des Grignone (2409) genießt man vom Belvedere Grigna hinter dem Friedhof. Der benachbarte Ort Guello liegt, von Nadelwald umgeben, auf einer Terrasse. Der Abstieg nach Bellagio erfolgt auf kurvenreicher Bergstrecke mit einem Gefälle von 12%.

Abstecher: Von Péllio Intelvi auf die Vedetta della Sighignola (1302). Diese berühmte Aussichtswarte erhebt sich hoch über Campione d'Italia (273) am ö. Ufer des Luganer Sees. Ein Asphaltsträßchen führt von Péllio Inferiore bis Lanzo d'Intelvi (892); daran schließt ein Bergsträßchen, im Bj. mit Naturbelag, an, welches weitere 6 km zum aussichtsreichen Hochpunkt führt. — Weitere anfahrbare Aussichtspunkte findet man auf der Kammlinie oberhalb von Lanzo d'Intelvi beim Gh. Belvedere (882) und bei der Kapelle Tassino (751) in Verna. — Hin und zurück 24 km. Fahrtechnische Beurteilung: mittel.

Abstecher: Von Argegno nach Cernobbio (201) und auf den Monte Bisbino (1325), der eine weite Aussicht vermittelt. Zunächst auf der Uferstraße SS. 340 nach Cernobbio, 15 km. Die Bergstraße über Rovenna (442) hat eine Länge von 17 km und zahlreiche Kehren. Sie ist durchwegs staubfrei, weist aber extreme Frostschäden auf. Ihre Befahrung ist sehr zeitaufwendig. Hin und zurück 64 km. Fahrtechnische Beurteilung: mittel bis schwierig.

Route: Locarno (197) — Vira — Passo di Neggia (1395) — Indemini — Maccagno — Luino — Lavena-Ponte Tresa — Ghirla — Bellaria — Grantola — Zuigno — Cittiglio — Laveno — Intra — Vignone — Bée — Premeno — Manegra — Colle della Rota (1238) — Cannero Riviera — Cannobio — Ponte Valmara — Ascona — Locarno. 161 km.

Fahrtechnische Beurteilung: mittel bis schwierig

Zeitaufwand: Tagestour

Die vorgegebene Route ist besonders auf Endurofahrer zugeschnitten, welche steile und teilweise geschotterte Bergstraßen nicht scheuen. Um den Ticino zu überqueren, benützt man zunächst im O von Locarno die Dammstrecke über den breiten Piano di Magadino, welche auf das gegenüberliegende Seeufer leitet. In Vira (200) nimmt das windungsreiche, schmale Bergsträßchen durch das Vira-Hochtal hinauf zum Passo (Corte) di Neggia seinen Ausgang. Man genießt dabei schöne Tiefblicke auf den See mit Locarno. Auf der Südseite des Passes fährt man zum ital.-schweizerischen Grenzort Indemini (930) hinab und gelangt in das Veddascatal, dem man talaus bis Maccagno folgt. Auf der Küstenstraße SS. 394 legt man bis Luino nur 5 km, teilweise auf Tunnelstrecken, zurück. Der über 15.000 Einwohner zählende Fremdenverkehrsort breitet sich in einer Bucht n. der Tresa aus. — Landeinwärts leitet die gute Verbindungsstraße nach Lavena-Ponte Tresa, einem verkehrswichtigen Grenzort. Auf der ausgebauten SS. 233 fährt man in großzügig angelegten Kehren hinauf nach Marchirolo (498), das nur tangiert wird. Man setzt die Fahrt bis zur Straßenteilung von Ghirla (445) fort und biegt dort re. in die Verbindungsstraße nach Grantola (250) ein. Von Bellaria ist der Abstieg in das von der Rancina durchflossene Tal landschaftlich bemerkenswert. Um auf kürzestem Weg durch die Val Cuveglia zum Küstenort Laveno, zuletzt über die SS. 394, zu gelangen, muß man sich hinter der Rancinabrücke li. halten und der HT „Laveno" folgen. Bei entsprechender Witterung ist es für Zweiradfahrer lohnender, ab Zuigno über die Pässe zu fahren → Variante. Der durch seine Keramikerzeugnisse bekannt gewordene Ort Laveno zählt zirka 9000 Einwohner. Eine besondere Bedeutung kommt dort der Autofähre Laveno-Intra zu. — Von Intra

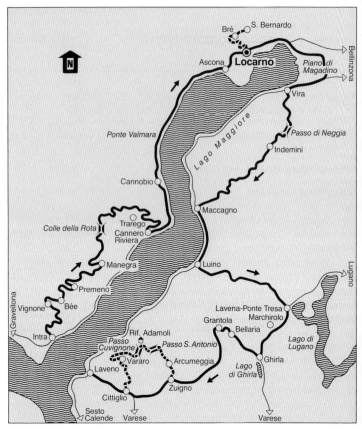

Skizze 81   Lago Maggiore-Nord

schlägt man den Weg über Vignone (449) nach Bée (591) ein. Den
Aufstieg setzt man über Premeno und Manegra zum Pian Cavallo
(1243) fort; daraufhin überquert man die Wasserscheide und gelangt
zum Rif. am Colle della Rota (1238). Die Hütte liegt im Schnittpunkt
von fünf Wanderwegen. Im Bj. leitete eine nicht asphaltierte Panoramastraße bei starkem Dauergefälle an Trarego (771) vorbei und hinab
nach Cannero Riviera. Auf dieser Strecke ist ein HU von über 1000 m
zu bewältigen! Die Beifügung „Riviera" zum Ortsnamen drückt aus,
daß dort ein mildes, vor Winden geschütztes Klima herrscht, in dem
neben Oliven auch Wein und Zitrusfrüchte gedeihen (vergleiche Gar-

done Riviera am Gardasee). Schließlich erreicht man auf der Küstenstraße Cannobio und über die Grenzstation Ponte Valmara wiederum
schweizerisches Gebiet. Man fährt nun auf der Hauptstraße 13 nach
Ascona, welches einen vielbesuchten Lido besitzt und kehrt über den
Maggiafluß zum AP Locarno zurück.

Variante: Von Zuigno nach Arcumeggia (570) und über die Pässe nach Cittiglio. Der besuchenswerte Ort Arcumeggia kam durch die zahlreichen Wandma-
lereien (an den Hausmauern) bekannter Meister auch weit über die Grenzen
ins Gespräch. Zum Dorf leitet eine 3 km lange, ausgebaute Serpentinenstraße
hinauf. Folgt man ihr weiter nach N, so erreicht man den Passo S. Antonio
(647) und weiter w. den Passo Cuvignone (1036) mit dem Rif. Adamoli (977).
Vom nahegelegenen Pizzo di Cuvignone genießt man herrliche Ausblicke auf
das Westufer des Lago Maggiore und in die Bucht von Pallanza. Auf windungsreicher Bergstrecke, den Passo Barbè tangierend, steigt man über
Vararo durch das S. Giuliotal nach Cittiglio (267) hinab, wo man wieder auf die
SS. 394 trifft. Auf der Strecke vom Passo Cuvignone bis ins Tal wird ein HU
von knapp 800 m überwunden. Plus 14 km. Fahrtechnische Beurteilung: mittel
bis schwierig.

Abstecher: Von Locarno nach Brè (1005) und San Bernardo (1091). Die bei-
don Bergdörfer in der unmittelbaren Umgebung von Locarno werden wegen
ihrer bemerkenswerten Aussicht auf den Lago Maggiore und die ihn umrahmenden Berge mit Motorrad gerne angefahren. Das schmale, jedoch staubfreie Sträßchen gewinnt mit zahlreichen Kehren auf einer bewaldeten Hangstrecke nach 10 km Brè, nach weiteren 2 km San Bernardo. Die sehenswerte
Wallfahrtskirche Madonna del Sasso (346) aus dem 16. Jh. läßt sich von der
abzweigenden Straße nach Orselina erreichen; dorthin auch Standseilbahn
(Talstation in Locarno an der Piazza Grande). Hin und zurück 24 km. Fahrtechnische Beurteilung: mittel.

Lago Maggiore-Süd und Ortasee*	**82**

Route: Laveno (210) — Cerro — Monvallina — Ispra — Ranco — Angera —
Sesto Calende — Arona — Méina — Belgirate — Stresa — Levo — Gignese —
Alpino — Mottarone — Madonna di Luciago — Armeno — Carcegna — Orta S.
Giulio — Gravellona — Suna (Verbania) — Pallanza (Verbania) — Intra — Lave-
no. 122 km.

Fahrtechnische Beurteilung: mittel

Zeitaufwand: Tagestour

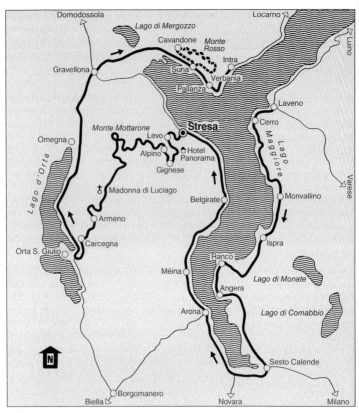

Skizze 82   Lago Maggiore-Süd und Ortasee

Den Lago Maggiore teilt sich der Schweizer Kanton Tessin mit den ital. Regionen Lombardei und Piemont; für die beiden letzteren verläuft die Grenze sagittal mitten durch den See. Starke Frequenzen weisen, wie an allen großen oberitalienischen Seen, die Küstenstraßen auf. — Im Anschluß an die Runde Lago Maggiore-Nord wählt man zweckmäßig Laveno an der östlichen Küstenstraße zum AP. Auf der SS. 629 werden die Orte Cerro, Monvallina und Ispra mit seinem nautischen Zentrum berührt, auf der unmittelbaren Uferstraße bei Umfahrung der Halbinsel Ranco und Angera. Der s. Wendepunkt befindet sich in Sesto Calende; dort findet man Anschluß an die SS. 33, welche über Arona, Méina und Belgirate nach Stresa (200) leitet. Die elegante

Stadt setzt sich aus Hotelpalästen, Herrschaftsvillen und prächtigen Parkanlagen zusammen. — Eine der umfassendsten Aussichten im oberital. Seengebiet hat man vom Monte Mottarone (1491) aus. Die meistbenützte Auffahrt nimmt ihren Ausgang in der Altstadt von Stresa und führt über Vedasco und Vezzo zunächst zum Golfhotel „Panorama" (584) hinauf, wo sie mit der etwas kürzeren, n. Zufahrt über Levo zusammentrifft. In Gignese (669) gelangt man zu einer weiteren Straßenvereinigung; im Ort bildet das Schirme-Museum eine Kuriosität. Die Bergfahrt wird über das Alpinum (mit Pflanzen aus vielen Ländern) fortgesetzt; im Bj. wurde für den als Privatsträßchen ausgewiesenen Abschnitt zwischen Alpino und Mottarone, als „Strada Panoramica La Borromea" bez., eine Benützungsgebühr eingehoben. Die Bergstraße endet mit einer Umkehrschleife wenig unterhalb des Gipfels. Das 12 km lange Sträßchen über Madonna di Luciago (900) und zuletzt steil hinab durch schönen Laubwald mit Eichen und Edelkastanien nach Armeno (523) erfordert erhöhte Aufmerksamkeit. Die Ortseinfahrt in Armeno ist sehr eng! Man hat nun die Wahl, entweder über Miassino oder Carcegna zum besonders reizvollen Orta S. Giulio (293) hinabzufahren; letztere Strecke ist etwas kürzer. Am Hauptplatz von Orta S. Giulio steht das mit heraldischen Fresken geschmückte Rathaus aus dem 16. Jh. Auf der Halbinsel erhebt sich der Sacro Monte (401), 1.5 km. Dieser, dem hl. Franziskus geweihte Ort, auf dem sich inmitten eines Buchenwaldes 20 Kapellen befinden, vermittelt schöne Ausblicke auf den See und die Insel S. Giulio. — Die ausgebaute SS. 229 verläuft über das Ostufer des Ortasees und bietet nur wenig Aussicht. Den von eisenverarbeitenden Betrieben und Textilfabriken geprägten Ort Omegna umfährt man durch einen zirka 3 km langen Straßentunnel. Auf einer Geraden, begleitet vom Stronabach, erreicht man den Straßenknoten Gravellona (211), wo man den Toce, welcher aus dem Val d'Ossola herabzieht und ö. Gravellona in den Lago Maggiore einfließt, überbrückt. Die SS. 34 nach Intra umfährt den malerischen Küstenstreifen mit der weit verstreuten Siedlung Verbania, welche zirka 35.000 Einwohner zählt. Um an den sehenswerten Herrschaftsvillen und gepflegten Parkanlagen vorbeizukommen, lohnt sich der geringe Umweg auf der Küstenstraße durch das klimabegünstigte Pallanza. Über den Ponte S. Bernardino gelangt man in den unmittelbar am Bach angrenzenden Nachbarort Intra mit regelmäßigem Autofährbetrieb nach Laveno.

Abstecher: Von Verbania auf den Monte Rosso (582). Leidenschaftliche Kurvenfahrer finden oberhalb Verbania eine kurze Rundstrecke vor, welche zur Seeseite hin bemerkenswerte Ausblicke vermittelt. An der Straßenteilung in der Fraktion Suna, nahe dem Alb. „Riviera", hat man li. die Abzw. der im Bj. nicht asphaltierten Bergstraße, welche über Cavandone (444) und über den bewaldeten Monte-Rosso-Rücken verläuft, um sich im N von Verbania wieder in das Siedlungsgebiet einzubinden. Hin und zurück 12 km. Fahrtechnische Beurteilung: mittel bis schwierig.

83	Santuario di Oropa und Panoramica Zegna*

Route: Biella (420) — Oropa — Rif. Monte Tovo (1485) — Santuario S. Giovanni — Beccara — Bocchetta di Sessera (1382) — Bielmonte (1517) — Lora — Mosso — Pettinengo — Zumaglia — Pavignano — Biella. 81 km.

Fahrtechnische Beurteilung: leicht bis mittel

Zeitaufwand: Halbtagestour

Ein Eldorado für Motorrad-Enthusiasten bildet das dichte Netz von Bergstraßen im N von Biella. Die vorzüglich ausgebaute SS. 144 leitet von der industriereichen Stadt durch die vom Oropabach durchflosse- ne Talung kurvenreich nach Oropa (1180) hinauf. Das gleichnamige Santuario ist die meistbesuchte Wallfahrtsstätte von Piemont. Die Straßenbreiten schwanken zwischen 5 und 7 m. Die max. Steigung beträgt 16%. Auf der 13 km langen Strecke überwindet man einen HU von 770 m. Der Burcinahügel, li. der ansteigenden Straße, ist Standort des besuchenswerten Parco Piacenza mit seinen hervorragenden gärtnerischen Anlagen, welche mit unzähligen Azaleen und Rhodo- dendren durchsetzt sind, HT. Die eindrucksvoll in einer waldreichen Mulde unterhalb des Monte Mucrone bzw. des Monte Tovo gelegene Wallfahrtsstätte ist ein großartiges Beispiel monumentaler Architektur. — Der nun folgende schmale Abschnitt hinauf zum Rif. Tovo und vom Kulminationspunkt hinab zum Santuario San Giovanni (1020) ist fah- rerisch der interessanteste im Raum oberhalb von Biella. Im Bj. war er mit Ausnahme der 400 m langen Galeria di Rosazza nicht ausgebaut. In der Galerie selbst war die schmale Fahrbahn mit Steinplatten belegt, es fehlten jedoch Randsicherungen. 14 km von Oropa entfernt ist Beccara, nur wenig unterhalb Rosazza (882) gelegen. Der kleine Ort ist nw. Wendepunkt der Runde, welche man auf der durchgehend asphaltierten Höhenstraße SS. 232, als „Panoramica Zegna" bez., über die Bocchetta di Sessera nach dem schön gelegenen Bielmonte

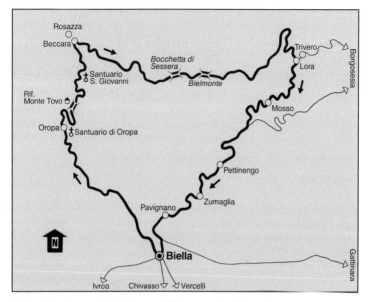

Skizze 83   Santuario di Oropa und Panoramica Zegna

fortsetzt. Bemerkenswerte Ausblicke richten sich sowohl in die Po-
ebene als auch in das Berggebiet des Monte Rosa. – Die in manchen
Straßenkarten eingezeichnete Verbindung über die Bocchetta Bosca-
rola (1425) in die Valgrande bzw. Valsesia wartet schon seit vielen Jahren auf ihre Verwirklichung. Im Bj. konnte man die Schotterstraße bis
zur Alpe Collette di Sopra (1218) benützen; auf der anschließenden,
4 km langen Rohtrasse fanden Bauarbeiten statt. – In Bielmonte befindet man sich inmitten eines blumenreichen, parkähnlichen Landstriches auf dem Scheitelpunkt der Panoramica Zegna. Über die SS.
232 erfolgt nun die Abfahrt in Richtung Trivero. Vom Straßenknoten
Lora leitet eine traumhafte Kehrenstrecke über Mosso hinab nach
Pettinengo (664) und an Zumaglia vorbei gelangt man zur Straßenvereinigung Pavignano. Wenig weiter hält man Einzug in die, von
der Textilindustrie geprägten Stadt mit zahlreichen Gartenanlagen.

Ferragosto heißt „Mittsommer" und betrifft die Zeit um Mitte August, wo sich „ganz Italien" auf Reisen befindet. Touristen sollten diesen Umstand bei ihren Planungen berücksichtigen und die frequenzstarken Augusttage für größere Fahrten auf den Durchzugs-
straßen meiden.

Route: Fenestrelle (1154) — Dépôt — Colle dell'Assietta (2472) — Testa dell'Assietta (2567) — Colle di Lauson (2497) — Colle Blegier (2381) — Monte Genevris (2536) — Colle Costa Piana (2313) — Colle Bourget (2299) — Colle Basset (2424) — Colle di Sestriere (2035) — Pragelato — Fenestrelle. 72 km.

Fahrtechnische Beurteilung: mittel bis schwierig

Zeitaufwand: Tagestour

Als einen touristischen Leckerbissen, den jeder Zweiradfahrer in seinem Programm berücksichtigen sollte, darf die Assietta-Kammstraße bezeichnet werden. Das 36 km lange, von der Südrampe des Colle delle Finestre (2176) bzw. deren Abzw. 2.5 km unterhalb der Scheitelhöhe, welche sich in 1970 m Seehöhe befindet, über zahlreiche Hochpunkte bis zum Colle di Sestriere führende ehem. Militärsträßchen vermittelt eine einzigartige Gratwanderung. Man genießt dabei eine Vielzahl prächtiger Ausblicke, nach N in das Susatal mit seiner charakteristischen Bergumrahmung, darunter Rocciamelone (3538) und Rocca d'Ambin (3378), nach SW in das Chisonetal mit den Grenzbergen zu Frankreich im Hintergrund. Die empfohlene Fahrtrichtung verläuft von O nach SW. Am lohnendsten erweist sich eine Fahrt über die Kammstraße von Ende Juni bis Mitte Juli wegen der in diesem Zeitraum in voller Blüte stehenden, ungemein reichen Alpenflora. – Im O von Fenestrelle nimmt die Straße zum Colle delle Finestre von der SS. 23, welche von Pinerolo durch das Chisonetal nach Sestriere leitet, bei Dépôt ihren Ausgang, HT. Auf einer kehrenreichen, knapp 7 km langen Bergstrecke und bei Steigungsmaxima von 12% erreicht man die Anhöhe (1765) mit dem Sanatorium Agnelli, nach weiteren 7 km li. die Abzw. der Kammstraße. Im obersten Vallone dell'Assietta hat man einen steilen Anstieg mit zwei Kehren zu bewältigen. Der Colle dell'Assietta ist eine, zwischen Testa dell'Assietta und Gran Serin gelegene Mulde, welche herrliche Aussicht nach NW auf die Punta Sommeiller (3350) und die Dents d'Ambin (3382) vermittelt. – Der 2 km lange, in ö. Richtung zum ehem. Gipfelfort Gran Serin führende Fahrweg befindet sich in Verfall; über ihn wurde ein striktes Fahrverbot verhängt. – Die Kammstraße gewinnt an der Testa dell' Assietta in 2567 m Seehöhe den Kulminationspunkt innerhalb ihres

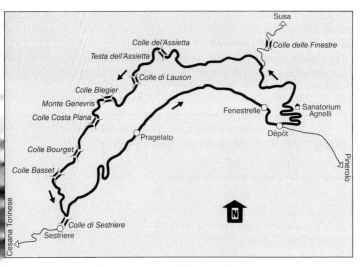

Skizze 84 Assietta-Kammstraße und Chisonetal

vielgewundenen Verlaufes. Die Gipfelkuppe bietet ein umfassendes
Panorama. Bei sanftem Gefälle fährt man zum Colle di Lauson bergab, dann senkt sich die Höhenroute zum Colle Blegier, wo das gesperrte Verbindungssträßchen von Sauze d'Oulx (1510) einmündet.
Durch einige sehr enge Kehren fährt man nun steil zum Monte Genevris bei max. 15% Steigung hinauf. Während des Abstieges zum
Colle Costa Piana bieten sich prächtige Ausblicke auf den firnbedeckten Pic de Rochebrune (3325) und den Roc del Boucher (3285). Auf
der, dem Susatal zugewandten Terrasse erkennt man den mondänen Fremdenverkehrsort Sauze d'Oulx. Bei km 26 überschreitet man
den Colle Bourget, worauf die Kammstraße neuerdings leicht ansteigt,
um den Colle Basset und die Costa Treceira in ihren Verlauf mitein-
zubeziehen. An den ö. Abhängen des M. Fraitève fährt man schließlich mit mehreren, kurzen Kehren zum Colle di Sestriere hinab. – Die
SS. 23 leitet unter Bewältigung eines HU von knapp 1000 m auf einer
36 km langen Strecke bei max. 10% Gefälle über Pragelato zum AP
Fenestrelle zurück. – Der Zustand der Route ist, bedingt durch ihren
exponierten Verlauf in Höhenlagen zwischen 2000 und 2500 m, den
Unbilden der Witterung stark ausgesetzt und daher ein sehr wechselhafter. Es konnten auch nur sporadisch durchgeführte Instandset-
zungsarbeiten festgestellt werden. Die Fahrbahnbreiten schwanken

269

zwischen 3 und 4 m, doch treten gelegentlich Verengungen, verursacht durch Murabgänge mit Verschüttungen im Gefolge, auf. Die Steigungsverhältnisse sind im allgemeinen gut ausgeglichen, die Maxima erreichen 15%. Nach stärkeren Regenfällen sollte man die Höhenstraße unbedingt meiden! An Sonn- und Feiertagen reger Ausflugsverkehr durch Turiner Motor-Enthusiasten!

85	**Rund um den Chaberton*****

Route: Oulx (1121) – Abzw. Fenils – Cesana Torinese – Clavière – Col de Montgenèvre (1850) – Montgenèvre – les Alberts – le Rosier – Abzw. Névache – Col de l'Echelle (1779) – Pian del Colle – Bardonécchia – Abzw. Beaulard – Oulx. 72 km.

Fahrtechnische Beurteilung: leicht bis mittel

Zeitaufwand: Tagestour

Der Mont Chaberton (3136) ist zu einer Art Mekka für Enduro- bzw. Trialfahrer geworden, nicht nur wegen seiner beachtlichen Höhe (höchster mit Motorrad anfahrbarer Punkt in den Alpen), sondern auch, und das hauptsächlich, wegen seiner schwierigen und teilweise abenteuerlichen Trassierung, wobei man einen HU von rund 1850 m und nicht weniger als 70 Kehren zu bewältigen hat. Diese Daten bedeuten absoluten Rekord für anfahrbare Ziele im gesamten Alpenraum! – Die durchschnittliche Steigung des ursprünglich für Militärfahrzeuge konzipierten Fahrweges liegt bei 13%, die max. Steigung bei knapp 20% auf dem 14 km langen Serpentinensträßchen. Der von allen Seiten weither gut sichtbare Mont Chaberton steht deshalb auch im Mittelpunkt dieser Rundfahrt, wobei er nur als Abstecher behandelt wird. – Die Tour nimmt im verkehrsgünstig gelegenen Oulx/Ulzio ihren Ausgang und folgt neben dem Dora Ripariafluß talein. Vorbei an Fenils (1276), gelangt man auf der SS. 24 nach Cesana Torinese (1354); dort vereinigt sie sich mit der, vom Col di Sestriere herabziehenden SS. 23. Man steigt nun merklich zum Grenzort Clavière (1760) an. Ähnlich wie am Col de Mont Cenis verläuft auch hier die ital.-franz. Staatsgrenze nicht über die Wasserscheide, sondern zirka 2 km ö. von ihr. Die Scheitelhöhe (1850) liegt wenig oberhalb von Montgenèvre. Beide Rampen sind vorzüglich ausgebaut;

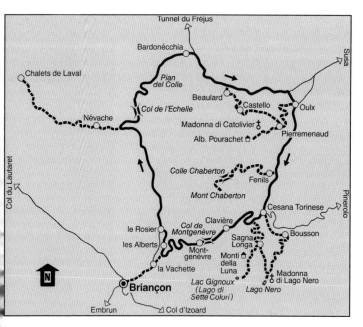

Skizze 85   Rund um den Chaberton

Überbreiten findet man in den Hauptsteigungen durch dort angelegte Kriechspuren, weiters in den Wendepunkten der Kehren. Mit sechs langen Serpentinen senkt sich die Paßstraße in das Tal der Durance. – Um auf kürzestem Weg in das Claréetal zu gelangen, biegt man bereits vor dem Ort la Vachette re. ab und fährt über les Alberts auf einer Nebenstraße, die bei le Rosier in die N 94G einmündet. Letzterer folgt man talein bis man 2.5 km vor Névache re. die Abzw. der Auffahrt zum Col de l'Echelle hat. Nicht zu Unrecht gilt das Claréetal als schönstes Tal des Briançonaise. – In der Straße zum Col de l'Echelle/Colle della Scala besteht ein interessanter Übergang nach Bardonécchia und in das Susatal; diese Verbindung benützt den Hauptkamm der Westalpen an seiner niedrigsten Einsattelung (1779) und leitet in die Vallée Etroite hinüber. Die franz.-ital. Grenze befindet sich auf dem Pian del Colle bei km 9.5. Der Ausbauzustand ist unterschiedlich, die Fahrbahnbreiten schwanken zwischen 3 und 6 m. Steigungen bzw. Gefälle weisen max. 12% auf. Die 32 km lange Strecke von Briançon ist bis Bardonécchia durchgehend asphaltiert.   271

Landschaftlich betrachtet, ist eine Fahrt über den „Leiterpaß" recht abwechslungsreich. Hervorzuheben sind die zwischen der Aiguille Rouge (2545) und den Rochers de la Sueur eingelagerte Scheitelregion mit ihren dichten Nadelwäldern sowie die bemerkenswerten Ausblicke von den Kehren der Nordrampe durch die Talung von Rochemolles auf den firnbedeckten Pierre Menue (3505). Von der Einfahrt in den Fremdenverkehrsort Bardonécchia (1312), der unterhalb des Südportals vom Tunnel du Frejus bzw. des Eisenbahntunnels liegt, hat man bis Oulx noch zirka 16 km auf guten Nebenstraßen.

Variante: Von Cesana Torinese über Bousson zur Kapelle Madonna di Lago Nero und über Sagna Longa zur Montgenèvre-Paßstraße. Die kleine, zirka 23 km lange Runde bietet sowohl landschaftlich als auch fahrerisch eine lohnende Abwechslung. Im Bj. waren nur Teilstrecken asphaltiert. Lieblich in den einsamen Landstrich eingebettet liegt die Kapelle Madonna di Lago Nero. Der Col la Bercia (2248) ist nicht mehr anfahrbar, jedoch leitet sowohl ein Sessellift als auch ein Sträßchen über Sagna Longa zur heutigen Schistation Monti della Luna. Man mündet zirka 2 km oberhalb Cesana Torinese wieder in die stark frequentierte Paßstraße ein. Plus 21 km. Fahrtechnische Beurteilung: mittel bis schwierig.

Variante: Von Beaulard zur Madonna di Catolivier (2105) und über Pierremenaud nach Oulx. Das Bergsträßchen leitet über Castello zur Vereinigung mit der von Oulx heraufziehenden Straße, welche im Bj. bis Pierremenaud asphaltiert war. Die Fortsetzung bis hinauf zum höchsten Punkt bei der Kapelle ist windungsreich und mit vielen kurzen Kehren versehen. Madonna di Catolivier zählt zu den besten Aussichtspunkten im oberen Susatal, denn nach fast allen Seiten sind Ausblicke möglich; im SW beherrscht das behäbige Felsmassiv des Mont Chaberton das Blickfeld. Im oberen Streckenabschnitt gelangt man zu einer Wegeteilung: re. zur Kapelle in freier Aussichtslage, 1 km, li. zum Alb. „Pourachet" (2027), 1.5 km. Die Bergstraßen sind in Talnähe asphaltiert, im Anschluß daran meist geschottert und schmäler. Die Abfahrt erfolgt über Pierremenaud direkt nach Oulx/Ulzio. Plus 30 km. Fahrtechnische Beurteilung: mittel bis schwierig.

Abstecher: Von Fenils zum Colle del Chaberton (2671) und auf den Mont Chaberton (3136). AP ist Fenils (1276) im obersten Talabschnitt der Dora Riparia, 4 km von Cesana Torinese entfernt. – Im Bj. traf man 2 km hinter Fenils auf eine barrikadenähnliche Schranke mit Verbotsschild. Da sich die Gegebenheiten hinsichtlich eines Fahrverbotes am Chaberton von Jahr zu Jahr ändern können, ist es am zweckmäßigsten, sich vor Ort zu informieren, ob die Strecke geöffnet oder gesperrt ist. – Das kühn angelegte Bergsträßchen mißt 14 km und endet auf einem Hochplateau. In den Steigungsstrecken muß man mit grobem Schotter rechnen, aber auch verschlammte Stellen sind keine Seltenheit. Nach ergiebigen Regengüssen oder bei schlechten Sichtverhältnissen (Waschküche) ist ein Unternehmen „Chaberton" unbedingt zu meiden! Am günstigsten für eine Befahrung sind die klaren Spätsommer-tage. – Eine erste Etappe läßt sich durch das Tälchen von Fenils zu den Hütten von Quaillet (2053) vollziehen. Bereits der untere Abschnitt befindet sich in extrem schlechtem Zustand: tiefe Furchen und kleine Felsbrocken. Der weitere Weg leitet durch den Clot des Morts/Piano dei Morti hinauf zum Colle Chaberton, einem mit nur spärlicher Grasnarbe bewachsenen Sattel. Es gibt in diesem Abschnitt einige ausgesetzte Stellen, an denen der Fahr-weg nur knapp 1 m breit ist! Beim gespaltenen Fels (Roccia tagliata) ist das Sträßchen talseitig abgerutscht; die sich dort seit etlichen Jahren befindli-chen Holzbretter sind bereits ziemlich morsch. Ab dieser Stelle ist eine Wei-terfahrt mit Sozius kaum mehr möglich. Am Colle, über den unauffällig die ital.-franz. Grenze verläuft, eröffnet sich ganz unvermittelt ein Prachtblick auf das stark vergletscherte Pelvouxmassiv mit der Meije (3983) und der Barre des Ecrins (4102). Aus der Scharte führt das ehem. Militärsträßchen in zahl-reichen, extrem engen Kehren, die teilweise Ähnlichkeiten mit einer Bob-bahn haben, über die Nordabdachung des Mont Chaberton zum Gipfelpla-teau hinauf, welches die Ausmaße eines Fußballplatzes hat. Das großartige Panorama schließt zahlreiche, meist firnbedeckte Drei- und Viertausender Savoyens, des Dauphinés und Piemonts ein. Unterhalb des Gipfelgrates rei-hen sich die von den Italienern errichteten und am 25. Juni 1940 von den Franzosen teilweise zerschossenen 8 Geschütztürme des ehem. stark be-festigten Grenzberges. – Hin und zurück 28 km. Fahrtechnische Beurteilung: schwierig bis sehr schwierig.

Abstecher: Von Sagna Longa zum Lac Gignoux (Lago di Sette Colori), einem bei Einheimischen beliebten und auch landschaftlich lohnenden Ziel. Man folgt zunächst der HT „Monti della Luna" zur Bergstation des Schilifts. Über den, wenig weiter li. einmündenden, grob geschotterten und auch steilen, zir-ka 2 km langen, direkten Verbindungsweg vom Lago Nero herauf war im Bj. ein Fahrverbot verhängt. Teilweise ausgesetzt, erreicht die schräge, schma-le Naturpiste knapp unterhalb der Cime de Saurel (2449) ihren höchsten Punkt und fällt dann leicht zum Lac Gignoux auf franz. Gebiet ab. Es gibt in dieser Grenzregion keinen offiziell befahrbaren Weg hinab in die Val de la Cerveyrette. Hin und zurück 13 km. Fahrteschnische Beurteilung: schwierig.

Abstecher: Von la Vachette nach Briançon (1326). Die sehenswerte Stadt über dem Zusammenfluß von Durance und Guisane wurde im 17. Jh. als Fe-stung gegen Italien mit einem doppelten Mauergürtel ausgebaut. Sowohl die Altstadt Ville Haute mit Rathaus und Kirchenfestung als auch die Neustadt Ste-Catherine sind eine Besichtigung wert. Durch die Altstadt mit ihren win-keligen, steilen Gäßchen fließen kleine Wasserläufe, die sogenannten Gar-gouilles. Zu den Hauptsehenswürdigkeiten zählt auch der Pont d'Asfeld mit seinem 40 m weiten, einzigen Brückenbogen, unter dem die Durance fließt. Die Höhe des Bauwerkes beträgt 56 m. Briançon gilt als die höchstgelegene Stadt Europas. Hin und zurück 7 km. Fahrtechnische Beurteilung: leicht.

Abstecher: Von Névache (1628) zu den Chalets de Laval (2030). Im Claréetal gewinnt man vielfältige Eindrücke, die sich zu einem malerischen Bild verbinden: prächtige Wälder, welche an den steilen Hängen hoch hinaufsteigen, klare Gewässer und schmucke Dörfer. Von Névache, dem Hauptort des Tales, führt eine teilweise schmale Straße bis in den Talschluß. Der EP befindet sich oberhalb der Alphütten von Laval, 10 km von Névache entfernt. Auf halber Strecke der D 301 gibt es einige kurze, ruppige Steilstücke mit Steigungen bis 13%. Hin und zurück 20 km. Fahrtechnische Beurteilung: mittel.

86	**Durch den Südwesten Piemonts****

Route: Sampéyre (980) — Colle di Sampéyre (2284) — Elva — Ponte Mármora — Vernetti — Préit — Chiampasso — Abzw. Passo della Gardetta (2437) — Colle Cologna (2394) — Colle Margherina (2420) — Colle dei Morti (2480) — Colle d'Esischie (2370) — Chiappi — Pradléves — Monterosso Grana — Dronero — S. Damiano — Abzw. Colle Birrone (1700) — Colle della Ciabra (1723) — Colle di Valmala (1541) — Valmala — Sampéyre. 152 km.

Fahrtechnische Beurteilung: schwierig

Zeitaufwand: Tagestour

Die vorgegebene große Runde schließt die Haupttäler wie Valle Varaita, Valle Maira sowie das Tal der Stura di Demonte mit ihren touristisch wichtigen Nebentälern ein. Dadurch werden auch alle anfahrbaren Hochpunkte erfaßt, die für Motorradfahrer von Bedeutung sind. Das Gerippe des Straßennetzes im SW Piemonts bilden die Varaita-Maira-Kammstraße und die Maira-Stura-Kammstraße. Alle genannten Täler sind Quelltäler des Po. — Sampéyre bildet den AP für eine Fahrt über den Colle di Sampéyre nach Elva (1637) und weiter nach Ponte Mármora (944) im Mairatal. Die gesamte Strecke mißt 29 km und ist durchgehend staubfrei. Die Fahrbahnbreiten schwanken zwischen 3 und 5 m, die Steigungen bzw. Gefälle betragen auf der Nordrampe max. 12%, auf der Südrampe 15%. Die Scheitelhöhe bietet gute Ausblicke zur Felspyramide des Monte Viso (3841), der höchsten und eindrucksvollsten Erhebung in den Cottischen Alpen. Die Südrampe bietet nur wenig Aussicht, reizvoll liegt der Ort Elva, umgeben von freundlichen Lärchenwäldern. Im Vallone d'Elva durchfährt man eine wildromantische Schlucht mit fünf kurzen Straßen-

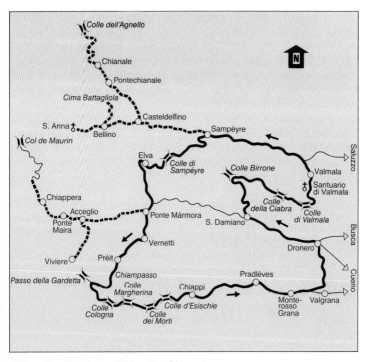

Skizze 86   Durch den Südwesten Piemonts

tunnels, ehe man in das Mairatal einmündet. – Von Ponte Mármora setzt man die Rundfahrt durch das gleichnamige Tälchen zu den Häusern von Vernetti fort. Im daran anschließenden Vallone del Préit gelangt man über die Siedlung Préit (1540) zum Alpbetrieb Chiampasso (2000). Auf der Alpe wird Milch, unverfälschte Bergbutter und würziger Bergkäse von Sennerleuten verabreicht. Von Chiampasso fährt man hinauf Richtung Gardettapaß, mündet jedoch bereits unterhalb der Scheitelhöhe li. in die Maira-Stura-Kammstraße ein. Die Schotterstrecke über den Colle Cologna und Colle Margherina zum Colle Valcavera, von wo man die Runde wieder auf Asphalt fortsetzt, weist kaum Höhenunterschiede auf. Colle d'Ancoccia (2533) und Colle del Mulo (2527) werden nur tangiert; dorthin zweigen zwar kurze Stichsträßchen ab, die aber dann bald blind enden. Vom knieförmigen Colle dei Morti sind es nur knapp 3 km hinüber zum benachbarten Colle d'Esischie, wo man auf das von Mármora durch den gleichnamigen Vallone heraufziehende Sträßchen trifft. Die Rundfahrt wird jedoch durch das reizvolle Granatal über Chiappi (1661) hinab nach Pradléves (822) und Monterosso Grana fortgesetzt. Der Ort Valgrana (642) läßt sich n. umfahren. Eine landschaftlich ansprechende Strecke leitet über einen Sattel (961) hinüber in das Mairatal zum Straßenknoten Dronero (622). 10 km weiter talein zweigt in S. Damiano (754) nach N das schmale Bergsträßchen zum Colle Birrone ab. Es mündet in die Kammstraße (scharf re. halten!), welche über den Colle della Ciabra (1723) und den Colle di Valmala (1541) hinab zum Wallfahrtskirchlein (1379) und in den Ort Valmala (831) leitet. Von Valmala legt man auf der guten Straße durch das Varaitatal nur noch 18 km bis zum AP Sampéyre zurück.

Abstecher: Von Ponte Mármora nach Acceglio und in das Maurin-Hochtal. Zunächst auf der ausgebauten SS. 22 durch das obere Mairatal nach Acceglio (1200), 9 km. Dort teilt sich die Straße. Man fährt geradeaus über Ponte Maira nach Chiappera (1614); die Fortsetzung des Sträßchens endet wenig oberhalb des Ortes. Im Bj. waren die Arbeiten an der projektierten Straße über den Col de Maurin (2637), welche eine weitere Verbindung über die Kammlinie mit dem franz. Ubayetal herstellen soll, in einer Höhenlage von zirka 1900 m eingestellt. Hin und zurück 40 km. Fahrtechnische Beurteilung: mittel.

Abstecher: Von Ponte Mármora über Acceglio nach Viviere (1713). Bei der Straßenteilung in Acceglio biegt man li. ab und gelangt durch den reizvollen Vallone Unerzio hinauf nach Viviere (1713), 6 km. Hin und zurück 30 km. Fahrtechnische Beurteilung: mittel.

Abstecher: Von Sampéyre über Casteldelfino nach S. Anna (1882). Im Varaitatal auf guter Straße und bei Steigungen bis 12% hinauf in den Fremdenverkehrsort Casteldelfino (1296). Um nach Bellino und zur Kapelle S. Anna zu gelangen, zweigt man li. ab und benützt das vielgewundene, 10 km lange Sträßchen durch das Seitental. Bis zum EP bei der Kapelle hat man einen HU von rund 600 m. Hin und zurück 40 km. Fahrtechnische Beurteilung: mittel.

Abstecher: Von Sampéyre über Casteldelfino zur Cima Battagliola (2401). Ein zirka 5 km langes, geschottertes Bergsträßchen zweigt in Bellino (1576) re. ab und hat die Cima Battagliola zum Ziel. Bemerkenswerter Tiefblick nach Pontechianale und hinüber zum Monte Viso. Hin und zurück 40 km. Fahrtechnische Beurteilung: schwierig.

Abstecher: Von Sampéyre über Casteldelfino zum Colle dell'Agnello (2746). Dieser Straßenübergang nach Frankreich ist der höchste in den Cottischen Alpen. In der Regel ist er von Mitte Juli bis Mitte September offen. Die ital. Paßrampe ist durchgehend zweispurig ausgebaut und asphaltiert. Oberhalb Chianale (1797) ist sie kehrenreich, die Steigungen betragen max. 14%. Die Aussicht von der Scheitelhöhe richtet sich hauptsächlich nach NW auf den Pic de Rochebrune (3325) und auf die zahlreichen Firngipfel des Pelvouxmassivs. Im oberen Abschnitt hat man eindrucksvolle Blicke auf die schön geformte Felspyramide des Monte Viso (3841). Hin und zurück 64 km. Fahrtechnische Beurteilung: mittel.

Bergstraßen im Hinterland der Riviera di Ponente*	**87**

Route: San Remo — S. Romolo — Passo Ghimbegna (898) — Baiardo — Castel Vittorio — Colla di Langan (1127) — Triora — Passo della Guardia (1461) — Col Garezzo (1801) — Colla S. Bernardo (1263) — Nava — Col di Nava (941) — Pieve di Teco — Calderara — Col S. Bartolomeo (620) — S. Bernardo di Conio — Col d'Oggia (1167) — Montalto Ligure — Taggia — Arma di Taggia — San Remo. 148 km.

Fahrtechnische Beurteilung: mittel bis schwierig

Zeitaufwand: Tagestour

Das unmittelbare Hinterland der Riviera ist ein, von zahlreichen Wasserläufen durchzogenes, fruchtbares Hügelland. In den unteren Zonen breiten sich Haine mit Ölbäumen aus, die in eine Zone mit Weinbau überleiten, während in den höheren Lagen Kastanienwälder vorherrschend sind. Von den sehenswerten, mittelalterlichen Orten „kleben" manche an steilen Hängen und wirken auf Landschaftsmaler besonders anziehend. Die vorgegebene Rundfahrtstrecke berührt mit ihren Abstechern einige von ihnen, so z.B. Apricale, Baiardo, Pigna und Triora. Das Straßennetz ist zwar dicht, doch sind die Straßen äußerst windungsreich und wurden mit zahlreichen Kehren angelegt; dort finden Kurvenenthusiasten ein fast grenzenloses Betätigungsfeld. Im Bj. gab es nur eine einzige Staatsstraße, nämlich die SS. 28 von Imperia nach Ceva, welche im Raum von Pieve di Teco unter Umgehung des Navapasses durch Tunnelstrecken stark modernisiert wurde. All die kleinen Straßen sind in Bezug auf ihren Ausbauzustand den unteren Kategorien zuzuordnen, auch waren manche von ihnen im Bj. noch nicht staubfrei. — Die Standardroute folgt vom Küstenort San Remo der eingangs angeführten Ortsreihung. Es bieten sich weiters mehrere lohnende Varianten an.

Skizze 87 Bergstraßen im Hinterland der Riviera di Ponente

Variante: Von San Remo über den Vorort Poggio (199) und das mittelalterliche Ceriana (369) zum Passo Ghimbegna, 25 km. Das Sträßchen verläuft über die ö. Abhänge des Monte Colma in das, vom Armeabach durchflossene Tal. Auf ihrem fahrerisch schwierigsten Abschnitt gewinnt man mit 14 sehr dicht übereinander angelegten Kehren oberhalb von Ceriana den Scheitel des Passes. Minus 5 km. Fahrtechnische Beurteilung: mittel bis schwierig.

Variante: Von San Romolo (786) über Perinaldo (573) hinab zum Merdanzobach und hinauf zum malerischen Ort Apricale (291), im weiteren Anstieg auf reizvoller Strecke über die Colla Bassa (650) nach Baiardo (900), welches, auf einem Bergrücken gelegen, eine gute Rundsicht bietet. Plus 15 km. Fahrtechnische Beurteilung: mittel.

Variante: Vom Passo Ghimbegna über den Croce di Praesto (1505) zur Einbindung in die Standardroute 1.5 km ö. der Colla di Langan. Minus 5 km. Fahrtechnische Beurteilung: mittel bis schwierig.

Variante: Von Calderara auf der SS. 28 durch den S. Bartolomeo-Straßentunnel nach Chiusavécchia. Man bleibt auf der Staatsstraße und mündet in Imperia in die stark frequentierte Küstenstraße SS. 1 ein. Über S. Lorenzo al Mare und Arma di Taggia fährt man zum AP San Remo zurück. Plus 5 km. Fahrtechnische Beurteilung: leicht.

denzel kombiführer „auto + wanderschuh"

Jeder Band dieser Reihe bietet eine große Auswahl familienfreundlicher Wanderungen in den schönsten Alpenregionen, darunter zahlreiche Rundwanderungen. Die Angebotspalette reicht von alpinen Spaziergängen bis zu ausgedehnten Bergtouren. Ausführlich beschrieben werden auch viele kleine Straßen und Fahrwege, die in normalen Straßenkarten kaum zu finden, aber auch für den Motorradfahrer von großem Interesse sind. Sträßchen und Wanderwege wurden in Orientierungsskizzen eingezeichnet. Attraktive SW- und Farbfotos runden die Information ab. Umfang zwischen 200 und 400 Seiten, handliches Rucksackformat 12 x 18 cm.

1 **DOLOMITEN** in ihrer gesamten Ausdehnung über die Provinzen Bozen (Südtirol), Belluno und Trient

2 **SÜDTIROL** in seinen Landesgrenzen vom Brenner bis Salurn und vom Reschenpaß bis zum Kreuzberg-Sattel

3 **KÄRNTEN** Berge- und Seenlandschaften zwischen Großglockner und Großem Speikkogel

4 **TIROL** das gesamte Nordtirol zwischen Silvretta und Kaisergebirge

5 **SALZBURG — SALZKAMMERGUT** Land Salzburg mit seinen fünf Gauen, Alpenpark Berchtesgaden und das gesamte Salzkammergut

6 **VORARLBERG** das „Ländle" zwischen Gletscherfirn und Bodensee. Im Anhang das Fürstentum Liechtenstein

7 **STEIERMARK** die wanderbare „Grüne Mark Österreichs" vom Dachstein bis Bad Radkersburg und vom Semmering bis zur Turracher Höhe

FRANKREICH

88	**Rund um die Dents du Midi****

Route: Martigny (471) — Bourg — Col de la Forclaz (1527) — le Châtelard — Col des Montets (1461) — Chamonix — les Houches — le Fayet — Sallanches — Cluses — Col de Châtillon (740) — Taninges — Col des Gets (1163) — les Gets — St-Jean-d'Aulps — Col du Corbier (1237) — Bonnevaux — Abondance — la Chapelle d'Abondance — Pas de Morgins (1368) — Troistorrents — Monthey — St-Maurice — Martigny. 186 km.

Fahrtechnische Beurteilung: leicht bis mittel

Zeitaufwand: Tagestour

Auf dieser Tour werden im Raum von Chamonix in der Montblanc-Kette die höchsten Erhebungen der Alpen tangiert, wobei das Chamonix-Tal von NO nach SW herabzieht. Über diese Kette firnbedeckter Drei- und Viertausender verläuft die franz.-ital. Grenze. Die auf schweizerischem Territorium aufragenden Dents du Midi umfährt man, ohne sie aus der Nähe betrachten zu können. Die beiden, von Martigny aufgezeigten Abstecher nach les Marécottes bzw. durch die Durnandschluchten nach Champex sind die „Rosinen im touristischen Kuchen" und es ist besonders lohnend, sie anzufahren. — Vom Straßenknoten Martigny zunächst nach Bourg, wo die Straße zum Col de la Forclaz beginnt. Der Paß bildet zusammen mit dem Col des Montets eine wichtige Verbindung durch die Westalpen, welche fast ausschließlich dem Touristenverkehr dient. Der Kanton Wallis hat seine Rampe durchwegs neu trassiert, welche dank ihrer ausgewogenen Steigungsverhältnisse und ihres günstigen, übersichtlichen Verlaufes eine zügige Fahrweise erlaubt. Die franz. Seite wurde in den vergangenen Jahren zwar etwas modernisiert, folgt jedoch im allgemeinen ihrer bisherigen Trasse. Während man im Wallis eine Straßenbreite zwischen 6 und 7 m, in den Kehren Überbreiten bis zu 10 m hat, trifft man am Col des Montets zwar durchwegs auf zweispurige Fahrbahnbreiten, jedoch auf keinen großzügigen Ausbau. Die max. Steigungen erreichen im Wallis 8%, in Savoyen 9%. Der HU von Martigny hinauf zum Forclaz-Scheitel ist mit 1050 Höhenmetern auf einer Distanz von 24 km recht beachtlich. Die franz.-schweizerische Grenzübertrittsstelle befindet sich in le Châtelard (1126), das zwischen beiden genannten Pässen in einem trogartigen Tal eingeschlossen liegt. Chamonix wird im SO umfahren. Bei les Pelerins beginnt li. die Zufahrt zum Nordportal des Montblanc-Straßentunnels. Die Strecke von Martigny bis Chamonix mißt 54 km, von Chamonix bis Cluses weitere 44 km. Durch das Tal der Arve verlaufen im Abschnitt le Fayet–Sallanches–Cluses Autoroute und Hauptstraße fast parallel zueinander. – In Cluses (485) verläßt man das Tal der Arve und fährt auf der D 902 über den Col de Châtillon, einem zahmen Sattel, nach Taninges (640) in das Nachbartal hinüber. Nach einer kurzen Schluchtstrecke steigt die Straße zum Col des Gets an. Les Gets ist ein gut besuchter Wintersportort. Die D 902 leitet nun Richtung Morzine (960) hinab und durch das teilweise schluchtartige Tal der Dranse de Morzine nach St-Jean-d'Aulps. 3 km weiter hat man re. die Abzw. der D 332 (D 32), welche über den aussichtsreichen Col du Corbier nach Bonnevaux und Abondance führt. Schließlich gelangt man über la Chapelle d'Abondance (1020) hinauf zum Pas de Morgins mit der franz.-schweizerischen Grenzübertrittsstelle. Die Abfahrt durch die Vallée de Morgins ist reizvoll. Nach Bewältigung von fünf gut ausgebauten Kehren erreicht man Troistorrents (765) am Zusammenfluß von drei Wasserläufen. Im nahegelegenen Monthey (430) mündet man in die Hauptstraße 21 ein, nach weiteren 6 km in die Hauptstraße 9, welche über das sehenswerte St-Maurice (422) mit der Kirche des ältesten Schweizer Klosters zum AP Martigny zurückleitet.

Abstecher: Von Bourg durch die Durnandschluchten zum Champex-Sattel (1498). Für den betont sportlich eingestellten Alpenfahrer gibt es abseits der frequentierten Route zum Großen St. Bernhard eine kleine Runde, die ganz auf seinen Geschmack zugeschnitten ist. Sie verläuft von les Valettes (626) über den Champex-Sattel nach Orsières (879), Sembrancher (720) wieder zurück nach les Valettes. Es sind insbesondere die 22 dicht übereinander angelegten Kehren durch das enge Champextal, welche die Herzen der Enthusiasten höher schlagen lassen. Im Bj. bot sich folgender Ausbauzustand: durchschnittlich 4 m breite, asphaltierte Fahrbahn, in den Kehren bis zu 7 m breit. Auf beiden Rampen max. 13% Steigung/Gefälle. Die Südrampe ist mit „nur" neun Kehren zwar fahrerisch nicht so ergiebig, jedoch an landschaftlichen Eindrücken der Nordrampe überlegen. Hervorzuheben sind die Ausblicke auf den firnbedeckten Grand Combin (4314), welcher sich im Champexsee spiegelt. Der See liegt in einer Mulde des Paßscheitels etwas verborgen eingebettet. Hin und zurück 45 km. Fahrtechnische Beurteilung: mittel.

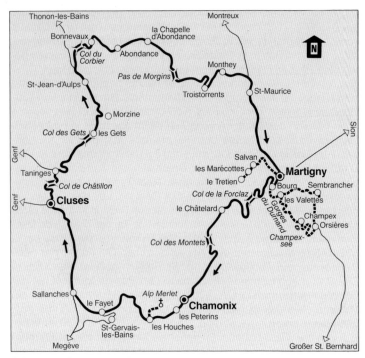

Skizze 88   Rund um die Dents du Midi

Abstecher: Von les Houches zur Alp Merlet (1562). Einer der lohnendsten und rasch erreichbaren Aussichtspunkte im Raum von Chamonix bzw. St-Gervais-les-Bains ist die Kapelle auf der Alp Merlet mit ihrer bemerkenswerten Christusstatue. Die 5 km lange Zufahrt zweigt bei les Houches (1008) von der Hauptstraße ab, dort HT „Coupeau, Merlet". Zunächst hat man eine 3 km lange, normal breite Asphaltstraße, dann nur mehr eine schmale, geschotterte Strecke bis zum Parkplatz, der mit „Merlet" ausgeschildert ist. Zu einem besuchenswerten Alpenzoo mit 23 ha Freigehege hat man noch 15 Gehmin. Großartig sind vom Ziel die Ausblicke auf das Montblanc-Massiv. Hin und zurück 10 km. Fahrtechnische Beurteilung: mittel bis schwierig.

Abstecher: Von Martigny nach les Marécottes (1030). Vom w. Stadtrand führt eine kühn an den Felswänden angelegte Straße hoch über den Trientbach durch die romantischen Schluchten nach Salvan (987) und weiter zum reizvoll gelegenen Dorf les Marécottes, wo ein kleiner, jedoch sehr besuchenswerter Alpenzoo eingerichtet wurde. Die Straße endet im benachbarten Ort le Tretien (1021). Hin und zurück 16 km. Fahrtechnische Beurteilung: mittel.

Route: Annemasse (433) — les 13 Arbres — Col de la Croisette (1176) — Grand Piton — Plan de Salève — Abzw. St-Blaise — Cruseilles — Jussy — Col du Mont Sion (786) — Annemasse. 61 km.

Fahrtechnische Beurteilung: mittel

Zeitaufwand: Halbtagestour

Der langgestreckte Felsrücken im SO von Genf (375) wird als Mont Salève bezeichnet. Über seine Kammlinie verläuft eine 34 km lange Höhenstraße. Als ihren n. Ausgangsort kann man Annemasse, als s. Zielort Cruseilles (783) betrachten. Ihren höchsten Punkt erreicht sie in 1184 m Seehöhe bei les 13 Arbres mit Ausblicken auf die Stadt Genf, den Genfer See und zur Montblanc-Kette, bei entsprechender Witterung auch in den Jura. Die Befahrung der Kammstrecke lohnt sich daher auch nur bei guten Sichtverhältnissen. Etwas weiter im S ist zwar der Col de la Croisette ein Hochpunkt, doch bietet sein Scheitel nur eine beschränkte Aussicht. Erst vom nahegelegenen Weiler le Feu hat man Aussicht zum Montblanc. Wenig abseits der Straße erhebt sich der Große Piton (1375) als Aussichtsberg; in diesem Zusammenhang ist auch der Plan de Salève (1347) zu nennen. Die Kammstraße D 41 läßt sich im Rahmen der vorgegebenen Rundtour günstig abwickeln. Wählt man die Abfahrt hinab nach Cruseilles, so trifft man auf die ausgebaute D 18 und folgt ihr über Jussy und den Col du Mont Sion (786) hinab in die Vororte von Genf. Auf der N 206 kehrt man zum AP Annemasse zurück.

Variante: Vom Col de la Croisette gibt es eine Abfahrt in Richtung St-Julien-en-Genevois bzw. zu den Hauptstraßen im Raum s. von Genf. Sie ist nur 8 km lang und weist ein max. Gefälle von 13% auf. Für ihre Benützung wurde ein zeitlich geregelter Richtungsverkehr verordnet. Minus 24 km. Fahrtechnische Beurteilung: mittel bis schwierig.

Variante: Von der D 41 gibt es zur D 18 ein Forststräßchen, welches über St-Blaise direkt zum Col du M. Sion hinableitet. Minus 5 km. Fahrtechnische Beurteilung: mittel.

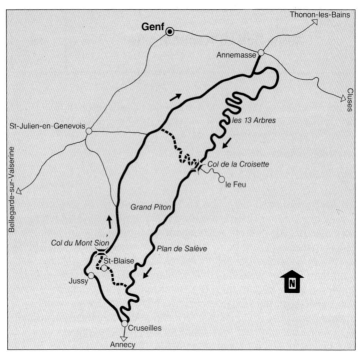

Skizze 89   Mont-Salève-Kammstraße

Schluchtstrecken zählen zu den kuriosesten Straßen im Gebirge. Oft nimmt den „Eindringling" die Romantik gefangen, aber auch die Kühnheit, mit der unsere Vorfahren schwierigste Streckenabschnitte meisterten. Und das nur mit einfachen Mitteln ohne großen technischen Aufwand. Leider erstickte der Moloch „Verkehr" in den vergangenen Jahrzehnten vielerorts eine romantische Betrachtungsweise: in Postkutschenzeiten berühmte Schluchtstrecken wurden durch moderne Verkehrsträger ersetzt. Zahlreiche Kunstbauten sind mit viel Beton und Stahl entstanden. Jetzt ist es die Technik, welche ihre Faszination ausstrahlt. Von dieser Entwicklung verschont blieben bisher einige attraktive Schluchtstrecken in den franz. Alpen, vor allem die nach Süden herabziehenden Durchbruchstäler wie die purpurfarbenen Schluchten des Daluis und die der Vesubie; auf die Oberen Ciansschluchten durch das rote Porphyrgestein trifft dies nur mehr teilweise zu. In Zukunft werden der eindrucksvolle Große Canyon des Verdon und das geologisch interessante Gebiet des Vercors mit der Route de Combe Laval bzw. den Grands Goulets im SW von Grenoble kaum gefährdet sein. Sie ziehen jährlich zahlreiche Touristen an.

Route: Flumet (917) — Gorges de l'Arondine — la Giettaz — Col des Aravis (1498) — les Etages — la Clusaz — St-Jean-de-Sixt — le Grand-Bornand — le Chinaillon — Col de la Colombière (1613) — Chartreuse du Reposoir — Cluses — Sallanches — Megève — Flumet. 92 km.

Fahrtechnische Beurteilung: mittel

Zeitaufwand: Halbtagestour

Die Runde zieht durch eine landschaftlich ansprechende Region mit zwei anfahrbaren Hochpunkten, dem Col des Aravis und dem Col de la Colombière. Der Col des Aravis stellt die niedrigste Einsattelung in der langen, sich von N nach S erstreckenden Kette dar. Eine bemerkenswerte Aussicht auf die Drei- und Viertausender des Montblanc-Massivs bietet nur der Col des Aravis, wogegen das Blickfeld vom Col de la Colombière durch mehrere Bergketten verstellt ist. — Von Flumet zunächst durch die Schluchten von Arondine auf der D 909 bergwärts nach la Giettaz (1100) und zum Scheitel des Passes, von dem eine 3 km lange, geschotterte Zufahrt die Anhöhe (1649) mit dem Croix de Fer (Aravis) bei max. 12% Steigung erreichen läßt. Von diesem Hochpunkt überblickt man die Ostrampe der Paßstraße ausgezeichnet. Die max. Steigung beträgt 10%, die Fahrbahnbreiten schwanken zwischen 3 und 8 m. Es gibt 13 Kehren, welche in den Wendepunkten zirka 7 m Breite aufweisen und zahlreiche unübersichtliche Kurven. Die ganze Paßregion zeichnet eine bemerkenswert üppige Alpenflora aus, welche von Juni bis August in Erscheinung tritt und mehrere Berghänge mit Alpenveilchen übersät. Der Aravispaß bleibt während des ganzen Jahres für den Verkehr geöffnet, Sperren werden nur nach starken Schneefällen zwischen la Giettaz und les Etages über die 10 km lange Scheitelstrecke verfügt. La Clusaz (1040) wird im O umfahren. — Ein steiles und schmales Sträßchen führt mit max. 14% Steigung vom Ort auf den Crêt-du-Merle, 4 km. — Man setzt seine Tour durch eine bewaldete Schlucht nach St-Jean-de-Sixt fort, ehe man auf der D 4 nach le Grand-Bornand (923) kommt, wo der merkliche Anstieg nach le Chinaillon (1280) einsetzt; max. 9% Steigung, die 13 Kehren sind bis 8 m breit. Die nach N gerichtete Rampe zieht am

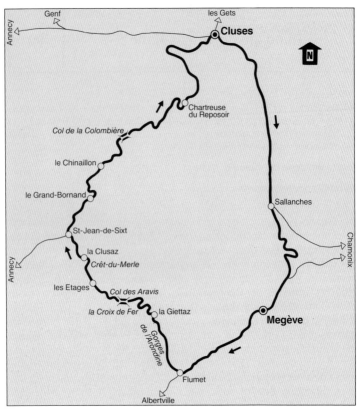

Skizze 90   Rund um die Aravis-Kette

Fuße der Chaîne du Bargy zur einsam gelegenen Chartreuse du
Reposoir (1092) hinab. Auf den letzten 12 km durchmißt man das vom
Foronbach durchflossene Tal, ehe man bei Cluses in die frequentierte
Hauptstraße einmündet und über Sallanches und Megève (1113) nach
Flumet zurückkehrt.

Verkehrswege sind ständigen Veränderungen unterworfen. Hinweise für eventuelle Be-
richtigungen, Anregungen und Ergänzungsvorschläge sowie attraktive Fotos bzw. Dias
nimmt unsere Redaktion stets dankend entgegen.

Route: Ugine (456) — Mont Dessus — Col de l'Arpettaz (1581) — Chaucisse — St-Nicolas-la Chapelle — P. de Flon — Héry — le Château — Ugine. 58 km.

Fahrtechnische Beurteilung: mittel bis schwierig

Zeitaufwand: Halbtagestour

Ein heißer Tip für all jene, die gerne Entdeckungsfahrten abseits ausgetretener Heerstraßen unternehmen! Der Arpettaz-Höhenfahrweg, an der Ostflanke der Araviskette entlangziehend, vermittelt eine hervorragende Aussicht auf die Drei- und Viertausender des Montblanc-Massivs. AP der rund 40 km langen Bergstrecke bis St-Nicolas-la Chapelle ist der Industrieort Ugine. Auf der D 109 verläßt man den Ort und fährt in w. Richtung gegen den Weiler Mont Dessus, HT. Nach Passieren des oberen Ortsteiles beginnt die fahrerisch besonders anspruchsvolle Bergstrecke hinauf zum Col de l'Arpettaz. Auf der Westrampe hat man ab Ugine auf dem knapp zweispurigen Asphaltsträßchen 17 km zurückzulegen. Eine Herausforderung bilden für den Motorradfahrer auf dieser Teilstrecke nicht weniger als 35 zu bewältigende Kehren. Die Höchststeigung beträgt 12%. Die Tiefblicke richten sich auf den Talkessel von Ugine. Mit zunehmender Höhe kommen die Erhebungen um Albertville ins Blickfeld. Prachtblicke auf den Montblanc eröffnen sich von der Scheitelhöhe des Col de l'Arpettaz. – Das Sträßchen setzt sich als teilweise stark geschotterter Höhenfahrweg am Fuße des Mont Charvin (2407), ohne seine Höhenlage wesentlich zu ändern, an der Ostflanke der Araviskette zirka 10 km in n. Richtung fort. Seinen höchsten Punkt erreicht er an der Höhenmarke 1750. Anschließend senkt er sich durch das Tälchen von Chaucisse nach St-Nicolas-la Chapelle hinab. Für den Rückweg empfiehlt sich, statt der N 212 durch die Arlyschluchten, die Aussicht vermittelnde Terrassenstraße; sie zweigt beim P. die Flon (710) von der N 212 ab und ist als D 109 bez. Héry und le Château (796) werden berührt, ehe eine gut ausgebaute Kehrenanlage zum AP Ugine hinableitet.

Rastplätze sollte man stets so verlassen, wie man sie anzutreffen wünscht. Sorgloses Auslösen von Wald- und Flächenbränden durch Wegwerfen brennender Streichhölzer, Zigarren oder Zigaretten ist unbedingt zu vermeiden.

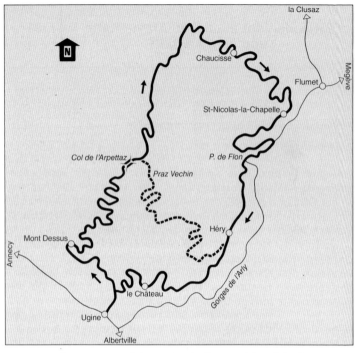

Skizze 91　Zwischen der südlichen Aravis-Kette und dem Arlytal

Variante: Vom Col de l'Arpettaz über die Ostrampe nach Héry. Diese Berg-strecke ist von gleichem landschaftlichem Interesse wie die beschriebene Westrampe. Der wesentliche Unterschied besteht in der Trassierung, wobei man auf der Ostrampe zur Gewinnung des HU mit relativ wenig Kehren beim Bau sein Auslangen fand. Im oberen Abschnitt kommt man nahe an den Praz Vechin (1743) heran, auf dem ein Orientierungstisch steht, welcher das umfassende Panorama erläutert. Minus 14 km. Fahrtechnische Beurteilung: mittel bis schwierig.

Ein Übergangspaß wird im Französischen als Col, im Italienischen als Passo oder Colle bezeichnet. Unter Joch, ital. Giogo, versteht man in der Regel einen hochgelegenen Paß (z.B. das Stilfser Joch oder das Timmelsjoch). Niedere Pässe werden häufig mit Sattel, ital. Sella, bezeichnet (z.B. der Kreuzbergsattel oder die Sella Valcalda). Für einen kur-zen Engpaß steht im Italienischen Gola, im Französischen Défilé (z.B. Défilé de Mau-pas), längere Schluchten hingegen nennt man Gorges (z.B. Gorges de la Bourne).

Die nunmehr asphaltierte Bergstraße aus dem Vallone di Marmora zum **Colle d'Esischie** verbindet das Máiratal sowohl mit dem Grana- als auch mit dem Armatal → Route 86, Durch den Südwesten Piemonts. Foto Guido Müller

Motiv in den **Gorges de la Bourne** mit ihren überhängenden Felsen → Routen 97 und 98, Nördliche und Südliche Vercors-Runde. Foto Helga und Michael Braun

Blick auf das malerisch gelegene **Triora** → Route 87, Bergstraßen im Hinterland der Riviera di Ponente. Foto Helga und Michael Braun

Blick von der westlichen Uferstrecke des Lago Maggiore unweit von Stresa auf die Borromäischen Inseln mit der **Isola Bella** → Route 82 Lago Maggiore-Süd und Ortasee. Foto Verlagsarchiv

Corniche Sublime mit Blick vom Cirque de Vaumale in die **Schluchten des Verdon** → Route 104, Um den Großen Canyon des Verdon. Foto Verlagsarchiv

Ostrampe des **Col de Parpaillon** hoch über der Baumgrenze → Route 99, Zwischen Guil und Ubaye Foto Uwe-Jens Dreber

Blick von der **Bonette** zum Restefondpaß und auf die Verbindung hinab zum Col de la Moutière →
Route 100, Rund um die Cime de la Bonette. Foto Martin Dohm

Auf dem Scheitel des **Col de Champs**. Auffallend ist in dieser Region das geschichtete, schwarze
Schiefergestein → Route 101, Rund um den Mont Pelat. Foto Helga und Michael Braun

Route: Bourg-St-Maurice (840) — Abzw. les Chapieux — Cormet de Roselend (1968) — Col de Méraillet (1605) — Roselend-Stausee — Col du Pré (1703) — St-Guérin — Cormet d'Arèches (2109) — Granier — Aime — Bourg-St-Maurice. 82 km.

Fahrtechnische Beurteilung: mittel

Zeitaufwand: Tagestour

AP dieser abwechslungsreichen Rundfahrt ist Bourg-St-Maurice (840) im Isèretal, welches dort ein Knie bildet. Die vorgegebene Route ist fast durchgehend staubfrei. Die beiden Rampen des ausgebauten Cormet de Roselend sind zweispurig, die Anschlußstrecken vorwiegend nur einspurig, die max. Steigung beträgt 11%. — Von Bourg-St-Maurice hat man durch das Glacierstal bis zur Abzw. nach les Chapieux eine windungsreiche, 14 km lange Strecke zurückzulegen, die in einen gut ausgebauten Abschnitt bis zum Paßscheitel überleitet. Es folgt die landschaftlich reizvollste Partie der gesamten Tour: die Fahrt über den Col de Méraillet und entlang der w. Uferstrecke des Roselend-Stausees. Nach Passieren der Staumauer beginnt die, gute Ausblicke vermittelnde Auffahrt zum Col du Pré. Man fährt nun nicht zur Gänze bis Arèches (1055) hinab, sondern zweigt unterhalb Boudin li. in die D 218 zur Staumauer von St-Guérin (1512) ab. Das nur teilweise geteerte Sträßchen setzt sich auf der re. Seite des Hochtales bis zum Cormet d'Arèches fort, welcher den Übergang in die Tarentaise vermittelt. Auf seiner Südrampe, die zwischen dem Crêt du Rey und der Grande Parel verläuft, ist das schmale Sträßchen hinab nach Granier bis auf die letzten 4 km durchwegs geteert. Gute Ausblicke hat man während des Serpentinenabstieges nach Aime (700) im Isèretal. Der Straßenzustand läßt sich fast mit jenem auf der Nordrampe vergleichen; nur eine enge Bachfurt kann bei starker Wasserführung etwas problematisch sein. Die ausgebaute N 90 gewährleistet eine rasche Rückkehr von Aime zum AP in Bourg-St-Maurice.

Abstecher: Von der Roselendstraße über les Chapieux nach Ville des Glaciers (1789) und les Lanchettes (1900). Von der beschilderten Abzw. an der D 902 hat man bis les Chapieux (1552) ein ordentliches Asphaltsträßchen, im

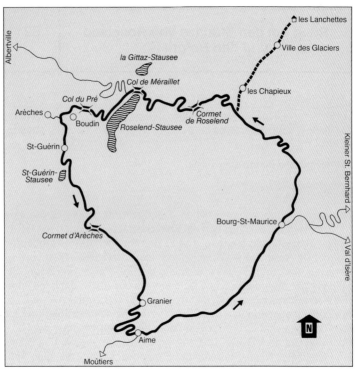

Skizze 92   Rund um den Stausee von Roselend und den Roignais

weiteren Anstieg einen einspurigen Fahrweg mit Naturbelag. Zahlreiche Rinnen und Unebenheiten sind hinderlich. Die max. Steigung beträgt 15%. Die etwas beschwerliche Fahrt vermittelt dafür prächtige Ausblicke in den Talschluß mit der Aiguille des Glaciers (3816), dem s. Eckpfeiler des Montblanc-Massivs. Es sind vier Kehren zu bewältigen und man gelangt nach 9 km zu den Hütten von les Lanchettes (1900). Hin und zurück 18 km. Fahrtechnische Beurteilung: mittel bis schwierig.

Enduro- und Trialfahrer mögen bedenken, die Kehren von Fahrwegen nicht durch eine „**Direttissima**" abzukürzen, weil sich beim Wiederauftreffen an der regulären Trasse durch Verfrachtung von Erdreich und Schotter Fahrbahnverengungen bilden, die eine nicht zu unterschätzende Gefahr für zweispurige Fahrzeuge sein können. Es ist auch öfters zu beobachten, daß Enduros mit ihren harten Stollenreifen Steine aus dem festen Untergrund herausreißen und auf die Fahrbahn schleudern, was für nachfolgende Fahrzeuge sehr abträglich ist. Bleiben Sie daher bitte auf der Normalspur.

Route: Séez (904) − Val d'Isère − Col de l'Iseran (2764) − Bonneval-sur-Arc − Lanslevillard − Lanslebourg − Modane − St-Jean-de-Maurienne − la Chambre − St-François-Langchamp − Col de la Madeleine (1984) − Celliers − la Thuile − St-Oyen − Aigueblanche − Moûtiers − Aime − Bourg-St-Maurice − Séez. 220 km.

Fahrtechnische Beurteilung: leicht bis mittel

Zeitaufwand: Tagestour

Diese Rundtour zählt zu den längsten, im vorliegenden Band beschriebenen Vorschlägen. Mit der Erfassung des Col de l'Iseran, welcher zweithöchster, durchgehend befahrbarer Alpenpaß ist, verbindet sich ein weiterer Superlativ. Die Abstecher beziehen sich auf zwei weitere Zweitausender und einen Fastzweitausender. − Infolge seiner extremen Höhenlage ist der Iseranpaß nur während dreier Monate, von Juli bis einschließlich September, geöffnet. Der zweispurig ausgebauten und durchwegs asphaltierten Départementstraße wurde die Bez. D 902 zugeordnet. Auf der n. Zufahrt von Séez bis Val d'Isère hat man insgesamt drei Talstufen mit kaum merklichen Steigungsstrecken zu überwinden. Die Tunnels sind unbeleuchtet und bei Nässe sind die Fahrbahnen rutschig! Eine kühne Straßenanlage zeigt der Streckenabschnitt durch die Schluchten der Isère. Von S her leuchtet das blendende Weiß der 120 m hohen, bogenförmig geschwungenen Betonmauer von Tignes, welche den Lac de Chevril aufstaut. Der Ort Val d'Isère (1840) ist heute einer der bedeutendsten Wintersportplätze in den franz. Alpen. Im Verein mit Tignes gilt diese total verdrahtete Liftlandschaft mit ihren zirka 50, meist untereinander verbundenen Anlagen als eine der ausgedehntesten der Welt. − Gleich hinter dem Ort beginnt die Auffahrt der meisterhaft angelegten Nordrampe. Unter optimaler Anpassung an das Gelände konnte beim Bau der Straße auf Spitzkehren fast zur Gänze verzichtet werden. Die Steigungsverhältnisse sind gut ausgeglichen, was auch eine flüssige Fahrweise zur Folge hat. Die 16 km lange Strecke vom Basisort Val d'Isère bis zur Scheitelhöhe erzielt einen HU von 930 m. Während der Auffahrt sieht man ringsum fast nur mehr Gletscher oder Firnfelder. Die beste Aussicht bietet auf der Nordrampe am Ende der obersten

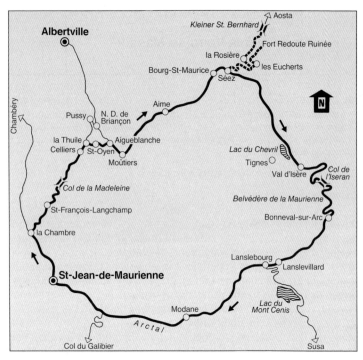

Skizze 93   Rund um das Vanoise-Massiv

Kehrengruppe die Table d'orientation, welche auch entsprechend
ausgeschildert ist. Die Vegetation gegen die Scheitelhöhe zu wird
immer spärlicher. Schafherden finden in ihrer Genügsamkeit auf den
kargen Weideflächen kaum mehr Nahrung; die Grasnarbe endet an
den Geröllfeldern und Schneezungen in dieser Hochregion. Auf dem
Paßscheitel steht der, jeder Witterung trotzende Natursteinbau der
Iserankapelle. Den Blick nach S beherrscht die Eispyramide des
Dôme du Grand Fond (3454). — Die D 902 senkt sich auf der Südrampe in langen Schleifen zum Arc hinab. Vor einem Tunnel lädt der ausgeschilderte Aussichtspunkt „Belvédère de la Maurienne" (2503) zu
einem kleinen Aufenthalt ein, um die grandiose Aussicht auf die Gletscherberge zu genießen. Die Südrampe präsentiert sich hervorragend ausgebaut. Die Steigungsmaxima zwischen Val d'Isère und
Bonneval-sur-Arc überschreiten kaum 11%. Bei Bonneval-sur-Arc
292   (1835) ist die Sohle des Arctales erreicht. — Sämtliche, nun folgenden

Orte werden umfahren. Die Talung bis hinab nach Lanslevillard vermittelt den Eindruck einer gepflegten Parklandschaft. Die stets verkehrsreiche Strecke der N 6 von Lanslebourg talab über Modane und St-Jean-de-Maurienne bietet bis la Chambre (443) keine Alternative für den Motorradfahrer, um dem „Blechwurm" auf der Hauptstraße zu entkommen. – In la Chambre verläßt man das Arctal und zweigt re. in die D 213 zum Col de la Madeleine ab. Auf seiner Südrampe wird der bekannte Wintersportort St-François-Longchamp (1553) berührt. Über die Paßhöhe (1984) wurde 1969 erstmals die berühmte Tour de France der Radprofis geleitet. Die landschaftlich ansprechende, 47 km lange Verbindung aus der Maurienne in die Tarentaise kann man als Parallelroute zum Col de l'Iseran auffassen, allerdings mit einem um 800 m tiefer liegenden Kulminationspunkt. Auf der Nordrampe berührt man Celliers (1282) und gelangt 2 km weiter unterhalb zur wichtigen Straßenteilung von la Thuile: li. leitet die D 94 in Richtung Pussy, um nahe N.D. de Briançon über die Isèrebrücke Anschluß an die N 90 zu finden, re. fährt man auf der gegenüberliegenden Talseite nach St-Oyen hinab, um über die neue Isèrebrücke bei Aigueblanche in die N 90 einzumünden. Über Moûtiers (479) und Aime (690) fährt man stets aufwärts und gelangt über Bourg-St-Maurice (840), das umfahren wird, wieder in den Nachbarort Séez.

Abstecher: Von Séez zum Kleinen St. Bernhard (2188). Die ausgebaute N 90 leitet zum wichtigen internationalen Übergang auf dem Scheitel des Passes hinauf, 28 km. Den Zweiradfahrer erwartet gleich zu Beginn des Anstieges eine 20 km lange, traumhafte Kehrenfolge (21 Kehren) bis la Rosière. Sowohl die Tiefblicke in das Isèretal als auch der Anblick der vergletscherten Testa del Rutor (3486) beeindrucken den Vorüberziehenden. Die max. Steigung beträgt nur 6%! Außer dem Hospiz (im Jahre 1944 zerstört) und alten Militärunterkünften findet man auf dem Paßscheitel einen sehenswerten Botanischen Garten mit alpinen Pflanzen. Hin und zurück 56 km. Fahrtechnische Beurteilung: leicht bis mittel.

Abstecher: Von Séez über la Rosière zum ehem. Fort Redoute Ruinée (2400). Zunächst auf der N 9 über die traumhafte, von sardischen Ingenieuren geplante und im Jahre 1873 angelegte Kehrenstrecke. Kurz vor Rosière verläßt man die internationale Straße nach re. und gelangt zu den Häusern von les Eucherts. Die teilweise ruppige, aber insgesamt noch praktikable 7.5 km lange Schotterpiste strebt in n. Richtung dem ehem. Fort Redoute Ruinée zu. Die Auffahrt durch die Almmatten auf dem durch Trockenmauern abgestützten ehem. Festungssträßchen ist ganz nach dem Geschmack anspruchsvoller Alpenfahrer. Die Harmonie der Landschaft wird allerdings durch die Freilandleitungen bzw. Drahtseile der Schilifte empfindlich gestört. Die letzten Kilometer verläuft das Sträßchen auf dem Kamm; dieser schwingt sich zuletzt in

Richtung zum Mont Valaison (2888) auf, den man im Vorblick hat. Dieser Kamm wird in dafür einschlägigen Karten als Crête du Roc Noir bezeichnet. In einer kleinen Einsattelung liegt die, von ihrer Gestalt und ihrem Umfeld her, faszinierende Befestigungsanlage aus dem Jahre 1897. Ihr Beiname „Ruinée" leitet sich von den Ruinen eines seit 1794 an dieser Stelle bekannten und dann zerstörten Forts ab. Die noch vorhandene Anlage weist die typischen Merkmale des damaligen Festungsbaues mit Zugbrücke und Torbogen auf. Während der Rückfahrt hat man bemerkenswerte Ausblicke auf den Mont Pourri (3779), im N des Nationalparkes der Vanoise aufragend. Hin und zurück 55 km. Fahrtechnische Beurteilung: mittel bis schwierig.

<table>
<tr><td>94</td><td><h2>Hochpunkte in der ital.-franz. Grenzregion***</h2></td></tr>
</table>

Route: Susa (503) — Molaretto — Bar Cenisio — Grand-Croix — Plan de Fontainettes — Col du Mont Cenis (2083) — Lanslebourg — Modane — St-Michel-de-Maurienne — Col du Télégraphe (1620) — Valloire — Plan Lachat — Col du Galibier (2642) — Col du Lautaret (2057) — le Monêtier-les-Bains — Chantemerle — Briançon — la Vachette — Montgenèvre — Col de Montgenèvre (1850) — Clavière — Cesana Torinese — Oulx — Susa. 204 km.

Fahrtechnische Beurteilung: mittel

Zeitaufwand: Tagestour

Im Rahmen dieses ausgedehnten Tourenvorschlages werden besonders lohnende, anfahrbare Hochpunkte wie Perlen auf einer Schnur aneinandergereiht. Die Variante von Cesana Torinese nach Susa über die Assietta-Kammstraße sollte man unbedingt unternehmen, wenn günstige Witterung und genügend Zeit vorhanden sind. – Aus dem altehrwürdigen Städtchen Susa auf der SS. 25 zunächst über Molaretto nach Bar Cenisio (1483) ansteigen. Die Südrampe des Col du Mont Cenis wurde besonders solide mit Überbreiten bis zu 9 m in den zahlreichen Kehren ausgebaut. Die Steigungsverhältnisse sind gut ausgeglichen, ihre Maxima erreichen 11%. Werktags ist das Verkehrsaufkommen sehr stark, verursacht hauptsächlich von Fahrten mit leeren Lastwagen, welche wegen der hohen Mautgebühr eine Rückfahrt nach Frankreich durch den Fréjus-Straßentunnel meiden. Die unteren Kehren vermitteln bemerkenswerte Ausblicke in die breite Furche des Susatals und auf die markante Berggestalt des Roccia-

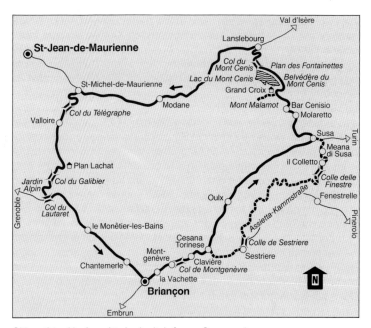

Skizze 94   Hochpunkte in der ital.-franz. Grenzregion

melone (3538). Auf franz. Territorium kommt man zuerst an der ehem. Grenzstation Grand-Croix (1860) und an der Staumauer des langge-streckten Mont-Cenis-Stausees vorbei, ehe man über sein n. Ufer hoch über dem Wasserspiegel zum Col du Mont Cenis gelangt. Die 9 km lange Uferstraße leitet über den Belvédère du Mont Cenis nur mäßig ansteigend zum Plan des Fontainettes (2100); dieser liegt mit seinem Großparkplatz 17 m höher als der Paß (Wasserscheide). Mit fünf langgezogenen Kehren vollzieht man auf normal breiter Asphalt-straße den Abstieg nach Lanslebourg (1399). Die gesamte Entfer-nung zwischen den beiden Basisorten mißt 41 km. Auf der Südram-pe bewältigt man einen HU von 1578 m, auf der Nordrampe einen von nur 682 m! Der Paß ist von Mitte Mai bis Mitte Oktober geöffnet. – Die N 6 zwischen Lanslebourg und St-Michel-de-Maurienne wur-de zwar in einigen wenigen Abschnitten modernisiert, doch fehlen im Arctal jene Alternativstrecken, auf die man je nach Verkehrslage aus-weichen könnte. Bis zur Abzw. der gut ausgebauten Bergstraße D 902 zum Col du Télégraphe hat man 40 km zurückzulegen. – Die D 902 gewinnt mit 14, teilweise Aussicht bietenden Kehren bis zum Télégraphe (1570), den man als vorgeschobenen Paß zum Galibier auffassen kann, knapp 900 Höhenmeter. Auf einem Bergsporn thront hoch über dem Arctal das Fort du Télégraphe, die Zufahrt dorthin ist verboten! In mäßigem Gefälle erreicht man den Fremdenverkehrsort Valloire (1430) mit seinen Aufstiegshilfen für Schifahrer. Man fährt nun aus der Senke heraus und steigt bei max. 14% zum Plan Lachat (1961) hinauf, wo der 8 km lange Serpentinenanstieg zur Scheitelhöhe des Galibier einsetzt. Nach Möglichkeit wird der Paß von Mitte Juni bis Mitte Oktober offengehalten. Die gesamte Scheitelstrecke wurde zweispurig ausgebaut und asphaltiert. Im Vorblick hat man im S die vergletscherte Barre des Ecrins (4102) und die Meije (3983). Rötlich schimmernde und mit schwarzem Schiefergestein vermengte Gerölleteppiche bilden oberhalb der Vegetationsgrenze einen eigenartigen Kontrast zur wilden Schönheit der Hochregion. Mit einem letzten Serpentinenanstieg gewinnt man die Scheitelhöhe. Der Orientierungstisch (2704) wurde wenig weiter oben aufgestellt und vermittelt ein perfektes Rundpanorama, das man keinesfalls versäumen sollte! – Die 9 km lange Abfahrt hinab zum Col du Lautaret vollzieht man mit einer Gruppe von acht Kehren. Die Scheitelhöhe des Lautaret bietet eine bemerkenswerte Aussicht auf die Ostflanke der Meije und den Glacier de l'Homme. Im Winkel zwischen der Galibierpaß-Rampe und der Lautaret-Westrampe befindet sich ein Botanischer Garten (Jardin Alpin) der Universität Grenoble mit zirka 3000 Pflanzenarten, nach geographischer Herkunft gruppiert. Diese Sehenswürdigkeit in der Natur ist von Ende Juni bis Anfang September zugänglich. Die N 91 senkt sich ö. des Lautaret mit ausgewogenem Gefälle in das Tal der Guisane hinab. Man durchfährt auf guter Straße die Orte le Monêtier-les-Bains (1470) und Chantemerle (1350), ehe die wichtige Straßenteilung am Stadtrand von Briançon (1321) erreicht wird. Wer die Weiterfahrt zum Col de Montgenèvre fortsetzt, hält sich dort li. und mündet in die N 94 ein. Die Distanz vom Lautaret bis Briançon beträgt 28 km, jene von Briançon über den Col de Montgenèvre nach Cesana Torinese 21 km. – La Vachette besitzt eine Ortsumfahrung, sodaß man nicht mehr durch die engen Gassen schlüpfen muß. Der Montgenèvre wird nach Möglichkeit gj. offengehalten. Beide Rampen sind vorzüglich ausgebaut, auf empfindlichen Steigungsstrecken wurden Kriechspuren angelegt. Will man den direkten Weg in das Susatal nehmen, so folgt man von Cesana Torinese weiter der SS. 24, welche über Oulx/Ulzio (1121) zum AP Susa zurückleitet, 33 km.

Variante: Von Cesana Torinese über die Assietta-Kammstraße nach Susa. Als besonders lohnende Route in der „oberen Etage" bietet sich die Bergstraße von Cesana Torinese zum Colle di Sestriere (2035) an. Es ist dies ein Abschnitt der SS. 23, welcher außerhalb von Sestriere in die Assietta-Kammstraße überleitet → Route 84, Assietta-Kammstraße und Chisonetal (in umgekehrter Richtung). Da der Basisort Sestriere wesentlich höher liegt als der Basisort Dépôt bei Fenestrelle, ist die w. Zufahrt zur Kammstraße günstiger als die östliche. Der Unterschied beträgt nämlich runde 1000 Höhenmeter! – Von der Einbindung der Assietta-Kammstraße in die Südrampe des Colle delle Finestre an der Alp Pintas sind bis zur Scheitelhöhe (2126) noch 2.5 km zurückzulegen. Im Bj. war die 8 km lange Strecke hinab nach il Colletto (1455), auf dem ein Rifugio steht, nicht staubfrei, max. 15% Gefälle. Die 10 km lange Fortsetzung hinab nach Meana di Susa weist 12% Gefälle und zahlreiche, dicht übereinander angeordnete, enge Kehren auf. Das Zentrum von Susa liegt 3 km von Meana entfernt und ist über eine teilweise steile Abfahrt zu erreichen. Plus 38 km. Fahrtechnische Beurteilung: mittel bis schwierig.

Abstecher: Von Grand-Croix auf den Mont Malamot (2917). Dieser aussichtsreiche Berg wurde in den „Nationalpark Vanoise" miteinbezogen und über das ehem. Militärsträßchen ein allg. Fahrverbot verhängt, wodurch eine Befahrung des jahrelang begehrten Hochzieles der Vergangenheit angehört. Seine Abzw findet man an der s. Uferstraße des Mont-Cenis-Stausees; dort hat man in großen Lettern den Schriftzug „Malamot" auf eine Felsplatte gemalt. Ein Verbotsschild und ein Sperrschranken verhindern jegliche Weiterfahrt.

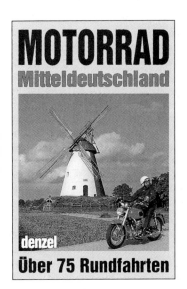

Dieser Denzel-Führer erfaßt alle landschaftlich reizvollen Regionen Mitteldeutschlands und die daran angrenzenden Gebiete. Insgesamt 76 auserwählte Rundfahrten mit empfohlenen Varianten und Abstechern erstrecken sich von den Grenzen der Beneluxländer im Westen bis zu den Grenzen Tschechiens und Polens im Osten. Beschreibung aller bedeutenden Sehenswürdigkeiten in der Natur und kulturellen Attraktionen. Exakte Unterscheidung zwischen Halbtages- und Tagestouren mit Angabe der jeweiligen Kilometerleistungen und fahrtechnischen Beurteilungen. Jede Rundtour wird in einer eigenen Orientierungsskizze dargestellt. Attraktive Fotos in Farbe und SW. Handliches Format 12 x 18 cm, transparente Schutzhülle, 272 Seiten.

Route: St-Jean-de-Maurienne (546) – la Brévière – P. de Belleville – St-Sorlin-d'Arves – Col de la Croix de Fer (2068) – Col du Glandon (1924) – le Verney – la Fonderie – Villard-Reculas – la Balme – Huez – l'Alpe-d'Huez – Col de Sarennes (1989) – le Perron – Clavans-le-Haut (1392) – Clavans-en-Haut-Oisans (1322) – Mizoën – Lac du Chambon – la Grave – Col du Lautaret (2057) – Col du Galibier (2646) – Plan Lachat – Valloire – Col du Télégraphe (1570) – St-Michel-de-M. – St-Jean-de-M. 175 km.

Fahrtechnische Beurteilung: mittel bis schwierig

Zeitaufwand: Tagestour

AP ist St-Jean-de-Maurienne an der N 6 durch das Arctal. Die Verbindung über den Col de la Croix de Fer ins Romanchetal ist landschaftlich sehr abwechslungsvoll. Die D 927 hat geländebedingt schwankende Fahrbahnbreiten; sie ist im Durchschnitt knapp zweispurig, doch trifft man auch einspurige Passagen sowie Überbreiten an. Die Höchststeigungen überschreiten kaum 12%. Besonders ausgesetzte Stellen wurden randgesichert. Die Schluchten des Combe Genin zwischen la Brévière und dem P. de Belleville beeindrucken den Passanten. An der Straßenteilung bleibt man im Talgrund und läßt St-Jean-d'Arves re. oben liegen. Der Anstieg zum Paß im engeren Sinn beginnt hinter St-Sorlin-d'Arves (1508) mit acht langgezogenen Kehren. – Das Befahren des Werksträßchens vom Scheitel des Col de la Croix de Fer hinauf zur Staumauer des Grand Lac (2459) ist verboten. Nur wenige Gehmin. s. der Scheitelhöhe befindet sich auf einer felsigen Anhöhe ein bemerkenswerter Aussichtspunkt. Von dort hat man herrliche Ausblicke nach SO auf die Meije (3983) und den charakteristischen Dreizack der Aiguilles d'Arves (3510). – Eine 2.5 km lange Spange der D 926 verbindet mit dem Col du Glandon. Dieser Übergang im O der Belledonnekette verbindet das Arctal mit dem Tal der Romanche auf kürzestem Wege. Die D 926 leitet durch die wildromantische Combe d'Olle hinab zum Stausee Grande Maison; ihre Bez. ändert sich nach Überschreitung der Departementsgrenze in D 526. Unterhalb der Staumauer passiert man den Défilé de Maupas, einen engen Talabschnitt, und legt bis zur Talsperre von le Verney noch 12 km zurück. In la Fonderie verläßt man die D 526 und folgt der li. abzw. Serpentinenstraße hinauf nach Villard-Reculas, welche nach

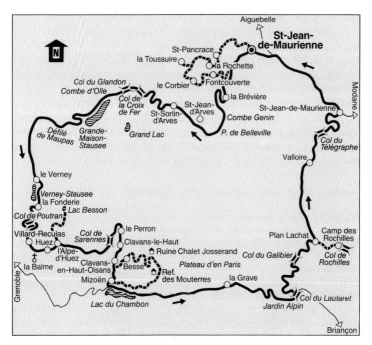

Skizze 95   Rund um Grand Galibier und Grandes Rousses

10 km in das etwas schwierige Verbindungssträßchen D 211B über die Kapelle von la Balme (1190) nach Huez (1495) überleitet. Dieses Sträßchen wurde in eine 500 m fast senkrecht abfallende Felswand gehauen und erheischt eine besonders vorsichtige Fahrweise. – Zwischen der Alpe d'Huez (1860) und la Grave (1526) besteht ein landschaftlich recht reizvoller Höhenfahrweg unter der Bez. GR 549 bzw. 54. Er überquert am Col de Sarennes die Wasserscheide zum Hochtälchen des Ferrand. Die gesamte Paßstrecke ist durchgehend asphaltiert. Bis zum Flugfeld der Alpe d'Huez weist das Sträßchen eine Fahrbahnbreite von zirka 4 m auf, im weiteren, 8.5 km langen Verlauf bis zum Paß hat es auch schmälere Abschnitte. Die Höchststeigung beträgt 9%. Die Aussicht ist auf dieser Wegstrecke durch die Erhebungen der Grandes Rousses stark verstellt. Erst auf der Scheitelhöhe öffnet sich ein Prachtblick auf die Meije und die weiten Gletscherfelder der Girose. – Auf der Ostrampe des Col de Sarennes trifft man trotz teilweise erfolgter Neutrassierung einige enge Kehren an,   299

max. Gefälle 12%. Die Fahrbahnbreiten schwanken zwischen 3 und 4 m. Man passiert le Peron (1618) und Clavans-le-Haut (1392). Auf der knapp zweispurigen D 25A fährt man über Clavans-en-Haut-Oisans (1322) hinab nach Mizoën, wo man am Stausee von Chambon (1040) in die frequentierte N 91 einmündet. Über la Grave (1526) mit seiner berühmten Aussicht auf die Meije steigt die Straße auf wenigen Serpentinen zum Col du Lautaret (2057) an. – Fortsetzung der Rundfahrt auf der aussichtsreichen D 902 über den Galibierpaß nach St-Michel-de-Maurienne, 41 km, → Route 94, Hochpunkte in der ital.-franz. Grenzregion (in umgekehrter Richtung). Auf der N 6 zum AP in St-Jean-de-Maurienne sind es weitere 14 km.

Variante: Von St-Jean-de-M. nach la Toussuire (1690). Von St-Jean-de-M. bietet sich auf vorwiegend ausgebauten Nebenstraßen eine kleine, landschaftlich ansprechende und auch fahrerisch anziehende Runde an. Sie führt zunächst nach St-Pancrace hinauf und berührt la Rocchette in guter Aussichtslage. Von der Scheitelstrecke hat man die kurze Zufahrt in den Fremdenverkehrsort la Toussuire. Die Abfahrt erfolgt über die Schistation le Corbier hinab nach Fontcouverte und zuletzt auf großzügig ausgebauten Kehren zur Einmündungsstelle in die D 926 hoch über dem Arvanbach. Plus 28 km. Fahrtechnische Beurteilung: leicht bis mittel.

Variante: Von Clavens-en-Haut-Oisans (1322) über das ehem. Chalet Josserand nach Mizoën. Bei Clavens verläßt man das Tälchen des Ferrand, zweigt li. ab und gelangt auf der GR 54 hinauf nach Besse und im weiteren, nicht mehr ausgebauten Anstieg zur Ruine Chalet Josserand (2253) in guter Aussichtslage. – Ein Stichsträßchen leitet zum Plateau d'Emparis. – Vom Refuge des Mouterres führt ein landschaftlich reizvolles Sträßchen nach Mizoën. Plus 16 km. Fahrtechnische Beurteilung: mittel.

Abstecher: Von der Alpe d'Huez zum Col de Poutran (1996) auf einem 2.5 km langen Asphaltsträßchen; daran schließt ein geteertes, 3 km langes Sträßchen zum Lac Besson an. Hin und zurück 11 km. Fahrtechnische Beurteilung: mittel bis schwierig.

Abstecher: Von Plan Lachat (1961) auf den Col des Rochilles (2493). Die Abzw. der Zufahrt befindet sich am Beginn der Nordrampe zum Galibierpaß. Zunächst führt ein knapp zweispuriges und stark geschottertes, ehem. Militärsträßchen zu den Hütten von les Mottets. Dieses schwingt sich über mehrere Serpentinen zum Camp des Rochilles (2420) hoch, 13% Steigung, 6 km. Nur LM-Fahrer oder Mountain-Biker sind in der Lage, über den Col des Rochilles noch zirka 1 km weiterzufahren, weil die Trasse teilweise vermurt oder abgerutscht ist und von Schmelzbächen abgetragen wurde. Die jenseits der Paßhöhe liegenden kleinen Seen sind wegen ihrer wunderschönen Lage in der sie umgebenden Mattenlandschaft einen Besuch wert. Bemerkenswert ist in diesem abgeschiedenen Winkel eine reiche Alpenflora. Jenseits der Scheitelhöhe gibt es ein zwar nur kurzes, aber extrem starkes Gefälle von 25% zu dem verborgen in einer Karmulde eingebetteten Lac du Grand Ban. Dieser liegt am Fuß der Aiguille Noire (2867). Hin und zurück 14 km. Fahrtechnische Beurteilung: mittel bis schwierig, zuletzt sehr schwierig.

Rund um das Chartreuse-Massiv**	**96**

Route: Chambéry (272) — Col du Granier (1134) — St-Pierre-d'Entremont — Col du Cucheron (1139) — St-Pierre-de-Chartreuse — Col de Porte (1326) — le Sappey-en-Chartreuse — Col de Vence (765) — Grenoble — les Eymes — la Terrasse — les Marches — Chambéry. 121 km.

Fahrtechnische Beurteilung: mittel

Zeitaufwand: Halbtagestour

Will man von Chambéry nach Grenoble, so hat man die Wahl zwischen schnellen, vortrefflich ausgebauten Straßen im W (N 6) und O (N 90 bzw. Autoroute) und der mitten durch die Grande Chartreuse ziehenden Route. Auf ihr hat man vier Pässe, nämlich Col du Granier, Col du Cucheron, Col de Porte und Col de Vence, zu überwinden. Dieser durchwegs staubfreie Höhenstraßenzug mit dem Pässequartett ist von besonderem touristischen Interesse. — Der Col du Granier bietet nach NO durch das Tal der Isère eine Fernsicht bis zum Montblanc, nach N hat man den Blick auf den Lac du Bourget, im O auf die Berge der Tarentaise. Der Col de Porte ist höchster Paß der Route. Der Abstieg vom Col de Vence gegen S bietet interessante Tiefblicke auf die, von der Isère durchflossene Talschaft Graisivaudan und auf Grenoble (214), der Hauptstadt des Dauphiné. Jenseits des Graisivaudan ragen die Gipfel der langgestreckten Belledonne-Kette auf. Während dem 25 km langen, n. Streckenabschnitt von Chambéry bis St-Pierre-d'Entremont die Straßenbezeichnung D 912 zugeordnet wurde, verläuft der 39 km lange s. Abschnitt über St-Pierre-de-Chartreuse in Richtung Grenoble unter der Bez. D 512. Am Stadtrand mündet man unterhalb der Bastille ostwärts in die D 512A ein, welche wiederum Anschluß an die N 90 hat. In rascher Fahrt durch das Isère-tal kehrt man über les Marches nach Chambéry zurück.

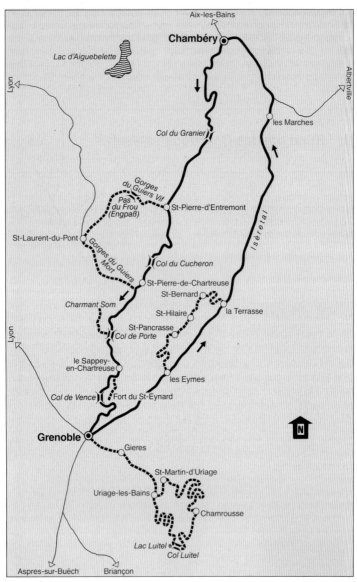

Aix-les-Bains

Chambéry

Lac d'Aiguebelette

Lyon

Albertville

les Marches

Col du Granier

Isèretal

Gorges du Guiers Vif

Pas du Frou (Engpaß)

St-Pierre-d'Entremont

St-Laurent-du-Pont

Gorges du Guiers Mort

Col du Cucheron

St-Pierre-de-Chartreuse

St-Bernard

la Terrasse

Charmant Som

St-Hilaire

St-Pancrasse

Col de Porte

le Sappey-en-Chartreuse

Lyon

les Eymes

Col de Vence

Fort du St-Eynard

N

Grenoble

Gieres

St-Martin-d'Uriage

Uriage-les-Bains

Chamrousse

Lac Luitel

Col Luitel

Aspres-sur-Buëch

Briançon

Variante: Von St-Pierre-d'Entremont über St-Laurent-du-Pont nach St-Pierre-de-Chartreuse. Diese umrissene Schleife ist empfehlenswert, weil man zunächst durch die wildromantischen Schluchten des Guiers Vif mit dem Engpaß von Frou zieht, dann den malerischen Ort St-Laurent-du-Pont berührt und zuletzt durch die beeindruckenden Gorges du Guiers Mort gelangt. Das etwas abseits der Route in trauter Einsamkeit gelegene, weltberühmte Kloster Grande Chartreuse ist zur öffentlichen Besichtigung nicht zugänglich! Plus 12 km. Fahrtechnische Beurteilung: mittel.

Variante: Von les Eymes an der N 90 über St-Bernard (914) nach la Terrasse. Dieser kleine Umweg über das Plateau des Petites Roches unter den Ostabstürzen der Grande Chartreuse ist, sowohl fahrerisch als auch landschaftlich betrachtet, von erhöhtem Interesse. Zwischen St-Pancrasse und St-Hilaire hat man besonders gute Ausblicke über die breite Talung der Isère hinweg auf die Belledonne-Kette. Plus 10 km. Fahrtechnische Beurteilung: leicht bis mittel.

Abstecher: Vom Col de Porte in das Weidegebiet (1866) am Charmant Som. Vom Paß führt ein Fahrsträßchen mit Naturbelag bei max. 13% Steigung hinauf zu den Bergeries unter der Bez. 57D. Die Ausblicke richten sich auf das Massiv der Chartreuse, welches im Dent de Crolles (2062) kulminiert. Hin und zurück 9 km. Fahrtechnische Beurteilung: mittel bis schwierig.

Abstecher: Zwischen le Sappey-en-Chartreuse (952) und dem Col de Vence zweigt von der D 512 das Sträßchen D 57A zum ehem. Fort du St-Eynard ab, welches mittels mehrerer Serpentinen die Anhöhe (1320) gewinnt. Dieser Abstecher ist wegen der schönen Aussicht, die man auf Grenoble mit seiner bergumrahmten Umgebung sowie hinab in das Isèretal hat, besonders lohnend. Hin und zurück 8 km. Fahrtechnische Beurteilung: mittel bis schwierig.

Abstecher: Von Grenoble über Uriage-les-Bains nach Chamrousse. Das Ziel ist ein bedeutender Wintersportplatz, welcher 1968 Austragungsstätte der alpinen Disziplinen im Schilauf während der X. Olympischen Winterspiele gewesen ist. Ausfahrt von Grenoble über den Straßenknoten bei Gieres im O der Stadt. Bis Uriage-les-Bains, zuletzt auf der D 524, hat man 10 km zurückzulegen. Man befährt nun eine vorzüglich ausgebaute Ringstraße mit Ziel Chamrousse (1650). Die Auffahrt im N berührt St-Martin-d'Uriage (680) und gewinnt in langgestreckten Kehren einen HU von runden 1000 m! Die Fahrbahnbreiten schwanken zwischen 6 und 8 m, es gibt kurze Steigungsmaxima von 10%. Auf der Südrampe windet man sich durch das ausgedehnte Forstgebiet hinab zum Luitelsee und tangiert den Col Luitel (1262). Die Straßen beider Rampen vereinigen sich wieder in Uriage-les-Bains. Rückweg nach Grenoble wie Herweg. Hin und zurück 49 km. Fahrtechnische Beurteilung: leicht bis mittel.

Für sämtliche fahrtechnische Angaben und Straßenzustandsberichte kann keinerlei Gewähr geleistet werden. Eine Nichtbeachtung offizieller Fahrverbote seitens nicht dazu berechtigter Straßen- bzw. Wegebenützer erfolgt jeweils auf eigene Gefahr und Haftung. **303**

Route: Grenoble (214) – Sassenage – Gorges d'Engins – Villard-de-Lans – Gorges de la Bourne – Pont-en-Royans – Petits Goulets – Grands Goulets – les Barraques-en-Vercors – la Chapelle-en-Vercors – Col de Proncel (1100) – Cimetière National du Vercors – Col de la Chau (1337) – Forêt de Lente – Carrefour des Trois Routes – Col de la Machine (1011) – Combe Laval – Col Gaudissart (840) – St-Jean-en-Royans – St-Nazaire-en-Royans – Beauvoir – St-Quentin-sur-Isère – Sassenage – Grenoble. 185 km.

Fahrtechnische Beurteilung: mittel bis schwierig

Zeitaufwand: Tagestour

Von Grenoble lohnt es sich, eine Rundfahrt durch den Vercors zu unternehmen. Es handelt sich hierbei um ein Kalksteinmassiv, welches sich im SW von Grenoble zwischen Isère und Drôme erstreckt. Das durch kühn angelegte Touristenstraßen erschlossene Gebiet mit zahlreichen Natursehenswürdigkeiten, vor allem von Schluchten, Grotten und Wasserfällen, zählt zu den anziehendsten des Dauphiné. Es werden auf der ganzen Runde keine wesentlichen Höhen erklommen, doch beträgt der HU im Extremfall runde 1100 m. – Von Sassenage im W von Grenoble auf der D 531 zunächst durch die Gorges d'Engins hinauf nach Villard-de-Lans (1023), einem vielbesuchten Fremdenverkehrsort. Von dort folgt man ihr hinab und durch die Gorges de la Bourne bis zum malerischen Brückenort Pont-en-Royans (208). Nun wendet man sich den Kleinen und Großen Goulets zu, wobei die Straße vielgewunden dem Vernaisonbach aufwärts folgt und mittels zweier großer Kehren eine Talstufe überwindet. In les Barraques-en-Vercors (676) mündet man in die nach Chapelle-en-Vercors (945) ziehende D 518 ein. Man setzt die Tour auf der re. abzw. und über den Col de Proncel nach Vassieux-en-Vercors führenden D 176 fort und fährt nur bis zum Nationalfriedhof des Vercors. Dort hält man sich scharf re. und folgt der D 76 über den Col de la Chau, welcher das ausgedehnte Forstgebiet von Lente durchmißt und zum wichtigen Straßenknoten Carrefour des Trois Routes leitet. Auf halber Wegstrecke dorthin findet man li. den beschilderten Zugang zur Grotte von Brudour. Um über den Col de la Machine die berühmte „Route de Combe Laval" nachzuvollziehen, muß man sich am Carrefour re.

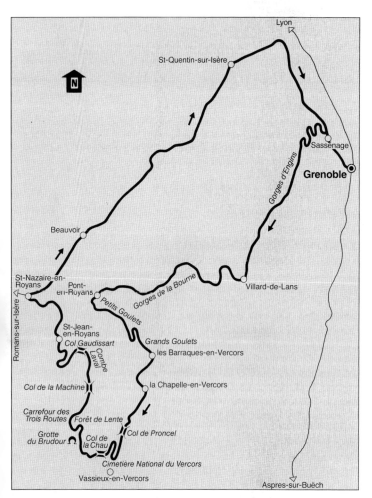

Skizze 97   Nördliche Vercors-Runde

halten. Auf der erlebnisreichen Strecke, zuletzt über den Col Gaudissart, erreicht man St-Jean-en-Royans. Man bleibt weiterhin auf der D
76 bis zum w. Wendepunkt der Tour in St-Nazaire-en-Royans. In
rascher Fahrt kehrt man auf der N 532 über Beauvoir und St-Quentin-
sur-Isère nach Sassenage bei Grenoble zurück.

Route: Grenoble (214) – St-Nizier-du-Moucherotte – Lans-en-Vercors – Villard-de-Lans – les Barraques-en-Vercors – la Chapelle-en-Vercors – St-Agnan-en-Vercors – Rousset – Col de Rousset (1254) – Die – Châtillon-en-Diois – Mensac – Col de Menée (1402) – Col de Prayet (1197) – Clelles – Monestier-de-Clermont – Grenoble. 196 km.

Fahrtechnische Beurteilung: mittel

Zeitaufwand: Tagestour

Die Rundfahrt erstreckt sich weit nach S bis in das, vom Drôme durchflossene Tal. Zwischen Grenoble und Villard-de-Lans benützt sie die windungsreiche, alte Bergstraße über St-Nizier-du-Moucherotte anstelle der neuen Alternativstrecke über Sassenage und den Gorges d'Engins. In Lans-en-Vercors vereinigen sich beide Auffahrten aus dem Tal des Drac bzw. der Isère und führen gemeinsam in den Fremdenverkehrsort Villard-de-Lans (1023). In der Nähe des Eingangs in die Bourneschluchten hält man sich an der Straßenteilung li. und folgt der D 103 nach les Barraques-en-Vercors (676); ab dort lautet die Bez. der Straße D 518. Man fährt durch den Ort la Chapelle-en-Vercors und folgt ihr geradeaus weiter nach St-Agnan-en-Vercors. Die Hauptstraße zieht an der Grotte de la Luire vorbei. Hinter der Häusergruppe Rousset beginnt der Anstieg zum Col de Rousset mit seinem 612 m langen, beleuchteten Scheiteltunnel. Vom Südportal hat man den überraschenden Blick auf die, wegen ihrer dichten Kehrenanlage beeindruckende Südrampe. Hinab bis zum s. Basisort Die (410) ist ein HU von 844 m auf einer Strecke von 21 km zu überwinden. – Von Die sind es auf der D 93 im Tal des Drôme nur 6 km, um dort li. abzuzweigen und bei Châtillon-en-Diois (570) den s. Wendepunkt der Tour zu erreichen. Die vorgegebene Standardroute führt von der Straßenteilung bei Mensac li. auf der teilweise schwierigen Strecke über den Col de Menée durch seinen unbeleuchteten, 300 m langen Scheiteltunnel. Im Anschluß daran hat man den Col du Prayet zu überwinden und mündet beim Bahnhof von Clelles in die N 75 ein. Die teilweise gut ausgebaute Nationalstraße leitet im Tal des Drac über Monestier-de-Clermont nach Grenoble zurück.

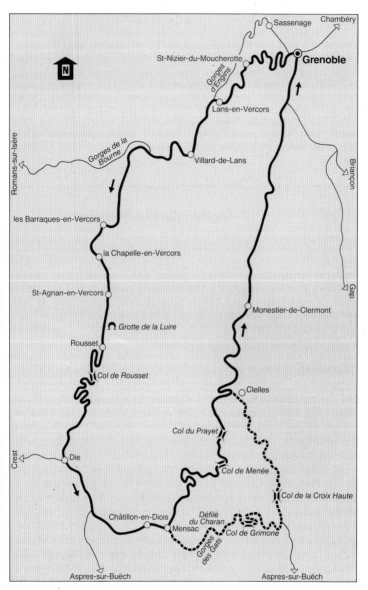

Skizze 98   Südliche Vercors-Runde

Variante: Von Mensac über den Col de Grimone und den Col de la Croix Haute nach Clelles. Die Variante ist zwar etwas länger als die Standardroute, doch weist sie den besseren Straßenzustand auf als die teilweise schlechte Straße zwischen dem Pässepaar Col de Menée und Col de Prayet. Eine willkommene Abwechslung bieten die Gatsschluchten mit dem Charan-Engpaß. Der Grimonepaß (1209) weist nur wenig Kurven auf und seine Höchststeigungen betragen nur 9%. Die Fahrbahnbreiten schwanken zwischen 4 und 7 m. Es gibt durchgehend Asphaltbelag. Die N 75 über den Col de la Croix Haute (1179) verläuft über eine Terrasse und weist kaum merkbare Steigungen/ Gefälle auf. Bei Clelles vereinigen sich Standardroute und Variante wieder. Plus 14 km. Fahrtechnische Beurteilung: mittel.

<table>
<tr><td>99</td><td>Zwischen Guil und Ubaye**</td></tr>
</table>

Route: Guillestre (1000) — Risoul — Risoul 1850 — Abzw. Col de Chérine (2270) — Col de Valbelle (2373) — Pra-Mouton — Col de la Coche (1780) — St-André-d'Embrun — Crévoux — Col de Parpaillon (2645) — Ste-Anne — la Condamine-Châtelard — Gleizolles — Pas de la Reyssole — St-Paul-sur-Ubaye — Col de Vars (2111) — les Claux — Vars — Peyre-Haute — Guillestre. 119 km.

Fahrtechnische Beurteilung: mittel bis schwierig

Zeitaufwand: Tagestour

Die Hochpunkte in diesem eng abgegrenzten Gebiet zeichnen sich durch ihre hervorragende Aussicht auf das firnbedeckte Pelvouxmassiv mit der Barre des Ecrins (4102), der höchsten Erhebung, aus. Ein weiteres Merkmal auf dieser Rundtour sind die auf längeren Abschnitten nicht ausgebauten Fahrwege, wovon im Bj. betroffen waren: der Col de Chérine, der Col de Valbelle, der Col de la Coche und der Col de Parpaillon. Letzterer erweckt nach wie vor großes Interesse seitens sehr sportlich eingestellter Alpenfahrer. – Von Guillestre zunächst auf ausgebauter, 14 km langer Bergstrecke mit bemerkenswerter Kehrenanlage hinauf nach Hoch Risoul, auch Risoul 1850 genannt. Dort setzt man auf einem schmalen Sträßchen mit Naturbelag die Bergfahrt zum Col de Valbelle fort. Re. hat man die kurze Zufahrt zum Col de Chérine. Die Abfahrt über Pra-Mouton (1920) und den Col de la Coche hinab nach St-André-d'Embrun (850) war im Bj. zustandsmäßig bis zum Col de la Coche miserabel. Zudem war die

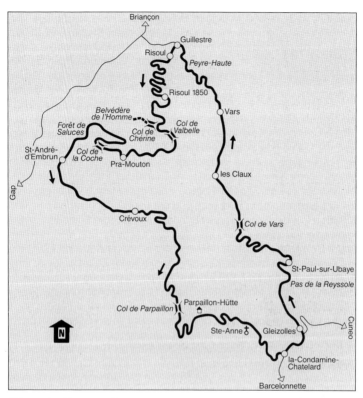

Skizze 99   Zwischen Guil und Ubaye

stellenweise stark ausgesetzte, ungesicherte Hangstrecke auch
steinschlaggefährdet! Nach Regengüssen ist die, manchmal nur
knapp 2 m breite Fahrbahn glitschig und sollte deshalb unbedingt
gemieden werden! Vier Bachfurten erschweren außerdem die Passage. Die restlichen 13 km durch den Forst von Saluces bis zum Talort
sind asphaltiert. – St-André-d'Embrun im Tal der Durance ist Basisort
für eine Befahrung des Col de Parpaillon. Die teilweise schwierigen
Bergstrecken zwischen St-André-d'Embrun und la Condamine-
Châtelard (1310) messen zwar insgesamt nur 48 km, doch sollte man
für sicheren Transit einen Zeitaufwand von mindestens 3 Std. anset-
zen. Ein solcher ist allerdings nur unter günstigen Voraussetzungen

gewährleistet: im 500 m langen Scheiteltunnel, dessen Portale verschließbar sind, können sich durch Vereisungen Stollen und Stufen bilden, die manchmal auch noch während des Hochsommers anzutreffen sind. Zu den eventuell auftretenden Behinderungen zählen auch bis zu 50 m lange Wasserpfützen mit verschlammtem Grund inmitten der Tunnelröhre. Eine Befahrung des Tunnels und der, als „Chemin d'exploitation" (Erschließungsweg) bez. Strecke bis zur D 29 erfolgt ausdrücklich auf eigene Gefahr! Die max. Steigungen bzw. Gefälle erreichen 14%; eine sanfte Neigung von N nach S hat auch der Tunnel. Auf beiden Seiten des Passes gibt es zahlreiche Kehren. Im Bj. präsentierte sich die neuerdings instand gesetzte NW-Rampe in einem allgemein guten Zustand, im Tunnel traf man eine feinschottrige Unterlage an. Die SO-Rampe weist auf einem 6 km langen Abschnitt zwischen dem Südportal und der verfallenen Parpaillon-Hütte (2058) teilweise groben, losen Schotter auf; weitere 5 km sind streckenweise mit einer Grasnarbe fest verwachsen und verursachen kaum Probleme. Der Abschnitt von der St. Anna-Kapelle (1751) bis zur Einmündung in die D 29 ist in nur mäßigem Zustand, erst seine Fortsetzung bis zur D 100 ist eine knapp zweispurige, asphaltierte Bergstraße. In der einsamen Paßregion fühlen sich Murmeltiere, Steinböcke und Adlerpärchen, die ihren Horst in Gipfelnähe haben, noch einigermaßen geschützt. Es ist daher alles zu unterlassen, was diese seltenen Tierarten in ihrem Lebensraum beunruhigen könnte. – Die Rundfahrt wird von la Condamine-Châtelard bis Gleizolles auf der D 900 fortgesetzt. Dort biegt man li. in die D 902 zum Col de Vars ein. Nachdem man die Talenge von Reyssole passiert hat, gelangt man nach St-Paul-sur-Ubaye (1470). Windungsreich gewinnt die 8 km lange Steigungsstrecke bei max. 10% den Scheitel des Passes. Die Nordrampe leitet über ein Hochplateau und berührt die Orte les Claux und Vars (1639). Die Abfahrt mit einem Gefälle von max. 12% durch das Tälchen des Chagnebaches vollzieht man auf einer gut ausgebauten Strecke mit bemerkenswerter Kehrenanlage. Vom Orientierungstisch „Peyre-Haute" genießt man besonders schöne Ausblicke auf das Durancetal und in die Vallouise; im Hintergrund türmt sich das Pelvouxmassiv auf. Die durchschnittlich 8 m breite Straße senkt sich schließlich in den sehenswerten, alten Ort Guillestre hinab.

Abstecher: Vom Col de Chérine (2270) zum Orientierungstisch „Belvédère de l'Homme" am Fuße des Pic du Clocher mit Blick durch das Durancetal in Richtung des Mont Pelvoux. Teilweise erdiges Sträßchen mit einigen Auswaschungen. Hin und zurück 3 km. Fahrtechnische Beurteilung: mittel.

Route: Jausiers (1220) — Lans — la Prégonde — Col de Restefond (2678) — Col de la Bonette (2802) — Col de Granges Communes (2513) — Pont Haut — St-Etienne-de-Tinée — Isola — Isola 2000 — Col de la Lombarde (2351) — Abzw. Santuario di S. Anna — Pratolungo — Abzw. Vinadio — Pontebernardo — Ponte della Barricate — Bersezio — Argentera — Colle della Maddalena/Col de Larche (1991) — Gleizolles — Jausiers. 164 km.

Fahrtechnische Beurteilung: mittel

Zeitaufwand: Tagestour

Diese Tour schließt als Kernstück den Col de Restefond und die Bonette ein, somit ist sie die höchste Transitstrecke der Alpen. Sie wird in der Regel von Anfang Juli bis Mitte September offengehalten, falls nicht Wetterstürze, insbesondere starker Schneefall, zur Schließung der Paßroute zwingen. Im Bj. befand sie sich in einem wechselhaften Zustand und war abschnittsweise von tiefen Schlaglöchern übersät. Als Basisorte gelten Jausiers im N und St-Etienne-de-Tinée (1144) im S. Diese Pässeroute mißt 50 km; von beiden Seiten ist ein HU von runden 1600 m zu bewältigen. Die Nordrampe wartet mit 12%, die Südrampe mit 14% max. Steigung/Gefälle auf. Die Fahrbahnbreiten schwanken zwischen 3 und 8 m; es wechseln zweispurige, vortrefflich ausgebaute Abschnitte (dort auch Überbreiten) mit einspurigen. An den Fahrbahnrändern abgebröckelter Belag deutete im Bj. auf einen mangelhaften Unterbau hin. Auch machte sich das Fehlen von Randsicherungen bemerkbar. Es besteht an den Hängen mit lockerem Gestein permanente Steinschlaggefahr! — Kommt man von N aus dem Ubayetal, so findet man bereits am Ortsrand von Jausiers die Abzw. der überbreiten, 6.7 km langen Neubaustrecke, welche bis la Prégonde reicht. Dann hat man mehrere Kehren zu überwinden. Bald wechselt die Szenerie von freundlichen Almmatten zur kahlen Felslandschaft mit ausgedehnten Geröllfeldern. Mit einem weiteren Serpentinenanstieg erreicht man den Scheitel des Restefond-Passes, welcher von der Durchzugsstraße nur tangiert wird. Die Hochstraße beschreibt nun eine Schleife um die Cime de la Bonette (2862) herum. Dabei steigt sie bis zu ihrem Kulminationspunkt an, welcher sich an der Südflanke des Bergkegels befindet. Der Gipfel selbst vermittelt ein großartiges Panorama, dorthin 10 Gehmin. Die Bonette-Schleife läßt sich am Col de la Bonette (2802) auch abschneiden. – Der Abstieg in das Tal der Tinée erfolgt über den Col des Granges Communes hinab zum Pont Haut (1347) und vereinigt sich mit der Alternativstrecke über den Col de la Moutière (2454). Die D 2205 leitet am Rand des Mercantour-Nationalparks über den Fremdenverkehrsort St-Etienne-de-Tinée hinab nach Isola (873), dem Knotenpunkt mit der dort einmündenden Straße über den Col de la Lombarde. – Die Tour wird von Isola auf der D 97 durch den Vallon de Chastillon zum Col de la Lombarde/Colle della Lombarda fortgesetzt. Die Auffahrt auf kehrenreicher Bergstraße hinauf bis Isola 2000 ist beeindruckend. Sowohl auf der franz. als auch auf der ital. Rampe zählt man zirka 36 Kehren! Die Fahrbahnen weisen stark schwankende Breiten auf, vorwiegend sind sie zweispurig. Nachts ist der Übergang geschlossen, man erkundige sich deshalb im Tal nach den Öffnungszeiten. Die Steigungsverhältnisse sind unter Bedachtnahme auf das teilweise schwierige Gelände gut ausgeglichen, wobei die SW-Rampe mit Maxima von 11%, die Nordrampe mit 14% Höchststeigung/Gefälle aufwartet. Nicht unterschätzen darf man auch den jeweiligen HU, so von Isola zum Scheitel knappe 1500 Höhenmeter, vom Scheitel hinab bis Vinadio 1450 m. Isola 2000 zählt zu den, aus der Retorte gezauberten Wintersportorten bekannter franz. Prägung. Während der Sommermonate herrscht dort oben mit wenigen Ausnahmen Stille. Der letzte Anstieg hinauf zum Paßscheitel vollzieht sich auf schmaler Straße und kann stellenweise auch mühevoll sein. – Die Abfahrt durch den Vallone d'Orgials ist bis zur Abzw. nach St. Anna fast problemlos, 9 km. Mehr Einsatz, vor allem erhöhte Aufmerksamkeit, erfordert der 14 km lange Abschnitt hinab durch den Vallone di S. Anna auf dessen unterster Teilstrecke. Bis Pratolungo findet eine regelrechte „Kehrenorgie" statt. – Die SS. 21 leitet von Vinadio über mehrere ausgeprägte Talstufen der Stura di Demonte bei max. 8% Steigung hinauf zum Colle della Maddalena/Col de Larche und berührt die Orte Bersezio und Argentera (1684). Beachtung verdient die „Barricate" genannte, wilde Schlucht mit ihren mehr als 300 m senkrecht abstürzenden Felswänden; charakteristisch im Fels ist die wellenförmige Zeichnung (Bänderung). Im schluchtartigen Abschnitt zwischen dem Ponte delle Barricate und der Häusergruppe Pontebernardo bleibt kaum Platz für das Bachbett der Stura di Demonte und die Straße. – Die franz. Rampe folgt der jungen Ubayette, welche im Naturschutzgebiet von Lauzanier ihr Quellgebiet hat und bei Gleizolles in die Ubaye mündet, 17 km

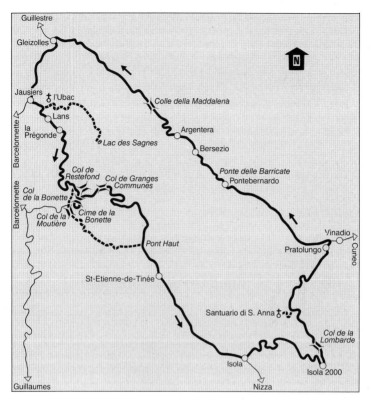

Skizze 100   Rund um die Cime de la Bonette

ab Paßhöhe. Das Gefälle erreicht max. 12%, es sind nur wenig Randsicherungen vorhanden. Zum AP Jausiers sind noch weitere 7 km auf der vom Col de Vars herabziehenden Straße zurückzulegen.

Variante: Vom Col de Restefond über den Col de la Moutière zum Pont Haut. Als Alternative zum Restefondpaß inklusive Bonette-Schleife bietet sich der sw. gelegene Col de la Moutière (2454) an. Die beschilderte Abzw. ist zirka 3 km vom Scheitelpunkt der Restefondstraße entfernt und kann leicht übersehen werden. Die beiden Rampen des Moutièrepasses sind asphaltiert. Max. Steigung/Gefälle betragen 14%. Nach 18 km vereinigt sich die Alternativstrecke mit der Hauptroute an der Hohen Brücke (1347) wieder. Die Aussicht ist allerdings im engen Vallon de Sestriere stark eingeschränkt. Bei entsprechenden Witterungsverhältnissen bietet ohne Zweifel eine Fahrt über die Bonette-Schleife landschaftlich weit mehr. — Das Verbindungssträßchen D 9 vom Col de la Moutière hinab nach Bayasse (1783) an der Cayolle-Route wurde kürzlich instand gesetzt, was weitere Alternativen für Rundfahrten im Raum von Barcelonnette eröffnet. — Minus 6 km. Fahrtechnische Beurteilung: mittel.

Abstecher: Von Jausiers durch den Vallon des Sagnes zum Lac des Sagnes (1895). Auf halber Wegstrecke zwischen Jausiers und Lans zweigt von der Restefondstraße li. das Sträßchen über das Kirchlein von l'Ubac durch das einsame Tal zum entlegenen Lac des Sagnes ab, welcher hauptsächlich ein Ziel für Naturfreunde ist. Hin und zurück 30 km. Fahrtechnische Beurteilung: mittel.

Abstecher: Vom Vallone di S. Anna zum Santuario di S. Anna (2010). Dieses hoch gelegene Ziel wird häufig von Wallfahrern besucht. Die 2 km lange Zufahrt von der Durchzugsstraße dorthin ist asphaltiert. Hin und zurück 4 km. Fahrtechnische Beurteilung: leicht.

101	**Rund um den Mont Pelat****

Route: Barcelonnette (1136) — Uvernet — Gorges du Bachelard — Fours — Col de la Cayolle (2327) — St-Martin-d'Entraunes — St-Barnabé — Col de Champs (2095) — Colmars — Allos — la Foux-d'Allos — Col d'Allos (2240) — Gorges de la Malune — Barcelonnette. 124 km.

Fahrtechnische Beurteilung: mittel

Zeitaufwand: Tagestour

Aus landschaftlichen und fahrtechnischen Perspektiven betrachtet, sind Col de la Cayolle und Col d'Allos nahezu ebenbürtig. Als Verbindungsspange fungiert der Col des Champs, der zwar fahrerisch einiges zu bieten hat, aber keine landschaftlichen Höhepunkte aufweist. — Die Distanz zwischen den Basisorten Barcelonnette und St-Martin-d'Entraunes (1050) über den Cayollepaß beträgt 51 km. Von N sind 1191 m HU, von S 1277 m, jeweils bis zur Scheitelhöhe gemessen, zu bewältigen. Auf beiden Rampen gibt es sowohl normal zweispurige als auch nur einspurige Streckenabschnitte. Ausweichstellen werden durch den Hinweis „Garage" bez. Diese sind hauptsächlich in den 5 km langen Schluchten des Bachelard anzutreffen. Dort wurde auch

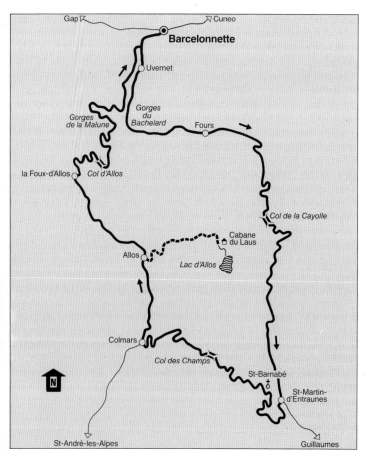

Skizze 101   Rund um den Mont Pelat

die Geschwindigkeit mit 30 km/h limitiert. Durchwegs gibt es Asphaltbelag, der allerdings im Bj. teilweise wellig war. Die Scheitelstrecke ist
kaum randgesichert. Auf der Nordrampe zählt man acht, auf der Südrampe dreizehn Kehren. Steigungen bzw. Gefälle überschreiten 10%
nicht. Die Schluchtstrecken erheischen wegen eventuell plötzlicher
Begegnungen erhöhte Aufmerksamkeit. — Von Barcelonnette folgt
man der D 902 zunächst nach Uvernet. Hinter dem Ort tritt man durch
Felstore in die Gorges du Bachelard ein. Erst nach Fours (1660) wird   315

das Blickfeld wieder frei. Das Hochtal wendet sich gegen S und man fährt durch freundliche Lärchenwälder paßwärts. Durch ein Seitental erblickt man re. den Mont Pelat (3051), einen hervorragenden Aussichtsberg. Von der Scheitelhöhe reicht die Sicht nach S bis zu den Voralpen bei Grasse, welche sich im Dunst der Ferne vom Horizont abzeichnen. Auf der kehrenreichen Abfahrt in das Tal des Var zieht die, nunmehr mit D 2202 bez. Paßstraße dicht an der Varquelle vorbei. — Bei St-Martin-d'Entraunes mündet re. die „Route d'Ubac", vom Col des Champs herabziehend, ein. Diese Paßstraße verbindet wie eine Spange die Hochtäler des Var und des Verdon. Die Distanz zwischen den beiden Basisorten St-Martin-d'Entraunes und Colmars (1235) mißt 29 km. Die Ostrampe, als D 78 bez., präsentiert sich in einem gut ausgebauten, knapp zweispurigen Zustand. Unterhalb der aussichtsreichen Terrasse von St-Barnabé öffnet sich der Blick durch das Vartal bis hinauf zum Cayollepaß. Von den obersten Kehren bietet sich ein schöner Ausblick auf die Kalkzacken der Aiguilles des Pelens. Die Straße ist über den Scheitel des Passes durchgehend asphaltiert. Die Paßregion ist vegetationsarm. Die provenzalische Rampe mit der Bez. D 2 ist vorwiegend nur einspurig mit Ausweichstellen angelegt, kürzere Abschnitte sind auch knapp zweispurig. Vorsicht erheischen im oberen Abschnitt die einbetonierten Wasserablaufrinnen und die Bachfurten. Auf der Westrampe betragen die Höchststeigung bzw. das max. Gefälle 14%. Bemerkenswert sind die kilometerlangen Strecken durch schöne Nadelwälder. Der Abstieg nach Colmars (1235) mit Anschluß an die D 908 ist zuletzt besonders kehrenreich. — Die Strecke von Colmars über den Col d'Allos nach Barcelonnette mißt 44 km. Bis zum Paßscheitel sind von S runde 1000 m, von N runde 1100 Höhenmeter zu bewältigen. Der Col d'Allos wird von Mitte Juni bis Mitte November offengehalten. Höchststeigung bzw. Gefälle überschreiten 9% nicht. Die Südrampe ist kehrenreicher. Die Paßstraße ist bis zum Fremdenverkehrsort Allos (1425) gut ausgebaut. Im Anschluß daran wurde die alte Trasse bis zum Schigebiet la Foux-d'Allos kaum wesentlich verbessert. Das gilt auch für die unmittelbare Paßregion. Die Paßhöhe wartet mit einem Orientierungstisch auf. Nachdem man eine Kapelle passiert hat, tritt man in die Gorges de la Malune ein und steuert der Bachelardbrücke zu; dort Einmündung in die D 902, auf der man bis Barcelonnette noch 2.5 km zurücklegt.

Abstecher: Von Allos zur Cabane du Laus (2135). Ein landschaftliches Juwel verkörpert der Lac d'Allos, doch ist es nur gestattet bis zur Cabane du Laus (2135) zu fahren, ein motorisiertes Eindringen in den Naturpark ist strikt verboten! — Den bequemsten Zugang zum Lac d'Allos vermittelt die 13 km lange D

226 vom s. Ortsrand in Allos weg. Bis Villard wurde die Straße ein kurzes Stück ausgebaut und leitet dann in einen schmalen Fahrweg über, der mit max. 15% Steigung die Anhöhe mit der Cabane du Laus erreicht, nachdem man bei den letzten Kehren an einem Wasserfall vorübergezogen ist. Für Motorisierte ist an der Schutzhütte Endstation. Von dort sind es noch knapp 30 Gehmin. bis zum herrlich, in einem Becken gelegenen tiefblauen See, der im O durch eine Kette von Zweitausendern abgeschirmt wird. Im N erhebt sich der Mont Pelat. Hin und zurück 26 km. Fahrtechnische Beurteilung: mittel bis schwierig.

<table>
<tr><td>Durch die wildromantischen
Schluchtstrecken der Seealpen**</td><td>102</td></tr>
</table>

Route: Guillaumes (819) — Gorges de Daluis — Pont de Gueydan — Entrevaux — Col de Félines (930) — Castellet-St-Cassien — Col de Trébuchet (1141) — la Rochette — St-Pierre — Pont des Miolans — la Penne — Col de St-Raphaël (876) — Puget-Théniers — Pont de Cians — Gorges Superieures du Cians — Beuil — Valberg — Guillaumes. 124 km.

Fahrtechnische Beurteilung: mittel bis schwierig

Zeitaufwand: Tagestour

In den Seealpen (Alpes-Maritimes) gibt es zahlreiche Durchbruchstäler von N nach S und daher auch eine Häufung von Schluchtstrecken. Die einen sind nur auf dem Wasserweg, andere auch auf dem Landweg befahrbar. Zu den wohl kuriosesten Alpenstraßen zählen die Schluchtstrecken durch die Gorges de Daluis und die Gorges Superieures du Cians. Sie unterscheiden sich durch ihre grundverschiedenen Perspektiven und Raumwirkungen: während man sich nämlich bei den Daluisschluchten hoch über den fast senkrecht abfallenden Felswänden bewegt und dabei schwindelerregende Tiefblicke hat, durchzieht man die Oberen Ciansschluchten auf dem Talgrund, wobei die Felswände so nahe zusammentreten, daß kaum noch ein Spalt Himmel zu sehen ist! Um die mannigfaltigen Erscheinungsbilder der Schluchten genauer zu erfahren, ist es notwendig, den vorgegebenen Verlauf der Tour nachzuvollziehen. — Mit AP Guillaumes unternimmt man zunächst eine Besichtigung der Daluisschluchten; ihr schokoladebraunes bis purpurfarbenes Schiefergestein reflektiert bei Sonnenbestrahlung in leuchtenden Farben. Besonders eindrucksvoll ist der

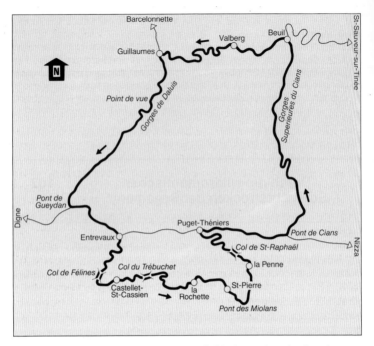

Skizze 102   Durch die wildromantischen Schluchtstrecken der Seealpen

Tiefblick vom „Point de vue" (HT) auf den Wasserlauf des Var. Am
Ausgang der Schlucht steht eine große, von der Natur geformte Fels-
gestalt, die einer Frau mit Kopfbedeckung ähnelt und den Namen
„Hüterin der Schluchten" trägt. 12 km weiter s. mündet am Pont de
Gueydan (538) die D 902 in die frequentierte N 202 ein. — In Beglei-
tung des Varflusses folgt man ihr 6 km bis Entrevaux, um re. den
Anstieg auf der kehrenreichen D 911 bei max. 13% Steigung zum Col
de Félines zu vollziehen. Etwas schwierig erweist sich die Abfahrt in
Richtung Castellet-St-Cassien, woran ein erneuter Anstieg zum Col
du Trébuchet auf der D 10 anschließt. Am s. Fuß des Bergrückens
Montagne de Gourdan (1503) gelangt man zum einsamen Ort la
Rochette (917) und in der Fortsetzung nach St-Pierre. N. der Brücke
von Miolans mündet man in die asphaltierte D 2211A ein. Der 33 km
lange Abschnitt von Entrevaux bis zum Pont des Miolans hatte im Bj.
nur Naturbelag und war fahrerisch anspruchsvoll. Nur zirka 30 km

Luftlinie von den belebten Küstenorten der Côte d'Azur entfernt, erstreckt sich in der Abgeschiedenheit ein fast noch unberührter Landstrich! Die Auffahrt zum zahmen Sattel von St-Raphaël erfolgt über la Penne durch die Voralpen. Nach 15 km mündet man wieder in die N 202 ein. — Von Puget-Théniers (410) sind es varabwärts 8 km bis zum Pont de Cians (338), wo die D 28 durch die Schluchten des Cians li. abzweigt. Die Schluchtstrecken sind fast vegetationslos und nur zartgrünes Moos klammert sich an das Gestein. Es sind vor allem die Oberen Schluchten, deren roter Schiefer von unübersehbarer Leuchtkraft ist. Leider haben durch „Modernisierungsarbeiten" die Oberen Schluchten von ihrer Ursprünglichkeit auch manches eingebüßt: Engstellen wurden durch den Bau von Tunnels umgangen, um auch größeren Bussen eine behinderungsfreie Passage der Schluchten zu ermöglichen! — In Beuil (1450) mündet die, über den Col de la Couillole (1678) aus dem Tinéetal heraufziehende D 30 ein. Bis zum Ort Valberg (1669), einer in den vergangenen Jahrzehnten besonders expandierten Hotel- und Chaletsiedlung mit vorwiegend moderner Architektur, muß man noch rund 200 Höhenmeter auf einer knapp 7 km langen Bergstrecke zurücklegen. Das Umfeld von Valberg ist jedoch eine gepflegte, fast parkähnliche Landschaft. — Die 14 km lange Abfahrt auf der D 28 bei hervorragend ausgeglichenem Gefälle hinab nach Guillaumes bringt neben dem Erlebnis einer Hügellandschaft auch einen fahrerischen Genuß mit sich. Kurven und Kehren sind gut ausgebaut und vor allem übersichtlich.

Im Hinterland der Côte d'Azur*	**103**

Route: Nizza — le Plan — Levens — Duranus — St-Jean-la-Rivière — la Bollène-Vésubie — Col de Turini (1607) — N.D.-de-la-Menour — Gorges du Piaon — Sospel — Col de Braus (1002) — l'Escarène — Col de Nice (412) — Nizza. 131 km.

Fahrtechnische Beurteilung: mittel

Zeitaufwand: Tagestour

Während die vielbefahrene N 202 vom Flugfeld Nice-Côte d'Azur wie durch einen Kanal bis zum Plan-du-Var zieht, benützt die benachbarte D 19 das liebliche Hügelland im N von Nizza, berührt in le Plan das reizvoll und aussichtsreich gelegene Tourrette und weiter n. Levens

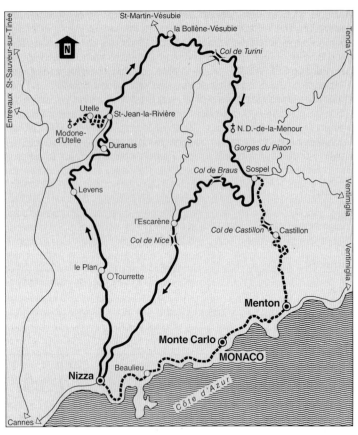

Skizze 103   Im Hinterland der Côte d'Azur

(570), um auf dem li. Ufer der Vésubie bei Duranus zum Belvédère du Saut des Français zu gelangen. 5 km weiter mündet sie bei St-Jean-la-Rivière in die Talstraße ein. Die Vésubie aufwärts führende D 2565 verläßt man erst wieder an der Abzw. der D 70 unterhalb la Bollène-Vésubie (690). — Fahrerisch hochinteressant ist der, durch die Rally Monte Carlo bekanntgewordene Col de Turini, eine 40 km lange, landschaftlich abwechslungsreiche Bergstrecke zwischen dem Tal der Vésubie (503) und Sospel (349) im Tal der Bévera. Seine Scheitelhöhe hat er unterhalb des Aution im Forêt de Turini. Das Kernstück bildet seine 15 km lange Westrampe, welche mittels zahlreicher Kunstbauten (Stützmauern) einen HU von 1100 m auf relativ kurzer Distanz überwinden hilft. Hierbei sind die Steigungen meisterhaft ausgeglichen worden und überschreiten nirgends 10%. Man zählt während der Auffahrt 19 Kehren und zahlreiche S-Kurven. Die Südrampe hinab nach Sospel weist sogar 25 Kehren auf. Hervorzuheben sind auf dieser Strecke mit Bez. D 2566 der Aussichtspunkt N.D.-de-la-Menour (750) und die Gorges du Piaon. — Von Sospel folgt man der ausgebauten D 2204 über den Col de Braus und hinab bei 14% Gefälle nach l'Escarène (357). Über den zahmen Sattel Col de Nice hat man dann noch 15 km bis an den Stadtrand von Nizza zurückzulegen.

Variante: Von Sospel über Menton nach Nizza. Von Sospel auf vielgewundener Bergstraße über den Col de Castillon (707) auf der D 2566 nach Menton (16) und auf der vielbefahrenen Küstenstraße durch das sehenswerte Monte Carlo und über Beaulieu (100) zurück nach Nizza. Besuchenswert sind auf dieser Variante der alte Ort Castillon und auch sämtliche Küstenorte. Plus 9 km. Fahrtechnische Beurteilung: mittel.

Abstecher: Von St-Jean-la-Rivière nach Madone d'Utelle (1174). Das 15 km lange, durchgehend asphaltierte Bergsträßchen über den mittelalterlichen Ort Utelle (800) hinauf zur Wallfahrtskirche zweigt im Tal der Vésubie von der Hauptstraße ab und ist mit D 32 bez. Die letzten 3 km waren im Bj. noch nicht ausgebaut. Daher war das Sträßchen dort nur einspurig und mit Ausweichstellen versehen. Es hatte mehrere unübersichtliche Kurven und war abschnittsweise steinschlaggefährdet. Man durchfährt zehn Kehren. Auf weiten Strecken ist man von lauter wilden Brombeersträuchern eingesäumt. Ein Aussichtspavillon mit Orientierungstisch steht zirka 300 m abseits der Wallfahrtsstätte. Wenig weiter befindet sich eine Relaisstation. Der Blick nach S in die glitzernde Ferne folgt dem silbernen Band des Var bis zu seiner Mündung in das Mittelmeer; über dem Wasserspiegel breitet sich meistens Dunst aus und behindert eine noch weitere Sicht. Ohne Zweifel zählt aber Madone d'Utelle zu den lohnendsten, anfahrbaren Zielen im Hinterland der Côte d'Azur. Hin und zurück 30 km. Fahrtechnische Beurteilung: leicht bis mittel.

Straßenkarten für den Alpenfahrer: Altbewährt sind die kartographisch hervorragenden Blätter des Michelin-Kartenwerkes 1 : 200.000. Michelin-Karten zeichnen sich seit jeher durch hohe Aktualität aus. Sie sind mit einer groben Schummerung versehen. Die einzelnen Blätter erfassen den gesamten Bereich vom Genfer See bis zur Côte d'Azur mit der angrenzenden Schweiz und dem westlichen Oberitalien. Für die französischen Alpen kommen die Blätter 74, 77, 81 und 84 sowie die Regionalkarten 244 Rhônetal-Alpen und 245 Provence-Côte d'Azur in Betracht. — Wegen ihrer sehr zweckmäßig gewählten Blattschnitte, welche geschlossene touristische Gebiete abdecken, und ihres zuverlässigen Karteninhaltes leisten auch die Blätter 112 Savoie-Dauphiné und 115 Provence-Côte d'Azur der „Carte Touristique" im Maßstab 1 : 250.000, herausgegeben vom Institut Géographique National in Paris, hervorragende Dienste.

Route: Pont-de-Soleils (652) — Trigance — la Cournuelle — Balcons de la Mescla — Pont de l'Artuby — Tunnels de Fayet — Falaise des Cavaliers — Cirque de Vaumale (1201) — Col d'Illoire (964) — Aiguines — Lac de Ste-Croix — St-Clair — Col de l'Olivier (711) — Belvédère de Mayreste (801) — Col d'Ayens (1032) — la Palud-sur-Verdon — Auberge du Point Sublime — Pont-de-Soleils. 87 km.

Fahrtechnische Beurteilung: leicht bis mittel

Zeitaufwand: Halbtagestour

Es handelt sich dabei um die gewaltigste und eindrucksvollste Schlucht Europas, welche den berühmten Canyons Nordamerikas nur wenig nachsteht. Auf einer Strecke von 21 km fließt der Verdon, welcher sein Quellgebiet am Col d'Allos hat, zwischen senkrechten Felswänden hindurch, die eine Höhe bis knapp 800 m erreichen und an manchen Stellen durch einen nur 15 m breiten Spalt voneinander getrennt sind. — Vom Straßenknoten Pont-de-Soleils läßt sich der Große Canyon auf guten und abschnittsweise außergewöhnlichen Straßen umfahren. Eine Rundfahrt mit allen Abstechern nimmt zirka 3 bis 4 Stunden in Anspruch, wobei die wichtigsten Aussichtspunkte und Sehenswürdigkeiten aufgesucht werden sollten. Die Fahrbahnbreiten schwanken zwischen 3 und 7 m, vor Engstellen wurden Ausweichen angelegt. Überall findet man Asphaltbelag vor. Die Tunnelstrecken sind zweispurig, Steigungen bzw. Gefälle überschreiten nirgends 12%. Die Aussichtskanzeln sind gut beschildert. — Vom AP Pont-de-Soleils folgt man zunächst der D 955 über die Verdonbrücke bis zur Abzw. der D 90 vor Trigance, 6 km. Nun re. auf schmälerem Sträßchen zum Pont de Trigance (710), wo man den Jabron überquert. Dann wechseln stärkere Steigungen mit Gefällestrecken bis man an die Einmündung zur D 71 bei la Cournuelle gelangt, weitere 6 km. Von dort über die aussichtsreichen „Balcons de la Mescla" mit schwindelerregenden Tiefblicken auf den Zusammenfluß von Artuby und Verdon zum eleganten Bauwerk der Artubybrücke; sie überspannt den Fluß mit einem 119 m weiten Bogen, 180 m hoch über der Schlucht! Die nun ansteigende Corniche Sublime setzt sich windungsreich fort, zuerst durch die Tunnels von Fayet und daraufhin

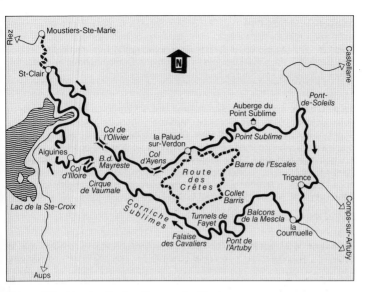

Skizze 104   Um den Großen Canyon des Verdon

durch die Felsenge von Cavaliers. Unweit des „Cirque de Vaumale" erreicht die Aussicht vermittelnde Corniche Sublime ihren höchsten Punkt (1201). Die Fernsicht reicht von dort nach NW bis zum jenseits der Durance aufragenden Signal de Lure (1826), zu dem sich eine Bergstraße hinaufschlängelt. Ganz am Horizont zeichnen sich die Umrisse des Mont Ventoux (1909) ab, der ein bekannter Windfang am Westende der Alpen ist. Tiefblicke richten sich auf den Schluchtausgang, welcher von einem gewaltigen Felsgrat wie verriegelt erscheint. Die D 71 leitet nun mit einigen Windungen über den Col d'Illoire nach Aiguines (823) weiter. In deren Fortsetzung führt die D 19 zum großen Stausee von Heiligkreuz/Lac de Ste-Croix hinab. Der Verdon wird beim Pont d'Aiguines überquert. — Von St-Clair nun auf der rechtsufrigen D 952 hügelauf und hügelab über den Col de l'Olivier zum „Belvédère de Mayreste" und weiter über den Col d'Ayens nach la Palud-sur-Verdon. Die Strecke zum EP am Pont-de-Soleils führt am „Auberge du Point Sublime" vorbei. Das Hotel liegt unterhalb des Dorfes Rougon (960). Zum Point Sublime leitet ein schmales Stichsträßchen hinab, welches sowohl den Motorisierten als auch Wanderern und Kajakfahrern dient.

Abstecher: Von St-Clair nach Moustiers-Ste-Marie (631). Nicht versäumen sollte man den Besuch dieses echt provenzalischen Dorfes, welches einst durch die Erzeugung von Fayence-Geschirren große wirtschaftliche Bedeutung hatte. Ein Fayence-Museum ist im dortigen Gemeindehaus eingerichtet. Hin und zurück 5 km. Fahrtechnische Beurteilung: leicht.

Abstecher: Von la Palud-sur-Verdon zur Route des Crêtes. Es handelt sich bei ihr um eine außergewöhnlich interessante, 23 km lange Ringstraße, deren Kernstück auf dem, der Corniche Sublime gegenüberliegenden Hochufer angelegt wurde. Sie vermittelt vom „Belvédère de la Maline" besonders eindrucksvolle Tiefblicke in den Grand Canyon du Verdon und übertrifft damit die Aussichtskanzeln ihres Gegenübers. An den ö. Abhängen des Collet Barris (1459) erreicht sie ihren höchsten Punkt in 1330 m. Nachdem man an der Barre de l'Escales in Richtung NO vorübergezogen ist, mündet man nach Überwindung eines spitzen Sporns bei la Palud-sur-Verdon wieder in die Hauptroute ein. Hin und zurück 23 km. Fahrtechnische Beurteilung: mittel.

Gefährliche oder gefährdete Schotterstraßen niemals alleine, sondern nur in Begleitung gleichgesinnter Tourenfahrer benützen, um sich bei Pannen oder in Notfällen gegenseitig helfen zu können! Diese Vorbeugungsmaßnahme soll besonders bei wechselhafter Witterung bzw. anderen Einflüssen auf die Straßenzustandsverhältnisse Beachtung finden.

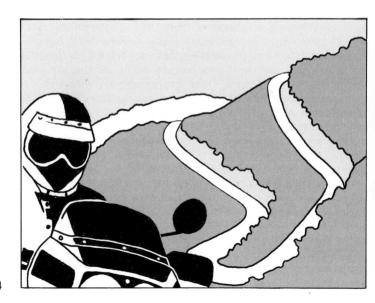

Register

327

Im Text verwendete Abkürzungen

A 2	Autobahn 2	L 96	Landesstraße 96
AA	Autobahnanschluß (stelle)	li.	links
		LM	Leichteres Motorrad
Abzw.	Abzweigung	max.	maximal
Alb.	Albergo	Min.	Minute(n)
AP	Ausgangspunkt	N, n.	Norden, nördlich
AV	Alpenverein	N 22	Nationalstraße 22
B 80	Bundesstraße 80	NSG	Naturschutzgebiet
bewirtsch.	bewirtschaftet	O, ö.	Osten, östlich
Bez., bez.	Bezeichnung, bezeichnet	ÖBF	Österr. Bundesforste
		österr.	österreichisch
Bj.	Berichtsjahr	P. 99	Provinzstraße 99
D 35	Departementstraße 35	re.	rechts
E 35	Europastraße 35	Rif.	Rifugio
ehem.	ehemals, ehemalig	S, s.	Süden, südlich
EP	Endpunkt	S 20	Schnellstraße 20
franz.	französisch	SP. 83	Provinzstraße 83
Gh.	Gasthaus, Gasthof	SS. 48	Staatsstraße 48
gj.	ganzjährig	St.	Sankt
HT	Hinweistafel	Std.	Stunde(n)
HU	Höhenunterschied	W, w.	Westen, westlich
ital.	italienisch	Wh.	Wirtshaus
Jh.	Jahrhundert	ZA	Zollamt
Jst.	Jausenstation	→	siehe, vergleiche

Zeichenerklärung

◉	Bedeutender Ort	✳	Beherrschender Aussichtspunkt
○	Ortschaft, Häusergruppe	→	Empfohlene Fahrtrichtung
✕	Paß, Sattel, Scharte	—	Hauptroute
⌂	Hotel, Gasthaus, Hütte	---	Variante, Abstecher
☗	Kloster, Kirche, Kapelle	—	Straße zur Orientierung
∩	Höhle, Grotte	🅝	Nördliche Richtung